OS PRAZERES DA NOITE

MARGARETH RAGO

OS PRAZERES DA NOITE

Prostituição e códigos da sexualidade
feminina em São Paulo (1890-1930)

2ª edição revista e ampliada

PAZ E TERRA

© by Margareth Rago

Projeto gráfico: Sylvia Mielnik / Nelson Mielnik
Diagramação: Acqua Estúdio Gráfico

CIP-Brasil. Catalogação-na-fonte
Câmara Brasileira do Livro

Rago, Margareth.
Os prazeres da noite : prostituição e códigos da
sexualidade feminina em São Paulo, 1890-1930 /
Margareth Rago. — São Paulo: Paz e Terra.
2ª edição.

Bibliografia
ISBN 978-85-7753-059-5

1. Prostituição – Brasil – São Paulo (Cidade) – História
I. Título.

91-1144   CDD-306.740981611

EDITORA PAZ E TERRA S/A
Rua do Triunfo, 177
Santa Ifigênia, São Paulo, SP — CEP 01212-010
Tel.: (011) 3337-8399
E-mail: vendas@pazeterra.com.br
Home Page: www.pazeterra.com.br

2008
Impresso no *Brasil / Printed in Brazil*

"...porque aún somos viajeras en esta travesía
hacia nosotras mismas..."
Teresa Leonardi Herran

"O real não se dá como um fato acabado, um sentido,
uma forma plena, um horizonte de objetos:
ele é feito de ausências, tal qual um hieróglifo
que pede para ser decifrado."
Christine Buci-Glucksmann, *La raison baroque*

ÍNDICE

Prefácio à segunda edição 9

Prefácio 15

Introdução 21

I. BRILHOS

1. A prostituição como espetáculo 37
2. Visibilidade feminina 53
3. Novas formas dos amores ilícitos 95

II. OPACIDADES

1. Porões da cidade 127
2. Políticas de contenção do desejo 151
3. O complicado sexo dos doutores 165

III. LABIRINTOS

1. A cultura do bordel 195
2. A economia da imagem da prostituta 227
3. Subterrâneos da prostituição 259

IV. DRAMATURGIAS

1. No teatro de todos os mistérios 281

2. O caminho de Buenos Aires 295

3. O tráfico das "escravas brancas" 323

Bibliografia 351

PREFÁCIO À SEGUNDA EDIÇÃO

Dezessete anos depois da publicação inicial deste livro, são muitas as histórias que gostaria de contar. Em especial, destaco algumas que resultaram em um contato direto e pessoal com o universo atual da prostituição e que foram produzidas pela própria divulgação deste trabalho. Na verdade, até então, minha pesquisa se restringira praticamente a bibliotecas públicas e a arquivos históricos, onde se encontram os documentos antigos relativos à história da cidade nos inícios do século XX, desviando-me, portanto, do encontro direto com prostitutas vivas.

A primeira dessas histórias começa alguns meses depois do lançamento do livro, em 1991, com um telefonema que recebi da prostituta e socióloga paulistana Gabriela Silva Leite, coordenadora do Movimento Autônomo das Trabalhadoras do Sexo, criado em 1987.[1] Tratava-se de um convite para a realização de uma conferência no Instituto de Estudos da Religião (Iser), na cidade do Rio de Janeiro, organizada pelas próprias trabalhadoras do sexo. Não tinha muito claro o motivo pelo qual me chamavam, mas, lá chegando, qual não foi meu espanto ao tomar contato com todas aquelas mulheres, brancas e negras, de várias idades, que sorriam, me abraçavam e me agradeciam pela realização do livro.

---

1. Para maiores informações, ver Gabriela Silva Leite. *Eu, mulher da vida*. Rio de Janeiro: Rosa dos Tempos, 1992.

Afirmavam orgulhosas que "assim como todos os outros trabalhadores brasileiros, finalmente haviam entrado para a História!"

Percebi, então, que mesmo tendo estudado a prostituição durante vários anos, estava muito longe de conhecer as prostitutas de meu país, suas experiências cotidianas e seus modos de pensar, mais ainda de imaginar que possuíam um conceito de História e que lutavam articuladamente pelos seus direitos de cidadania.

Desde então, foram vários os encontros, as reuniões e os seminários, nacionais e internacionais, voltados para o tema da "Prostituição e Cidadania", de que participei. Realizados pelo Movimento, no Rio de Janeiro, ou na Faculdade de Direito do Largo São Francisco, em São Paulo, tanto quanto em outros estados do Norte e Nordeste, contam com o apoio de toda uma rede formada por ONGs e por outras entidades da sociedade civil, a exemplo do Serviço da Mulher Marginalizada, de São Paulo, rede esta preocupada com as enormes injustiças e violências cometidas contra as prostitutas. Afinal, sem contar com qualquer respaldo social, essas mulheres desprotegidas se tornam extremamente vulneráveis a múltiplas formas de assédio e ataque, sendo radicalmente privadas de direitos.

Paradoxalmente, um contato mais próximo com o mundo da prostituição atual também revela que muitas moças e mulheres afirmam positivamente o exercício de sua atividade como um trabalho qualquer. Questionam, nesse sentido, os antigos estereótipos e estigmas projetados sobre a figura da prostituta, vulgo "degenerada-nata", segundo a terminologia do fundador da Antropologia Criminal, o italiano Cesare Lombroso, hoje nome consagrado de uma das ruas da zona do baixo meretrício de São Paulo. Nem vítimas, nem "fatais", as "trabalhadoras do sexo" se vêem como profissionais do sexo simplesmente.

É claro que a desvitimização da prostituta em curso no mundo carioca, onde elas mesmas controlam, há alguns anos, a nova zona da prostituição não pode ser generalizada para todas as figuras que freqüentam esses meios no Brasil, e certamente contrasta com o universo da prostituição pobre de São Paulo, ocupado por mulheres mais velhas e desorganizadas socialmente, como nos mostram pesquisas recentes.[2]

---

2. Ver, por exemplo, o estudo de Ivanete dal Farra, *Prostituição e Religião. Mulheres prostitutas em São Paulo e suas representações de Maria*. São Paulo, 2002. Dissertação (Mestrado) – Programa de Pós-Graduação em Ciências da Religião da PUC-SP.

Mas, com certeza, dificilmente poderíamos dizer que as "trabalhadoras do sexo", como se definem em todo o mundo, na atualidade, estejam ali forçadas pela imposição de algum cafetão cruel, ou simplesmente pela pressão de condições econômicas insurportáveis. As estatísticas recentes e inúmeras matérias jornalísticas têm registrado um crescente número de jovens, inclusive das classes médias, muitas das quais universitárias, que complementam seu orçamento com esse tipo de atividade, que lhes parece mais fácil e lucrativa.

Ao mesmo tempo, também causa espanto constatar que nem a "revolução sexual" do final dos anos 60, nem o feminismo das décadas seguintes foram suficientemente fortes para abalar a estrutura da prostituição: muito ao contrário, esta reformulou-se, diversificou-se e sofisticou-se no mundo pós-moderno, crescendo de forma alarmante. A maneira como o feminismo afetou a prostituição está muito longe, aliás, daquilo que imaginaram as combativas mulheres que, nos anos de 1970, desejavam acabar com a exploração sexual do corpo feminino. Nos inícios do século XX, ou nos anos 1970, as feministas atacavam radicalmente as prostitutas pobres e as "garotas de programa" mais ricas, por aceitarem a desprezível condição de meros objetos sexuais masculinos. Não raro, recusavam qualquer tipo de contato ou aliança com esses setores sexuais, considerados, na perspectiva marxista, como "lúmpen-proletariado", o que vale dizer, absolutamente desnecessários à "revolução social", para não dizer presas fáceis do pior reacionarismo. Além do mais, jamais poderiam imaginar que nosso mundo tivesse ainda de abrigar a competição masculina nos espaços tradicionais da comercialização sexual do corpo, ou nos inúmeros outros que se abriram para esse fim. Travestis, gays, prostitutos, garotos de programa constituem, hoje, um número grande dos(as) personagens dos territórios desejantes do submundo, nas grandes cidades, não poucas vezes confundindo o espectador ou mesmo o cliente, ao assumirem a aparência tradicional das prostitutas do passado.[3]

O fato é que presenciamos, na atualidade, exatamente o contrário do que se projetou outrora: a autonomização das "trabalhadoras do sexo" em relação às antigas prostitutas não significou que deixaram de

---

3. Ver, nessa direção, Nestor Perlongher. *O negócio do michê*. São Paulo: Brasiliense, 1989.

vender sexualmente o corpo para integrarem-se à sociedade dita normalizada, como sonhavam os médicos, juristas e escritores românticos, em seus famosos romances do século XIX. Ao contrário, ao se tornarem senhoras de seus próprios corpos, essas mulheres expulsaram os cafetões da zona da prostituição e assumiram elas mesmas a gerência de seus lucrativos negócios sexuais. A prostituição, ao que parece, absorveu completa e perversamente as propostas feministas.

Já a "revolução sexual", provocou um outro efeito supreendente: desconfinou e diluiu as práticas sexuais consideradas "ilícitas", vivenciadas outrora no universo da prostituição. Difundiram-se por toda a sociedade não apenas as práticas sexuais antes condenáveis, além de objetos eróticos, entre cintas-ligas, bonecas infláveis e vídeos pornôs, à disposição de qualquer um nas muitas lojas especializadas e também modernizadas, como até mesmo a moda das "cocottes" — termo que denomina a prostituta francesa de luxo dos anos de 1920 — foi consumida pelas jovens das camadas médias que, no Brasil, se denominavam "cocotinhas" até muito recentemente, sem terem qualquer conhecimento das origens históricas do termo.

Com absoluta regularidade, moças e mulheres desfilam, nas cidades grandes e pequenas, com saias muito curtas e justas, blusas coloridas e decotadas, com uma maquilagem carregada, refazendo e deslocando a aparência de quem, trinta anos atrás, teria sido identificada como "mulher pública", em Paris, Buenos Aires, Lima, Rio de Janeiro ou São Paulo. Vale lembrar, ainda, que o próprio termo "mulher pública" se refere, há algumas décadas, àquelas que atuam profissionalmente na política, nos negócios ou na cultura, sem a conotação moral negativa do passado. Graças à pressão das feministas, o próprio Código Penal, em sua reatualização de 1988, desfez a tradicional partilha entre "mulheres honestas" e "perdidas", partilha essa que permitia deixar impunes violências, como o estupro, feitas contra as do segundo grupo. Afinal, como argumentavam os juristas de outrora, as "perdidas" já não tinham mais nada a perder...

Em suma, os códigos sexuais de conduta, tal como aparecem neste livro se tornaram em grande parte, senão totalmente, obsoletos. Assim, ao contrário da codificação moral da sexualidade que apresento aqui, relativa às décadas iniciais do século XX, Anthony Giddens propõe falar de um processo de desconfinamento sexual em nossos dias,

| PREFÁCIO À SEGUNDA EDIÇÃO | 13

referindo-se ao fenômeno da "despervertização do sexo", que estaria em curso desde o fim da "sociedade disciplinar", como definira Foucault.[4] Nessa perspectiva, e aliás como já havia destacado esse filósofo, a sociedade das instituições de seqüestro, constituída pelos micropoderes esquadrinhadores da população e do indivíduo, assim como das práticas consideradas normais e patológicas, que lhe permitira caracterizar a Modernidade até pelo meados dos anos de 1960, já teria mostrado seu esgotamento e agonia.

Em nossa atualidade, emergem novas formas de dominação, caracterizando o que Gilles Deleuze propõe chamar de "sociedade de controle".[5] Aqui, os antigos parâmetros e as tradicionais fronteiras que definiam os códigos da sociabilidade e da sexualidade, assim como as esferas pública e privada se desatualizaram, pois foram deslocados e transformados. Nessa linha de raciocínio, portanto, o sexo se banaliza a tal ponto que dificilmente condenaríamos qualquer cantora de rock, como Madonna, por exemplo, por simular uma relação sexual oral com seu microfone, como aconteceria outrora.

Sem dúvida, novos problemas emergem, alguns muito mais agudos e difíceis, como a exploração sexual da infância, reforçada e estimulada pelo turismo sexual. Apesar das constantes denúncias na imprensa, das inúmeras investigações e mobilizações realizadas pelas entidades especializadas, o problema parece crescer e não apenas nas regiões praieiras, onde aumenta o número dos turistas sexuais, mas também à beira das estradas que levam às partes mais centrais do país. Vale notar que esse é um dos principais alvos de denúncia das organizações ligadas à questão da prostituição, inclusive do próprio Movimento Autônomo das Trabalhadoras do Sexo.

No entanto, se no mundo contemporâneo, registra-se uma profunda transformação no imaginário sexual, nas funções do antigo bordel e no perfil da nova trabalhadora do sexo, já muito diferente da figura da antiga prostituta, — misto de enfermeira, psicóloga e conselheira —, convive-se, ao mesmo tempo, com a permanência de algumas características da prostituição, tal como se estrutura na Modernidade brasileira, como procuro mostrar neste livro. Embora seja possível perceber

---

4. Anthony Giddens. *A transformação da intimidade*. São Paulo: Editora Unesp, 1993; Michel Foucault, *Vigiar e Punir*. Petrópolis, Vozes, 1977.

5. Gilles Deleuze. *Conversações*. São Paulo: Editora 34, 1995.

muitas mutações e diversificações nas práticas do sexo "ilícito" comercializado, como o fim dos antigos bordéis enquanto espaços privilegiados de sociabilidade, ou com a crescente entrada de homens no mundo da prostituição, muitos traços subsistem de um passado ainda relativamente recente, em que a prostituição designava principalmente a busca sexual masculina pelo corpo de mulheres atraentes e extravagantes, disponíveis no mercado sexual de trabalho.

Finalmente, gostaria de observar que se o mundo da prostituição se transformou em grande parte, nessas últimas décadas, também mudou nossa maneira de percebê-lo. Já não é mais possível responsabilizar a prostituta pela existência da prostituição, como ocorria no passado, menos ainda aceitar que seja presa ou espancada pelas autoridades públicas pela prática da comercialização sexual de seu próprio corpo. Ao contrário, a prostituta é um efeito, produto de um meio que beneficia a muitos setores sociais envolvidos, especialmente os homens, que, aliás, jamais foram objetos de problematização ou de ataques quando se tratou dessa experiência.

Acredito, ainda, que considerar a prostituição como "a profissão mais antiga do mundo" é uma postura que mais prejudica do que ajuda, pois favorece a naturalização de um fenômeno que é cultural e histórico e não necessário e insolúvel. Ignorá-la e silenciar a seu respeito, como acontece nos meios acadêmicos e políticos, de esquerda ou de direita também é uma maneira de fechar os olhos a problemas que assolam a nossa vida social. Historicizar o acontecimento e problematizar a experiência, por mais dolorosos e difíceis que possam ser, são possivelmente maneiras de se aproximar dessa realidade, enfrentá-la e, quem sabe, encontrar novos elementos para lidar e responder a ela de uma maneira mais eficaz e construtiva.

São Paulo, Agosto de 2008.

Margareth Rago

PREFÁCIO

"As cortesãs, nós as temos para o prazer; as concubinas, para os cuidados de todos os dias; as esposas, para ter uma descendência legítima e uma fiel guardiã do lar."

Demóstenes, *Contra Nera*, *apud* Michel Foucault, *História da sexualidade*, II. *O uso dos prazeres*, Rio de Janeiro, Graal, 1984, p. 129.

A partir do que as relações sexuais entre homens e mulheres, na moderna sociedade brasileira, se constituíram em problema? Que razão havia efetivamente para se preocupar com elas? Por que motivos interrogar o comportamento das prostitutas, tão fortemente marcado pela dominação dos "homens livres"? Enfim, por que torná-las objeto de preocupação moral? É esse elenco de indagações que movimenta e dá sentido ao belo livro de Margareth Rago.

O livro, originalmente uma tese de doutorado defendida no Instituto de Filosofia e Ciências Humanas da Unicamp, faz sua *ouverture* as mitologias que povoam a imagem do submundo: a prostituição como fantasma, a economia da imagem da prostituta, as representações sobre a sexualidade insubmissa e sobre a "geografia do prazer". Problematizando as imagens estereotipadas construídas em torno da prostituta e de seus algozes — o cliente, o policial, o médico, o educador, o cáften, a caftina, as instituições de amparo e assistência —, a autora insinua-se pelas alamedas da esfera pública burguesa percorrendo e desfazendo as ruelas e os vãos de sua moralidade.

Sob essa ótica, a prostituição moderna aparece como fenômeno essencialmente urbano, inscrevendo-se numa economia específica do desejo, caracterizada por uma sociedade em que as relações são mediatizadas pela troca e na qual todo um sistema de codificações morais — que valoriza a união sexual monogâmica, a família nuclear, a fidelidade feminina — destina um lugar específico ao que considera sexualidade insubmissa.

É justamente essa sexualidade insubmissa que pulsa ostensiva e despudorada ao longo dos capítulos. No primeiro, coloca-se em discussão a prostituição enquanto espetáculo. Nele, descrevem-se as imagens fantasmagóricas que foram projetadas, articulando-as ao processo de profissionalização da prostituição e à diversificação do espaço urbano. No capítulo 2, estão em causa as imagens de perigo suscitadas pela prostituição feminina, tematizadas pelo discurso policial e jurídico e pelo discurso médico. Inscrita na ordem jurídica, a prostituição associa-se ao crime. Inscrita na ordem médica, vincula-se à doença. Em seu entremeio, debatem-se teses regulamentistas e teses abolicionistas, cujo escopo é a normatização da prostituta e de suas práticas. No capítulo 3, há uma verdadeira *promenade* pelo mundo da prostituição. Nesse microcosmo, desfilam os códigos que regem a prostituição, códigos que enredam em uma teia social fina "homens de bem" e "mulheres públicas". Todos concorrem para pôr em funcionamento formas de sociabilidade fundadas na mercantilização da libido, do desejo e do prazer, nas quais se evidenciam a desigualdade entre os gêneros, a opressão feminina e a violência que lhe é intrínseca e subjacente. No último capítulo, essa sociabilidade conquista dramaticamente ao conferir visibilidade a um fenômeno maldito, daí porque silenciado: o tráfico de escravas brancas. É nele que a opressão é vivida não mais — ou talvez não apenas — como experiência simbólica, porém como experiência material, palpável, plenamente identificável.

Não são poucos os méritos deste livro. Alguns devem ser destacados: a qualidade da pesquisa, a obsessão pela "verdade", a miríade de fontes primárias e secundárias, criteriosamente tratadas — jamais se desconsidera o lugar de onde falam os diferentes protagonistas —, o que permite à autora deslindar todas as representações possíveis em uma preocupação menos em descobrir uma lógica subjacente, porém em dar visibilidade às inconsistências e incoerências, partam do discurso masculino, partam do discurso feminino. Tal postura não conduz a uma "neutralidade" científica. Não é o que se verifica; a autora assume deliberadamente o ponto de vista das mulheres. O emprego da literatura como fonte é bastante sugestivo e criativo. Não só informou a pesquisa como sugeriu o estilo. Não há no livro o peso enfadonho das demonstrações acadêmicas. Ao contrário, o texto foi escrito para prender o leitor. Em não poucas passagens, é preciso conhecer o desfecho dos conflitos passionais antes de poder ir para a cama dormir. Mesmo assim, não se perde de vista o terreno no qual o texto foi produzido — o *discurso científico*. Finalmente, o diálogo com a bibliografia especializada merece ser anotado. Trata-se de um diálogo cortês: sem desmerecer a contribuição de diferentes autores, porém sem deixar de denunciar-lhes inconsistências e limitações.

A esse cadinho de méritos, não se pode deixar de assinalar uma ousadia. Segundo Foucault, há três modos possíveis de constituição de uma história da moral: história das moralidades, história dos códigos e história da constituição dos sujeitos morais. A primeira examina a conformidade ou não das condutas individuais às regras e aos valores prevalecentes em uma sociedade. A segunda aborda o sistema de regras e valores e as formas e aparelhos de coerção moral. A terceira privilegia o modo pelo qual os indivíduos são convocados a se constituírem em sujeitos da conduta moral. Cuida-se nessa perspectiva de uma história da "ética", da subjetivação moral e das práticas de si capazes de assegurá-la. Há morais caracterizadas por fortíssima codificação, que pretendem cobrir todos os campos possíveis do comportamento. Nessa circunstância, o código apresenta-se como imperativo, em uma forma quase jurídica que estabelece regras às quais os indivíduos devem se submeter sob pena de falta grave. Há também morais caracterizadas pela subjetivação. Nessas circunstâncias, o código pode até ser rudimentar, pois o que está em jogo é a relação do indivíduo com a norma. A ênfase recai toda na atitude — conjunto de procedimentos e exercícios — do indivíduo consigo mesmo, em sua capacidade de digladiar com suas próprias forças e transformar seu modo de ser na possibilidade de governo dos outros. Essa é a perspectiva que informa a análise minudente da *askesis*, o princípio que rege as práticas morais na Antigüidade pagã e cristã.

Pois bem, ressalvadas as diferenças de procedimentos e o grande lapso de tempo entre a Antiguidade clássica e o Brasil "moderno", a tese sustentada no livro poderia se colocar sob essa terceira perspectiva, a da subjetivação moral; a do modo pelo qual são vividas, por homens e mulheres, as prescrições morais; a dos jogos de poder que lhe são subjacentes; a dos personagens que fazem esses jogos acontecerem. Nesse sentido, trata-se de demonstrar, como o faz a autora, como essa experiência de subjetivação moral, vivida no campo da sexualidade, do uso dos prazeres, das apropriações do corpo, redundou na sujeição da mulher, no seu assujeitamento aos desígnios masculinos. Nesse terreno, o livro defronta-se com, pelo menos, três problemas. Primeiro, todo esse código moral é construído a partir de imagens da família e da mulher das classes dominantes, na sociedade brasileira em fins do século XIX e nas primeiras três décadas do século XX. Trata-se de uma moral com pretensão de universalidade, aquela que, no terreno da sexualidade, fragmenta a experiência sexual entre amor e prazer. O próprio texto, no entanto, questiona essa pretensa universalidade. Não apenas porque suscita os diferentes modos em que essa moral é pensada e vivida, como também porque seus destinatários são múltiplos e variados: diferentes clientes, diferentes prostitutas, diferentes imagens de mulheres, diferentes caftens e caftinas, etc. Trata-se, por conseguinte, de uma experiência fragmentária que não pode ter por código apenas um parâmetro: a família burguesa, a mulher burguesa que reivindica sua presença no espaço público.

Um segundo problema diz respeito ao estatuto mesmo dessa moral sexual. Trata-se de uma moral repressiva, que reprime a sexualidade feminina? Uma moral fortemente codificada, no interior da qual o sexo é visto como pecado e doença? Não é o que sugerem as fontes. Elas apontam na direção de uma moral permissiva, que faz circular o sexo em diferentes instâncias, que incita à fala, que produz uma concubinagem consentida com o prazer insubmisso. Daí os documentos oficiais, a imprensa, os memorialistas, os médicos, os juristas — todos instados a dizer algo, ainda que seja para condená-lo. Enfim, a preocupação com o sexo está no universo cultural e moral de muitos, senão de todos. É uma moral imperativa, mas não no sentido de negatividade, de repressão, de interdito da sexualidade feminina. É imperativa por problematizar a sexualidade feminina, como sexualidade dominada.

Terceiro, essa moral sexual que tematiza a prostituição diz mesmo respeito à sexualidade feminina? Como efetivamente se cruzam, no horizonte da cultura, o novo estatuto da mulher — que lhe atribui uma identidade no lar, no trabalho, na educação dos filhos, nas relações conjugais — e o novo estatuto da prostituta? Essas relações não podem ser estabelecidas sem mediações. Quando se tematiza o corpo feminino, o que está em discussão é o novo estatuto da mulher. Quando se tematiza a prostituição, o que está em jogo é o prazer masculino. Daí o problema: como explicar um discurso que, para falar de si próprio, não se olha no espelho; um discurso masculino incapaz de enfrentar diferenças, de assumir suas fraquezas e reconhecer suas vacilações justamente como se fossem defeitos do outro e não de si? Trata-se de um discurso que curiosamente precisa falar da prostituta para expressar seu prazer, afirmar sua liberdade, festejar sua licenciosidade. Nisto reside o encontro entre a identidade feminina e a da prostituta: ambas foram forjadas para o outro — a família, os filhos, os clientes, os agentes da ortopedia moral.

Sérgio Adorno
Maio, 1991.

INTRODUÇÃO

Como narrar a experiência de pesquisar o mundo da prostituição na cidade de São Paulo, entre 1890 e 1930? Universo povoado por muitos estereótipos e clichês, tudo aí é muito antigo e já conhecido, pois acredita-se no senso comum, e não apenas nele, que a prostituição é "a profissão mais antiga do mundo": reatualizações intemporais. Os lugares estão bem demarcados, as explicações prontas e as imagens projetadas sobre os personagens — prostitutas seminuas e infelizes, caftens desalmados, caftinas gordas e endurecidas pelo tempo, fregueses devassos — parecem ter aderido aos corpos e se cristalizado. Por onde penetrar neste universo difuso?

Optei por enfrentar as representações e mitologias que constituem o imaginário do submundo. E, logo, uma primeira constatação: o interesse que a prostituição suscitou entre médicos, juristas, criminologistas, literatos e jornalistas, desde meados do século XIX, esteve estreitamente ligado à preocupação com a moralidade pública e, mais especificamente, com a definição dos códigos de conduta da mulher, num momento de intenso crescimento urbano-industrial.[1]

---

1. Alguns estudos sobre a história da prostituição focalizam essa questão. O mais importante deles é o excelente livro de Alain Corbin, *Les filles de noce. Misère sexuelle et prostitution* à *Paris au XIXème siècle*, Paris: Flammarion, 1978. É também

O investimento social sobre a prostituição, espaço fluido de práticas sociais e sexuais, centrou-se muito mais na construção de um *fantasma*, que perseguiu as mulheres, por muitas décadas, do que sobre o espaço geográfico da zona do meretrício e sobre as meretrizes empiricamente consideradas. A escassez de estatísticas sobre o número de bordéis, casas de tolerância, pensões de "artistas", *rendez-vous*, ou de prostitutas, caftens, caftinas, gigolôs e fregueses é eloqüente. Somos levados a pensar que as "mulheres públicas" nunca foram importantes para a sociedade, a não ser na função de garantir a ordem na desordem das paixões, sem muita publicidade.

O enquadramento conceitual da mulher enquanto "rainha do lar" ou "mulher da vida" foi o caminho que os homens cultos do período encontraram para se referirem à condição feminina. Como tratar das formas "desviantes" de comportamento, a exemplo do adultério feminino, profundamente assustador com a valorização da família nuclear, se essas se situavam num campo de invisibilidade social? Como falar de lesbianismo num tempo de tamanha discrição?

A prostituição configurou um espaço visível, espetacularizado e quantificável, à medida que se tornava uma profissão reconhecida com a expansão do mercado capitalista, permitindo então que chefes de polícia, médicos, higienistas e juristas constituíssem um universo empírico para suas observações, classificações e análises. Se o adultério feminino, ao qual aludem vários textos, escapava às codificações sensoriais dos especialistas, as práticas do amor venal ganhavam toda visibilidade na topografia da cidade, possibilitando a constituição de saberes especializados.[2]

---

fundamental o trabalho de Judith Walkowitz, *Prostitution and victorian society: Women, class and the State*, Cambridge: Cambridge University Press, 1980. Veja, ainda, Ruth Rosen, *The lost sisterbood. Prostitution in America, 1900-1918*. Baltimore: John Hopkins University Press, 1982; Erica-Marie Benabou, *La prostitution et la police des moeurs au XVIIIème siècle*, Paris, Perrin, 1987. Para o Brasil, destaco o estudo pioneiro do dr. Guido Fonseca, *História da prostituição em São Paulo*, São Paulo: Resenha Universitária, 1982; Magali Engel, *Meretrizes e doutores: saber médico e prostituição na cidade do Rio de Janeiro, 1849-1890*, São Paulo: Brasiliense, 1989.

2. As dificuldades e temores dos cientistas diante do desvendamento da sexualidade feminina no século passado são analisados em vários estudos já clássicos: Viola Klein, *The feminine character. History of an ideology*, Londres: Kegan Paul, Trench, Trubner and Co. Ltd., 1946; Martha Vicinus, *Suffer and be still. Women in the vic-*

Embora muitos tivessem interesses filantrópicos em relação às prostitutas, a produção científica desses homens resultou num processo de sujeição da mulher pelos próprios pressupostos do raciocínio discursivo com que operavam.[3] Construir masculinamente a identidade da prostituta significou silenciá-la e estigmatizá-la e, ao mesmo tempo, defender-se contra o desconhecido — a sexualidade feminina —, recoberta por imagens e metáforas assustadoras.

Aliás, os novos imaginários do corpo feminino que se instituíram acabaram sendo incorporados inclusive pela produção científica relativa ao tema. As figuras polarizadas da prostituta que emergem na documentação — de um lado, a meretriz vitimizada pelas condições econômicas adversas e por um destino implacável; de outro, a *femme fatale* que, embora não seja originariamente prostituta, é freqüentemente associada a ela para designar a cortesã poderosa e cruel — correspondem a dois tipos de explicação que os estudos sobre a prostituição apresentam.

Mais freqüentemente, a análise parte para uma explicação essencialmente econômica da comercialização sexual do corpo feminino: a mulher prostitui-se para complementar o salário miserável ou porque não tem qualificação profissional — campo de atuação da *prostituta-vítima*. Ou então trata-se nas análises psicologizantes de algum caso patológico: traumas de infância, complexos edipianos mal resolvidos, sexualidades exuberantes. Aí entra em cena a *mulher-aranha*. Nessa "lógica do negativo", valendo-me da expressão de Deleuze, a prostituição é focalizada tanto como resposta a uma situação de miséria econômica, quanto como transgressão a uma ordem moral acentuadamente rígida e castradora. "Queda abismal" em relação a um centro da normalidade, sua função principal seria a de aliviar esporadicamente a tensão criada pela imposição de estritas regras de comportamento sexual,

---

torian age, Indiana: Indiana University Press, 1972; Peter Gay, *A experiência burguesa. Da rainha Vitória a Freud. A educação dos sentidos*, São Paulo: Companhia das Letras, 1988; Jane Lewis, *Women in England (1870-1950): Sexual Divisions and Social Change*, Indiana: Indiana University Press, 1984; Claude Alzon, *Femme mythifiée, Femme mystifiée*, Paris: Presses Universitaires de Franee, 1978; Stephen Marcus, *The other victorians. A study of sexuality and pornography in mid-nineteenth century*, England, Bantam Books, Nova York, 1964.

3. Sobre a sujeição da mulher na cultura ocidental, destaco os instigantes trabalhos de Luce Irigaray, *Speculum de l'autre femme*, Paris, Minuit, 1974; *Ce sexe qui n'est pas un*, Paris, Minuit, 1977; *Éthique de la différence sexuelle*, Paris, Minuit, 1984.

permitindo aos homens e às mulheres "desviantes" dar vazão aos impulsos libidinais represados no interior da família nuclear.

São vários os problemas que essas análises enfrentam. Inicialmente, estabelecem-se relações de exterioridade entre campos irredutíveis uns aos outros. Se o empobrecimento da população, por exemplo, pode explicar o crescimento da prostituição em determinado momento histórico, também pode ser responsável pelo aumento da mendicância, ou do subemprego, ou de maior oferta da força de trabalho feminina. Contudo, diz pouco sobre a especificidade dessa prática ou sobre sua dimensão positiva, isto é, sobre as funções que desempenha como modo diferenciado de funcionamento subjetivo, permitindo aflorar outras formas de expressão do desejo.

Além disso, abstrai-se o erótico desse microcosmo, enquanto que as práticas licenciosas são completamente dessexualizadas. Pois, se a mulher se prostitui puramente por motivos financeiros, comete um "sacrifício", termo de forte conotação religiosa recorrente na literatura sobre o tema. Se se prostitui para fugir ao casamento e a monotonia da vida doméstica, aparece mais como uma figura rebelde e heróica, capaz de desafiar as imposições morais dos dominantes. A prostituição enfocada enquanto prática de resistência encontra inúmeros adeptos na historiografia contemporânea, preocupada em recuperar a combatividade dos setores sociais oprimidos e marginalizados. Num caso ou noutro, aprecia-se a prostituição a partir de uma perspectiva *normativa*, e a meretriz é romantizada como mulher vitimizada pelas forças inelutáveis do acaso ou como "mulher rebelde".[4]

Foi inevitável, portanto, buscar abordagens teórico-metodológicas que permitissem dar conta da complexidade do fenômeno da prostituição, evidenciando a *singularidade* do objeto, ao mesmo tempo que sua *positividade*. Em relação ao primeiro ponto, considero necessário

---

4. Utilizo-me aqui da expressão que Michelle Perrot emprega em seu instigante artigo sobre "A mulher popular rebelde", em que procura resgatar a dimensão política da atuação das donas de casa, lavadeiras, trabalhadoras que resistem às imposições sociais disciplinarizadoras. Evidentemente, tenho uma intenção polemizadora, já que acredito que se corre o risco de construir uma imagem romântica da mulher pobre combativa nas abordagens muito marcadas pela efervescência feminista das últimas décadas. In *Os excluídos da história*, Michelle Perrot, Rio de Janeiro, Paz e Terra, 1988.

| INTRODUÇÃO | 25

questionar uma leitura que transforma a prostituição em objeto natural, invariante trans-histórico que poderia ser observado em todas as épocas e sociedades, como sugere a expressão "a profissão mais antiga do mundo". Recordo-me a propósito das reflexões de Paul Veyne, para quem "a história não estuda o homem no tempo: estuda materiais humanos subsumidos em conceitos".[5]

Tecer o fio da continuidade histórica, generalizando o termo "prostituição" para denominar as práticas sexuais ilícitas desde os primórdios da humanidade, pode ser uma atitude enganadora: armadilha do desejo de manter inalterados os vínculos com o passado longínquo idealizado, como diria Furet.[6] Afinal, se todas as sociedades conheceram o fenômeno da prostituição, decorrente tanto da necessidade biológica do homem, quanto de uma dimensão perversa inerente à sexualidade feminina, não temos por que nos preocuparmos. Além da desculpabilização, não estaríamos desse modo referendando crenças e preconceitos tão enraizados a respeito da "natureza humana"?

Comentando Nietzsche, Foucault observa que sua oposição a "história dos historiadores" consiste em que esta não faz mais do que "dissolver o acontecimento singular em uma continuidade ideal", na ânsia conciliadora de reconhecer narcisisticamente a própria identidade em todos os espelhos do passado.[7] Trata-se, ao contrário, de "despedaçar o que permitia o jogo consolante dos reconhecimentos" e reintroduzir o descontínuo em nosso próprio ser, desfazendo os pontos fixos e explodindo as certezas definitivas.

Construído no século XIX a partir de uma referência médico-policial, o conceito da prostituição não pode ser projetado retroativamente para nomear práticas de comercialização sexual do corpo feminino em outras formações sociais, sem realizar um aplainamento violento da singularidade dos acontecimentos. Fenômeno essencialmente urbano, ins-

---

5. Paul Veyne, *O inventário das diferenças*, Lisboa, Gradiva, 1989, p. 34.
6. François Furet, *Pensando a revolução*, Rio de Janeiro, Paz e Terra, 1989, e M. Foucault, *História da sexualidade*, II, *O uso dos prazeres*, Rio de Janeiro, Graal, 1984, p. 10. Alain Corbin refere-se a esse problema metodológico em relação ao conceito de "longa duração", caro a Fernand Braudel e à Escola dos Annales in *O território do vazio*, São Paulo, Companhia das Letras, 1989, p. 301.
7. M. Foucault, "Nietzsche, a genealogia e a história", in *Microfísica do poder*, Rio de Janeiro, Graal, 1978, p. 28.

creve-se numa economia específica do desejo, característica de uma sociedade em que predominam as relações de troca, e em que todo um sistema de codificações morais, que valoriza a união sexual monogâmica, a família nuclear, a virgindade, a fidelidade feminina, destina um lugar específico às sexualidades insubmissas.

Como tal, o conceito é saturado de conotações extremamente moralistas e associado às imagens da sujeira, do esgoto, da podridão, em suma, daquilo que constitui uma dimensão rejeitável na sociedade. Condenando e estigmatizando a prostituição, quer-se eliminá-la como a uma parte cancerosa. Vale lembrar a constância com que a metáfora orgânica do "cancro social" é utilizada para designar o comércio amoroso.

Em relação ao segundo ponto, trata-se de apontar para a positividade da prostituição, destacando aquilo que faz sua diferença intensiva. Busquei então responder a determinadas questões como: que funções o comércio amoroso preencheu na sociedade paulista dos inícios do século XX? Por que, a despeito de tantas recriminações moralistas, o leque das práticas licenciosas que o conceito da prostituição recobre não cessou de ampliar-se e de especializar-se até os marcos da atualidade? Que gratificações eram propiciadas pelo "mundo do prazer e do crime", na expressão de Louis Chevalier, tornando-o ao mesmo tempo tão fascinante e assustador?[8]

Em Michel Maffesoli, encontrei formulações sugestivas para estudar o mundo da prostituição, embora não tenha incorporado suas conceitualizações, já que parecem recuperar oposições tradicionais questionáveis como comunidade *versus* sociedade, natural *versus* artificial, orgânico *versus* mecânico. Atento para os agenciamentos sociais subterrâneos, as "socialidades de base", o autor explica que uma sociedade não pode impedir a manifestação das forças dionisíacas, do prazer e do lúdico que operam em seu interior, sem correr o risco de ver explodir em formas violentas e perversas essa dimensão recalcada da vida humana. Cabe-lhe, então, procurar integrar simbolicamente suas "regiões sombrias".[9]

---

8. Louis Chevalier, *Montmartre, du plaisir et du crime*, Paris, Robert Lafont, 1980.
9. Michel Maffesoli, *A sombra de Dionísio*. Rio de Janeiro, Graal, 1985, p. 169.

As reflexões do sociólogo permitem que se pensem as práticas sexuais pecaminosas a partir de um novo viés. Escapando a uma apreensão insistentemente normativa, que caracteriza muitos dos trabalhos sobre o tema, esse autor privilegia a função agregativa da prostituição, lugar onde se refazem as solidariedades subterrâneas fundamentais. Além de possibilitar a aproximação dos indivíduos enquanto espaço de sociabilidade, o mundo do prazer propicia a fusão do indivíduo no coletivo, uma diluição do eu na confusão dos corpos.

Essa análise faz muito sentido, principalmente quando se considera o período estudado, ou seja, aquele em que com a industrialização e urbanização crescentes, a sociedade tende a uma privatização cada vez mais acentuada dos costumes, hábitos e comportamentos. Assim, num momento em que "nós, os vitorianos", como quer Foucault, valorizamos mais intensamente a privatização do sexo, consubstanciada no casamento monogâmico e encerrada no quarto do casal, a prostituição instaura formas coletivas e diferenciadas de circulação dos fluxos desejantes. Prostituir-se é ser de todos e de ninguém exclusivamente. Desse modo, o espaço da prostituição possibilita uma nova "respiração" das coisas e das pessoas, diz Maffesoli, necessária para o equilíbrio da sociedade.

A prostituição foi vivenciada como linha de fuga da constelação familiar, da disciplina do trabalho, dos códigos normativos convencionais: lugar da desterritorialização intensiva e da constituição de novos territórios do desejo. Configurou-se, portanto, como espaço onde puderam emergir outros modos de funcionamento desejante — anárquicos, microscópicos, diferenciados —, mais do que como lugar da transgressão do interdito sexual, como é em geral analisada.[10] Nos territórios do prazer, vivem-se possibilidades de perda da identidade na relação sexual, de desterritorialização subjetiva, ao inverterem-se papéis e dramatizarem-se situações, abrindo-se espaço à manifestação de "pulsões irreprimíveis", que não podem se realizar na relação conjugal normalizada.

---

10. Judith Belladonna, "Folles femmes de leur corps", *Recherches*, n. 26, Fontenay, sur-Bois, 1977; Suely Rolnik, *Cartografia sentimental. Transformações contemporâneas do desejo*. São Paulo: Estação Liberdade, 1989; Nestor Perlongher, *O negócio do michê. A prostituição viril em São Paulo*, São Paulo, Brasiliense, 1987.

É bastante conhecida na história da cidade a importância que teve o bordel enquanto lugar de iniciação sexual dos jovens. Moços da elite ou das camadas menos favorecidas eram introduzidos nas "artes do amor" ou nos "vícios elegantes", como dizia o dr. Orlando Vairo, em 1926, pelas prostitutas, com as quais às vezes chegavam a manter relações duradouras. Se moralmente condenada, essa função era bem-vinda na sociedade, pois, segundo se acreditava então, garantia a virgindade das futuras esposas e permitia que os moços arrefecessem parte do "fogo interno", numa fase da vida em que os impulsos libidinais eram muito prementes.

Além disso, o universo das práticas sexuais ilícitas desempenhou uma função "civilizadora" na sociedade provinciana do período. Muitos romances e depoimentos destacam essa dimensão da vida dos bordéis e cabarés, onde as prostitutas estrangeiras, experientes e viajadas, ensinavam regras sofisticadas de conduta aos paulistas deslumbrados com as conquistas da modernidade e com o progresso. Juntamente com a venda do prazer, o mundo da prostituição destilava práticas eróticas, sexuais e sociais mais refinadas, já que aí se praticavam formas de sociabilidade referenciadas pelos padrões da cultura européia. Homens de idades, classes, profissões, nacionalidades diversas participavam desse microcosmo, discutindo política, jogando cartas, bebendo, dançando, acompanhados pelas cocotes ou pelas meretrizes mais pobres.

A TRAMA

Quatro capítulos compõem este livro: "Brilhos", "Opacidades", "Labirintos" e "Dramaturgias". Entendendo que a prostituição foi problematizada sobretudo em sua dimensão simbólica, isto é, enquanto espaço de projeções e fantasmas, mais do que em sua realidade empírica, tentei perceber em que a presença das cortesãs, muitas das quais estrangeiras, afetou o imaginário social, tendo em vista as próprias mudanças sociais e culturais que atingiam a condição da mulher na cidade de São Paulo. A associação da prostituta com uma figura da modernidade, "corpo mítico e alegórico onde outras diferenças negadas" podem se instalar, ocorre no contexto de uma sociedade que lida com dificuldades diante das transformações urbanas que alteram a condição feminina e os atributos da feminilidade.[11]

A relativa emancipação da mulher, sua livre circulação nas ruas e praças, sua entrada mais agressiva no mercado de trabalho, a criação de um espaço público literário, segundo a expressão de Habermas,[12] a solicitação para que freqüentasse reuniões sociais, restaurantes da moda ou temporadas líricas foram percebidas de maneira extremamente ambígua. Se de um lado valorizava-se sua incorporação num amplo espaço social, por outro procurava-se instaurar linhas de demarcação sexual definidoras dos países sociais bastante claras. No caso da mulher, que "honestas" e "perdidas" não se confundissem. E que, acima de tudo, as mulheres se conscientizassem, na democratização da vida social, de que sua natureza primeira era a maternidade. A prostituta passou, então, a simbolizar a alteridade, a mais radical e perigosa.

Ainda tentando perceber em que a moralidade pública se tornava problemática com a emergência de uma configuração burguesa da vida pública, procurei delinear os contornos que assumia a geografia do prazer, onde crescia uma cultura erótica e pornográfica. Em torno das práticas sexuais extraconjugais constituiu-se um universo de atividades de lazer e cultura, antes inexistentes na cidade: cafés-concerto, cafés-cantantes, cabarés, bordéis, "pensões alegres", teatros, bares e restaurantes floresceram pelo centro comercial e nos arredores mais afastados, como espaços de circulação dos fluxos desejantes e de manifestação de outras formas de expressão do desejo, à imagem do que se assistia nos países europeus paradigmáticos. Essas questões nortearam o primeiro capítulo.

"Opacidades" dirige-se para um outro pólo, o dos setores sociais apreensivos com os perigos que a configuração dos territórios do prazer e a expansão dos "vícios urbanos" suscitava. Para estes, o mundo da prostituição esteve menos envolvido por uma auréola luminosa e atraente do que pelos mistérios infernais que ocultava. Opaco, esse mundo deveria ser cientificamente devassado pelo olhar médico e criminológico para revelar sua verdadeira face. Novamente, estamos lidando com fantasmas,

---

11. Christine Buci-Glucksmann, *La raison baroque. De Baudelaire à Benjamin*, Paris, Galilée, 1984, p. 145.
12. Jürgen Habermas, *Mudança estrutural da esfera pública*, Rio de Janeiro, Tempo Brasileiro, 1984.

e o discurso normativo que esses especialistas elaboraram sugere um inconsciente bastante problemático em relação à sexualidade e à mulher.

Herdeiros de uma tradição intelectual conservadora, especialmente marcada pelas concepções biologizantes do século XIX, os especialistas formularam políticas de controle da sexualidade insubmissa.

Seu discurso informou práticas de normatização do mundo do prazer e tendeu a enrijecer-se na medida mesma de sua ineficácia. Pois nem as prostitutas deixaram de circular pelas ruas, a não ser em momentos muito delimitados, nem as novidades pornográficas deixaram de exercer cada vez maior fascínio sobre a população, chegando a formar a indústria que hoje conhecemos.

"Labirintos", terceiro capítulo, procura ser uma viagem pelo interior do mundo da prostituição. Meu interesse voltou-se para os códigos que regem as práticas vigentes nesse microcosmo, para a natureza das relações que se estabelecem entre prostitutas, clientes, caftens, caftinas ou entre as próprias meretrizes, e para aquilo que diferencia o alto e o baixo meretrício, especialmente no campo das representações. Destaco as funções que o mundo da prostituição preencheu como forma de sociabilidade, evidenciando, ao mesmo tempo, a violência constitutiva dessas relações.

Foi fundamental, para isso, recorrer à literatura do período, tanto por sua riqueza, quanto pela escassez de documentos que pudessem fornecer os elementos necessários para conhecer por dentro o universo das práticas licenciosas. É claro que também aqui estamos no plano das fantasias, dos desejos, das projeções. Mas é assim que essa realidade é vivenciada. Mais do que qualquer outra, a prostituta é uma projeção do freguês e, como tal, sua função consiste em representar o teatro que lhe é encomendado. Ao contrário do que pensam médicos e criminologistas do período, não se configuram relações entre indivíduos no interior dos bordéis, mas relações de órgãos, mediatizadas pelo dinheiro. Cruel ou não, é assim que as pessoas buscam esse mundo, onde sabem muito bem que não vão encontrar ou ser capturadas pelos mesmos fluxos que circulam do outro lado da margem.

Documento privilegiado em todo o livro, não trabalhei a literatura como "reflexo" de uma suposta realidade empírica. Acredito que a literatura pode nos revelar aspectos importantes das formas de pensar e sentir de uma determinada sociedade. Os romances traduzem os anseios, captam as angústias, fantasias, desejos de uma determinada época, e não apenas de uma classe social a que pertenceria o autor. Além do mais, a literatura constrói a sua representação do fenômeno, que tanto pode atuar como ponto de referência para o leitor, como responder às suas aspirações. Recorro aqui às observações de Shoshana Felman que, discutindo a loucura, afirma ser a literatura o "único canal" pelo qual a loucura, na História, falou em seu próprio nome, ou pode ao menos falar com uma relativa liberdade.[13]

Encerro com "Dramaturgias", quarto capítulo, em que apresento um aspecto dramático pouco conhecido da história da prostituição, que vem sendo abordado recentemente pelo cinema e por produções historiográficas estrangeiras: o tráfico das "escravas brancas". Nos bastidores da imigração, grandes contingentes de mulheres foram traficadas para os mercados da Argentina e do Brasil para serem comercializadas nos prostíbulos locais. Gangues organizadas de caftens franceses, polacos portugueses ou de outras nacionalidades encarregaram-se de garantir uma alta rotatividade nos bordéis da América do Sul com prostitutas estrangeiras, na grande maioria muito jovens.

A documentação sugere que muitas vieram por livre iniciativa, desejando melhorar suas condições de vida como prostitutas nos mercados mais lucrativos de Buenos Aires, Rio de Janeiro e São Paulo. No entanto, também houve aquelas, principalmente recrutadas nas regiões pobres da Europa oriental e central, que vieram como esposas de homens que se apresentaram em suas pequenas aldeias como ricos comerciantes. A violência da situação que enfrentaram pode ser imaginada.

Contudo, é melhor manter um certo distanciamento em relação à documentação e lembrar que esse foi um tema envolto em muitos mistérios e fantasias. Também aqui defrontamo-nos com um mundo povoado por estereótipos e clichês, que é preciso desfazer. Os historiadores que tratam do tema, em obras bastante recentes, afinam na idéia de que é preciso distinguir as representações obsessivas que as autoridades públicas promoveram sobre o tráfico das "brancas", vitimizando as prostitutas comercializadas, do perigo real que ele significou.[14]

---

13. Shoshana Felman, *La folie et la chose littéraire*, Paris, Seuil, 198.
14. Edward Bristow, *Prejudice and prostitution. The jewish fight against white slavery, 1870-1939*. Oxford University Press. 1982; Victor Mirelman, *En búsqueda de una identidad. Los inmigrantes judios en Buenos Aires, 1890-1930*, Buenos Aires, Milà, 1989; Marion Kaplan, *The jewish feminist movement in Germany: The campaigns of the Judischer Frauenbund, 1904-1938*, Londres, Greenwood, 1979.

Tendo em vista essas recomendações, procurei conhecer as redes envolvidas na organização do tráfico, o funcionamento interno das máfias de caftens estrangeiros, as formas de comercialização das prostitutas, tanto quanto a documentação permitiu, já que no Brasil ainda há muita restrição para se falar sobre o tema, ao contrário do que ocorre em outros países. Novamente a literatura foi de grande auxílio para que pudesse repensar algumas questões suscitadas pelo tema numa outra perspectiva, a exemplo da clássica e cinematográfica construção da relação cáften-prostituta. Evidentemente, teria sido ótimo contar com cartas e memórias de (ex) prostitutas, ou mesmo de gigolôs, mas não cheguei a encontrá-las. Mesmo assim, foi fundamental ter conhecido Mme. O. que, aos 80 anos de idade, e tendo chegado ao Brasil emigrada da França em 1923, tem muito o que contar. Trabalhando como costureira junto de sua mãe, teve fácil penetração em diversos meios sociais que valorizavam especialmente a modista francesa em São Paulo.

Com ela passei momentos descontraídos, em entrevistas descomprometidas e divertidas. Muito lúcida e loquaz, Mme. O. tornou particularmente saborosa e viva a elaboração deste estudo. Desfez inúmeras confusões que a leitura da documentação ou o conhecimento do passado apenas através de livros favorece. Não me preocupei em analisar metodicamente seus depoimentos, deixando ao leitor a tarefa de perceber que é contraditório, generalizador, parcial, às vezes confuso, e carregado de emoções como qualquer lembrança do passado. Também não considerei "verdadeiras" todas as suas lembranças, no sentido de que estariam retratando o passado tal como foi. Longe de nós o positivismo que aposta na eloqüência do documento.

Portanto, abstive-me de explicar ao leitor as tensões e as contradições de seu discurso e de destacar o aspecto subjetivo de suas memórias. Penso que elas fazem parte da maneira pela qual essa senhora construiu sua memória do passado e procurei trazer simplesmente o que ela me passou. O leitor perceberá que, sendo francesa, muitas vezes mistura palavras das duas línguas, pois as gravações foram feitas em português. Procurei manter a transcrição das fitas com a máxima fidelidade.

Ainda outra entrevista foi de grande valia: a do advogado Samuel Malamud, que fui encontrar em seu escritório, no Rio de Janeiro. Os depoimentos que fez foram fundamentais para relativizar a impressão que os artigos da imprensa tinham produzido em minha imaginação, especialmente em relação à presença dos "indesejáveis" judeus naquela cidade, disputando espaço com a própria comunidade israelita para participar das atividades culturais e ter acesso aos cultos religiosos. Malamud mostrou-me que, ao contrário do que eu imaginava, os caftens "polacos" e as prostitutas às quais estavam ligados não tinham tido no Brasil a mesma organização e a mesma força de atuação que em Buenos Aires e em outras cidades da Argentina. Tendo chegado ao Brasil ainda jovem, também no ano de 1923, e tendo atuado como jornalista e autor de algumas peças satíricas do teatro ídiche, conviveu com os muitos problemas que a integração dos judeus no país enfrentou. Sem dúvida, além de suas memórias publicadas em dois livros recentes, a entrevista oral iluminou muitos momentos deste trabalho, despertando ainda mais meu interesse e minha curiosidade.[15]

Finalmente, a possibilidade de complementar a pesquisa em arquivos e bibliotecas de Londres enriqueceu em muito a compreensão que tive do tema em geral e, em particular, do tráfico das "brancas". A documentação primária é abundante naquele país por ter sido berço das entidades filantrópicas de proteção à mulher, como a National Vigilance Association e a Jewish Association for the Protection of Girls and Women, e sede dos congressos internacionais de repressão ao tráfico e à prostituição, desde os inícios do século passado.

---

15. Samuel Malamud, *Escalas no tempo*, Rio de Janeiro, Record, 1986; *Recordando a praça Onze*, Rio de Janeiro, Kosmos, 1988.

I | BRILHOS

*O amor pelas prostitutas é a apoteose
da empatia pelas mercadorias*
　　　　　　　　Walter Benjamin

1 | A PROSTITUIÇÃO COMO ESPETÁCULO

Quando a loira parisiense Marcelle d'Avreux descia as escadas da Pensão Milano, propriedade de Mme. Serafina, em direção ao carro que a esperava na porta, na rua São João, n. 30, escandalizava os provincianos da São Paulo dos inícios do século XX. Todos os olhares voltavam-se para suas roupas coloridas e extravagantes e para seu enorme chapéu enfeitado com longas penas de avestruz — as *pleureuses* —, cuidadosamente encrespadas e emendadas para parecerem mais longas e mais caras.

Ao lado de outras cocotes de fama internacional, como se acreditava, a cançonetista Jeanne Peltier, Mimi Turris, Maria Cabaret, Hélène Chauvin, recém-chegada de Paris, costumava desfilar pela cidade. Todas "farfalhantes de seda e coruscantes de jóias".[1] Entre seus pontos favoritos, freqüentavam a Confeitaria Castelões, no largo do Rosário (atual praça Antônio Prado), afastando as respeitáveis famílias que ali tomavam sorvetes e saboreavam deliciosos docinhos.

Mas já era o entardecer: as lojas que ficavam ao lado, como a Chapelaria Alberto, fechavam suas portas. Quem sorria eram os "coronéis" recém-chegados do interior, deslumbrados com o visual moderno

---

1. Cicero Marques, *De pastora a rainha*, São Paulo, Ed. Rádio Panamericana, 1944, p. 99.

que coloria seus olhos e com as promissoras perspectivas de concretizarem sonhos acalantados, ao lado das companhias femininas "alegres". É a *jeunesse dorée*, esperançosa de encontrar alguns flertes e fugazes aventuras românticas.

Os "coronéis" já dispunham de alguns hotéis de luxo, onde podiam hospedar-se na cidade: o moderno Grand Hotel, na rua Direita, construído pelo arquiteto alemão von Puttkamer — um dos marcos inaugurais da arquitetura do café —,[2] que causara enorme impacto em Junius, décadas antes, pelo luxo e pela qualidade dos serviços. Antônio de Paula Ramos Júnior, ou Junius, que retornava a São Paulo em 1882, após 30 anos de ausência, exultava diante do elegante edifício:

> O Grand Hotel causou-me agradável impressão: é um estabelecimento bem montado e de luxo: na corte e nas capitais das principais províncias do Império, que percorri, não se encontra um igual. Inúmeros bicos de gás, bonitos candelabros, lindas jarras de flores sobre as duas compridas mesas, grandes espelhos a multiplicar os raios de luz, e os objetos que se achavam na sala davam belíssimo aspecto àquele ambiente. Eu senti *uns ares* dos bons hotéis da *Europa*: recordei-me do confortável e do bom gosto que neles se encontram.[3]

Ou então, podiam instalar-se na elegante Rotisserie Sportsman, na rua São Bento, onde empregados bem uniformizados recebiam celebridades da vida artístico-cultural européia, por ocasião de suas apresentações em São Paulo. Oswald de Andrade, nos inícios dos anos de 1910, mal podia conter sua emoção ao ser recebido efusivamente e regado a champanhe por Isadora Duncan, em um dos apartamentos do hotel.[4]

Outras madames, proprietárias de "Pensões de Artistas", como eram conhecidos os bordéis do período, aproveitavam a movimentação provocada pela estréia das companhias estrangeiras em *tournée* pela capital para exibirem suas "pupilas", embelezadas com as últimas modas trazidas pelas costureiras francesas. Suzanne Valmont, Mme.

---

2. Carlos Lemos, *Alvenaria burguesa*, São Paulo, Nobel, 1985, p. 106.
3. Junius, *Em São Paulo. Notas de viagem*, São Paulo, tip. de Jorge Seckler, 1882, p. 115.
4. Oswald de Andrade, *Um homem sem profissão, sob as ordens de mamãe*, Rio de Janeiro, Civilização Brasileira, 1974, p. 95.

Sanches, Germaine D'Anglemont, Mme. Filiberti difundiam os novos hábitos do mundo do prazer, acompanhadas pelas jovens louras, ruivas ou morenas que excitavam a imaginação do outro lado da margem.

Da Confeitaria Castelões, seguiam para os cafés-concerto, onde se reunia a boêmia elegante da cidade, enquanto os rapazes menos afortunados procuravam diversões no Café Guarani ou no Progredior, no Politeama, o mais badalado antes do aparecimento do Bar do Municipal, no Moulin Rouge, no largo Paissandu, ou no Cassino dos Médicos, na rua 24 de Maio. Os cafés-concerto apresentavam números variados, oscilando entre os sucessos das cançonetistas estrangeiras e brasileiras, as danças de duplas famosas e números circenses espalhafatosos, como luta romana entre homens e mulheres.[5] Ainda não chegara a época dos cabarés.

O Politeama Concerto, que às vezes funcionava como teatro, reunia em ocasiões de gala diversos setores da sociedade paulista, ansiosos para vivenciar os costumes modernos e conhecer as novidades artísticas que aqui chegavam. Frisas, camarotes, platéia e torrinhas ficavam lotados com a alta sociedade paulistana — os Prado, Mesquita, Crespi, Albuquerque Lins, Washington Luís —, estudantes da Faculdade de Direito, empregados do comércio e modestos negociantes italianos, seguindo uma hierarquização espacial e social ainda modesta diante daquela que as décadas posteriores assistirão.

Nas frisas, instalavam-se as "beldades que fascinavam a *jeunesse dorée*": Ana Cigana, Maria Grangée, Jeanne Caillaux, a americana Sílvia Sílvia, Aurora Rosane, Julieta Ptachinikoff, Jenny Cook, entre outras.[6] O clima de excitação e deslumbramento, recorda Cicero Marques, caracterizava os encontros dessa sociedade enriquecida com o desenvolvimento urbano-industrial e desejosa de importar mercadorias e hábitos parisienses. No café-concerto, aproximavam-se os corpos numa atmosfera efervescente, circulavam pelas mesinhas e corredores, exibiam-se uns aos outros. Uma intensa circulação de fluxos desejantes emergia no consumo ávido dos olhares que se entrecruzavam. Possibilidades de contatos inesperados, de transgressões aos comportamentos convencionais, pro-

---

5. Vicente de Paula Araújo, *Salões, circos e cinemas de São Paulo*, São Paulo, Perspectiva, 1981, p. 133.
6. Cicero Marques, *op. cit.*, p. 52.

messas de aventuras dissonantes diante da estabilidade reinante ou apenas idealizada na imagem da família-refúgio que se procurava instituir.

Por mais edulcoradas e romantizadas que essas memórias sejam, sugerem que as pessoas se divertiam deliciadas com as danças espanholas sensuais, com os requebros de quadris e com as castanholas de Manolita.

> A turba, aplaudindo-a, grita fora de si: "Dali! Dali!... Salerosa!... Con el passe doble, preciosa!... Bendita sea tu madre!". A multidão delira. Ela continua dançando. O saiote faz-lhe um círculo em derredor do tronco. (...) Tem o busto empinado, a cabeça para trás, as mãos nos quadris triunfantes, sorri fitando a platéia.[7]

No entanto, embora algumas vezes freqüentassem espaços comuns de sociabilidade, como o próprio Politeama, mulheres respeitáveis e prostitutas de luxo procuravam manter distância. A preocupação com a presença de figuras indecorosas nos locais de lazer e nas ruas da cidade levava a que pequenos detalhes do comportamento e da aparência feminina fossem cautelosamente estudados e produzidos. O jornal *A Província de São Paulo*, por exemplo, tomava algumas precauções, tentando orientar a opinião das leitoras do "sexo frágil" contra o perigo de contaminação dos novos hábitos introduzidos pelo progresso.

"Diz-me os perfumes que usas, dir-te-ei os teus defeitos e qualidades", avisava uma articulista:

> Os perfumes! Grave assunto a que a mulher verdadeiramente fina e superior tem por força de prestar séria atenção. (...) Não há revelador mais indiscreto do que um perfume! (...) Imagine-se um rasto de *patchouli* ou de *almíscar*.
>
> Quem acreditará na delicadeza dos seus sentimentos, na pureza de seu gosto, na sinceridade das suas carícias, na graça de suas consolações. (...) Não; é por força ruidosa, violenta, apaixonada; gosta do barulho e da banalidade das festas; na música, prefere a nota estrídula dos clarins; nas cores, escolhe a fanfarra estridente do escarlate; no amor, gosta do aparato, da ostentação das grandes frases, da declamação teatral; na vida, aprecia antes de tudo o espetáculo, a *mise-en-scène*, a exterioridade balofa.[8]

---

7. Cicero Marques, *op. cit.*, p. 60.
8. Maria Amália Vaz de Carvalho, "Philosophia da toilette", *A Província de S. Paulo*, 29/03/1878.

Décadas depois, o medo da identificação entre a "moça de família" e a "mulher da vida" se acentuaria, como se depreende da veemência com que as feministas, médicos e juristas vociferavam publicamente contra a prostituta. Na *Revista Feminina* de fevereiro de 1920, Ana Rita Malheiros advertia suas leitoras contra esse perigo:

> Como exigir o respeito que se deve às mulheres honestas se nos vestimos como as hetaíras, se fumamos como fumam as favoritas dos haréns, se nos enchampanhamos como as marafonas, se nos debruçamos aos ombros dos homens como o fazem as chinas embriagadas, e se chegamos — já se chegou a isso! — a fazer, a apregoar, no "grande mundo", as célebres farras? Felizmente que esse fenômeno, se nos atingiu, foi só nas grandes cidades e, ainda nestas, apenas numa certa sociedade desnacionalizada, de tipos que se envergonham de ser brasileiros (...).[9]

Fenômeno tipicamente urbano, como ela reconhecia, o crescimento da prostituição passava a ser vivenciado como um problema público — o lado negativo do progresso —, e era transformado em poderoso *fantasma* de contenção às mulheres que pressionavam para ingressar na esfera da vida pública. Os tempos tinham efetivamente mudado. Não parecia fácil aceitar a convivência feminina em espaços tidos como essencialmente masculinos.

Nesse contexto, a prostituta foi recoberta com múltiplas imagens que lhe atribuíram características de independência, liberdade e poder: *figura da modernidade*, passava a ser associada à extrema liberalização dos costumes nas sociedades civilizadas, à desconexão com os vínculos sociais tradicionais e à multiplicidade de novas práticas sexuais. *Figura pública* por excelência, podia comercializar o próprio corpo como desejava, dissociando prazer e amor, aventurando-se, através da livre troca pelo dinheiro, em viagens desconhecidas até mesmo para os homens dos países mais atrasados. *Poderosa*, simbolizava a investida do instinto contra o império da razão, a exemplo de Salomé, ameaça de subversão dos códigos de comportamento estabelecidos.

Labiríntico como a cidade, o corpo da meretriz — lugar do artifício, da opacidade, da perda de si — convidava para o deciframento de

---

9. Ana Rita Malheiros, "Fevereiro", *Revista Feminina*, São Paulo, fev. 1920, ano VII, p. 67.

regiões misteriosas e para a experiência de sensações exacerbadas. Como não temer que as jovens que almejavam ou lutavam pela emancipação feminina, mesmo que isso se traduzisse pelo simples desejo de ingresso no mercado de trabalho, não se sentissem fascinadas por essa outra forma de inscrição no mundo moderno? Marcelle d'Avreux certamente não tirava o sono apenas dos provincianos da São Paulo dos inícios do século XX.

O FANTASMA DA PROSTITUIÇÃO

Enquanto a urbanização e o crescimento socioeconômico da cidade embaralhavam as tradicionais demarcações entre as atividades masculinas e femininas e a entrada em cena das mulheres de várias classes sociais nas fábricas, escritórios, escolas, comércio ou nos serviços de infra-estrutura urbana ameaçava subverter os códigos cristalizados de sociabilidade e de participação na vida social, a figura da prostituta emergia como um poderoso *fantasma* no imaginário social. Contra ela, levantavam-se as vozes competentes dos homens cultos, advertindo contra os perigos de contaminação física e moral que representavam para o equilíbrio da sociedade; das feministas, preocupadas em conquistar o direito de ingresso na esfera pública, sem a identificação com a licenciosidade das "mulheres alegres"; das famílias "respeitáveis", reivindicando maior controle e censura da moralidade pública.

No entanto, na passagem do século, a prostituta ainda era pouco citada explicitamente, a não ser pelos setores mais especializados nas discussões dos problemas sociais, como médicos, juristas, chefes de polícia, jornalistas, políticos e alguns literatos. Na fala das mulheres de elite, nas leituras destinadas às moças, nas revistas femininas, a prostituição não encontrava espaço, assim como os assuntos que remetiam ao desejo e à sexualidade. Mesmo assim, a "mulher pública" era uma figura presente, porém menos como uma figura empírica, dotada de carne e osso, do que como uma identidade a ser elaborada no plano dos enunciados. Era, portanto, como *fantasma* que ela aparecia, como virtualidade a irromper das profundezas do desconhecido corpo feminino, como possibilidade-perigo que poderia habitar a sexualidade de todas as mulheres.

Nas entrelinhas dos discursos que advertiam as senhoras contra os usos exagerados dos perfumes, das jóias, das roupas decotadas, pairava a ameaça latente da identificação com a cortesã. A "mulher pública" era visualizada como a que vendia o corpo como mercadoria: como vendedora e mercadoria simultaneamente. E também a mulher que era capaz de sentir prazer, que era lugar de prazer, mesmo sem amar, ou sem ser amada. Ela simbolizava, assim, a fragmentação do sujeito moderno e a separação radical entre o erótico e o amor.[10]

Inevitável discutir essa dimensão do problema: por que a prostituta se tornava uma ameaça imaginária, um fantasma que todas as mulheres deveriam exorcizar, desde esse momento de profundas transformações urbanas? Oswald de Andrade, no trabalho de memórias citado, traduz o clima de ansiedade e opressão que cercava a figura feminina em seu meio social privilegiado, impedida de qualquer comportamento que pudesse borrar sua imagem santificada:

> Assisti ao desnudamento do homem como da mulher no meu século. Essa coitada, até a minha adolescência, esmagava o corpo entre espartilhos e barbatanas de cintas ferozes. Era preciso tirar dela os últimos traços do natural. Nada de canelas à mostra, nem braços, nem começos saltitantes de seios. Tudo isso era *o arsenal do demônio* que atravancava o nosso celestial destino. (...) Uma vida de simulação ignóbil, abençoada e retida por padres e confessores, recobria o tumulto das reivindicações naturais que, não raro, estalavam em dramas crus. Um pai matava a filha porque esta amara um homem fora de sua condição. (...) Ser bem educado era fugir da vida. As mulheres não podiam sequer revelar a sexualidade natural que todas têm. Eram logo *putas*.[11] (grifos meus)

A moral extremamente rígida da época, que fazia do sexo pecado e doença ao mesmo tempo, inibia a ação e a própria fala de muitos homens. Outro memorialista do período, Paulo Duarte, confessa as dificuldades com que assuntos sexuais eram tratados:

---

10. Esses temas são abordados por Christine Buci-Glucksmann, *La raison baroque. De Baudelaire à Benjamin*, Paris, Ed. Galilée, 1984, p. 121; e G. Bataille, *O erotismo*, Porto Alegre, L&PM, 1987.
11. Oswald de Andrade, *op. cit.*, p. 55.

> Eram, para mim, assuntos discretos que não deviam ser tratados em público. (...) No fundo, o sexo era uma coisa indecente e era melhor deixá-lo de lado.[12]

Nem por isso ele deixará de narrar, mais velho, os episódios compartilhados com outros boêmios do período nos bordéis que faziam sucesso na cidade.

Parece-me uma resposta plausível relacionar a emergência do medo suscitado diante dos processos de desterritorialização da subjetividade, vividos com as transformações da sociedade urbano-industrial, com a conquista de determinados espaços e direitos da mulher no cenário público, apontando para a idéia de uma possível igualização da condição social dos sexos. Ao mesmo tempo em que as feministas das camadas médias, a que me referirei posteriormente, reivindicavam o direito de voto, a igualdade de remuneração salarial pelos mesmos serviços que os executados pelos homens, ou questionavam as teorias que justificavam a desigualdade biológica e social entre os sexos, faziam questão de ressaltar as grandes diferenças que separavam uns e outros. E não sem motivos. Afinal, a época que prometeu o direito de cidadania para todos precisou, por sua vez, criar fortes barreiras simbólicas e espaciais hierarquizando também os sexos.[13] O homem no espaço público foi sempre percebido positivamente, através da imagem do trabalhador e do político, segundo o ideário liberal. A mulher fora do lar, sobretudo se desacompanhada, precisou prestar muita atenção aos seus gestos, aparência, roupas, para não ser confundida com a figura dissoluta, excêntrica da prostituta, "mulher pública".

Ao estabelecer nítidas diferenciações entre as duas figuras femininas polarizando-as, a sociedade burguesa encontrou meios para se defender da ameaça representada pela prostituta — mulher imaginariamente livre, descontrolada e irracional. Por mais independente que fosse

---

12. Paulo Duarte, *Memórias*, v. 2, *A inteligência da fome*, São Paulo, Hucitec, 1975, p. 256.

13. Veja Joan B. Landes, *Women and the public sphere in the age of the French revolution*, Cornell University Press, 1988; Paule-Marie Duhet, *Les femmes et la révolution, 1789-1794*, Paris, Julliard, 1971; Leonora Cohen Rosenfield, "The rights of women in the French revolution, *Studies in Eighteenth Century*, 1978, v. 7, p. 117-137; Claire Tomalin, *The life and death of Mary Wollstonecraft*, Inglaterra, Penguin Books, 1974.

a "mulher honesta", sua liberdade estaria sempre limitada no plano simbólico pela presença da meretriz, dimensão que não constituiu uma barreira de ação para o homem. Não é à toa que as feministas do começo do século XX, no Brasil, procurassem continuamente desfazer as possíveis confusões entre liberdade e licenciosidade e propusessem igualdade de direitos mas contenção da mulher no lar, salários mais altos para as trabalhadoras, mas complementaridade de sua participação no orçamento doméstico. É, aliás, freqüente nas revistas femininas do período, como veremos, o argumento de que uma profissão é importante para a mulher, principalmente se ela enviuvar, ou se não conseguir um bom casamento, pois a habilitação profissional impedirá que necessite recorrer a atividades menos nobres para a sobrevivência material.

Nessas discussões, reserva-se sempre ao homem o privilégio de ser o chefe da família, o principal contribuidor no orçamento familiar, enquanto a mulher se torna o administrador doméstico do dinheiro, mas apenas para os pequenos negócios, como o abastecimento de gêneros alimentícios ou as compras de roupas. As grandes decisões continuam reservadas a ele, assim como a "última palavra" sobre qualquer assunto interno importante. Isso nas discussões daquelas que se preocupavam com a condição feminina de uma maneira progressista, embora não radical.

Nesse complexo campo de redefinição de papéis e de valores, a prostituta foi construída como um contra-ideal necessário para atuar como limite à liberdade feminina. A elaboração médico-policial de sua identidade, questão que abordaremos no capítulo II, facilitava a internalização do modelo ideal da boa dona de casa por oposição. Ao mesmo tempo, a presença espetacularizada da prostituta e a expansão das práticas do prazer deixavam claro a inviabilidade de um projeto de contenção sexual na nova economia do desejo. Novamente, Oswald de Andrade dá testemunhos elucidativos das formas de expressão da sexualidade masculina na sociedade do começo do século, ao explicar por que sua geração aderia fortemente ao bordel:

> O bordel passou a ser um ideal para a mocidade do meu tempo. Das pensões, escapando à tirania das caftinas, saíram inúmeras senhoras da nossa alta sociedade, pois as profissionais do amor sabiam prender muito mais os homens do que as sisudas sinhás da reza e da tradição. Casadas, as mulheres transbordavam de gordura em largas matinês, o que fazia os maridos, saudosos de carne muscular e limpa voltarem aos bordéis. (p. 55)

A construção da prostituição como um fantasma atingia alguns alvos estratégicos precisos: instituía as fronteiras simbólicas que não deveriam ser ultrapassadas pelas moças respeitáveis, ao mesmo tempo que organizava as relações sexuais num espaço geográfico da cidade especialmente destinado à evasão, aos encontros amorosos, à vida boêmia. O ideal de pureza da mãe, que se reforça na passagem do século (Paulo Duarte: "Mamãe e vovó não eram mulheres. Eram santas..."[14]), tornava necessária a presença imaginária e empírica da meretriz em lugares destinados para a liberação das fantasias sexuais, para o desfrute do prazer, para a "descarga" das energias libidinais masculinas, como se acreditava então. Nos bordéis diziam nossos avós e bisavós, os rapazes poderiam "queimar" uma parte do "fogo interno" próprio da idade, preparando-se para, no futuro, assentar e conviver sem furores ao lado da esposa casta.

Penso que outra questão merece ser considerada em relação à elaboração da figura da prostituta como *alteridade*. Ela simbolizava um mundo, como observou Baudelaire, onde tudo se transformava em mercadoria, o que levava o poeta a identificar-se com aquela que vendia o corpo no mercado. Simultaneamente vendedora e mercadoria, ela simbolizava aquilo que se via como degradação: uma sociedade onde as relações sociais são mediadas pelo equivalente geral, o dinheiro. Não foi tranqüila a relação da sociedade com a profissionalização dos ofícios e com a instituição de relações assalariadas de trabalho. Em especial, foi extremamente complexa sua relação com a separação entre o amor puro e o prazer sexual, principalmente para as mulheres. A atração pela prostituta — imagem da modernidade — significava a total empatia do homem com o universo alucinante das mercadorias, como observava Benjamin.[15]

Vendendo partes de seu corpo, a relação que se estabelece entre prostituta e freguês não configura uma relação entre indivíduos, mas entre objetos parciais, o que é absolutamente degradante para uma sociedade que aposta em construir uma forma de subjetividade a partir de um corpo pessoal.

---

14. Paulo Duarte, *op. cit.*, p. 258.
15. In Christine Buci-Glucksmann, *op. cit.*, e Walter Benjamin, "Jogo e prostituição", *Obras Escolhidas*, III; *Charles Baudelaire, Um lírico no auge do capitalismo*, São Paulo, Brasiliense, 1989, p. 266.

Ora, a prostituta explora seus órgãos, num nomadismo orgânico que descarta qualquer possibilidade de capturá-la na prisão de uma identidade, como tentarão fazer os cientistas do período. Vale lembrar que as décadas iniciais do século, em São Paulo, caracterizam-se como um momento de grande investimento na construção da figura jurídica do cidadão: indivíduo dotado de uma suposta identidade fixa, que anula qualquer possibilidade de manifestação de suas diferenças. Muito distante desse movimento, as relações que se travam no interior do bordel atestam literalmente a fragmentação do sujeito moderno, seja homem ou mulher, ao mesmo tempo em que revelam as dificuldades de trabalhar com essas relações sem nos remetermos aos agenciamentos coletivos de enunciação e aos fluxos de subjetividade que se atualizam nos indivíduos.[16]

Ainda um outro alvo de ataque visado pela manipulação do fantasma da prostituição refere-se à própria necessidade, consciente ou inconsciente, de determinados setores sociais que se consideravam diretores naturais da vida em sociedade, de interferir na produção de uma nova economia do desejo. A explosão de cafés-concerto, com seus *shows* de *strip-tease*, a circulação de revistas pornográficas, o crescente aumento do consumo de drogas entre a *jeunesse dorée*, assim como a presença espetacularizada das prostitutas estrangeiras, disponíveis em "pensões alegres" e cabarés mais sofisticados, provocou, num primeiro momento, uma reação ambígua de repulsa e atração. Como teremos ocasião de mostrar nos capítulos posteriores, não foi num movimento tranqüilo que se delineou uma "geografia do prazer", territórios onde os "vícios urbanos" modernos, segundo o imaginário da época, puderam aflorar rapidamente.

A documentação pesquisada sugere, contudo, que se as transformações de gostos e costumes provocavam reações moralistas de medo, estas dirigiram-se principalmente à proteção da mulher, ao menos explicitamente. A compreensão de que o homem era um ser mais racional e, ao mesmo tempo, dotado de necessidades sexuais e afetivas mais pre-

---

16. Gilles Deleuze e Felix Guattari, *Mille Plateaux*, Paris, Minuit, 1980; Felix Guattari e Suely Rolnik, *Micropolítica. Cartografias do desejo*, Petrópolis, Vozes, 1986, p. 31.

mentes do que ela fundamentava a imposição de rígidos limites e códigos definidos da participação feminina na ordem pública, liberando parcialmente o "sexo forte".

O CHARME DA "FRANCESA"

Ainda um outro aspecto da questão deve ser considerado. A obsessão diante da presença espetacularizada das meretrizes nos teatros, ruas, praças e restaurantes da cidade deslocava o foco de atenção das antigas escravas para as "francesas" reais ou produzidas, desde as últimas décadas do século XIX. A mulher negra, símbolo da sexualidade quente e tropical ainda hoje, deixava de figurar como o principal signo da imoralidade sexual, substituída pela prostituta estrangeira, tanto no Rio de Janeiro, onde a presença negra era maior do que em São Paulo, quanto neste Estado.

Sobre a cortesã européia, especialmente a "francesa", lançavam-se adjetivações amedrontadas, olhares curiosos, gritos de alerta, pois aparecia como muito mais sedutora e experiente do que qualquer outra. Percebida como alguém proveniente de uma sociedade mais avançada, onde imperavam hábitos totalmente desregrados, Marcelle d'Avreux, como tantas outras, tornava-se temível e desconhecida aos olhos deslumbrados dos paulistas provincianos. Se o corpo da ex-escrava fora controlado e domesticado, a meretriz estrangeira é que ameaçava deter o controle sobre os instintos reprimidos de homens e mulheres inexperientes. Sem nítidas marcas de inferioridade e desvio, como impedir que as jovens ingênuas não admirassem todo o "jardim das modas" incorporado em sua aparência?[17]

Os médicos do período, tanto na França quanto no Brasil, investiram sérios esforços para enclausurar o corpo da prostituta nas redes de um saber classificatório, que a segregou como figura da alteridade. Na verdade, a mitologia que envolvia a "francesa" como mulher dota-

---

17. Faço uma alusão à expressão que Philippe Perrot utiliza no artigo "Le jardin des modes", em que analisa a função do trabalho da aparência na sociedade francesa de meados do século XIX, in Jean-Paul Aron (org.), *Misérable et glorieurse: la femme do XIXème siècle*, Paris, Fayard. 1980.

da de poderes mágicos e que impregnava o imaginário social não se circunscrevia ao Brasil e, possivelmente, ela mesma contribuía para reforçar essas projeções fantasiosas. Vale observar como Júlio Dantas, autor português bastante difundido entre nós, tecia sua imagem, destacando sua astúcia:

> De todas as mulheres, a que mais inteligentemente, a que mais tenazmente trabalha para governar o homem é aquela que menos preocupada parece em o governar: *a francesa*. Enquanto as outras gritam, legislam, discutem, vociferam, incendeiam as estações de caminhos de ferro, violam as caixas do correio (...), a francesa, mais sensata, mais astuta, mais inteligente, incomparavelmente mais conhecedora da psicologia masculina, trata, antes de tudo, de se fazer cada vez mais bela, mais desejada, mais enigmática no seu poder de sedução — portanto, cada vez mais absorvente, mais imperiosa, mais dominadora, mais e mais senhora absoluta do coração e do pensamento do homem, seu eterno adorador e seu implacável inimigo (...).[18]

Juntamente com a presença das prostitutas francesas, instituía-se sua imagem de mulher mais sedutora e poderosa, ameaçadora para a estabilidade das famílias e para a preservação dos bons costumes sociais. Evidentemente, assim aparecerão nos tratados médicos, nas notícias dos jornais e nos romances publicados no período: sempre compondo o perfil da *femme fatale*, com sua força vulcânica ameaçando destruir os elos racionais de civilidade, nocivamente inquietando a pacata vida cotidiana da cidade, como invocavam os contemporâneos.

Por outro lado, percebidas como figuras portadoras de hábitos mais civilizados e de melhor nível cultural que as brasileiras, também se destacaram pela função "civilizadora" que os contemporâneos lhes atribuíam, sobretudo ao introduzirem os jovens nas artes do amor e ao ensinarem códigos mais modernos de civilidades aos rudes fazendeiros e demais provincianos. O trecho de memórias de Oswald de Andrade que citei lembra que muitas das cortesãs prestigiadas na época se tornarão futuras damas da sociedade, ao casarem-se com homens de posição privilegiada.

---

18. Júlio Dantas, "A Eva moderna", in *Figuras de ontem e de hoje*, Porto, Livraria Chardon, de Lelo e Irmão Editores, 1919, 2ª ed., p. 51.

Ainda recentemente, numa entrevista realizada com uma ex-costureira francesa, que conheceu de perto o mundo paulista da prostituição, desde os anos de 1920, evidenciou-se o mesmo conjunto de representações que glorificavam a "francesa" como uma prostituta de maior prestígio em relação às outras. Perguntei a Mme. O., de 80 anos de idade, por que a francesa fazia mais sucesso do que as outras entre os boêmios da cidade. Sua resposta foi a seguinte:

> Não sei, porque somos todas mulheres iguais; mas creio que algumas são mais carinhosas, outras sabem enfeitar mais a coisa, que não fica uma coisa tão brusca. Vou te dizer uma coisa. O amor é muito bom, mas quando o amor é comprado, deixa de ser amor. Então, a mulher sabe que o homem vai pagar ela, (sic) tanto faz; agora se ela sente uma coisa ou não tanto faz, porque o homem não pode fazer fita, o homem não pode, mas a mulher pode. Aí é um amor comprado, que não é amor. (Entrevista de 17/07/1989).

O charme da "francesa" foi construído no imaginário social a partir de dois temas recorrentes: o de sua maior capacidade de sedução e o de seu domínio das regras de comportamento civilizado. Simbolizando o mundo das mercadorias as mais modernas, era desejada também pelo *status* que conferia ao seu proprietário momentâneo. Prostituição e modernidade, nesse sentido, foram intimamente associadas, num momento em que amplos esforços eram mobilizados pelos diferentes setores sociais para se auto-representarem como uma sociedade que ingressava numa nova era inaugural, sintonizando seus passos ao ritmo da modernização das demais nações européias.

Por todos esses elementos apresentados, o tema da prostituição ganhou destaque entre os assuntos discutidos pelos setores dirigentes, mas também por aqueles que, ou reivindicavam uma maior moralização dos costumes, ou aderiam às novas práticas eróticas e sexuais que o submundo em expansão proporcionava.

Antes de abrir as portas desse universo para nosso conhecimento histórico, vale refletir sobre as transformações que afetaram a condição da mulher e o imaginário do corpo feminino nessa sociedade, levando a que a prostituta fosse percebida como ameaça de desestabilização social, de possível confusão entre "honestas" e "perdidas" e, principalmente, de atração também para as primeiras. Não se trata de efetuar

| BRILHOS | 51

A sensualidade feminina: cartão-postal da *Belle Époque*.

um amplo estudo sobre a condição das mulheres desde meados do século XIX ao XX, nos centros mais desenvolvidos do país, mas de evidenciar as projeções que predominaram sobre a figura feminina, sobretudo nos setores sociais mais favorecidos e que, construídas e evocadas por memorialistas, viajantes e cronistas do período, foram incorporadas não apenas pela produção acadêmica. Se a senhora ociosa e descuidada das grandes propriedades de terra teve uma existência empírica limitada a algumas regiões do país, sua imagem prevaleceu como uma forte representação no imaginário social até anos recentes, participando ativamente na construção de nossa "identidade". Embora os estereótipos sobre a figura feminina elaborados no passado venham sendo intensamente questionados e demolidos por pesquisas recentes, não há como negar a eficácia que tiveram no trabalho de construção da memória histórica.[19] Além do mais, procuro trabalhar com algumas situações polarizadas por facilitarem o encaminhamento da discussão em torno das mudanças que afetaram radicalmente a posição social da mulher, especialmente nas camadas média e alta, desde o último quarto do século XIX.

---

19. Veja, para a discussão dos estereótipos da mulher e da família no Brasil, Marisa Correa, "Repensando a família patriarcal brasileira", in *Colcha de retalhos*, São Paulo, Brasiliense, 1982.

2 | VISIBILIDADE FEMININA

Evoco duas cenas familiares. A primeira descrita, em 1863, por um viajante francês que observava a organização interna de uma grande propriedade de terras, no Rio de Janeiro. Charles Expilly registrava a situação de anonimato e invisibilidade que caracterizava a vida da esposa do fazendeiro.[20] Assim aparecia ela: como esposa do grande proprietário. Não apenas se encontrava numa situação de subordinação diante do homem, centro desse microcosmo, como se via desvalorizada enquanto mulher pela concorrência dos muitos corpos rijos e jovens das escravas. Segundo o viajante, estas, muitas vezes, se sabiam atraentes e chegavam, em determinados momentos, a explorar sua capacidade de sedução exalando sensualidade, gingando no andar. Expilly sequer recua na utilização da metáfora da escravidão para designar inversamente a situação humilhante da senhora:

> A desconfiança, a inveja e a opressão resultantes prejudicavam todos os direitos e toda a graça da mulher, que não era, para dizer a verdade, senão a maior *escrava* do seu lar. (p. 399)

---

20. Charles Expilly, *Mulheres e costumes do Brasil*, São Paulo, Cia. Editora Nacional, 1935.

Toda sua atividade se resumia aos bordados, à preparação de doces, às conversas com as negras, ao cafuné, (a) "o manejo do chicote" e, eventualmente, a visitas à igreja. Em outra passagem, Expilly examinava criticamente a limitada lógica masculina em relação à condição feminina, pois para o fazendeiro:

> Uma mulher já é bastante instruída, quando lê corretamente as suas orações e sabe escrever a receita da goiabada. Mais do que isso seria um perigo para o lar (p. 401).

Embora vários trabalhos acadêmicos tenham relativizado essas afirmações cáusticas, revelando uma dimensão mais positiva, dinâmica e empreendedora da senhora, obrigada a assumir muitas das responsabilidades masculinas na direção da fazenda,[21] quero destacar a situação de extrema concorrência interna que a presença de outras mulheres, às vezes, mais jovens e bonitas, com seus "cheiros demoníacos", na expressão do viajante, e cobiçadas pelos olhos desejantes do senhor, colocava para as esposas preteridas. Não era por outro motivo, observava ele, que elas acabavam despreocupando-se e desleixando-se da própria aparência, engordando e envelhecendo precocemente, desrespeitadas em sua condição de companheiras. Uma humilhação violenta, uma concorrência ostensiva, um mal-estar latente:

> Daí resulta que todos os fazendeiros, todos os senhores de engenho, todos os proprietários das grandes explorações, são verdadeiros sultões, e não deixam de usar de suas prerrogativas, sem mesmo admitir que ao capítulo dos deveres recíprocos suceda o que trata dos direitos. (p. 413)

Eram raras as ocasiões em que sua voz se elevava acima da do senhor nas decisões tomadas internamente. Portanto, o viajante se espantava com o episódio que presenciara numa grande propriedade do Rio de Janeiro. Uma bela escrava de aproximadamente 20 anos, proveniente da tribo muçulmana mina, que fugia de vez em quando da fazenda, fora punida por decisão exclusiva da senhora. Várias vezes, a jovem

---

21. Maria Odila Leite da Silva Dias, *Quotidiano e poder em São Paulo no século XIX*, São Paulo, Brasiliense, 1984, e Marisa Correa, *op. cit.*

negra desaparecera sem dar notícias. Retornara dias depois, trazendo uma carta de algum "padrinho", amigo íntimo e prestigiado pela família, em que solicitava clemência por sua fuga temporária. Numa dessas ocasiões, a proprietária exaltara-se irritada com o abuso de sua boa vontade e mandara castigar a escrava. Esta exclamou assustada: "Mas, senhora, meu padrinho vos escreveu...". Ao que respondeu a outra, mantendo inalterada sua decisão punitiva: "Seu padrinho escreveu a meu marido e não a mim" (p. 306).

Para Expilly, essa distinção sutil sugeria que a dona de casa não era brasileira, mas francesa: "uma brasileira jamais teria imaginado este subterfúgio". Observação perspicaz. Leva-me a pensar que grande parte das mulheres brasileiras, mesmo da elite, ainda não havia construído uma auto-imagem positiva na década de 1860, ou seja, não se via como indivíduo dotado dos mesmos direitos que o senhor, diferente dele, e não seu apêndice. Por mais ativas e participantes na organização da vida doméstica e produtiva da fazenda, essas mulheres não se percebiam positivamente, situadas no mesmo nível que o senhor. Melhores lugares para o senhor, melhores refeições para o senhor, liberdade para o senhor.

Antonio Candido também desmistifica a imagem da mulher-pura-passividade integrante da grande propriedade colonial, como definira Gilberto Freire, relatando, entre outros casos, o episódio em que uma rica fazendeira paulista, enciumada pelas relações sexuais estabelecidas entre seu marido e uma escrava, manda ferrar os órgãos genitais desta última. A escrava morre e a senhora evidentemente não é condenada.[22] Mesmo aqui, o que se evidencia é a violência constitutiva das relações sociais que se configuravam nesse tipo de unidade familiar e produtiva e a não-aceitação feminina das relações ilícitas do fazendeiro. Ainda assim, a maior parte dos documentos conhecidos indica que os triângulos amorosos eram comuns naquele espaço fechado: os senhores de terra relacionavam-se sexualmente com várias escravas, com as quais tinham filhos ilegítimos, às vezes, transformados em novos escravos.

---

22. Antonio Candido, "The Brazilian family", in Thomas Lynn-Smith, *Brazil, portrait of half a continent*, Nova York, Dreiden Press, 1972, originalmente publicado em 1951; Gilberto Freire, *Sobrados e mucambos*, Rio de Janeiro, José Olympio, 1977, 2ª ed.; Eni de Mesquita Samara, *As mulheres, o poder e a família*, São Paulo, Marco Zero/Secretaria de Estado da Cultura de São Paulo, 1989.

A segunda cena já nos é bastante conhecida: retrata a esposa respeitada do casamento tipicamente burguês, cuja família se recentrou e expulsou para fora de seus compartimentos a presença intrusa de estranhos, freqüentemente denominados "indesejáveis". As empregadas domésticas, se dormem em casa, já têm seus aposentos instalados nos fundos e não devem imiscuir-se nos assuntos privados da família. Na cidade moderna, o marido, quando muito, procura divertir-se e manter um relacionamento extraconjugal numa "pensão de artistas", ou em algum hotel reservado e elegante, à revelia da família. Em casa, no aconchego do lar-santuário, garante a imagem de senhor austero, que se preocupa com a educação dos filhos e é vigilante com a moralidade das filhas. Sua função é basicamente produtiva, enquanto à mulher cabe a administração interna do lar. Nesse contexto, a mulher foi elevada à condição de "rainha do lar", destituída portanto de uma função produtiva de relevo. O espaço doméstico foi diferenciado da esfera pública do trabalho e santificado como "oásis", lugar de calor e da intimidade, da confraternização de seus membros, de uma solidariedade representada como orgânica e natural. A família tornou-se a célula básica da sociedade. Essa nova roupagem atribuída à mulher e à família era ironizada, em 15/10/1899, pela revista feminina *A Mensageira*, dirigida por Prisciliana Duarte de Almeida:

> Nesse momento o sexo forte, que a aclamou *rainha*, que a poetisou, que lhe expôs como inútil e ridículo o trabalho, que lhe falou na sua nobre missão de viver em casa, de só pensar nos filhos, de ser graciosa, recatada, estranha no mundo, mostra-lhe severamente a necessidade de ser honesta — costurando ou procurando arranjar na sua roda de amigas, que a hão de escarnecer —, algumas lições de francês ou de piano. Se não obtiver costuras, mantenha-se honesta; se não granjear discípulos, conserve-se honesta ainda.[23]

Vale ressaltar que tamanha indignação contra a promoção da mulher à condição de soberana do lar e a destituição de sua importância como força produtiva aparece no contexto de uma luta que se trava

---

23. Revista *A Mensageira*, vol. I, p. 172. Sobre a imprensa feminina no Brasil, veja Dulcilia Schroeder Buitoni, *Imprensa feminina*, São Paulo, Ática, 1986; *Mulher de papel: a representação da mulher na imprensa feminina brasileira*, São Paulo, Loyola, 1981.

entre uma jovem advogada e o Instituto dos Advogados do Rio de Janeiro. Graças ao apoio de um dos mais famosos juristas do período, dr. Viveiros de Castro, a dra. Myrthes de Campos consegue vencer a oposição masculina e exercer sua profissão. Outra feminista prossegue, comentando o caso:

> Generoso, o sexo barbado disse à mulher que o seu papel era *no lar*, na educação dos filhos, nas carícias do esposo, no seu *trono doméstico* da graça, longe do mundo, das suas contingências miseráveis, das suas abominações tremendas, a cujo contato não há alma feminina que não empalideça e não estiole.[24]

Chamo a atenção para a maneira pela qual a autora do artigo ironiza o estatuto da mulher prescrito pelo homem na modernidade, estabelecendo oposições radicais entre, de um lado, o trono, a graça, a fragilidade feminina e, de outro, o mundo, as contingências miseráveis, as abominações tremendas. Ou seja, espaços adequados para as constituições físicas correspondentes.

Retomando a comparação entre as duas cenas, penso que podem nos informar sobre as mudanças que afetam o estatuto da mulher, entre o último quarto do século XIX e os inícios do XX. Embora tenham cenários e temporalidades diferenciados, apontam para uma transformação radical da condição feminina, fundamental para que se compreenda o novo estatuto conferido à prostituta nos centros urbanos.

São muitos os autores que defendem a tese segundo a qual a urbanização e a industrialização apenas degradaram a condição feminina, retirando-lhe funções valorizadas tradicionalmente pela sociedade. A mulher deixa de ser vista como um ser necessário, útil e participante da vida social e produtiva, responsável por parte do suprimento material, visto que pão, vela, doces, sabão e uma série de bens de consumo imediato passam a ser produzidos em fábricas e adquiridos fora do lar.[25]

---

24. Maria Emília, "Com ares de crônica", *A Mensageira*, 15/10/1899, vol. II, p. 171.
25. Veja, a respeito, Mary Lynn McDougall, "Working-class women during the Industrial Revolution, 1780-1914", *Journal of Modern History*, v. 54, mar/dez. 1982; Theresa M. McBride, "The long road home: women's work and industrialization", *Journal of Modern History*, v. 54, mar/dez. 1982; J. Scott e L. Tilly, "Womens work and the family in nineteenth-century Europe", *Comparative studies in society and history*, v. 17, n. 1, 1975.

Outros destacam o oposto: a emancipação advinda com a monetarização das relações sociais, com a abertura de novos espaços de circulação social e urbana e com a diminuição das pressões familiares para ela. A *Revista Feminina*, publicada em São Paulo, entre 1914 e 1936, avaliava essa situação positivamente. Num artigo publicado em janeiro de 1923, afirmava para justificar a existência do movimento feminista:

> Mas atualmente as condições mudaram: surgiu a grande indústria, pouco a pouco a maior parte dos serviços passou a ser feita fora do lar. Começou com o fabrico de tecidos. Em seguida a indústria estendeu-se a outros ramos. Os próprios gêneros alimentícios deixaram de ser fabricados em casa, limitando-se muito o papel da mulher. *Por fim ficou-lhe o papel da educadora e mãe*. Mas este também se tornou mais complexo. As exigências maiores da civilização moderna exigem da mulher um certo preparo que antigamente não era necessário, para que possa seguir cabalmente o desenvolvimento dos filhos. A própria maternidade exige um nível superior.[26]

Destaco alguns aspectos relevantes para se pensar a mudança da condição feminina, possibilitada pela modernização do espaço urbano e pelo desenvolvimento industrial:

1. respeitada enquanto mulher, mesmo que definida por um discurso estruturado a partir de conceitos românticos, a mulher ganha um novo *estatuto* na sociedade civilizada. Sua especificidade é reconhecida, decifrada, elaborada: ela é o "sexo frágil", o pudor é sua característica mais forte, é feita para o lar e para a maternidade, dizem alguns. No entanto, outros se opõem a esse discurso e atribuem-lhe diferentes perfis: combativa, corajosa, responsável pela procriação e educação dos futuros homens da nação, ou escritora, trabalhadora, operária, advogada, como aparecem nas duas principais revistas femininas do período, *A Mensageira* e a *Revista Feminina*. Na prática, novas profissões abrem-se para ela, maiores possibilidades de acesso à educação pública e privada, a despeito dos inúmeros obstáculos opostos. De operárias a enfermeiras, médicas, advogadas, as mulheres passam a ser *virtualmente* percebidas como possíveis concorrentes dos homens. Passam a ser representadas

---

26. *Revista Feminina*, jan. 1923.

como seres específicos, particulares, com necessidades próprias diferentes das masculinas. Esta representação permite que se articule um discurso de crítica à idealização masculina do "sexo frágil", como já citei, e que se abra um espaço de reivindicação das próprias mulheres como sendo iguais aos homens, cidadãs dotadas dos mesmos deveres e direitos perante a sociedade e o Estado. Nesse contexto, pode nascer o feminismo.[27]

2. Na família-santuário, a ex-escrava negra não pode mais dividir explicitamente as atenções e o afeto do esposo. Já não se aceita, mesmo que insubordinadamente, este tipo de constrangimento nas relações entre os sexos. A esposa-mãe é respeitada como esposa legítima. E, por mais que seja representada como "anjo diáfano", por mais que se esforce para confiná-la na esfera da vida privada, ela ganha maior visibilidade no espaço urbano. Tudo sugere, portanto, que paulatinamente à configuração de um espaço público onde se desenvolvem as atividades comerciais, os negócios, as relações assalariadas de trabalho, os conflitos e acertos políticos, também se constituiu o espaço privado como universo da intimidade, incorporando todas as conceituações formuladas pelo pensamento romântico do século XIX.

DO PRIVADO AO PÚBLICO: A PRESENÇA DA MULHER NA CIDADE

Acompanhando o trabalho dos memorialistas que escrevem sobre a cidade de São Paulo, entre 1860 e 1920, é possível perceber alguns traços do movimento socioeconômico e cultural que desloca a mulher do interior das propriedades rurais, ou de suas casas na vila de São Paulo, acenando para uma ambígua forma de participação no mundo público, à medida que se constitui essa esfera como pólo mais dinâmico da vida social.

Filha de uma tradicional família paulista, Maria Paes de Barros observa os costumes e valores morais da sociedade paulistana durante

---

27. Sobre esse tema veja Eleni Vanikas, *La Révolte des Dames: genèse d'une conscience feministe dans la Grèce do XIXème siècle (1833-1908)*, thèse de 3e cycle, 1986, e Edward Shorter, *Le corps des femmes*, Paris, Seuil, 1984.

a década de 1860, momento de sua infância e adolescência.[28] Segundo ela, raramente as mulheres das classes abastadas saíam às ruas e só o faziam acompanhadas. Até as compras eram feitas por pajens, pois uma senhora respeitável nunca entrava numa loja. A educação feminina era extremamente elementar, não havia colégios para o sexo feminino e tampouco livrarias:

> As ocupações das meninas cingiam-se à vida doméstica. Raramente lhes chegava ao alcance algum livro, exceto o de missa ou uma dessas narrativas de fama universal como o "Paulo e Virgínia", de Bernardin de St. Pierre, que liam, então, com ávido interesse.

O pai comentava ao redor da mesa as notícias que lia no *Jornal do Comércio*, enquanto as mulheres raramente tinham acesso à leitura. Nesta época, a cidade não oferecia serviços básicos mínimos como água encanada, calçamento das ruas, iluminação a gás, nem se compravam produtos para uso doméstico, como se faria com a industrialização. Quase tudo era produzido em casa, principalmente os sapatos e as roupas extremamente simples. Os reduzidos espaços de sociabilidade e as poucas atividades de lazer tornavam a vida bastante monótona na vila de São Paulo. Festividades religiosas e, para os setores mais privilegiados como a família Paes de Barros, bailes "tão aparatosos e cerimoniosos", "bailes oficiais e comemorações de datas históricas", que só eram permitidos aos adultos e às filhas mais velhas, constituíam praticamente os únicos momentos que justificavam a saída do interior do âmbito familiar. Portanto, a vida no interior da esfera familiar, onde eram numerosos os moradores, acabava sendo mais intensa do que nas ruas: não existiam os hábitos burgueses de fazer piqueniques, passear pelas ruas, fazer compras, o que, aliás, só se tornará possível com a configuração de um mercado de consumo e com o progressivo crescimento comercial e industrial da cidade.

Assim, os poucos que agitavam o incipiente espaço público eram os estudantes da Faculdade de Direito que viviam em "repúblicas", mas não chegavam a formar um mercado capaz de pressionar com o surgimento de hospedarias e hotéis, restaurantes e bons cafés. Quando

---

28. Maria Paes de Barros, *No tempo de dantes*, São Paulo, Brasiliense, 1946, p. 28 e 53.

muito, reuniam-se em tavernas rudimentares e freqüentavam algumas "casas alegres", vivendo dos estritos recursos que suas famílias lhes enviavam. E os setores mais pobres da população?

Certamente, as mulheres pobres dessa cidade modesta circulavam em maior número pelas ruas estreitas, como as quitandeiras negras; as vendedoras de tolas de variadas cores, feitas de cera finíssima e cheias de água, que se rompiam facilmente quando atiradas sobre um adversário"[29] ou as negras que vendiam legumes e outros produtos e se agrupavam na rua da Quitanda.[30]

Ao lado dessas encontravam-se perambulando pelos becos e vielas prostitutas de "ínfima classe", observava Saint-Hilaire, que à noite substituíam os consumidores diurnos — camponeses, tropeiros, negros — na rua das Casinhas, onde se localizavam os estabelecimentos comerciais de mantimentos básicos. Ele enfatizava a existência de uma certa movimentação noturna, quando as meretrizes pobres iam "vender os seus encantos, únicos recursos de que dispunham". Registrava um grande número de prostitutas, "de todas as raças", fervilhando pelas calçadas, com seu olhar comparativo de estrangeiro:

> Passeavam vagarosamente de um lado para outro ou esperavam nas esquinas os fregueses. Devo dizer, porém, que elas jamais abordavam as pessoas. Também não lançavam injúrias aos homens ou umas às outras. Mal olhavam os passantes, mantinham uma certa compostura exterior e nada havia nelas do cínico descaramento, tão revoltante, das prostitutas parisienses de classe baixa, nessa mesma época. (p. 137)

Maria Odila relativiza a visão quantitativa e moralista de Saint-Hilaire, observando que dificilmente ele teria conseguido distinguir nitidamente entre as prostitutas e as mulheres pobres que exerciam outras profissões como as lavadeiras, agregadas, escravas, "que aproveitavam a noitinha para sair às ruas, encontrar maridos, companheiros, escravos de outros proprietários (...)".[31]

---

29. Maria Paes de Barros, *op. cit.*, p. 34.
30. Saint-Hilaire, A. *Viagem à Província de São Paulo*, Belo Horizonte/São Paulo, Itatiaia/Edusp, 1976, p. 133.
31. Maria Odila Leite da Silva Dias, *op. cit.*, p. 152.

Presença feminina no espaço urbano: inauguração do Cine São Bento,
A Cigarra, 1927. (Arquivo Edgard Leuenroth)

Por outro lado, Spencer Vampré identifica várias meretrizes que ficaram conhecidas na época, como a Antonina Bella, a Mariquinhas Palmiteira, a Maria Antonia, as Caparemas, mãe e filha, "algumas das quais formosas, a despertar paixões, ou a levar maridos ao suicídio, ou ao divórcio".[32] Dentre elas, destacava a Ritinha Sorocabana, como uma das mais famosas mundanas de meados do século XIX.

Contudo, dificilmente as práticas do amor venal poderiam assumir proporções alarmantes no cotidiano da cidadezinha, pela própria inexistência de uma intensa vida social fora das grandes propriedades de terra. Certamente, os chafarizes e outros pontos aglutinavam muitos populares e aparecem como lugares de "turbulência" entre negros, de brigas, mexericos, ou cenas de imoralidade, segundo depoimentos dos memorialistas.[33] Ainda assim, dificilmente poderíamos estender *o conceito de prostituição* às práticas sexuais ilícitas que ocorriam entre homens e mulheres, visto que não se caracterizavam como relações essencialmente mediatizadas pelo dinheiro como equivalente geral.

Somente à medida que a cidade se expande e se urbaniza, que surge um comércio mais diversificado e de maior vulto, localizado em lojas especialmente destinadas a esse fim, que se multiplicam os espaços públicos de sociabilidade — restaurantes, hotéis, cafés, teatros, bordéis, praças e passeios públicos —, mudam as normas de comportamento e as relações entre os sexos. As mulheres ganham maior visibilidade no espaço urbano, participando de rodas sociais organizando salões literários, sociedades beneficentes, associações femininas, nas classes mais privilegiadas, ou trabalhando, vendendo flores e cigarros, nos setores mais pobres, ou ainda fazendo compras.

Neste conceito, a comercialização sexual do corpo feminino se caracterizará como *prostituição*, segundo o conceito elaborado no século XIX, saturado de referências médico-policiais, e a figura da prostituta poderá ser estrategicamente redefinida, aparecendo como parâmetro de *limite* para o comportamento feminino no espaço urbano. Ora, em geral é em referência à entrada da mulher no âmbito da vida pública

---

32. S. Vampré, *op. cit.*, p. 468; veja Affonso de Freitas, *Tradições e reminiscências paulistanas*, Belo Horizonte, Itatiaia/São Paulo, Edusp, 1985, p. 147.

33. Ernani S. Bruno, "Três aspectos do policiamento no século XIX em São Paulo". *Revista Investigações*, São Paulo, ano I, n. 8, ago. 1949.

que a prostituição vai sendo tematizada. Como era percebida essa presença feminina no momento em que a cidade passava por profundas transformações socioeconômicas e culturais?

"Observando esse movimento de transeuntes", dizia Junius em 1882, "grupos de senhoras, que passeiam, desacompanhadas do chefe de família ou de outro qualquer homem, fazendo compras, ora entrando nas lojas de moda, nas confeitarias, ora parando para ver o que está nas vitrinas", era possível dar-se conta da dimensão das alterações que atingiam a cidade. Junius traçava uma linha divisória entre a pacata vila do passado e a cidade movimentada e moderna que supunha encontrar na década de 1880. Em duas décadas, generalizara-se o hábito de freqüentar cafés para encontrar amigos, fazer novas amizades, trocar idéias, contemplar os transeuntes — enfim, praticar uma nova forma de sociabilidade. O memorialista percebia uma cidade bastante alterada e dinamizada, com hábitos de vida europeizados, dotada de cafés, restaurantes, hotéis e charutarias, onde, segundo ele, ninguém mais consideraria suspeito aquele que aí permanecesse degustando um aperitivo ou apreciando o movimento das pessoas.

O mesmo registro edulcorado da transformação dos hábitos da população, especialmente o desenvolvimento do gosto da mulher consumidora pela circulação no espaço público aparecia nas memórias de Jorge Americano, construídas na passagem do século: "Vinham ter ao Largo do Rosário [atual praça Antônio Prado] as senhoras e moças, ao voltar para casa depois das compras no "Triângulo" (...)" isto é, nas ruas Direita, 15 de Novembro e São Bento.[34] Ele chamava a atenção para as roupas femininas: vestidos justos, saias longas, *entravées*, cortadas ao lado, à altura do tornozelo, que levavam muitos homens e rapazes a se deterem em frente da parada dos bondes, na esperança de vislumbrar algum movimento despercebido das moças e entrever um detalhe das belas formas.

Depois de 30 anos de ausência, Alfredo Moreira Pinto também descrevia entusiasticamente a cidade moderna que encontrara em 1900.[35]

---

34. Jorge Americano, *São Paulo naquele tempo, 1895-1915*, *São* Paulo, Saraiva, 1957, p. 152.
35. Alfredo Moreira Pinto, *A cidade de São Paulo em 1900*, São Paulo, Governo do Estado de São Paulo, 1979 (Rio de Janeiro, Imprensa Nacional, 1900).

Além de visitar praças, ruas, bancos, fábricas, secretarias, prisões, preocupado em construir uma imagem positiva do progresso e da modernização urbana, destacava rapidamente a presença feminina nas ruas comerciais do centro como indício das profundas alterações dos costumes e dos valores daquela sociedade. Referindo-se à rua 15 de Novembro, ponto para onde convergiam políticos, acadêmicos, comerciantes, que discutiam os principais acontecimentos políticos da atualidade, anotava:

> O que, porém, dá a essa rua um tom alegre e festivo é a grande quantidade de formosas paulistas e italianas que percorrem-na em todas as direções, trajando, umas, ricas *toilettes*, outras, um vestuário simples mas elegante, todas alegres, risonhas e distinguindo-se pela excessiva gentileza e amabilidade com que se dirigem aos conhecidos que encontram. (p. 225)

É difícil avaliar a que tipo de mulheres esses autores se referem, pois além de rápidas e fluidas, suas observações são permeadas por toda uma intenção de glorificação dos empreendimentos urbanos realizados pelos governantes. Contudo, vale notar que as referências à presença feminina nas ruas centrais da cidade recobrem uma valoração moral: ora se observa que as mulheres estão desacompanhadas de pais e maridos, ora se focalizam suas vestimentas e as reações psicológicas que provocavam no outro sexo. Fundamentalmente, é como a *consumidora* que passeia e enfeita o centro comercial em horário de movimento, que a mulher é evocada para atestar uma certa liberalização dos costumes, resultante do progresso e do contato com as nações mais desenvolvidas.

Enfatizando a beleza das novas construções que dominam o cenário urbano, as multidões que circulam pelas ruas e praças, o comércio ativo, Moreira Pinto elabora a representação de uma cidade harmoniosa e sem conflitos, que ingressa no tempo histórico da modernidade e que simboliza a capacidade transformadora dos homens da República. A preocupação em associar São Paulo aos grandes centros europeus reforça o tom apologético de sua descrição, valorizando a obra que os republicanos realizavam ao cumprir as determinações "naturais" da marcha da história no sentido do progresso.

Portanto, se é com dificuldade que se pode fazer uma história da condição feminina em São Paulo, na passagem do século XIX ao XX, é inegável que novos papéis sociais lhe estavam sendo prescritos, à medida que se redefiniam suas funções sociais e sua forma de inserção na sociedade. Os memorialistas observavam que as mulheres se libertavam das antigas atribuições produtivas que exerciam no interior da unidade doméstica, com a mecanização e o desenvolvimento industrial, dispondo de maior tempo livre para passear na cidade, podendo até mesmo sair de casa desacompanhadas dos homens protetores.

Anotavam as mudanças culturais que alteravam as formas de sociabilidade em São Paulo. As missas, antes única opção de lazer, eram substituídas pelas temporadas líricas apresentadas no Teatro São José, criado em 1876; pelas exibições teatrais e de cantores no Politeama, no Teatro Santana, ou nos cafés-cantantes como o Eldorado e Eden-Club; ou ainda pelas exibições artísticas e esportivas realizadas nos clubes como o Ginásio Português, o Club Recreativo e o Salão Steinway. Desenvolvia-se o gosto pelas corridas hípicas realizadas no Hipódromo do Jockey Club, na Mooca, onde passearão os personagens de Menotti del Picchia em 1920. As famílias circulavam conjuntamente em bicicletas, no Velódromo Paulista, inaugurado em 1897, onde no ano seguinte registrava-se como grande atrativo a presença das *cycle-women*: d. Olga, Miss Price, Mlle. Lisette e Fräulein Ema Record.[36]

As novas lojas, sortidas com mercadorias importadas e bem ornamentadas, fascinavam os olhares deslumbrados de homens e mulheres ansiosos por viverem a fantasia de ingressar num novo tempo histórico, sintonizado com as nações mais civilizadas. Costureiras francesas passavam a ser procuradas pelas mulheres das famílias ricas e pelas cortesãs de luxo, financiadas por "coronéis" endinheirados. A vida noturna tornava-se mais animada e freqüentada por diversos setores da sociedade. No Progredior, "*Grand bar*, confeitaria e restaurante da rua 15 de Novembro", conforme anúncio da época, reuniam-se muitas famílias, em geral estrangeiras, tornando o ambiente mais formal, e à noite apresentavam-se grupos de música variados.[37] Em 1907, este salão "inaugurava um aparelho Pathé 'com vistas muito animadas e interessantes'". Mesmo assim, Oswald de Andrade e seus amigos fugiam desse "vasto e

---

36. Vicente de Paula Araújo, *op. cit.*, p. 14.
37. Idem, p. 293.

elegante local", procurando refúgio "num bar amplo e popular do largo da Sé", no começo do século XX.

Enfim, os memorialistas registravam uma mudança nos códigos de sociabilidade, quando a vida pública tornava-se mais intensa e novos espaços eram abertos à circulação dos habitantes. No entanto, era ambígua a maneira pela qual o espaço público masculino acolhia a entrada da mulher. Ao lado do pai ou marido produtor, ela podia participar deste universo enquanto *consumidora, ornamento, acompanhante* ou *auxiliar*, ou seja, sempre numa posição secundária à dele e subordinada à sua função principal, ser esposa e mãe. O espaço público burguês era conformado como essencialmente masculino e a mulher participava dele como alguém que vivia em território alheio.

Essa ambígua forma de inserção feminina no mundo público e privado foi promovida também pela própria reelaboração de toda uma mitologia destinada à mulher no período. Na verdade, o mito da ociosidade e passividade da mulher brasileira, que já vinha de longa data, acabava sendo reforçado pela instituição da *figura da consumidora,* necessária para legitimar a capacidade produtiva atribuída essencialmente aos homens.

IMAGENS FEMININAS

"A brasileira ociosa" é uma frase injusta e que anda a correr mundo, infelizmente, sem protestos. Por quê? (*A Mensageira*, 30/12/1897)

A construção do mito da mulher passiva e ociosa criou grandes dificuldades para se conhecer a história da condição feminina no Brasil, quer estejamos tratando da "mulher normal", quer da prostituta. Esta foi definida nos estudos científicos do século XIX como figura avessa ao trabalho, segundo a afirmação inicial do médico francês Parent-Duchâtelet.[38] O rótulo passou a ser repetido indefinidamente. Já os viajantes estrangeiros

---

38. Alexandre Parent-Duchâtelet é autor de *De la prostitution dans la ville de Paris, considerée sous le rapport de l'hygiène publique, de la morale et de l'administration...*, publicado em 1836. Para uma discussão de seu estudo, veja a introdução e os comentários de Alain Corbin in *La prostitution à Paris au XIXème siècle*, Paris, Seuil, 1981.

também se referiam às grandes proprietárias de terra e às mulheres urbanas como essencialmente ociosas, más donas de casa, gordas preguiçosas que viviam descansando nas redes, desfrutando dos cafunés de suas subordinadas. Nem as escravas escapavam dessa estigmatização.

A imagem da ociosidade-passividade generalizada às mulheres de diferentes classes sociais, idades e etnias permaneceu inquestionada durante toda a passagem do século, chegando ainda aos anos de 1920, quando se difunde o ideal da "nova mulher" — magra, agilizada, moderna. Contudo, redefine-se na modernidade: enquanto Expilly, por exemplo, descrevia as fazendeiras como mulheres desleixadas e mal-arrumadas, no espaço urbano, a "burguesa" define um estilo de *futilidade*, porque remete àquela preocupada apenas com a aparência, o enfeitar-se, o exibir seu *status* privilegiado por meio do corpo enfim, sem nenhuma densidade espiritual e intelectual.

O próprio viajante criticava um tipo de educação que preparava as jovens apenas para as tarefas mais elementares da vida doméstica, empobrecendo-lhes o espírito. Em *Le Brésil tel qu'il est*, decepcionado com os obstáculos impostos pelo imperador para que construísse uma escola normal destinada às moças, exprimia-se negativamente em relação às brasileiras, ressaltando apenas seu lado fútil, impaciente e menos sensível do que as francesas:

> No Brasil, as mulheres têm um único e mesmo rosto — enérgico, apaixonado, mais duro do que gracioso — porque elas todas exalam o mesmo aroma violento. Os perfumes delicados que provocam langores voluptuosos, sonhos inebriantes não poderiam convir a essas naturezas impacientes, criadas para as satisfações imediatas.[39]

Na mesma ótica desvalorizadora e moralista, enquadrava as prostitutas que circulavam no Rio de Janeiro:

> As ruas do Hospício, do Sabão, da Alfândega, do Senhor dos Passos são o centro da galanteria brasileira. É para lá que descem as senhoras das ilhas que vêm ao Rio para fazer fortuna. Elas podem ser vistas, quando diminui o calor, debruçadas nas janelas, uma rosa nos cabelos, uma outra na mão, e sorrindo aos senhores moços que passam. Estes

---

39. Charles Expilly, *Le Brésil tel qu'il est*, Paris, E. Center, 1862, p. 6.

casebres, que têm apenas um andar e mais freqüentemente um *rez-de-chaussée* apenas; estes casebres, de onde se exala um forte cheiro de lavanda queimada, são bem dignos, na verdade, de servir de asilo a estas criaturas desagradáveis (...). A feiúra de sua figura é tão marcante quanto a sujeira de toda sua pessoa. Ao ver estas *cortesãs degeneradas*, compreende-se o gosto dos brasileiros pelas mulheres de cor, e sobretudo pelas negras. (p. 79)

Apesar desta visão negativa e misógina, tanto em relação às fazendeiras quanto às prostitutas pobres, ele diferenciava as mulheres que se *modernizavam* no início da década de 1860, no Rio de Janeiro, das que se mantinham presas aos padrões tradicionais de comportamento, isto é, a "verdadeira brasileira". As primeiras saíam às ruas vestidas à moda francesa, com chapéus, crinolina e saias enfeitadas com muitos babados. A segunda, considerada no singular por definir uma essência, era "a senhora autêntica que permanece fiel aos antigos costumes", deixando sua cabeça descoberta, sem nenhum adorno além daquele conferido pela natureza. Enquanto as modernas usavam vestidos de seda, acompanhados por chapéus com plumas, enfeitados com flores, aquelas usavam roupas de cor sóbria e monástica e permaneciam fechadas em casa, ausentando-se apenas para as missas.

Embora seu posto de observação fosse a cidade do Rio de Janeiro, o viajante distinguia duas figuras femininas brasileiras diferenciadas: uma mulher tradicional, conservadora, fechada no lar; e a que se modernizava, segundo os moldes de comportamento europeu, a "fútil" que ele censurava. Não é muito diferente a descrição que outros memorialistas faziam das damas paulistas em meados do século XIX, quando não havia iluminação pública, calçamento nas ruas, nem canalização de água nas casas. Spencer Vampré afirmava que as damas das camadas ricas vestiam seda preta em ocasiões de passeio, cobrindo-se com longo véu "franjado de largas rendas quando iam à igreja. A capa era usada nestas ocasiões ou nos passeios da tarde ou em casos de viagem, quando acompanhavam-nas chapéus redondos com os quais as mais bonitas "sabem tirar partido". Concluía: "E são formosas, em geral, posto que *débeis e doentias*".[40]

---

40. S. Vampré, *op. cit.*, p. 67.

Ele mesmo reforçava a imagem da fragilidade feminina, da vida sedentária e da ociosidade das mais ricas: "Não fazem exercícios físicos, e evitam cuidadosamente que o sol lhes requeime a cútis". E criticava-as por não serem "boas donas de casa", ou melhor, por só se interessarem por fazer doces, coser, bordar, fazer renda, "deixando os graves misteres às mucamas".

Se compararmos essas descrições com a trajetória de vida de uma mulher de elite paulistana, d. Veridiana da Silva Prado, na segunda metade do século XIX, concluiremos tanto pela existência de um profundo abismo entre as formas de comportamento das mulheres, mesmo no interior das classes abastadas, quanto pela fantasia das construções dos memorialistas. Certamente, a experiência dessa senhora não foi a regra geral de seu tempo; no entanto, vale destacar alguns aspectos de sua biografia, pois nos informa sobre a maneira pela qual algumas (?) lutaram para abrir espaços de participação na vida pública, contrariando as exigências de submissão à autoridade masculina.

Separada do marido, por volta de 1877, d. Veridiana adquire uma chácara em São Paulo, onde constrói, em 1884, uma suntuosa residência localizada no início do bulevar que seria aberto por Martinho Burchard, nas terras do barão de Ramalho, isto é, na atual avenida Higienópolis.[41] O projeto de construção do palacete, à imitação de um solar aristocrático, é importado de Paris. Sua postura modernizante já se evidenciara desde a década de 1860, quando ao lado do marido, Martinho Prado, procurara educar os filhos nos moldes das famílias burguesas ilustradas, contratando tutores estrangeiros, governantas, mestres de dança, comprando um piano importado, no qual suas filhas aprendiam música clássica.[42]

Freqüentemente os membros dessa grande família da elite paulistana viajavam para a Europa com o objetivo de se ilustrarem, como Antônio Prado, em 1862, após a conclusão do curso na Faculdade de Direito. Em cartas endereçadas à mãe, relatava suas visitas, passeios, deslumbramentos, como por ocasião de visita à Exposição Universal de Londres e ao Palácio de Cristal, que o levara a afirmar: "Uma visita à exposição de 1862 vale por cinco de estudo nos livros".[43]

---

41. Carlos Lemos, *op. cit.*, p. 130.
42. Darrell E. Levi, *A família Prado*, São Paulo, Cultura 70, 1977, p. 138.
43. Idem, p. 141.

D. Veridiana importava a cultura européia para São Paulo. Acredita-se que tenha sido a primeira nesta cidade a contratar uma governanta estrangeira, Mlle. Elisabeth, emigrada da França em 1854 para tutorar seus filhos. Mas somente após a separação conjugal, em 1884, é que viaja para a Europa. Então traz planos de construir uma mansão no estilo Renascença francesa, símbolo da modernização da cidade e também de sua independência como mulher. Logo, outras seguem seu exemplo, como d. Maria Angélica Aguiar de Barros e o conselheiro Antônio Prado, cujos palacetes inauguram a "civilização do café" e situam-se no melhor estilo definido pelos arquitetos que trabalharam na reurbanização de Paris durante a gestão do barão Haussmann.[44]

A chácara de d. Veridiana se torna ponto de encontro das altas rodas sociais. Ela recebe o imperador Pedro II em suas visitas a São Paulo, cerca-se de intelectuais de prestígio, brasileiros e estrangeiros, a exemplo de Eça de Queirós, que se torna seu amigo íntimo. Dessa forma, quebra o isolamento tradicional do círculo familiar dos Prado em São Paulo, instaurando uma nova prática de sociabilidade, como os salões moldados no estilo francês.

"Entre os grupos de visitantes das *soirées* semanais que realizava em sua mansão despontavam o escritor Afonso Arinos, Teodoro Sampaio, o geólogo americano Orville Derby, o escritor português Ramalho Ortigão", informa Levi (p. 154). Sua presença inteligente e viva animando essas reuniões era sempre elogiada, revelando assim um lado muito diferente da mulher da elite paulistana, e muito distante da figura fútil e submissa que a maior parte dos documentos traz. D. Veridiana circulava entre políticos e intelectuais, como anfitriã e, provavelmente, um pouco como mecenas.

Vale acentuar a importância desse tipo de espaço de sociabilidade que se constituía na cidade por iniciativa de uma mulher, no último terço do século XIX, favorecendo a configuração de uma *esfera pública literária*, ao mesmo tempo em que nascia uma imprensa de alguma projeção, incluindo revistas femininas. Mesmo que a participação das mulheres de classes média e alta nesta esfera tenha sido restrita, demonstra a dificuldade de generalização do ideal da "rainha do lar" que se pres-

---

44. Carlos Lemos, *op. cit.*, p. 132.

crevia no período, no discurso dos médicos, positivistas e juristas. D. Veridiana mesmo tem um estilo de vida bem distante do ideal burguês de reclusão feminina.

Após a morte do ex-marido em 1891, assume muitos dos seus negócios — participa ativamente da publicação do jornal que Eduardo adquiria, *O Comércio de São Paulo* — e chega a vender uvas na rua como forma de assistência social aos pobres. A revista *A Mensageira* elogia suas atividades filantrópicas, que incluem a construção de creches e outras obras beneficentes.[45] Criticada por seu comportamento "escandaloso", responde saindo a passeio pelas ruas da cidade acompanhada apenas por seu cocheiro. Esse episódio significativo evidencia os obstáculos que mesmo a mulher dos setores sociais mais privilegiados, ou especialmente esta, deveria enfrentar para impor-se socialmente, recusando o isolamento da vida doméstica.

A Mensageira noticia, por seu lado, a realização de muitas festas nas casas ricas, em que se desenvolviam atividades culturais como a representação de peças dramáticas, ou em que artistas líricas cantavam e tocavam juntamente com os homens. Embora não tenhamos informações mais detalhadas sobre essas reuniões sociais, elas constituíam espaços de interação entre os sexos, pois a mulher já não se retirava diante da presença masculina de estranhos. Nessas ocasiões, ao contrário, procurava exibir suas qualidades tocando piano, cantando, recitando poemas que, às vezes, ela mesma compunha.

Há, evidentemente, todo o aspecto de ostentação do *status* social a ser considerado. Nessas reuniões sociais, a mulher se deixava admirar como símbolo do não-trabalho, atestando o nível econômico da família. O desenvolvimento de diversas artes consideradas femininas demonstrava que a família podia investir na educação da filha, que deveria conhecer várias línguas, saber tocar piano, pintar, conversar. Por outro lado, não há como negar a possibilidade de projeção social que a mulher das classes mais privilegiadas conseguia nesses momentos que, aliás, acabavam extrapolando o ambiente privado, ao se tornar objeto de comentário das revistas culturais, literárias ou das colunas sociais.

---

45. *A Mensageira*, 15/02/1899, ano 1, n. 25, v. II, p. 23.

Movimentadas reuniões sociais realizavam-se nas mansões paulistanas, como as que Jorge Americano descreve, por volta de 1913, na Vila Kyrial, à rua Domingos de Moraes. Políticos famosos como o ex-presidente da província Bernardino de Campos, os secretários de Estado Altino Arantes e Washington Luís e os deputados Carlos de Campos encontravam-se aí com o escultor Zadig, ou pintores e jornalistas como Piccarolo.

Outras recepções eram patrocinadas pelas senhoras elegantes da sociedade, como d. Constancinha Vieira de Carvalho, que organizava partidas de tênis entre as moças e rapazes; ou d. Maria Amélia, em sua residência na rua Barão de Itapetininga; ou ainda por d. Belinha Paranaguá, em cuja residência, na alameda Barão de Paranapiacaba, discutiam-se assuntos culturais, teatro, literatura, ou "comenta(va)-se a tentativa de implantar a *jupe culotte*, entre brincadeiras ao piano e sons de ópera".[46]

DE OCIOSA A FÚTIL:
A MELINDROSA

No entanto, se todas essas transformações da vida urbana incitavam a uma maior visibilidade da mulher na esfera pública, o preço que pagava era o de enorme vigilância sobre seus mínimos gestos e a elaboração de uma nova imagem que associava à mulher ociosa e passiva do passado a figura da jovem sem nenhuma densidade, preocupada apenas com frivolidades. Nascia a *consumidora fútil*, mais precisamente: a "melindrosa".

Investindo todas as suas energias no cultivo da própria imagem, no embelezamento do corpo em detrimento do espírito, era censurada nos inúmeros artigos da imprensa, ou nos textos médicos, como o avesso da mãe altruísta e dedicada. Para combater a difusão deste modelo de comportamento feminino, a revista *A Mensageira* defendia uma educação mais apurada, destinada a transformar a mulher ociosa e fútil numa figura atuante, inteligente, mãe de família ideal. Engajava-se nessa "elevada missão" de:

---

46. Jorge Americano, *op. cit.*, p. 337 e 340, in Brito Broca, *A vida literária no Brasil, 1900*, Rio de Janeiro, José Olympio, 1960, 2ª ed., p. 30.

reunir, educar e enobrecer a mulher brasileira (...) para que se arranque (...) da preocupação do luxo ou dos passeios frívolos, que de nada lhe servem; e para que ela volte e se concentre no lar, de que é o centro luminoso e o foco mais distinto, na graça infantil da menina, nas promessas ridentes da sinhá, nas responsabilidades de esposa, nos deveres de mãe e nas agruras do chefe de família.[47]

A mesma crítica às mulheres "parasitas" — as *melindrosas* — aparece anos depois na *Revista Feminina*, que igualmente culpava a educação deformada dada às jovens, não preparando-as para enfrentar praticamente o mundo. Também os homens eram atingidos nessas discussões por suas interferências retrógradas ao impedir filhas e esposas de adquirir uma profissão honesta. No artigo "Mulheres parasitas e o direito de voto", Odette Donah afirmava:

> Nós, as mulheres que abraçamos uma profissão da qual nos advém um rendimento para enfrentarmos as necessidades da vida, devemos nos esforçar com toda a alma para bem desempenhá-la e cumprir o nosso dever escrupulosamente, a fim de que não nos venha a faltar essa *fonte de independência*. Ainda que não nos seja preciso ajudar a família, por ser abastada, não devemos, por isso, conservar-nos inúteis e ociosas, vivendo do rendimento dos outros e a eles nos encostando como "parasitas".[48]

Invertiam-se as críticas em relação aos textos dos viajantes, cronistas e médicos de meados do século XIX. A mulher na cidade moderna tornara-se extremamente consumista, narcisisticamente obcecada com a própria aparência, com as novas modas e perfumes, com as maquiagens importadas, com novos cortes de cabelo, e esquecera-se do espírito. Ao contrário de sua avó, ociosa e desleixada, recuperara o corpo, porém, apenas ele.[49]

É possível que grande número de mulheres, nesse período, tenha se deslumbrado com a descoberta das mercadorias expostas nas vitrinas

---

47. *A Mensageira*, 30/10/1897, ano 1, n. 2, v. I, p. 32.
48. *Revista Feminina*, jan. 1921, n. 80.
49. Gilberto Freyre já não podia condená-la como "gorda" e "desmazelada". Veja *Casa grande e senzala*, Rio de Janeiro, José Olympio, 1987, 25ª ed., p. 347.

Senhorita Maria Fonseca. Fotografia tirada para *A Cigarra*, no foyer do Teatro Municipal, pelo sr. M. Rosenfeld, durante o baile da Sociedade Harmonia.

elegantes, desenvolvendo um gosto enorme pelas compras, especialmente de "futilidades". É mais certo que passaram a se preocupar mais com a aparência, ao menos em relação às suas avós: em fotografias da época, nas descrições dos observadores, ou ainda nos romances e primeiros filmes, vemos mulheres bem arrumadas, com muitas rendas, panos, enfeites, chapéus, lencinhos, meias, detalhes. A *Belle Époque* amou as minúcias e os paulistanos amaram a *Belle Époque* francesa.

No entanto, há ainda uma outra dimensão que a elaboração do mito da mulher ociosa e fútil permite interrogar e que os artigos não mencionam na mesma argumentação. Essa é uma época em que se intensificam as formas de incitação ao culto da auto-imagem e à proliferação dos "símbolos do eu".[50] Se a aparência feminina era colocada em primeiro plano pela própria mulher, preocupada em exibir-se como figura sedutora, charmosa e sofisticada, sobretudo no caso das mais privilegiadas socialmente, tudo levava e exigia que assim fosse. Cobrava-se dela esse modo de subjetividade. A aparência feminina se transformava em principal foco de observação dos transeuntes na cidade, dos jornalistas à cata de notícias, dos homens interessados em flertes, de outras mulheres curiosas para examinar as roupas de suas concorrentes. Inúmeros olhares convergiam para as toaletes femininas descritas nas revistas e jornais da época, que eram, além do mais, julgadas. Muitas vezes, nomeava-se explicitamente a portadora. Algumas revistas iniciavam a prática de promover concursos de beleza entre as jovens leitoras cujos nomes eram publicados. O impacto causado pela introdução das modas parisienses era registrado, como por ocasião da difusão da *jupe culotte*, em São Paulo, nos inícios dos anos 1910. Um jornal da época noticiava a passagem de uma

> (...) senhorita desconfiada e medrosa, talvez, das hostilidades públicas (...) (que), vestida de *jupe culotte*, embarafustou-se pela rua Direita, desviou no Largo da Misericórdia, entrou na Quinze de Novembro, pegou a calçada esquerda do Largo da Sé, indo desaparecer no atelier do conhecido fotógrafo Sarracino.[51]

O Pirralho, revista dirigida por Oswald de Andrade de 1911 a 1917, nomeava em suas páginas as presenças femininas nas sessões dos cines Radium, Iris, Bijou e High Life, onde eventualmente ocorriam alguns flertes. Em sua seção, "A vida mundana", excitava a curiosidade do leitor com descrições misteriosas como esta:

---

50. Alain Corbin. "O segredo do Indivíduo". In Perrot, Michelle (org.) *História da Vida Privada*, t. 4. São Paulo: Companhia das Letras, 1991, p. 419. Philippe Perrot, *Le travail des apparences*, Paris, Seuil, 1984.
51. Vicente de Paula Araújo, *op. cit.*, p. 196.

(...) Começarei pois a cumprir o prometido dando-lhes um perfil. Quem é? Quais são as suas iniciais? Eu mesmo não o sei.

Vi-a segunda-feira num bonde da Avenida Paulista. Era bela e elegante. (...)

Trajava um lindo *tailleur* de *drap* azul-marinho e, na cabeça, um *toquet* de seda negra com enfeites brancos. No peito, bem do lado de seu coraçãozinho misterioso, trazia um *bouquet* de violetas, que os seus dedos afilados a todo o instante acariciavam, e sobre cujas pétalas roxas os seus olhos pairavam longamente. (Jayme da Gama, 19/08/1911)

Cobrava-se uma aparência mais cuidada da mulher do que do homem, da mesma forma que se exigia uma absoluta contenção de seus impulsos desejantes e das pulsações corporais. A *Revista Feminina*, por exemplo, procurava instruí-la em como aparecer socialmente para não ser identificada à prostituta. Entre os "deveres de uma senhora", aconselhava: "Uma senhora, quando tenha de ir a um jantar ou *soirée* decotada, não levará o decote ao exagero; apresentar-se-á dentro do limite do honesto, simples, ainda que elegante, sem grande profusão de jóias (março de 1917).

A vaidade era um sentimento condenável na mulher, na lógica das feministas, para quem a preocupação com o corpo e com a imagem era sinônimo de esvaziamento espiritual. Portanto, havia sempre por trás dessas recomendações moralistas o *espectro da prostituta*: embora nem seja citada, paira constantemente a ameaça sobre a mulher de ser confundida com a "decaída", se usar uma roupa muito decotada, uma saia muito curta, se exibir muitas jóias ou se se pintar exageradamente.

Dificilmente, então, uma mulher deixaria de investir parte significativa de seu tempo cuidando da aparência, ao menos nas camadas média e alta. Seja para parecer recatada e exalar um perfume suave, seja para chamar a atenção e seduzir pela beleza marcante, seja simplesmente para ficar bonita. Não era, pois, a preocupação com a auto-imagem, com a sedução do corpo, com a exibição das roupas elegantes que tornava uma mulher "fútil" nesse imaginário, mas o tipo de roupas, perfumes e enfeites que usava, os gestos que adotava, os lugares que freqüentava, as companhias que a cercavam. A mulher "emancipada" assustava profundamente o sexo forte, pelo que sugerem os documentos pesquisados. Alguns explicitavam esse medo claramente, como Menotti del Picchia, no artigo "Caso ou não caso?":

> (...) As saias atuais escalam o joelho, na ânsia de se evadirem da *toilette*. Os decotes descem às costas e ao ventre e, em matéria de mangas, há a simples ilusão de terem outrora existido (...) Por último, um decreto das modistas aboliu as meias. Nesse andar, brevemente Moema e Paraguassu ditarão a moda. (*Revista Feminina*, junho de 1920)

Em sua opinião, isto fazia com que os rapazes relutassem em se casar:

> Os moços, com razão, andam ariscos, e as estatísticas civis acusam uma sensível diminuição de casamentos. É claro que um rapaz moderno, conhecendo bem a psicologia das nossas atuais *melindrosas*, não arrisque tão levianamente a sua liberdade.

De um lado, a atração das novidades produzidas ou importadas ampliando o mercado feminino de consumo: modas, perfumes, cremes, loções, batons, leques, jóias, lenços, chapéus, meias de náilon norte-americanas; de outro, o fantasma da prostituta incitando as moças a observarem os mínimos detalhes de sua aparência. Por fim, a projeção de que a mulher não poderia desempenhar seu papel principal senão pela sedução. O que levava uma feminista a afirmar entristecida:

> Infelizmente, entre nós, a mulher só exerce sobre o homem o prestígio do seu sexo. Quando o homem não está mais sob o sortilégio exercido pelos encantos da mulher, esta deixa de ocupar-lhe o espírito, de interessá-lo.[52]

Tudo, portanto, incitava à preocupação obsessiva com a própria imagem: tanto para a jovem de família, que deveria saber como vestir-se elegantemente, comportar-se em público e agradar para conseguir um 'bom partido", quanto para a boa dona de casa, ameaçada de ser confundida com seu avesso, a prostituta, caso excedesse no uso do batom ou no decote das blusas; como ainda para a própria meretriz, também interessada em ser identificada enquanto tal e em conquistar brilhantemente seu público. A diversificação dos produtos expostos nas vitrinas

---

52. *Revista Feminina*, dez. 1921, artigo assinado por Iracema.

das lojas especializadas, como o Mappin Store, ou propagandeadas nestas mesmas revistas e nos jornais, também incitava a um consumo maior e a uma sofisticação visual. Questão estética, questão de *status* e questão simbólica confundiam-se progressivamente na construção das novas identidades sociais e sexuais. Ao mesmo tempo, o aparecimento das mulheres no espaço público suscitava uma reação moral evidenciada na literatura misógina que criticava, a exemplo de Expilly, a mulher em processo de modernização, isto é, adepta das modas parisienses e interessada em participar dos eventos sociais.

EM BUSCA DE UMA NOVA SUBJETIVIDADE: A IMPRENSA FEMININA

Uma das formas mais incisivas pelas quais as mulheres procuravam integrar-se ao novo circuito social da cidade foi a criação de um espaço próprio com as publicações destinadas a um público feminino. Nos artigos que escreviam, buscavam *elaborar uma nova subjetividade* para a mulher moderna, que implicava necessariamente em sua participação na esfera da vida pública. Assim, embora defendessem o ideal burguês da mãe abnegada, voltada para a educação dos filhos e os cuidados com a casa, justificavam a necessidade de que ela se inteirasse dos problemas nacionais, se educasse, trabalhasse fora para poder melhor desempenhar suas funções domésticas.

Há nessas revistas todo um esforço para ajudar a mulher a integrar-se no novo espaço psicossocial, oferecendo-lhe meios, no plano do pensamento, para elaborar estratégias de autodefesa, trabalhar as novas informações, saber como agir, criando-lhe parâmetros referenciais de conduta. Assim, discutem-se desde a nova missão social da mulher como educadora, seu relacionamento com os filhos e o marido, até os detalhes de sua experiência. Afinal, no espaço urbano em processo de modernização, a "ordem cultural dos símbolos" deveria atuar para manter a "ordem biológica dos sinais".[53]

---

53. José Lorite Mena, *El ordem femenino. Origen de un simulacro cultural*, Barcelona. Anthropos, 1987, p. 31.

As revistas, portanto, procuravam atualizar a mulher discutindo problemas políticos nacionais e internacionais, publicando contos, poesias, artigos em que se debatiam assuntos variados, considerados pertinentes à condição feminina. Informavam sobre as conquistas das mulheres em outros Estados e países, apontando para sua entrada no mercado de trabalho em condições iguais às do homem, já que desmistificavam preconceitos arraigados sobre sua inferioridade física e mental em relação ao sexo forte. Atingindo um número crescente de leitores, em todo o país, as revistas femininas criavam condições para que se delineasse coletivamente aquilo que se considerava como o universo feminino, diferenciado do masculino, com questões e interesses específicos.

Destacam-se nesta nova imprensa feminista de São Paulo duas revistas que tiveram maior prestígio e difusão: *A Mensageira*, fundada e dirigida por Presciliana Duarte de Almeida, entre 1897 e 1900, e a *Revista Feminina*, fundada por Virgilina de Souza Salles, de tradicional família paulista, que circulou entre 1914 e 1936. Em Minas Gerais e no Rio de Janeiro, outras publicações femininas/feministas haviam surgido desde a década de 1870, como *O Sexo Feminino*, dirigida por Francisca Senhorinha de Motta Diniz, *O Belo Sexo* e *A Mulher*, trazendo muitos dos temas que serão abordados por aquelas revistas de São Paulo.[54]

Em seu primeiro número, *A Mensageira*, revista literária dedicada à mulher, apresentava como objetivo explícito: "Estabelecer entre as brasileiras uma simpatia espiritual, pela comunhão das mesmas idéias (...). (Ser) como um centro para o qual convirja a inteligência de todas as brasileiras!" (15/10/1897).

Nela colaboravam outras intelectuais como as poetisas Júlia Lopes de Almeida, Francisca Júlia da Silva, Zalina Rolim, Júlia Cortines, Josefina Álvares de Azevedo, Georgina Teixeira, a própria Presciliana Duarte de Almeida, primeira mulher a ingressar na Academia Paulista de Letras; escritoras como Maria Clara da Cunha Santos, Anália Franco, Aurea Pires, Elvira Gama, Ana Nogueira Batista, Maria Emilia da Rocha, Amelia de Oliveira, Maria de Azevedo, Maria Jucá, entre outras.

---

54. Veja Dulcilia Buitoni, *op. cit.*; Sonia A. Mascaro, *A Revista Feminina: imagem de mulher*. São Paulo, dissertação de mestrado, ECA/USP, 1982.

A revista difundia as conquistas que as mulheres obtinham em sua luta pela inserção no campo profissional: a dra. Ermelinda de Sã afirmava-se na Academia de Medicina do Rio de Janeiro, "onde fez um curso brilhantíssimo, merecendo 13 distinções nos exames"; a jovem dra. Myrthes de Campos, formada em Direito, conseguira vencer os obstáculos opostos pelo Instituto dos Advogados daquele Estado para que defendesse um réu. Todos os olhares da cidade voltavam-se para seu desempenho, em setembro de 1899:

> Quando a jovem advogada subiu à tribuna, uma salva de palmas ressoou no salão. O juiz fez arrefecer o entusiasmo, dizendo que o auditório não podia se manifestar. Belíssimo exórdio proferiu então a oradora. Demonstrou, com eloqüência, o progresso do movimento feminista (...). A estréia da dra. Myrthes de Campos foi uma vitória, o réu foi absolvido por 11 votos contra 1. (p. 174, II)

Um ano antes, noticiava-se a aceitação da primeira matrícula feminina na Faculdade de Direito de São Paulo. Outras conquistas, enfim, eram divulgadas, incentivando-se uma maior luta da mulher para ingressar na vida econômica, política e social do país. Quatro pernambucanas haviam se bacharelado, entre 1888 e 1894, na Faculdade de Direito do Recife; no Rio Grande do Sul, formavam-se novas médicas, enquanto Ana Machado graduava-se na Escola de Medicina de Filadélfia. Décadas depois, a *Revista Feminina* continuava divulgando as vitórias das mulheres, a exemplo das escriturárias que haviam conseguido abrir espaço para sua inserção na Estrada de Ferro Central do Brasil, em 1919; ou de Bertha Lutz, que vencera o concurso para a direção do Museu Nacional do Rio de Janeiro, disputado por ambos os sexos, no mesmo ano.

Lutando para destruir o mito da incapacidade física e intelectual da mulher, ou o de que a liberdade e a educação seriam prejudiciais a ela, essas feministas reagiam valorizando o papel social da mãe, ao mesmo tempo em que incentivavam sua maior participação na esfera pública. Reafirmavam o papel da mãe como *educadora*, como atividade mais importante da mulher, porém, de uma mãe racional, inteligente, moderna, atuante na vida social, em oposição à figura instintiva, ignorante e conservadora do passado. Aliás, era justamente defendendo um melhor desempenho da mulher na esfera da vida privada, e para que ela transformasse o lar no oásis desejado, que elas propunham a inserção no mercado em outros espaços da vida social, especialmente no mercado de trabalho. Se a mulher deveria formar os cidadãos do futuro, inculcar-lhes os valores morais fundamentais, deveria ser preparada por uma educação adequada e informar-se sobre os debates que se travavam na sociedade. A educação era a principal arma das feministas para a transformação da condição social da mulher:

> Uma mãe instruída, disciplinada, bem conhecedora dos seus deveres, marcará, funda, indestrutivelmente, no espírito de seu filho, o sentimento da ordem, do estudo e do trabalho, de que tanto carecemos. Parece-me que são esses os elementos de progresso e de paz para as nações.[55]

Sem retirar definitivamente a mulher do seu espaço "natural", mostrava-se que também não poderia viver apenas nele. O custo dessa reclusão seria muito alto para toda a sociedade. Como advertia *A Mensageira*, no mesmo artigo de Júlia Lopes de Almeida:

> Ora, como pode uma mulher, criada entre o piano e a valsa, ou quando muito entre o pudim e a agulha, agasalhar um pensamento curioso de um filho, elucidá-lo, tornando as suas palavras simples, como verdadeiras pontas de luz com que esclareçam as coisas mais complicadas e terríveis, fazendo-as entrar no cérebro da criança do modo mais natural e mais lógico?
>
> Banida do convívio espiritual do homem, como pode a mulher bem educar o homem? (p. 4)

Procurava-se, nesse final de século, assim como nas décadas seguintes, em São Paulo, reforçar o argumento da igualdade física e intelectual dos sexos, desmistificando a imagem tradicional da mulher como exclusivamente sentimento, incapaz de trabalhar em muitas profissões ou de desempenhar cargos públicos. V. M. de Barros assinava o artigo "A emancipação feminil", em que procurava mostrar como os fatores culturais determinavam a maneira restrita de viver da mulher:

---

55. Júlia Lopes de Almeida, "Entre amigas", *A Mensageira*, vol. I, p. 3.

A injustiça começa no berço: para o menino, mestres, colégios, ginástica; para a menina, a ignorância, o atrofiamento da energia, a imobilidade forçada pela vida sedentária. Depois, chegados à puberdade, ele, o rapaz, escolhe esta ou aquela carreira a seguir, prefere este ou aquele meio de vida; a rapariga, ela, nada tem a resolver: o círculo de ferro, a cadeia fatal aí está (...) (*A Mensageira*, 28/02/1898, p. 150)

Críticas contundentes à opressão machista eram formuladas nos artigos que discutiam o mito da inferioridade feminina e forneciam argumentos de defesa para as leitoras, assim como elementos para pensar sobre sua própria condição, redefinindo sua subjetividade:

(...) é o homem que lhe cria todos os embaraços e obstáculos nas carreiras chamadas liberais; é o homem que, depois de a conspurcar e depravar, a arregimenta no quadro infecto da prostituição; é o homem que lhe nega toda a autoridade nos atos da vida civil e a coloca em lugar inferior no casamento; é o homem que criou a incapacidade legal da mulher casada; é o homem que, enfim, fabricou esse absurdo artigo do Código Penal que, em caso de flagrante delito, no adultério só ele, o marido, ele, o senhor absoluto, tem o direito de fazer justiça pelas suas próprias mãos! (vol. I, p. 98)

Artigos de denúncia como esse figuram ao lado de outros que censuram aquela que não sabe cuidar da casa, deixando os filhos almoçarem "doces em vez de bifes". O que nos mostra que, ao mesmo tempo em que se esforçavam para construir um discurso que estrategicamente apontava para a libertação da mulher dos obstáculos à sua entrada na esfera pública, valorizavam os papéis sociais tradicionais aceitos por grande número de mulheres.

É possível afirmar que esse discurso de *valorização da mãe pela educação* atingia dois alvos: de um lado, visava a enobrecer a função doméstica, desqualificada econômica e socialmente pela emergência do capitalismo industrial; de outro, tinha o objetivo de ganhar a adesão de um amplo público feminino e masculino e formar uma consciência feminina. É visível, então, a luta que essas feministas empreendiam para abrir e ampliar o espaço de participação da mulher fora da vida privada, no mesmo movimento em que dignificavam a função doméstica e materna. Se elogiavam a atividade da dona de casa esposa-mãe, reivindicavam, por outro lado, uma figura feminina que tivesse projeções em outros âmbitos da vida social. No artigo "Educação literária", publicado em 31/03/1898, uma feminista escrevia:

> Em todos os países civilizados, devido a uma perfeita educação literária, as senhoras exercem uma notável preponderância na república das letras e não raro fundam importantes associações, redigem brilhantes jornais e publicam livros magníficos de literatura e ciência. (v. II, p. 111)

Abordando mais diretamente a questão, Maria Emilia discutia a necessidade que a vida moderna impunha à mulher para que adquirisse uma profissão honesta, habilitando-se a enfrentar as vicissitudes que surgissem. Advertia que esse seria o único meio de impedir que "morresse de fome" ou que se prostituísse:

> Mas quem não reconhecerá a dignidade, a confiança em si, a garantia, a independência, que para elas há de representar, antes e depois do casamento, a certeza de que podem ganhar a sua vida sem o auxílio de pessoa alguma? (vol. II, p. 170)

A revista se referia à prostituição apenas quando esta era uma ameaça à moral feminina. Em nenhum outro momento, ela é tematizada e claramente discutida. A prostituição não se configurava ainda como um assunto feminino, embora na imprensa anarquista fosse um tema incorporado por militantes de ambos os sexos. Basicamente eram os homens que, nesse momento histórico, debatiam o problema da prostituição e a condição da "mulher pública". Nas revistas femininas como *A Mensageira*, *A Cigarra*, *A Vida Moderna* e a *Revista Feminina* não se discutia direta e explicitamente esse fenômeno social, tema indecoroso demais para as mulheres das classes média e alta, donas de casa e profissionais liberais, a quem se destinavam. Como veremos, as vozes femininas que abordarão a questão na década de 1920 serão facilmente localizadas, porque raras e isoladas. Ao mesmo tempo, embora não se falasse abertamente sobre os "amores ilícitos" do outro lado da margem, os "casos" famosos circulavam nas conversas cotidianas e houve ocasiões em que mulheres da elite se fizeram vingar fisicamente das cortesãs que ameaçavam suas relações. Além do mais, algumas filantropas se dedicavam a recuperar ou auxiliar as meretrizes, como d. Veridiana, que cria uma maternidade especial para moças desamparadas.

Dificuldades semelhantes emergem quando nos deparamos com a *Revista Feminina*, publicada entre 1915 e 1936, e que chega a ter a expressiva tiragem de 30 mil exemplares. Embora sejam muitos os artigos que defendem um ideal de feminilidade fundamentado em concepções biologizantes sobre a "natureza feminina" e sua predestinação à maternidade, também se cria um espaço para o conhecimento mútuo das mulheres, ao menos nas classes mais privilegiadas. Como *A Mensageira*, essa revista procurava conciliar as atividades domésticas, o casamento, a educação dos filhos, todo um ideal de como ser mulher, com sua entrada no campo profissional. Diferentemente daquela, defendia o direito de voto e seu ingresso no cenário político, a exemplo das sufragistas inglesas, freqüentemente elogiadas, das norte-americanas, mais politizadas, e de Bertha Lutz, o grande ídolo. Nesse ponto, a revista representava um avanço. A denúncia da desigualdade entre os sexos, das barreiras que o mundo masculino opunha à participação feminina na vida social, o direito do voto feminino constituem uma constelação de temas recorrentes nessa literatura feminista.

Parece-me particularmente interessante na *Revista Feminina* o esforço das autoras, muitas das quais poetisas e intelectuais, para construir um espaço coletivo para as mulheres, delineando um campo de problematizações que compunha a cultura feminina da época. Elas mesmas, ao propagandearem a revista e convidarem as leitoras a divulgá-la, procuravam definir suas interlocutoras. Assim, diziam que se dirigiam às *feministas*, preocupadas com os direitos políticos da mulher, em especial o voto, e com sua participação social e política; às *intelectuais*, para quem dedicavam artigos literários, contos, poemas; às *donas de casa*, com seus artigos sobre a administração do lar, economia doméstica, conselhos úteis, educação das crianças, receitas saborosas para a família incluídas na seção "O menu de meu marido"; às *crianças*, para quem publicavam contos infantis e fábulas; às *vaidosas e elegantes*, leitoras dos artigos sobre moda e cuidados especiais com a beleza do corpo.

Através dessa imprensa, portanto, a mulher se pensava, tentando definir e produzir sua subjetividade: especificar suas preocupações, desejos e interesses, marcando sua diferença em relação ao homem: "uma autoconstituição em espaço de pensamento", na expressão de José Lorite Mena. Desejo arqueológico de conhecer sua realidade como mulher e poder confrontar-se com outra "vontade de saber" que determinou a ordem da realidade em que a mulher era essencialmente frágil e mãe. À medida que avançava para definir um campo da subjetividade feminina, a mulher podia fazer-se enquanto tal, recusando a irrealidade em que era transformada pelo saber masculino, "científico" e "objetivo". Tratava-se, então, da possibilidade de constituir-se como *sujeito*, provocando uma reversão/subversão dos olhares que a constituíam enquanto "simulacro", pois inexistente. Vejamos como esses pontos são discutidos na *Revista Feminina*.

No artigo "O homem e a mulher", de janeiro de 1923, L. V. questionava a dominação masculina, apontando para a maneira pela qual o homem se destinava o lugar de "rei da criação", mantendo a mulher na condição de "escrava". Em seguida, "com a civilização, modificou-se naturalmente sua esfera e a escrava de outrora tornou-se a boneca de futilidade dos salões".

Em vista disso produzira-se uma reação violenta, proporcional à opressão: o feminismo.

> Foi exclusivo trabalho do homem esta reação. Competindo-lhe *o trabalho exterior e intelectual*, taxou de *inferioridade* a posição feminina, fechando-lhe todos os prazeres do espírito, cercando-a numa barreira tirânica de preconceitos. (...)
> O que agora se debate é saber o que é em essência o feminismo e qual sua utilidade prática?

Definia, então, o feminismo como a luta pela emancipação da mulher por meio da educação e, para tanto, a batalha contra os preconceitos que lhe impediam o livre acesso aos mesmos benefícios conseguidos pelos homens: escolas, informação, cultura e trabalho.

> Eis resumido o feminismo: a educação feminina, sob todos os pontos de vista. Torne-se a mulher capaz de pensar, sentir e agir por si e tê-la-emos honesta, útil e feliz. (...)
> Diz-se que a uns compete a atividade exterior e às outras os misteres da casa. Mas se as tendências diferem não só de povo para povo, como de indivíduo para indivíduo, por que admitir *a priori* e irremissivelmente que todas as mulheres tendem à vida caseira?

Novamente, manifestava-se a preocupação em mostrar os limites desse feminismo, em desfazer qualquer possível associação com a liberdade ilimitada da mulher, ponto que certamente assustava os(as) contemporâneos(as), a se considerar a quantidade de vezes em que essas demarcações são reiteradas nesses textos. O feminismo, mostrava L. V., não significava

> conquistar o direito à liberdade licenciosa dos costumes, de poder imitar os homens nos seus erros, que a sociedade tolera. Em todos os pontos em que a ação feminina se exerce, a *moral* é absolutamente observada; e os maus costumes, o alcoolismo, a falta de higiene tem sido eficazmente combatidos. (...) *Educar*, eis a missão do feminismo.

Insiste-se em mostrar, nesse feminismo da passagem do século, que alçando à esfera pública, estudando, trabalhando, votando, dirigindo, a mulher não se masculinizaria, nem abandonaria as atividades que desempenhava na organização da vida familiar. Ponto que devia ser um dos fortes argumentos contra a luta das mulheres por sua emancipação. E, afinal, não se tratava de uma emancipação da esfera da vida privada, lugar da realização das necessidades biológicas, idealizada como refúgio sagrado contra as vicissitudes do mundo exterior?

Nas duas revistas femininas mais importantes do período, inúmeros artigos procuravam esclarecer e formar a *opinião pública*, e ao mesmo tempo dar argumentos às mulheres em sua defesa pelo acesso ao mundo público. Em geral, utilizava-se o argumento de que, obtendo certo grau de instrução — isto é, tornando-se *racional* —, a mulher se habilitaria para usar a própria liberdade em benefício de si e da família, para inculcar os valores morais no futuro cidadão e garantir o crescimento profissional do marido. Conseguindo uma profissão e entrando no mercado de trabalho, por outro lado, ela deixaria de ser frívola e fútil, com todas as ameaças que isso representava, e ainda prevenia-se — no caso das que não necessitassem trabalhar imediatamente — contra os acasos do futuro. Quantas mulheres não teriam assim podido evitar o infortúnio e a desgraça de "perderem-se" se a sociedade lhes tivesse oferecido outros meios de sobrevivência? *A Mensageira*, de 30/11/1897, em "A nossa condição", afirmava:

> Para os espíritos frívolos, a mulher instruída não pode ser boa esposa, porque julgam que o estudo lhe rouba o tempo destinado aos arranjos domésticos e à criação dos filhos. (...)
>
> A mulher instruída será melhor mãe que a ignorante, prova-nos a experiência e atesta-nos a razão. (...) (p. 50)

A *Revista Feminina*, por sua vez, avançando a discussão para a importância da conquista do voto feminino, argumentava contra a idéia de que exercendo atividades públicas a mulher se masculinizaria. Então, questionava:

> Ora, como afetaria a feminilidade da mulher o esforço que fizesse em prol do melhoramento da sociedade? Exercer a mulher suas funções de ecônoma e distribuidora de energias, no seio de um conselho municipal, o que é, senão, um ampliamento dessas mesmas funções por ela exercidas no ambiente de seu lar? Será menos mulher, procurando combater, fora de seu lar, os inimigos da saúde pública e da moral?[56]

Defendendo, portanto, essa concepção do feminismo, segundo elas mais "conservador do que revolucionário", não é de estranhar que, ao lado dos artigos que criticavam a opressão masculina, responsável pelo não-reconhecimento da mulher como cidadã, figurassem aqueles que redefiniam a condição da mãe como educadora social, valorizando sua "missão" em relação à pátria. Note-se, aliás, que até a participação pública da mulher era pensada como uma *extensão de suas atividades administrativas domésticas*, numa operação conceitual que eliminava quaisquer barreiras entre campos tradicionalmente considerados opostos.

Contudo, acabavam reatualizando as projeções masculinas que constituíram a subjetividade feminina como sentimental, fútil e retardada. Na série de artigos publicados nessas duas revistas, as metáforas do anjo, das flores, das plantas e das águas calmas foram amplamente empregadas para definir a *subjetividade feminina*, cujo centro deveria girar em torno do lar. De Victor Hugo, emprestavam elucubrações como esta:

---

56. *Revista Feminina*, maio de 1923.

A mulher é a humanidade vista pelo seu lado tranqüilo; a mulher é o lar, é a casa, é o centro de todos os pensamentos suaves. E o terno conselho de uma voz inocente, no meio de tudo que nos envolve, nos irrita e nos arrasta. Muitas vezes em torno de nós são todos inimigos; a mulher é o afeto. (v. I, p. 111)

A ambivalência do discurso feminista em relação à "natureza feminina" e o ideal republicano da mãe-missionária-cívica já aparecera nas reivindicações de Mary Wollstonecraft, publicadas em resposta a Rousseau, em 1792, como *Vindication of the rights of woman* e parcialmente traduzidas no Brasil por Nísia Floresta, em 1832.[57] Mesmo criticando enfaticamente as desigualdades entre os sexos, implícitas no ideário dos republicanos durante a Revolução Francesa, ela assumia que a principal função da mulher deveria se realizar no exercício da missão cívica da maternidade racional. Como Rousseau, a quem se opunha em muitos aspectos, Mary Wollstonecraft promovia a ideologia do lugar natural destinado à mulher, embora colorida com fortes tintas de apelo participativo nas demandas da vida pública.[58] Afinal, era em torno da idéia de que essa função regeneradora podia satisfazer plenamente suas necessidades de inserção social e política que as feministas do final do século XVIII construíram sua argumentação em favor da emancipação.

É claro que não pretendo reduzir a ampla gama de suas reivindicações a essa questão. Contudo, quero mostrar que já entre as primeiras pensadoras e ativistas feministas a questão da "natureza feminina" e os desígnios da maternidade acabaram sendo privilegiados. O século seguinte não terá dificuldades para reelaborar essa concepção sobre a função social da mulher, encontrando em sua estrutura física diferenciada os argumentos para sua radical exclusão da esfera pública.

O feminismo apresentado pelas revistas que estou analisando esbarrava com essas concepções biologizantes e enclausurava-se ao enfatizar a noção de que a função primeira de qualquer mulher era a maternidade, mesmo que defendesse a necessidade de seu aprimoramento pela educação. Se buscava uma ampliação do espaço da partici-

---

57. Veja Peggy Sharpe-Valadares, na Introdução ao livro de Nísia Floresta, *Opúsculo humanitário*, São Paulo, Cortez, 1985.
58. Veja Mary Wollstonecraft, in *Vindication of the rights of woman*, Londres, Penguin Books, 1975; Joan B. Landes, *op. cit.*, p. 137.

pação feminina no jogo social, contentava-se em aceitar as limitações que essa entrada exigia.

No entanto, devo relativizar essas afirmações, observando que aquilo que na revista *A Mensageira* aparecia de maneira menos demarcada — as reivindicações feministas e a valorização da mãe —, na *Revista Feminina*, que é de um período posterior, estará não apenas mais especificado como mais radicalizado. Ou seja, enquanto a primeira criticava o direito de voto para a mulher, também não partia para uma vasta campanha visando a conscientizá-la de seus deveres no lar. Em quase todos os números da *Revista Feminina*, ao contrário, ao lado das discussões sobre o feminismo, o elogio das sufragistas, as notícias das vitórias políticas e profissionais das mulheres em todo o mundo, apareciam constantemente os artigos de moralização, em que se definiam as regras de comportamento da boa esposa, da boa mãe, tal como apareciam nos títulos dos artigos: "Como a esposa consegue dar felicidade ao seu marido" (cuidando "para que todos os objetos estejam em seus lugares, para que o marido encontre à mão tudo que necessita para seus arranjos"), "Qualidades práticas da esposa", "Qualidades morais da esposa", "A intimidade do lar", "A missão da mulher", "O decálogo da esposa" ("I. Ama seu esposo acima de tudo, na terra..."), "Economia doméstica".

Chama a atenção a preocupação tão grande em mostrar à mulher que dela dependeria o futuro de sua família, a sorte de seu casamento, a felicidade dos filhos e que era ela quem deveria se esforçar para conquistar o marido, arrumar a casa, conversar nos momentos certos para ele, evidentemente. Não encontrei ao longo da pesquisa qualquer artigo que procurasse mostrar obrigações semelhantes para o homem. A própria revista percebia a unilateralidade de interlocutores para seus conselhos, mas justificava-se afirmando ser uma revista especificamente feminina.

Dificilmente pode-se enquadrar as revistas pesquisadas como conservadoras ou progressivas. Evidentemente, constroem-se no interior de um pensamento burguês, não apontam para uma transformação radical da sociedade e não se solidarizam com os movimentos revolucionários europeus, nem com a causa operária no Brasil. Posicionam-se claramente como antianarquistas, no caso de *A Mensageira*, embora elogiem ativistas políticas como Louise Michel. Contudo, estão muito longe de tematizar a revolução ou o socialismo. A condição feminina é discutida nos marcos de um pensamento liberal, preocupado em garantir a igualdade social entre os sexos, o direito de cidadania, e a integração da mulher no mundo dos negócios e da política, espaços considerados exclusivamente masculinos, mas sem alterar profundamente a ordem social vigente.

Nesse sentido, têm aspectos conservadores, moralistas e até obscurantistas, como em relação à entrada dos filmes estrangeiros e à crescente influência do cinema. Segundo a *Revista Feminina*, o cinema significava um "perigo que ameaça nossos filhos", pois, ao contrário das antigas novelas edificadoras, "vende a moral deteriorada de sua mercadoria, a quem comprar, como vende um segundo drogas saporíferas (sic), e tóxicas, e um terceiro as armas homicidas".[59] Ana Rita Malheiros, uma das mais importantes colaboradoras da *Revista Feminina*, cuja identidade talvez seja a do dr. Cláudio de Souza, censurava os escândalos, crimes e taras divulgadas nas telas:

> Nem só o beijo, o abraço, o gesto lascivo são oferecidos para sobremesa no prato dourado de paisagens maravilhosas a donzelas que ali vão e que aquilo devem ignorar. Ele vai mais longe: apresenta o vício em todo seu inverídico esplendor, desde os vestíbulos suntuosos de palácios encantados, até a intimidade dos toucadores e das alcovas e das banheiras, onde se cuidam de menores cuidados, a concupiscência, a lascívia, a indolência e todos os demais pecados mortais da carne, que parecem triunfar no seu septenário de putrefação.[60]

Por outro lado, essa imprensa feminina tem seus momentos progressistas ao buscar uma redefinição do modo de subjetivação da mulher e abrir espaço para que ela mesma se pense enquanto tal: ao demonstrar a importância de sua luta específica pelo ingresso no mercado de trabalho, pelo acesso a todos os campos da vida social desfrutados pelo homem, ao reivindicar iguais direitos e iguais salários em troca dos mesmos trabalhos.

Alguns estudiosos entendem que o feminismo europeu da passagem do século perdeu o elo que mantinha com a tradição filosófica do

---

59. *Revista Feminina*, mar. 1918.
60. *Revista Feminina*, abr. 1918.

feminismo anterior, em virtude da vulgarização dos postulados construídos pela ciência vitoriana que, como se sabe, justificou de todos os modos a inferioridade biológica, cerebral e intelectual da mulher.[61] Desse modo, assumiu algumas das teses biologizantes desse pensamento, como a predestinação natural da mulher para a maternidade. Segundo F. Alaya, esse feminismo acabou por incorporar essas concepções em vez de questioná-las, reforçando uma mitologia que desqualificava a mulher em tudo o mais. Por isso mesmo, não conseguiu propor e sustentar bandeiras de luta mais ousadas e radicais e, portanto, mobilizar um público feminino muito maior.

Tendo a concordar com esse ponto de vista, principalmente porque na imprensa feminina do período, e não apenas em São Paulo, são numerosos os textos que prestigiam calorosamente a pureza da mulhermãe, seu altruísmo, seus dons filantrópicos naturais. É visível a intenção de idealizar culturalmente o espaço privado da casa, enobrecendo a função da mãe e definindo-o como o avesso do mundo exterior. Por outro lado, esse é também o meio que essas mulheres encontravam para valorizar sua principal atividade e lutar pela ampliação de seu lugar na sociedade, pois nesse discurso ela se tornava uma figura importante e necessária. No entanto. reforçavam a idéia de que a mulher possuía uma natureza diferenciada do homem, caracterizada pela intuição e altruísmo. Se a influência de pensadores e ativistas feministas como Condorcet, Mary Wollstonecraft, J. Stuart Mill e Harriet Taylor se evidenciava nesta imprensa, as teorias evolucionistas e mesmo positivistas do século XIX ressoavam vigorosamente nas entrelinhas do discurso feminista.

Além disso, embora a *Revista Feminina* tenha tido uma longa duração, isto é, cerca de 22 anos, levando alguns a considerarem-na a primeira revista feminina realmente de peso,[62] sabemos que, mesmo atingindo um número expressivo de leitores por todo o país, não chegou a constituir um movimento feminista propriamente dito, nem a levar as mulheres às ruas como ocorria com as sufragistas inglesas, ou

---

61. Flavia Alaya, "Victoriam science and the 'genius' of woman", *Journal of the History of Ideas,* abr.-jun. 1977, v. 38, n. 2.
62. Dulcilia H. S. Buitoni, "Crônica/Mulher, Mulher/Crônica", Boletim Bibliográfico, Secretaria Municipal de Cultura/São Paulo, v. 46n (1/4), jan.-dez. 1985.

com as ativistas norte-americanas, sempre elogiadas. Esse, aliás, foi o principal argumento misoginamente utilizado por jornais como *O Estado de S. Paulo*. Segundo ele, se as próprias mulheres não se mobilizavam para conseguir o direito de voto, é que de fato não o mereciam por não estarem suficientemente amadurecidas e conscientes:

> As nossas miss Panckhurst ainda não promoveram um comício, ainda não quebraram um vidro, ainda não vaiaram um estadista calçudo. As nossas miss Panckurst, provavelmente, ainda estão por existir. E é pena. Quem sabe se elas conseguiriam pôr um pouco de medida e de civilidade na selvageria das nossas lutas políticas (...). (Citado na *Revista Feminina*, agosto de 1921)[63]

Certamente, não seria como políticas que o mesmo jornal trataria "nossas miss Panckhurst", se elas invadissem o cenário público mais agressivamente. Seja como for, interessa destacar que se as feministas não conseguiram mobilizar politicamente as mulheres como desejavam, a crescente movimentação feminina em centros urbanos como Rio e São Paulo, nas diversas modalidades em que se manifestou — em busca de trabalho, instrução, participação política ou vida social —, atingiu diretamente amplos setores da população. Preocupados com a moralidade pública e com a preservação de antigos hábitos e valores, muitos passaram a dispensar maior atenção para o outro lado da margem. Por isso mesmo, as novas formas que os amores extraconjugais assumiam, ao lado da proliferação de outros "vícios urbanos" reforçavam os sentimentos fantasiosos e as apreensões gerais ante o progressivo delineamento de um espaço geográfico e simbólico identificado como o mundo da perdição e da libertinagem. Como se configurava esse universo maldito?

---

63. Oswald de Andrade fala do impacto que foi conhecer as sufragistas inglesas: "Em Londres, fui encontrar vivas nas ruas duas novidades: o assalariado e a sufragete. Esta era representada por mulheres secas e machas que se manifestavam como se manifestava o operário. Ordenadamente, às vistas da polícia, mas protestando contra um estado de coisas de que minha ignorância mal suspeitava". *Um homem sem profissão, op. cit.*, p. 69.

3 | NOVAS FORMAS DOS AMORES ILÍCITOS

A GEOGRAFIA DO PRAZER

O campo que se constituiu em torno da prostituição passou a recobrir inúmeras práticas desejantes. O processo de modernização, de crescimento econômico, de explosão demográfica e de desterritorialização das subjetividades impulsionou o alargamento dos territórios do desejo. Esse era também espacial. Nas grandes áreas de concentração do capital financeiro — áreas de bancos, casas comerciais, sedes de sociedades anônimas — instalaram-se cafés, restaurantes e centros noturnos de diversão. Expandiam-se as formas de consumo do amor venal. Crescia a prostituição profissionalizada, enquanto o bordel se tornava o ideal de toda uma geração, como lembrava Oswald de Andrade.

A prostituição concentrava-se nas áreas centrais e comerciais da cidade, próxima aos bares, cafés-concerto, cabarés, teatros e cinemas que atraíam a burguesia endinheirada, os políticos, advogados, estudantes, trabalhadores e marginais de todos os tipos. Também se redefinia o perfil da prostituta: o paradigma fornecido pela "francesa", que encantava a Paris de Napoleão III, cobiçada por todos, levava a que se multiplicassem os apelidos e gestos importados pelas que aspiravam à condição de *coccotes* e *demi-mondaines*.

Invadindo o centro, as prostitutas procuravam exibir-se ostensivamente, como Marcelle d'Avreux, desfilar em carros abertos, expor o corpo ornamentado aos olhares curiosos nos espaços elegantes da vida boêmia, ou nas ruas ocupadas pelo baixo meretrício. Exibir-se como mercadoria significava ainda revelar o *status* social da meretriz, propagandeando-se.

Não havia, no entanto, uma rígida separação geográfica entre o universo da prostituição e o mundo da respeitabilidade burguesa. Algumas confeitarias dividiam seus horários de atendimento entre as famílias e as *demi-mondaines*, enfeitadas e vistosas, enquanto os teatros mais famosos eram obrigados a abrigar esses diferentes setores da sociedade, por ocasião das apresentações artísticas internacionais. Em inúmeros depoimentos, informa-se que o Bar do Municipal, por exemplo, reunia tanto

A zona do meretrício: rua Líbero Badaró, esquina com largo São Bento, 1912. (DPH)

prostitutas em busca de fregueses, gigolôs à espera de seus dividendos, quanto rapazes da *jeunesse dorée*, "de parceria com suas amantes".[64]

Segundo as memórias de Mme. O.:

> No Odeon (...), você encontrava paulistanas, todo mundo se mistura. Vou te contar uma coisa: muitos anos atrás, a gente não fazia questão dessas coisas. Tinha gente que morava perto de uma casa, onde tinha uma mulher que ficava na janela e chamava os homens que passavam, a vizinha não se incomodava. Não se incomodava mesmo (...)! Agora não tem mais nada escondido. (Depoimento de 3/08/1989)

Mesmo assim, as notícias publicadas nos jornais da época, ou as cartas da população endereçadas ao público leitor revelam que nem sempre este convívio era isento de conflitos. Muitos moradores solicitavam aos poderes instituídos uma maior vigilância nas regiões em que habitavam, ou mesmo a transferência das "pensões alegres" para bairros mais distantes, enquanto outros simplesmente se mudavam de residência.

Na passagem do século, Jorge Americano registrava a presença de "moças amáveis", que insistentemente convidavam os transeuntes a entrar em suas casinhas baixas das ruas Libero Badaró (antiga São José), Senador Feijó, rua da Esperança (hoje praça da Sé), Caixa d'Água, rua da Conceição, várias das quais desapareceram com a reforma urbana de 1911.[65] O delegado Cândido Motta, ao contrário, defendendo em 1897 um projeto de regulamentação da prostituição que afetava especialmente o baixo meretrício, condenava-as como mulheres "escandalosas", que se exibiam em desalinho nas janelas, fazendo escândalos e provocando os homens que passavam.[66] Paulo Duarte, que iniciava suas explorações pelos becos e ruas estreitas da cidade nos primeiros anos da década de 1910, referia-se às casas pequenas,

> em cujas janelas, um pouco ocultas pelas venezianas, apareciam rostos de mulheres muito pintadas, convidando quem passasse para entrar. O convite se fazia sempre com a mesma frase: Entra, simpático!",[67]

---

64. Silvio Floreal, *Ronda da meia-noite*, São Paulo, Cupolo, 1925, p. 47.
65. Jorge Americano, *op. cit.*, p. 141.
66. Cândido Motta, *Prostituição, lenocínio, polícia de costumes*, relatório apresentado ao Exmo. sr. Chefe de Polícia, São Paulo, 1897.
67. Paulo Duarte, *op. cit.*, vol. II, p. 225.

Imagens da cidade: esquina da rua Líbero Badaró
com ladeira São João, por volta de 1912. (DPH)

ressoando diferentes sotaques europeus que se confundiam em seus ouvidos. Ali habitavam muitas estrangeiras — francesas, italianas, russas e "polacas" —, sendo que as últimas, até 1913 aproximadamente, haviam ocupado praticamente toda a rua Líbero Badaró.

Jacob Penteado, por sua vez, recorda que as meretrizes postadas nas janelas ou portas das casas situadas naquelas ruas do baixo meretrício costumavam enfeitar os cabelos com flores, exprimindo com esses emblemas sua condição de "mulheres da vida", e usavam "galhos de arruda nas coxas, para evitar mau-olhado e doenças venéreas", segundo as crendices populares de então.[68] Freqüentadas por caixeiros, soldados do Exército e da polícia, estudantes e boêmios em geral, essas ruas assistiam a constantes atritos e rixas entre eles.

Um dos freqüentadores dessa área do prazer era Oswald de Andrade, que fez sua iniciação sexual numa das casinhas baixas, onde conheceu francesas, polacas, italianas, ainda nos primeiros anos do século. Segundo ele:

> Ao descer a rua Líbero Badaró na direção de casa, após as aulas, eu fazia parada habitual na venda do pai de Ponzini. Era um ambiente popular e curioso (...). É sabido que antes do alargamento da Libero Badaró (...) era ela uma augusta passagem do centro de São Paulo que levava do fim da rua José Bonifácio ao Largo de São Bento. Nessa viela central, concentrava-se o mulherio da vida que permanecia, da tarde à noite, seminu e apelativo nas janelas e nas portas abertas a qualquer um. Na venda do Ponzini, travei relações com mais de uma prostituta, sobretudo uma caftina gorda e maternal chamada Olga, que se sentava comigo em torno de uma mesa. Mas não foi aí que perdi minha virgindade, cautelosamente vigiada por mamãe. (p. 42)

É só mais à frente que confessa:

> Caí afinal num bordel da rua Líbero Badaró. Procurava, porém, dourar sempre de romantismo minhas visitas noturnas e rápidas. E muito me desgostei quando uma mulher que se desnudara no leito exclamou para mim: — Não precisa tirar as botinas! (p. 54)

---

68. Jacob Penteado, *Memórias de um postalista*, São Paulo, Livraria Martins, p. 55.

Próximo dali, no bulevar Antônio Prado, encontravam-se outras casas assombradas onde residiam "certas francesas de reputação suspeita e de aspecto apreciável". Para o boêmio Cicero Marques, não espantava a maneira exuberante com que cumprimentavam os transeuntes, às vezes, acenando ostensivamente para convidá-los a subir. Achava mais curioso "que os convidados, antes de entrar, tomavam mil e uma precauções, olhando à esquerda e à direita, disfarçavam e, de repente, numa espécie de mergulho, embarafustavam-se pelas escadas acima". (p. 29).

A despeito da harmonização da paisagem que os memorialistas realizam em seu trabalho de invenção do passado, criando uma cidade imaginária que os abriga como filhos pródigos, tanto suas informações quanto as impressões sobre a vida do submundo são de grande importância para o historiador. De modo geral, todos registram que, com a reforma urbana de 1911, sob a prefeitura de Antônio Prado e, em seguida, de Rogério Duprat, iniciam-se as obras de alargamento da Praça da Sé, alterando radicalmente a *geografia do prazer*. As meretrizes foram empurradas pelas "picaretas do progresso" e obrigadas pela polícia de costumes a procurar refúgio em partes mais distantes da cidade.[69] O Plano de Avenidas do prefeito Antônio Prado, visando a construir um centro burguês, com ruas largas e fachadas clássicas, levou à desapropriação de vários prédios do barão de Duprat, situados naquela artéria, enquanto a construção da catedral da Sé provocou o desaparecimento das ruas Esperança e Imperador, onde se instalavam as "mariposas do amor".

Por volta de 1913, portanto, a prostituição nesse centro estava "agonizante", lembra Paulo Duarte. Grande número das mulheres públicas tiveram de se retirar e espalharam-se pelas ruas Ipiranga, Timbiras, Amador Bueno, enquanto a área de baixo meretrício concentrou-se entre as ruas Senador Feijó, Riachuelo, Ladeira Riachuelo, Ladeira de São Francisco até o Piques, ponto das prostitutas negras.

A "escória" das prostitutas, na expressão de Jacob Penteado, situava-se no Brás: inicialmente na rua Cruz Branca, onde atendiam a preços acessíveis, estendendo-se posteriormente para a rua Chavantes,

---

69. Gabriel Marques, *Ruas e tradições de São Paulo*, São Paulo, Conselho Estadual da Cultura, 1966, p. 165-166.

sempre nas proximidades das estações do Norte e da S. P. R., de onde vinham os melhores clientes, homens do interior que acabavam levando para sua terra uma boa carga de doenças venéreas, pois ali não havia a menor noção de asseio nem fiscalização. (p. 56)

Evidentemente, a expansão capitalista alterava diretamente a localização dos espaços marginais, empurrando-os para a periferia da cidade, embora sem nenhum planejamento mais regular, como ocorrerá na década de 1940. Nessa ocasião, os amores extraconjugais foram confinados ao bairro do Bom Retiro, próximo às estações ferroviárias da Sorocabana e da Santos-Jundiaí.

Contudo, não era apenas a prostituição destinada aos homens de menor posse, ou aos jovens estudantes boêmios que aumentava — liberação intensiva promovida pelo capital — e nem todas as meretrizes existentes em São Paulo viviam em condições miseráveis, ou eram perseguidas pela polícia, como as pretas e mulatas pobres. Jorge Americano destaca, por volta de 1908, a presença de "cortesãs de luxo" que habitavam em casa própria, em geral montada por algum "coronel" abastado, seduzido pelos encantos da amante ou assustado com a imprevisibilidade das aventuras amorosas.

Essas mansões se localizavam nos bairros residenciais da elite: na avenida Paulista, recém-inaugurada, na avenida Angélica, ao lado dos palacetes da "burguesia do café", com todos os requintes e aparatos que supunha o cenário para a realização do modelo conjugal tipicamente burguês:

Tal era, por exemplo, a de nome Margarida, para quem um distinto cavalheiro construíra um palacete na rua Dona Viridiana, e para celebrar-lhe o nome, fizera esculpir como ornato das janelas, margaridas em argamassa. Outra chamava-se Elisa, vivia mais modestamente porque o seu protetor, apesar de muito rico, não desperdiçava dinheiro; ela possuía um enorme cão, com o qual passeava todas as tardes.[70]

Lenita, personagem central do romance *A carne*, de Júlio Ribeiro, sonha em possuir um palacete elegante, "rendilhado, à oriental", num

---

70. Jorge Americano, *op. cit.*, p. 142.

bairro aristocrático, "na rua Alegre, em Santa Efigênia, no Chá", construído pelo arquiteto Ramos de Azevedo e decorado por Aurélio de Figueiredo e Almeida Junior. Imaginava mandar comprar nas "ventes" de Paris móveis, "couros lavrados de Córdova", tapetes persas, "fusukas do Japão" e mil outras excentricidades. Símbolo da artificialidade, ela desejava desfrutar de um espaço barroco, saturado de objetos valiosos, ornamentado com as últimas novidades dos mercados europeu e oriental, assim como a cortesã ensandecida de Émile Zola, Naná:

> Sobre os consolos, sobre os dunquerques, em vitrinas, em armários de pau-ferro rendilhado, em étagéres, pelas paredes, por toda a parte semearia porcelanas profusamente, prodigamente — as da China com o seu branco leitoso, de creme, com as suas cores alegres suavissimamente vividas, as do Japão, rubro e ouro, magníficas, provocadoras, luxuosas, fascinantes; os grés de Satzuma, artísticos, trabalhos árabes pelo estilo, europeus que pela correção do desenho.[71]

Nesse cenário luxuoso, repleto de objetos sofisticados e valiosos, Lenita aspirava a brilhar com "toaletes elegantíssimas, arriscadas, escandalosas".

Menos sonhadores e mais abaixo na hierarquia social, havia as prostitutas que residiam em casas alugadas ou próprias, onde recebiam seus fregueses e amigos, sem o compromisso de fidelidade que a relação extraconjugal estruturada a partir do modelo conjugal burguês poderia exigir. Além disso, conseguia manter-se sem vínculos de dependência com uma caftina, ao contrário do que acontecia com as que viviam nas "pensões de artistas". Tal era, portanto, o caso de

> uma senhora Glória, que ali por 1910 guiava um "baratinha". Anos depois, fez leilão da casa, na avenida Angélica, e as famílias discretamente, e como a fazer coisa malsã, foram ver a exposição prévia dos objetos, na curiosidade de sentir o cheiro do pecado.[72]

---

71. Júlio Ribeiro, *A carne*, p. 52. Sobre *Naná*, de Émile Zola, veja Margareth Rago. "Amores ilícitos na Paris de Émile Zola", revista *História e Perspectiva*, Uberlândia, v. I, n. 1, 1988.
72 . Jorge Americano, *op. cit.*, p. 142.

Jorge Americano descrevia ainda as que viviam nos hotéis e "pensões chiques", como o Grand Hotel, situado na travessa entre a rua São Bento e a Líbero Badaró, o Hotel dos Estrangeiros, "um grande palácio de dois andares" na atual rua Miguel Couto, o Palais Elégant e outras "pensões alegres", localizadas nas ruas Conselheiro Crispiniano e Xavier de Toledo.

Muitas dessas meretrizes estavam ligadas ao crescimento dos cafés-concerto: artistas — cançonetistas e bailarinas — que, além dos espetáculos, acompanhavam os senhores abastados para beber e cear em lugares mais reservados e elegantes. Às vezes, estrelas de algum elenco teatral trazido pelos empresários Latroz, Vitalis, Marchetti, Rotolli-Billoro, Caramba, Scognaguilio — "et la tournée Seguin por l'Amérique du Sud...", que trabalhavam nas horas vagas, complementando sua renda salarial, ou que por aqui ficavam, depois que as companhias partiam.[73]

Várias microinstituições nasceram para sustentar a prostituição: cafés-concerto, cabarés, pensões, espaços onde as "mulheres públicas" se exibiam, procuravam seus fregueses, articulavam-se com seus cafetões. Aos poucos, também em função do próprio desenvolvimento urbano-industrial, essas casas se autonomizam de modo a constituir um mercado relativamente autônomo e paralelo, visto que, muitas vezes, um grupo de homens procurava o café-concerto apenas para presenciar o *show* de dança do ventre ou o "nu artístico" que lá se apresentava, e não necessariamente buscava a companhia de uma prostituta.

As "pensões alegres" mais refinadas eram centros onde muitos "coronéis", intelectuais, artistas, advogados e boêmios praticavam novas formas de sociabilidade. Divertiam-se nos inúmeros bordéis que proliferavam nas décadas iniciais do século XX em São Paulo, procurando incorporar os novos hábitos de uma burguesia estrangeira que se deslumbrava com o progresso tecnológico. Muitas casas adotavam nomes parisienses, apresentando-se implicitamente como filiais dos grandes estabelecimentos eróticos conhecidos na França: o Palais Élégant, de propriedade das irmãs Colibri, onde se promoviam "grandes noitadas", segundo Cicero Marques; seu principal concorrente, a Pension Royale;

---

73. Cicero Marques, *Tempos passados*, São Paulo, Moema Editora, 1942, p. 119.

o Palais de Cristal, de Mme. Sanches retratado por Hilário Tácito como o Paradis Retrouvé, de Mme. Pommery; o Hotel Paris, ou ainda o Bar do Municipal, luxuoso e concorrido e o Maxim's, pensão de Salvadora Guerrero, cenário do romance de Amando Caiuby, *O mistério do cabaré*.

Outros tornavam-se conhecidos apenas pelo número, como o "30" da avenida São João, isto é, a Pensão Milano, de Mme. Serafina; o "10", da rua Formosa; o "15", da avenida São João; o "105", do largo Paissandu; o "22" da Encarnação, na rua Conselheiro Crispiniano.[74]

Um dos mais famosos estabelecimentos das "noites elegantes" de São Paulo era o Hotel dos Estrangeiros, onde se hospedaria imaginariamente a personagem central do romance de Hilário Tácito, já citado, por ocasião de sua chegada ao Brasil, nos inícios do século XX.[75] A ele, um de seus assíduos freqüentadores, o advogado e poeta Moacyr Pisa dedicou uma série de versos satíricos — "A defunta" —, lamentando sua demolição e a construção de uma universidade no local, nos primeiros anos da década de 1920. Em "Tradições", poema que inicia esta série, publicada em 1923, pouco antes de seu suicídio, Pisa exclamava:

Hoje, que a palmas e flôres,
Nossa alegria se casa,
Devo lembrar-vos, senhores,
As tradições desta casa.

Conheci este edifício
Quando (oh! tempos prazenteiros!)
Se lia em seu frontespicio:
"Grande Hotel dos Estrangeiros".

Nobre recinto hippocratico
Cheio de Augustos emblemas,
Outr'ora foi curso pratico
De cultivar treponemas.

---

74. Cicero Marques, *Tempos passados, op. cit.*, p. 117.
75. Hilário Tácito, *Madame Pommery*, São Paulo, edição da *Revista do Brasil*, 1920, Biblioteca da Academia Paulista de Letras, v. 6, 1977.

Lembra-me ainda: esta sala
Foi quarto de uma sereia...
(Quanta doçura na fala!
Quanta despesa na ceia!)

Essa outra alli, destinada
A´s aulas de anatomia,
Pertenceu á minha amada
Era o quarto em que eu... dormia.

Adeante, era um gabinete
(Que noite esplendida aquella!)
Onde gosei um banquete,
Ao lado da Pimpinella.

....

Recorda aqui cada canto
Uma gosada caricia...
Sinto meus olhos em pranto
Ao lembrar tanta delícia.

Do amor nos dôces misteres,
Em exercicio diuturno,
Fiz Opis muitas mulheres,
Para poder ser Saturno...

....

Aquelle laboratorio,
De S. Paulo o mais solerte,
Foi, antes, o dormitorio
De madama Filiberti.

Certo esculapio solene,
Alli, com gesto pacato,
Applicou-lhe, a bem da hygiene,
Papeis de permanganato.

O biombo, onde ouvis agora
De um lente os sábios conselhos,
Tambem já foi sala, outr´ora,
De operações e apparelhos...[76]

Um mestre em clínica de olhos
Fez de um, sem globo occular,
Afastando-lhe os refolhos,
Dois globos, quasi sem enxergar...

....

A' sciencia, em varios ramos
Professada nestes quartos,
Com gloria lhe acrescentamos
Nova cadeira: — a de partos.

O poeta narra a história do bordel, transformado em Faculdade de Medicina e fechado em menos de três anos. Segundo Paulo Duarte, ali se encontravam as prostitutas mais finas da cidade, "pois a estadia era caríssima, imposta por Mme. Filiberti, a proprietária daquele templo de altas folias noturnas".[77] O movimento no hotel começava por volta das dez da noite, estendendo-se até tarde da madrugada, num clima esfuziante de muitas brincadeiras, conversas e diversões. A caftina italiana cuidava para que seu estabelecimento funcionasse de acordo com as exigências da clientela masculina, a quem proporcionava aventuras amorosas num cenário bem suntuoso, especialmente arranjado:

As escadas de mármore davam acesso a um patamar e, na parede em frente, um espelho de vastas proporções, que desde o começo da escada cumpria o seu fim, refletindo as imagens das pessoas que subiam, à procura do salão, situado à esquerda de quem lhe alcançasse o topo... Na vastidão da sala, mesas esparsas, ocupadas pelas pensionistas, na maioria artistas de café-concerto-coristas e bailarinas de companhias líricas e de operetas, ou mundanas cariocas que procuravam as boas graças dos comissários de café e argentários de São Paulo.[78]

---

76. Moacyr Pisa, *Vespeira*, São Paulo, Ed. Livraria Santos, 1923, p. 97.
77. Paulo Duarte, *op. cit.*, v. II, p. 225 e 261.
78. Cicero Marques, *Tempos passados*, *op. cit.*, p. 120.

Assim, multiplicavam-se os estabelecimentos destinados às práticas do amor venal, onde também muitas novidades eróticas, importadas da França ou da Inglaterra, encontravam campo favorável à sua difusão. Como se depreende das notícias alarmistas dos jornais, ou das memórias mais descontraídas dos contemporâneos, os "vícios elegantes" propagavam-se entre a *jeunesse dorée* e os boêmios que assiduamente freqüentavam os espaços do prazer.

VÍCIOS URBANOS

Os sucessivos deslocamentos geográficos não significaram uma limitação das atividades na vida do submundo. Pelo contrário, proliferaram e diversificaram-se as formas de consumo do prazer, aumentando os lucros que aí se formavam. Ágeis figuras femininas do mundo da prostituição procuravam suprir as demandas de uma *nova* clientela, formada por homens de diferentes setores da sociedade, que se encontravam na busca de uma forma erotizada e sedutora de expressão do desejo. Toda uma indústria e todo um comércio especializados se desenvolveram em torno da prostituição — máquina de prazeres —, referenciando-se ambiciosamente pelo "erotismo aristocrático" difundido no interior da burguesia francesa. Divulgavam-se, ao lado das inúmeras tecnologias importadas, novos equipamentos do desejo: desde roupas íntimas de mulher, fetiches como ligas, calcinhas rendadas, meias pretas, até perfumes, afrodisíacos, drogas, objetos de flagelação ao gosto do freguês, revistas pornográficas e filmes proibidos. A decoração dos interiores, com muitos vidros, espelhos, tapetes aveludados, almofadas ornamentadas e cheiros especiais, procurava evocar climas exóticos e exacerbar as sensações, com seus objetos múltiplos de evasão e excitação, a exemplo das famosas fotos de "nus artísticos" que causavam sucesso na cidade.

Em 31/01/1901, o *Correio Paulistano* informava que a polícia havia recolhido várias "vistas ofensivas à moral", no estabelecimento Novo Paris, na cidade de São Paulo, de propriedade de Victor de Mayo. Um ano depois, em 17/04/1902, o assunto voltava à tona no mesmo jornal, certamente excitando a curiosidade de muitos leitores:

EXIBIÇÃO GRATUITA
PARIS EM SÃO PAULO

Tendo recebido da Europa umas novas vistas, o sr. Victor de Mayo, proprietário do Paris em São Paulo, franqueou ontem gratuitamente a sua casa, à rua de São Bento, às famílias e ao público em geral, como medida de *réclame*.

Abertas que foram as portas, toda a multidão queria precipitar-se para dentro da sala e isso num berreiro terrível que dava a idéia de um grande conflito. (...)

Finalmente, a polícia apreendera o material, fechando as portas daquela casa.

O Comércio de São Paulo, de 16/05/1913, denunciava a venda de livros e folhetos "imorais e cheios de gravuras obscenas, a preço módico, "oferecidos nos cafés-concerto aos adultos e aos jovens "inconscientes". Embora as informações sobre esse tipo de circulação sejam extremamente esparsas, sugerem que revistas pornográficas estrangeiras ou mesmo brasileiras começavam a fazer parte do mercado editorial no país, com sucesso. Paulo Duarte referia-se à revista carioca *O Rio Nu*, que considerava pornográfica e que procurava copiar o modelo francês de *La Vie Parisienne*, fundada em 1863.[79] Encontrei alguns números dessa revista no arquivo de José Ramos Tinhorão. A impressão que me passou foi a de que para os padrões atuais seria menos uma revista pornô do que um semanário satírico, com piadas picantes, alguns desenhos maliciosos e muitas brincadeiras. Uma delas tratava de um concurso organizado no *demi-monde*:

Qual é a melhor mulher do nosso Demi-Monde? Por que é a melhor? Qual o encanto ou particularidades que tem?

As respostas vinham em forma de carta, assinada sob pseudônimo:

Alice Cavallo de Pau — Porque gosta de *mamadeira* e adora estudo de línguas vivas. Pelo hábito de usar sempre hábitos de japonesa embo-

---

79. Paulo Duarte, *op. cit.*, p. 256-257.

ra não haja pão em casa, quando fantasiada nos *clubs* carnavalescos. Porque tem o encanto de ser mais alta e não dar... um beijo no *badaró* baixinho, a menos que este trepe numa escada.

Juca Lombo (*O Rio Nu*, 28/03/1903)

Os jovens *dandys* das famílias ricas, que freqüentemente viajavam para Paris, traziam as várias revistas pornográficas que encontravam, além de outros artigos e de toda uma vivência do mundo da prostituição européia que desejavam reproduzir aqui.

É muito provável que inúmeras outras publicações e livros pornográficos circulassem nos cafés-concerto e cabarés. Entretanto, apenas em 1924, abre-se um espaço para o desnudamento completo do corpo feminino como erotismo na imprensa brasileira, através da revista *Shimmy*.[80]

Antes disso, o público só podia ter contato aberto com cenas eróticas e exibições de nus femininos por meio de filmes, cartazes e revistas de cinemas, que também começavam a explorar comercialmente o erotismo. Nas revistas comportadas, no entanto, como *Eu Sei Tudo*, *A Cigarra* e *Fon-Fon*, as fotos mais ousadas focalizavam artistas estrangeiras de cinema, quando muito de maiô, lançando ao público olhares sedutores. Por outro lado, apenas se começava a associar a exploração do corpo feminino às propagandas de cigarro, como o Dalila, cuja foto encontrei num fascículo da revista *Nosso Século*.[81] Alguns cartazes das apresentações dos cafés-concerto reproduziam, em estilo *Belle Époque*, figuras femininas semelhantes a Jane Avril, de Toulouse-Lautrec.

Enfim, os cafés-concerto e bordéis chiques constituíam campo fértil para a emergência de uma cultura erótica. Aí apresentavamse *shows* variados, dançava-se, cantava-se ou jogava-se animadamente, como se depreende das notícias moralistas dos jornais da época. Homens e mulheres desenvolviam uma forma de sociabilidade nos espaços boê-

---

80. Rudolf Piper, *Garotas de Papel*, Global, 1976, p. 2.
81. Revista *Nosso Século*, n. 20. Em *Salões, Circos e Cinemas...*, a capa de um número da revista carioca *Fon-Fon*, em que aparece uma mulher com as pernas descobertas cruzadas de maneira masculina para a época, vem seguida do comentário de que "algumas marcas de cigarro distribuíam figurinhas com retratos de artistas teatrais e circenses", *op. cit.*, p. 127.

mios da cidade, que escapava dos códigos convencionais de conduta. Noticiando uma batida policial no Palais Élégant, o jornal *Correio Paulistano*, de 29/05/1896, descrevia a vida do bordel, em tom de evidente censura:

> Mulheres e homens, as mais desbragadas e os mais corruptos, juntam-se em orgias pavorosas, dançam cancãs infernais, trauteiam canções livres, garganteiam melodias de bordel. É a sede superior dos roleteiros e das meretrizes, o que quer dizer, da corrupção e viciamento dos costumes sociais, dos laços de família e, sobretudo, é a perdição da mocidade, cujas energias se gastam em vigílias desonradas. (...) A proprietária do "Palais", a bela mestra do caftismo em São Paulo, foi intimada a comparecer à polícia e será processada como caftina (...).

Numa outra perspectiva, Cicero Marques afirmava que a vida noturna desse bordel de luxo era tão selecionada que as cortesãs que aí viviam "eram reverenciadas com a mesma delicadeza com que tratariam uma senhorinha saída do Sacré Coeur (...)" (p. 118).

É grande o contraste das descrições: à vivência interna dos jogos microscópicos que se estabelecem em proporção infinitesimal, contrapõe-se a condenação moralista do jornalista que se situa do outro lado da margem e para o qual o submundo só pode assumir proporções ameaçadoras. Da mesma forma, pode-se contrapor as representações sobre o bordel da espanhola Lola, conhecido como o "15" da rua Líbero Badaró, a partir de diferentes fontes. Para o boêmio Cicero Marques, ela alegrava a vida noturna nos inícios dos anos 1910, pois

> (...) arregimentava em sua casa crescido número de inquilinas e *divertia* outro não menos numeroso grupo de rapazes e velhos, que lá passava boa parte da noite em *alegres patuscadas...* (p. 35)

Já o *Correio Paulistano*, de 15/04/1902 e o jornal *O Tempo*, de 16-18/04/1902, denunciavam a exploração ilimitada de mulheres na Pensão Artística, o "15", do proprietário Dano Del Panta, como gigolô disfarçado, acentuando o aspecto de vitimização absoluta das meretrizes obrigadas a entregarem-se ao universo do vício e da prostituição, como a italiana Amelia Bianchi e a russa Natalia Fuckmack. Chamadas a depor contra ele, elas acabavam defendendo-o.

Evidentemente, não quero privilegiar a visão edulcorada e também higienizada dos bordéis que apresentam os memorialistas, sempre inclinados a eliminar do passado qualquer manifestação de conflitos. Por outro lado, vale notar que são registros muito diferenciados por situarem-se no interior desse universo, no caso dos memorialistas, e fora dele, no caso da imprensa. De qualquer modo, interessa-me chamar a atenção para toda uma rede subterrânea de sociabilidade que se constituía em torno da prostituição, nos bordéis, cabarés, pensões, teatros, restaurantes, e que possibilitava a emergência de múltiplas formas de manifestação cultural. Muitos procuravam os espaços marginais não apenas como linha de fuga desejante: aí encontravam amigos, velhos conhecidos, faziam contatos políticos, discutiam negócios, escreviam poesias e inspiravam-se para futuras composições literárias.

Os equipamentos coletivos do prazer se modernizavam e exerciam enorme atração sobre os setores masculinos da sociedade, que desejavam vivenciar formas de sociabilidade que os inscreviam imaginariamente numa nova era. Muitos dos novos bares e cafés que serviam a cidade, por exemplo, passavam a contratar moças no serviço de garçons, provocando a reação conservadora da imprensa assustada com o fascínio que exerciam sobre os "ingênuos" consumidores. O *Correio Paulistano* focalizava a presença de moças num bar denominado Bela Veneza, situado no largo Municipal, que provavelmente estimulavam os freqüentadores a elevarem sua taxa de consumo de bebidas alcoólicas, acompanhando-os:

> O *chops* é servido por mulheres e isto pouco recomenda a ordem daquela casa, agora mais alterada pelos espetáculos "sui generis", que dão-se ali, diariamente, das 5 horas da tarde às 12 da noite (...).

Da mesma forma, no Restaurant do Bom Retiro, as autoridades policiais intimavam a proprietária para que "não continuasse a fazer servir seus fregueses por mulheres", reclamando ainda contra a grande concentração de menores que os jogos promovidos no mesmo bairro atraíam:

> (...) no mesmo bairro (a polícia) apreendeu baralhos de um vendeiro por nome Delfim Pereira da Silva que entusiasmadamente jogava o *truque* (...). (*Correio Paulistano*, 26/06/1896)

O público masculino se entusiasmava com as danças orientais apresentadas em alguns cafés-concerto nos inícios do século. No Moulin Rouge, por volta de 1907, La Bela Abd-El-Kader provocava delírios com suas danças do ventre, originárias do Egito, enquanto no Eden Theatre, a dançarina oriental Sar Phará exibia-se à moda hindu, "deixando a descoberto o colo, os braços e o ventre".[82] Em sua primeira apresentação de *strip-tease*, conhecido então como "nu artístico", no café-concerto Cassino Paulista, a nudez era completa:

> Era um deslavado nu avivado pelo auxílio de fortíssimos refletores elétricos, que mais e mais realçavam as formas abrigadas até à entrada da ribalta, por um manto de veludo negro que à boca da cena lhe caía, imitando Frinéia, quando, certa vez, se apresentou nua, no esplendor de sua beleza, aos juízes do Areópago.[83]

Nesses cafés-concerto, eram freqüentes as apresentações de grupos de dançarinos de maxixe de *cake-walk*, ao lado de cançonetistas estrangeiras e brasileiras famosas no período, como Berthe Baron, a portuguesa Didi Moraes, "cantando fadinhos com o seu belo timbre de voz", Georgette de Barros, intérprete de lundus e maxixes, entre outras. Muitos tinham pretensões internacionalizantes, como o Cabaret de l'Étoile de Montmartre, na rua Conselheiro Crispiniano, onde se destacavam os bailes mouriscos e concertos árabes.

O Cabaret do Sapo Morto, criado em 1897, de efêmera duração, era ponto de encontro da alta boêmia literária, como noticiava a *Folha do Braz*, em 18/06/1899, passando para a literatura no livro de Arlindo Leal, *O boato*. Versão tupiniquim de algum *Chat noir*, grande sonho de nossos intelectuais, fora criado por iniciativa de um deles, que se refugiara sob o pseudônimo de Michel Bohème e visava a divulgar a cançoneta brasileira. Uma de suas primeiras convocações anunciava:

> Os burgueses que se quiserem deliciar com a cançoneta e o monólogo poderão comparecer ao brejo, marchando numa *tournée* de *chops*, como preceitua o artigo III.[84]

---

82. Veja Vicente de Paula Araújo, *op. cit.*, p. 139 e 180; sobre o Moulin Rouge na França, veja Eugen Weber, *França fin-de-siècle*, São Paulo, Companhia das Letras, 1988, p. 214.
83. Cicero Marques, *De pastora a rainha*, *op. cit.*, p. 36.
84. Vicente de Paula Araújo, *op. cit.*, p. 22.

No Brás, dizia a *Folha do Braz*, não existiam botequins de literatura, nem os cabarés elegantes, mesmo assim havia alguns bares freqüentados pelas altas rodas paulistanas. Havia

> (...) em quantidade a corda epidêmica dos cafés-cantantes, freqüentados na sua totalidade pela boemia (...) desocupada e preguiçosa.
> O "Del'Union" é o mais recheado, o mais agradável que consegue com o ímã das suas distrações arrancar do bulício da rua Quinze altas patentes jurídicas de São Paulo.

Contudo, predominavam nos bairros mais pobres cafés-cantantes ou cafés-concerto que, em geral, se tornavam notícia na imprensa pelas brigas e escândalos. No café-cantante Griselda, localizado na avenida Rangel Pestana, 156, operários e moradores do bairro encontravam-se para presenciar "(...) os bufos e cançonetistas acompanhados ao piano pela famosa Griselda Lazzaro, de 15 anos de idade, belíssima, pretexto de muitas brigas entre os seus admiradores até que, por fim, acabou seduzida por um deles".[85]

Na rua da Estação, n. 37-A, outro café-cantante, freqüentado "por gente da mais baixa categoria", segundo os jornais, era palco de constantes atritos entre "marafonas e ébrios ressudando a álcool e sarro de cachimbo". No Café da Luz, apresentava-se a cançonetista Flora do Lago, em meio à "baixa freqüência" dos admiradores.

Nos cafés-concerto havia exibições de gêneros artísticos extremamente variados: salteadores árabes ao lado de cançonetistas estrangeiras, danças do ventre ao lado de luta romana, concertos musicais variados, projeção de filmes e lanternas mágicas, apresentação das inovações tecnológicas de som e imagem, transformando o café num espaço misto de bordel, teatro e circo, laboratório de experimentação das novidades tecnológicas. No Moulin Rouge, inaugurado em 1906, apresentava-se a cançonetista italiana Gloria Monti e a "Vênus Inglesa" Ketty Lord, ao lado de "fantásticos salteadores árabes". No Politeama-Concert, por volta de 1904, apresentava-se a cantora Carmen Ruiz, ao lado de um espetáculo que exibia uma caçada de dez cães a uma raposa viva. No fim de março, o

---

85. Idem, p. 274.

Aspecto do bar, apanhado em dia comum, no *Frontão Bôa Vista*.

(...) célebre campeão alemão de luta romana, Hitzder, lançava um desafio a todos os homens de força de São Paulo, oferecendo um prêmio de um conto de réis a quem o vencesse.[86]

Em 1906, apresentavam-se Os Geraldos,

(...) sempre aplaudidos no dueto *Camille de Babiana*, ou a dupla *Bugrinha-Colinette*, requebrando furiosamente o maxixe e outras danças e ainda os números da Bella Chilena, da robusta Ignez Alavares da orquestra Tzigana, das cançonetistas Esmeralda e Pierrette Duvernot e a revista franco-brasileira *Vem Cá, Mulata*, (que) a empresa anunciava como expurgada de qualquer cena maliciosa e ditos apimentados.[87]

---

86. Idem, p. 103.
87. Idem.

Muitos diversificavam suas atrações de acordo com os horários, esquentando a programação conforme a noite avançava. Era o caso das ocasiões em que ocorriam projeções de filmes pornográficos. Em fevereiro de 1909, o Moulin Rouge exibia filmes de "gênero livre" de seu cinematógrafo, depois das apresentações dos espetáculos. O delegado Rudge Ramos, responsável pela moralidade das diversões públicas, descobria, por volta de 1913, que o operador Armado Bertoni exibia fitas pornográficas num cinema do Bexiga, o Savoia Theatre, depois das sessões habituais, cobrando 2$000 a entrada. Ele apreendera cerca de dez fitas imorais, multando operador e proprietário em elevada soma. Um ano antes, *O Comércio de São Paulo* noticiava que o Ideal Cinema oferecia sessões clandestinas, depois das 23 horas, apresentando filmes pornográficos. Numa dessas ocasiões, o mesmo delegado aparecera repentinamente nesse salão, surpreendendo o seu proprietário, Vicente Linguanotto, assistindo na platéia à projeção do filme *Para o harém*. Imediatamente, o operador tentou trocá-lo por uma fita instrutiva, tipo *A criação de abelhas*, sem sucesso. Todos os filmes obscenos foram apreendidos pelas autoridades e a empresa multada.[88]

Esse tipo de prática devia ser comum na época, pois temos informações do mesmo teor referentes ao Rio de Janeiro. Aí, o empresário Paschoal Segretto, que possuía estabelecimentos de diversão também em São Paulo, exibia suas fitas nas salas de "gênero livre", destinadas apenas ao público masculino, como a que Anatole France visita por ocasião de sua passagem no Brasil.[89]

É provável que a exibição de filmes proibidos estivesse atraindo a curiosidade de um público grande, levando a que algumas senhoras da sociedade, assustadas com sua propagação, procurassem organizar uma liga em defesa da moralidade pública. Novamente, a dificuldade de acesso à documentação impede avançar a questão. No entanto, num nível mais profissional, o cinema brasileiro começava a fazer sua incursão no campo do erotismo: em 1916, era apresentado *Lucíola*, dirigido por Carlos Comelli (ou Antônio Leal?), exibindo a atriz Aurora Fúlgi-

---

88. Idem, p. 315.
89. João Carlos Rodrigues, "A pornografia é o erotismo dos outros", *Revista Filme-Cultura*, ano XV, ago.-out. 1982, p. 67.

A sociabilidade masculina: *Bar Viaduto*, "o ponto preferido pela Elite Paulista na hora do aperitivo da moda, Vermouth Gancia", *A Cigarra*, 1922. (Arquivo Edgard Leuenroth)

da "em pleno apogeu de sua nudez, em famosa seqüência" que será interpretada por Virginia Lane, em 1951, no filme *Anjo do lodo*.[90]

Em 1917, estourava *Le film du diable*, estrelado por Laura Serra, que se despia em cena. O *Correio da Manhã*, de 16/04/1917, anunciava essa produção nacional com os seguintes dizeres: "O corpo nu de uma mulher de admirável plástica e linhas perfeitas". Em 1919, Lulu de Barros apresentava cenas de nudez do corpo de Otília Amorim, no filme *Alma sertaneja*. Posteriormente, Antônio Tibiriçá e Francisco Madrigano produziam *Vício e beleza*, estrelado por Lelita Rosa, em 1926. Os cartazes que anunciavam o filme exploravam a imaginação erótica:

---

90. Idem, p. 67.

Vício. Degeneração da mocidade pela cocaína, morfina etc. Suas róseas ilusões seguidas de funestas conseqüências. Beleza! A mulher (...) a mulher sadia e inteligente, que sabe educar o seu físico, como educa a sua alma romântica. Chamamos a atenção da mocidade para esse filme, pois ele contém ensinamentos de grande valia, que só a dura experiência da vida poderia ensinar.[91] (25/07/1926)

Em outro anúncio, procurava-se mostrar o impacto do filme sobre a multidão de espectadores, com os dizeres: "Para conter a onda humana que aflui àquele cinema têm sido necessários grandes cordões policiais e cavalaria". Em 1928, Nino Ponti apresentava *Morfina*; no ano seguinte Luiz Seel produzia *Veneno branco* e Ademar Gonzaga fazia *Barro humano*. Em 1930, Lulu de Barros apresentava *Messalina, a imperatriz da luxúria* e, logo depois, *Depravação*. Todos esses filmes nacionais traziam para as telas as primeiras cenas eróticas do cinema brasileiro, causando grande impacto sobre o público, ao lado dos filmes estrangeiros, por mais ingênuos que possam nos parecer hoje.

Os espaços marginais, que se constituíam na cidade em processo de crescimento econômico e demográfico, concentrando-se em torno de "pensões de artistas" e cafés-concerto, ampliavam suas funções: além de contatos sexuais, possibilitavam a evasão, o desenraizamento, a desterritorialização dos corpos, a perda das identidades fixas, em compensação à rotina monótona da vida familiar. Ali buscava-se viver as fantasias projetadas sobre as sociedades civilizadas, reais ou imaginárias. Os nomes franceses dos cafés-concerto e bordéis paulistanos ou cariocas — Follies Bergères, Moulin-Rouge, Au Cabaret —, assim como as constantes referências elogiosas às prostitutas francesas, atestam o desejo de participar daquilo que se considerava como a *modernidade*: mundo do progresso, do desenvolvimento tecnológico, da velocidade, da modernização dos costumes e, fundamentalmente, mundo que se apresentava como radicalmente oposto a um passado considerado negro e sombrio.

---

91. In Jean-Claude Bernardet, *Filmografia do cinema brasileiro, 1900-1935*, Jornal *O Estado de S. Paulo*, São Paulo, Secretaria da Cultura, 1979.

Chama a atenção para o historiador a enorme mudança na sensibilidade de toda uma época. Afinal, não havia muitas décadas em que se aceitava, mesmo com dificuldades e tensões, a convivência de escravas-concubinas ao lado das esposas dos proprietários de terra. Filhos ilegítimos tornavam-se novos escravos de seus meio-irmãos, como recriminava Expilly, em 1862. Praticamente uma década depois, as prostitutas passavam a ser percebidas em primeiro plano, de maneira muito mais negativa, e eram estigmatizadas como ameaça de desintegração da ordem familiar e de contaminação do corpo social. As prostitutas estrangeiras acediam à cena principal em detrimento das brasileiras, brancas ou pretas, nos discursos oficiais, nas memórias ou como personagens centrais dos romances da época.

À prostituição, estimulada pelo mercado de consumo em expansão e transformada ela mesma numa indústria altamente lucrativa, correspondia a figura da prostituta "francesa", grande medo e fascinação no imaginário social. Mulher experiente e misteriosa, diante da qual mesmo os homens mais abastados e vividos se tornavam provincianos, passava a ser responsabilizada por todos os novos vícios que se difundiam com o crescimento da vida boêmia na cidade. Abandonava-se o chope pelo champanhe, afirmava metaforicamente Hilário Tácito em seu romance, ao registrar as fases da história de nosso submundo. Os olhares voltavam-se agora para *o brilho* da moderna Mme. Pommery e para suas discípulas francesas, italianas, russas e polacas, loiras, ruivas, castanhas, *civilizadas*, e não mais para as lindas escravas negras que haviam fascinado os viajantes estrangeiros, ao menos nos grandes centros urbanos de São Paulo e Rio de Janeiro.

As prostitutas, por sua vez, participavam desse amplo processo de modernização, isto é, de codificação das condutas pautadas por paradigmas europeus. À imitação de suas congêneres européias, exibiam roupas elegantes e decotadas, maquiavam-se excessivamente para o gosto da época, de tal forma que muitos exprimiam certa dificuldade em descobrir se as Mimis, Jeanettes, Lulus eram de fato francesas ou não. Como recorda Cicero Marques, evocando o "desfile das 'preciosas'":

> O Bar do Municipal é também uma feira de amostras, com maiores vantagens que a do Castelões, pois a elegância feminina é exatamente à

noite que melhor se presta para o realce dos vestidos de "soirée" ou de grande "toilette".[92]

Aos poucos, o mundo da prostituição se especializava e sofisticava. No ano de 1920, o café-concerto cedia espaço para os cabarés, desaparecendo as exibições circenses e variadas que constituíam o gosto do público na passagem do século.[93] Progressivamente, os cabarés elegantes se refinavam enquanto ambientes masculinos do prazer, onde se podia dançar acompanhado pelas cocotes, ao som de valsas bem tocadas, ou onde os homens jogavam pôquer e podiam consumir cocaína, éter e demais drogas em moda. A fazer sua *Ronda da meia-noite*, em 1925, Sílvio Floreal registrava a proliferação de cabarés e de *rendez-vous* pela cidade, destacando a quantidade de novos rostos que transitavam nos "desfiladeiros da volúpia":

> Multiplicavam-se também os alcouces, onde se açoitam as vendedoras de "frisson", com um "menu" variado e exquisito, apto a satisfazer as mais extremadas exigências gustativas do "Coronel" mais sorna que tiver a patetice de por lá aparecer.[94]

---

92. C. Marques, *Tempos passados, op. cit.*, p. 146.
93. C. Marques, *op. cit.*, p. 106: "Sem intuito de criar paradoxo — o 'cabaret' nasceu com a morte do café-concerto, e hoje constitui os chamados "dancings". Jacques Attali observa que, na França, o *café-concert*, onde o cantor era remunerado, nasceu por volta de 1846, com o Café des Aveugles. A partir de 1850, os caf'conç', como são popularmente chamados, multiplicam-se, chegando a cem em Paris, por volta de 1870. Em geral, apresentavam-se canções populares e os preços eram módicos. Os cabarés eram uma variedade dos *caf'conç'*, e procuravam, ao contrário, organizar a comercialização de canções de qualidade. Em 1881, criou-se o Chat Noir, que fez inveja entre a intelectualidade boêmia no Brasil. Aí eram apresentadas canções que se tornaram depois grandes sucessos nos *caf'conç'*. A clientela não era a mesma: no cabaré, a boemia estudantil ou burguesa, enquanto os *caf'conç'* atraíam um público mais popular. "A vedete aparece com o *caf'conç'*, graças às *tournées* que criam um mercado ampliado na província" (*Bruits*, Paris, Presses Universitaires de France, 1977, p. 150). Segundo José Ramos Tinhorão, "(...) embora João do Rio achasse a instituição dos chopes em decadência, o já citado cronista Alvaro Sodré mostrava em 1925, em nova crônica intitulada 'O café-cantante', que aqueles centros de arte popular continuavam a expandir-se, mas passando já agora aos bairros mais pobres, enquanto as casas do gênero capazes de maior luxo recebiam uma clientela elegante, sob o nome novo de *cabarets*" (*História social da música popular brasileira*, Lisboa, Ed. Caminho, p. 162).
94. Silvio Floreal, *op. cit.*, p. 18.

Segundo ele, não havia muito tempo que a vida noturna se limitava a um número reduzido de casas, "redutos do amor vendido por atacado e a varejo". No entanto, o progresso e a civilização que tudo transformavam, melhorando de um lado, piorando de outro, traziam também um número infinito de "(...) *cabarets* localizados em diferentes pontos da cidade, os quais fervilhavam de mulherio de todas as procedências e idades". (p. 18).

Alguns se localizavam fora do centro, na periferia da cidade, como o Salomé, em Santana, onde os boêmios elegantes procuravam refúgio contra a movimentação da vida noturna no centro, ou o Anglo Parc e o Selecta Parc.

Mistura de bar, bordel e restaurante, o cabaré de luxo, atapetado, onde desfilavam lindas mulheres elegantes, brilhando em seus vestidos luxuosos e com suas jóias caras, encantava os boêmios da cidade como ponto sensual de convergência dos fluxos desejantes. No Salomé ou no Auberge de Marianne, na rua Sete de Abril, onde anteriormente funcionara o Chez Nous, dançava-se, havia *shows* com músicos profissionais de orquestra e jogava-se cartas. Conhecedora do cotidiano da vida do submundo, Mme. O. lembrou-se quando lhe perguntei sobre os cabarés famosos dos anos de 1920, do

> (...) Salomé, que havia lá no alto da Cantareira, o Auberge de Marianne, uma francesa que tinha montado lá na Sete de Abril, mais ou menos por volta de 1929/30. Mas era uma coisa boa, havia coisas boas antigamente. Nas boates agora todas as mulheres vão procurar freguês. (Depoimento de 4/08/1989)

É difícil localizar precisamente os cabarés, *rendez-vous*, bordéis ou simples bares elegantes ou mais populares que cresciam na São Paulo dos anos de 1920, além dos mais famosos. Em algumas ocasiões, os bailes que se realizavam no Trianon eram violentamente censurados pela imprensa, como ocorria com a revista *O Parafuso*, que desde 1917 investia contra seu proprietário, Vicente Rosatti, denominando-o de gigolô e publicando sua foto. Apelidando-o de "Sucursal da Sanches", em referência ao bordel Palais de Cristal, os jornalistas de *O Parafuso* afirmavam:

> Porque o Trianon foi construído especialmente para beneficiar uma dúzia de cavalheiros que desejavam um ponto retirado da cidade onde fosse permitido o deboche elegante. (n.º 43)

Os bailes que aí se realizavam "ao som de uma barulhenta orquestra de cabaré, reunindo almofadinhas e melindrosas, eram diretamente censurados pela revista como escandalosos e imorais por provocarem

> muita bebedeira torpe, muita bandalheira, e o mais completo baralhamento de senhoras e mulheres, cavalheiros e marchantes, *gigolot*, meninas *casadouras*, rapazes que vão furtar e bolinar, conforme a disposição do momento, todos conversando, dançando, comendo e virando o cotovelo na mais completa intimidade. (n.º 191, 1920)

Todo este esfuziante clima de excitação erótica, estilo *Belle Époque*, que se procurava desfrutar no submundo da cidade, não prescindia de um crescente consumo de droga: cocaína, morfina, ópio, éter e, em menor escala, maconha. Segundo o médico Orlando Vairo, autor de "Os 'vícios elegantes' particularmente em São Paulo", tese defendida na Faculdade de Medicina de São Paulo, em 1925, o consumo de tóxicos aumentava a tal ponto que, nos dias de carnaval, "até senhoras casadas pertencentes a famílias respeitáveis" entregavam-se à embriaguez voluptuosa do lança-perfume nos bailes de salão.[95] O *Jornal do Comércio*, que empreendia severa campanha contra os "vícios elegantes" no início dos anos 1920, alertava contra sua crescente expansão, deixando de restringir-se, como dez anos antes, ao uso dos morfinômanos, cocainômanos e alguns homens mais esnobes da elite, freqüentadores dos bulevares e *boudoirs* parisienses. Agora, chegava a penetrar até mesmo nas casas das famílias ricas, principalmente por ocasião das festas carnavalescas:

> Em uma das nossas mais fidalgas sociedades, no último carnaval, foram notadas inúmeras mocinhas, casadas e solteiras, aspirando o *ether* do lança-perfume! (5/10/1921).

As jovens burguesas disfarçavam o deslumbre com as drogas, justificando sua utilização para a limpeza da pele ou de seus vestuários.

---

95. Orlando Vairo, "Os 'vícios elegantes' particularmente em São Paulo". São Paulo, Companhia Graphico-Editora Monteiro Lobato, 1925.

> Nas casas de família, o vício que está em moda é a trivalerine em injeções e o *ether*. As meninas *casadoiras*, freqüentadoras das estações termais e balneárias, dos bailes *chics*, pouco a pouco foram tomando conhecimento desse terrível flagelo e hoje formam, em grande quantidade, ao lado das mais viciadas prostitutas. (*Jornal do Comércio*, 30/09/1921)

Os cabarés eram tidos como os principais centros de comercialização e difusão das drogas. Aí Orlando Vairo calculava a existência de 80% de cocainófilos e 20% de viciados em morfina, trivalerina, ópio, haxixe, éter etc. que seriam pertencentes a uma seita denominada "sociedade da bola preta". O grupo teria um linguajar próprio tanto para designar os tóxicos — "pó, poeira, movimento, música, ilusão, troféu" — quanto para se interrogar sobre o assunto: "Como vai o movimento?", "Como vamos de ilusões?", "Há muita poeira nesta sala?", "Temos música hoje?" (p. 41).

Organizavam sessões entre os "irmãos", de dez a 12 pessoas, muitas vezes abertamente nas salas dos cabarés ou nas *garçonnières*, para aspirar o pó colocando na ponta da unha ou numa "tabaqueira anatômica", ou "por meio de um pequeno tubo de papel que introduzem no nariz".

Ainda segundo Vairo, quase todas as prostitutas eram cocainófilas. Considerava que entre as que moravam nas pensões e cabarés, cerca de 95% eram viciadas e recebiam a droga gratuitamente dos fregueses da casa.

Através das investidas policiais noticiadas com alarde pela imprensa contra a difusão das drogas em São Paulo, ou nas campanhas que ela iniciava visando a chamar a atenção das autoridades públicas e da sociedade, informamo-nos sobre a circulação desses tóxicos nos cabarés, bares, "pensões chiques" e nas *garçonnières* dos jovens ricos da elite paulistana. Em 1921, o *Jornal do Comércio* denunciava várias pessoas envolvidas com o tráfico de drogas — garçons, porteiros das pensões chiques, *chauffeurs*, farmacêuticos, médicos, dentistas, cafetinas e prostitutas —, visando a incentivar a ação repressiva da polícia. Essas figuras, segundo o jornal, costumavam circular pelos "grandes cabarés das imediações do Teatro Municipal", então chamado "Quartel General da 'Seita Negra'", nas pensões chiques e nos clubes de jogos espalhados pela cidade.

Várias *garçonnières*, onde se consumiam intensamente as drogas, eram apontadas pela campanha, revelando-se que a elite paulista acompanhava em todos os níveis os hábitos modernos instituídos nas sociedades mais civilizadas. Segundo aquele jornal, um desses pontos de encontro localizava-se numa casa, com "luxuosos apartamentos onde passam, dias e noites, mulheres e rapazes de todas as idades entregues ao maldito vício dos tóxicos ou então às cachimbadas do repugnante ópio e do haxixe" (*JC*, 10/10/1921).

Na luxuosíssima *garçonnière* de um famoso advogado da época, situada nas proximidades da avenida Paulista, anteriormente ponto de encontro de uma roda de literatos, jornalistas e boêmios, que se reuniam para cear e jogar pôquer, as drogas haviam transformado completamente o ambiente: contratara-se um criado chinês, os salões passavam a assemelhar-se às "lôbregas casas de Shangai, sempre em trevas: a atmosfera pesada, oleosa, sufocante"; as confortáveis poltronas foram substituídas por divãs, "os cinzeiros e cigarreiros por lâmpadas de azeite, ou de álcool, cujas chamas se esticavam na ânsia de queimar o nojento tóxico" (*JC*, 7/10/1921).

Outra *garçonnière* localizada na Vila Buarque, em uma rua silenciosa, estava se tornando muito conhecida, dizia o jornal, de 17/10/1921: "Casa reconstruída, elegante, é freqüentada pelo mundo que se diverte. Ah! o vício que predomina é o do paveau — cocaína. O grupo é composto de umas oito pessoas, velhos adeptos da Seita Negra".

Além dessas, o jornal informava sobre a existência de vários pontos em casas elegantes, luxuosamente mobiliadas, instaladas "no campo, principalmente dos lados da Cantareira" (8/10/1921).

Como em outras campanhas contra os "vícios" urbanos, completava-se o quadro com a descrição da degradação da espécie humana a partir da ingestão dos tóxicos: jovens sadios e corados acabavam terminando seus dias neurastênicos, com a cabeça pendente, a língua roxa, como um rapaz loiro bastante conhecido da elite, que "lá estava lambendo o ópio que caía da ponta do nojento cachimbo, tendo o semblante desfigurado". Contudo, o pior ficava mesmo para a mulher respeitável que se tornava adepta do vício. Terminava seus dias completamente despudorada, totalmente nivelada à meretriz devassa:

Na alta sociedade, é conhecido o caso de uma senhora que, resolvendo combater o morfismo pelo absinto, ficou em tal estado que até hoje aparece pela cidade com trajes os mais leves possíveis, vestidos pelo joelho, *pois a falta de pudor é um dos primeiros sintomas observados.* (JC, 22/10/1921)

Do mesmo modo, a prostituta, situada no último degrau da decadência feminina, era responsabilizada como "corruptora de menores" pela existência de jovens viciados, pois considerava-se que a grande maioria delas ingeria freqüentemente amplas doses de drogas, muito embora nem o Serviço Sanitário nem a Delegacia de Costumes dispusessem de estatísticas oficiais para informar essas suposições. Ainda segundo o *Jornal do Comércio*, de 30/09/1921:

> Nos cabarets e nas pensões alegres, raparigas pervertidas iniciavam os nossos jovens na embriaguez, pela morfina ou trivalerina, pela cocaína e seus derivados...

Os cientistas do período encontraram nessas histórias sensacionalistas campo fértil para a elaboração de suas teorias alucinantes.

II | OPACIDADES

La femme ne sait pas séparer l'âme du corps. Elle est simpliste, comme les animaux. — Un satirique dirait que c'est parce qu'elle n'a que le corps.

Baudelaire, *Mon coeur mis a nu*

1 | PORÕES DA CIDADE

Marcelle d'Avreux e suas amigas incomodavam muita gente. Nem todos se divertiam nos cafés-concerto e bares que surgiam, preferindo retrair-se na sobriedade da vida familiar. Mesmo tendo possibilidades financeiras de acesso à vida boêmia da São Paulo dos inícios do século XX, muitos homens só aceitavam alguma aproximação na condição de "inspetores", cientistas que examinavam à distância os porões da cidade.

A expansão do comércio do prazer e a sofisticação crescente do mundo da prostituição provocaram reações moralistas entre setores diversificados da população. Ao lado dos chefes de polícia, envolvidos com a moralização dos costumes, a imprensa promoveu sucessivas campanhas exigindo respostas mais eficazes de vigilância do submundo. Logo mais, médicos, juristas e criminologistas tentaram unificar seus esforços para definir a melhor forma de intervenção dos poderes públicos na organização do mundo do prazer, o que, na verdade, quase nunca deu bons resultados.

No entanto, vale acompanhar suas discussões, pois revelam como percebiam os problemas que afetavam a sociedade do período e quais eram suas fantasias e medos. Inúmeras reportagens na imprensa, decretos oficiais de fiscalização dos hotéis e tavernas, artigos que defendiam a higienização da cidade manifestavam, no nível da sensibilidade, uma forte obsessão em proteger a moralidade das jovens e em restringir a circulação das mulheres pelas ruas e praças.

O impacto da modernização, o rápido crescimento socioeconômico da cidade e a expansão demográfica — em 1872, a população da Província de São Paulo era estimada em aproximadamente 837.354 habitantes; em 1890, em 1.384.753; em 1900, era de 2.282.278 e, em 1920, passava a 4.592.188 habitantes[1] — eram dramatizados nos discursos ansiosos dos chefes de polícia e de outras autoridades públicas: prostituição, lenocínio, aumento da criminalidade, vagabundagem, jogo e infância abandonada figuravam como as principais questões, ao lado da invasão dos imigrantes e das lutas sociais. A rua, nesse registro, tornava-se o palco para onde afluíam os nômades e "resíduos" de outros países, deixando de ser um ponto tranqüilo de encontro e interação social.

Num artigo publicado pelo *Diário Popular*, em 27/10/1893, um visitante lamentava as perdas que sentia:

> São Paulo caminha para uma perdição moral. (...) Outrora, em ruas onde só se encontravam famílias e casas habitadas por quem tem o que fazer, vêem-se hoje caras impossíveis, mostrando embora cobertas pelo col (*sic*) creme e pelo creme simon, polvilhado pelo pó de arroz, os sulcos que não se extinguem, deixados pelo deboche e pelas noites passadas em claro libando em desenvolta imoralidade, as taças de champagne falsificado, entre os pexisbeques do falso amor![2]

Do mesmo modo, o chefe de polícia Sebastião José Pereira, em 1871, manifestava grande preocupação com a presença de um número expressivo de meninos, "que vagam pelas ruas e entregam-se à prática de atos torpes". Alertava para a necessidade de retirar as crianças das ruas; os meninos, vagabundos em potencial; as meninas, futuras prostitutas.[3]

---

1. In Eurípedes Simões de Paula, "A segunda fundação de São Paulo", *Revista de História*, n. 17, v. VIII, 1954. Na capital, a população variava de 26 mil em 1872, a 69.934 em 1890, 239.820 em 1900 e 579.033 em 1920.
2. In Richard Morse, *Formação histórica de São Paulo*, São Paulo, Difusão Européia do Livro, 1970, p. 268.
3. Relatório do chefe de polícia Sebastião José Pereira, apresentado em 7/01/1871, referente a 1870.

O sentimento de repulsa provocado pelo crescimento do número de marginais levava outro chefe de polícia, Pádua Fleury, a reclamar a criação de um regulamento sanitário-policial para controlar a prostituição, em atendimento às reclamações da opinião pública, assim como a defender a criminalização do lenocínio, então desconsiderado pelo Código Penal de 1830: "Urge pôr um paradeiro aos desmandos dos infelizes especuladores que afrontam a nossa civilização com a exposição de infelizes mulheres nas ruas públicas".[4]

Ao lado dos caftens, as prostitutas "escandalosas" eram visadas pela ação policial por atentarem contra a moralidade pública.

> O ex-delegado de polícia, que procedeu sempre com zelo e critério, tomou outras providências sobre a conduta escandalosa das meretrizes nas ruas públicas, obrigando-as a assinarem termo do bem viver; de modo que hoje não se observam mais aquelas cenas imorais e viciosas que outrora essas mulheres infelizes ostentavam,[5]

dizia o mesmo chefe de polícia em 1880.

Apesar dessa constatação, durante as duas primeiras décadas do século, prosseguiam as freqüentes queixas contra a maior visibilidade das meretrizes e contra o espetáculo que encenavam aos olhos da população.

A imigração colocou novos problemas para as classes dominantes. Freqüentemente, ao lado dos que argumentavam a favor da introdução em massa de trabalhadores europeus, habituados à disciplina do mercado de trabalho livre, figuravam os que destacavam seus aspectos negativos. Os estrangeiros eram, então, estigmatizados como portadores de hábitos devassos, disseminadores de novos tipos de doenças e ainda como ameaça de subversão política. Por isso, em 1895, outro chefe de polícia, Theodoro Dias de Carvalho Junior, lamentava-se das desvantagens da imigração, expressando as angústias de muitos, nos seguintes termos:

---

4. Relatório apresentado ao Ilmo. e Exmo. Sr. Dr. Laurindo Abelardo de Brito, Presidente da Província de São Paulo pelo chefe de polícia João Augusto de Pádua Fleury, referente a 1879. Veja ainda Guido Fonseca, *op. cit.*, p. 167.
5. Relatório apresentado por João A. Pádua Fleury, referente a 1879, *op. cit.*

A maioria, pois, desses indivíduos, vadios ou mendigos, que por aí vemos, quase que em sua totalidade *estrangeiros*, são homens válidos e capazes que, em vez de se empregarem no serviço da lavoura no interior do Estado, ou tomarem uma ocupação qualquer de utilidade, preferem arrastar uma vida miserável e ociosa nesta capital, ou nas principais cidades do Estado, fazendo desse "modus vivendi" uma rendosa fonte de especulação.[6]

A presença mais numerosa de figuras qualificadas como "indesejáveis" e associadas ao crescimento da prostituição e do crime levava a que se acentuasse a preocupação com o controle das formas de entretenimento da população. Passava-se a pensar mais explicitamente sobre os locais onde se estabeleciam os prostíbulos e as casas de tolerância, configurando uma territorialidade geográfica do prazer, sem qualquer interferência direta dos poderes públicos. Embora se discutisse a necessidade de confinar a prostituição, o sistema regulamentarista era criticado como "regime ainda pouco compatível com o nosso meio e recursos administrativos". O chefe de polícia Bento Pereira Bueno, em 1896, posicionava-se, portanto, a favor de uma política mais globalizante em relação ao problema, em vez das esporádicas medidas repressivas, e reclamava a atribuição de um maior poder legal às autoridades policiais nessa esfera:

Essas casas, em geral denominadas hotéis, *clubs* e "maisons meublées" tendem naturalmente para as ruas e praças mais centrais da cidade com prejuízo da ordem e do decoro públicos; e a polícia, para mantê-las em respeito, só tem expedientes de ocasião que, além de passageiros em seus efeitos, expõem a autoridade a desautorizações irrefletidas como a que ocorreu em setembro com o dr. Galeno Martins de Almeida, 3º Delegado.[7]

Referia-se ao episódio em que, segundo a versão policial, o delegado Godoy Moreira fora processado por calúnia, ao descobrir que na pensão de Maria Mehr, existiam portas falsas no aposento de suas "pen-

---

6. Relatório apresentado ao Secretário dos Negócios da Justiça do Estado de São Paulo, pelo chefe de polícia Theodoro Dias de Carvalho Junior, em 31/01/1895, São Paulo, Tip. Espíndola, Siqueira e Comp., 1895.
7. Relatório apresentado ao Secretário dos Negócios da Justiça do Estado de São Paulo pelo chefe de polícia Bento Pereira Bueno, 31/01/1896.

sionistas", por onde os clientes eram roubados enquanto se divertiam. Diante disso, determinara a presença de um guarda na porta de sua casa, "com ordem de poupar prejuízo e vexames aos transeuntes incautos". Maria Mehr, por seu lado, impetrara *habeas corpus* preventivo contra ele, ganhando a causa.

Na verdade, durante as duas primeiras décadas do século XX, as autoridades policiais reivindicaram a ampliação de seus poderes para deliberar sobre casos de lenocínio, meretrício, uso de entorpecentes, jogos — medida que só se concretizou formalmente em 30/12/1924, com a criação da Delegacia de Costumes e Jogos do Gabinete Geral.[8] Portanto, no mesmo movimento em que reclamavam a necessidade de regulamentar a prostituição, controlar os bordéis e disciplinar o comportamento das "mulheres públicas", os chefes de polícia exigiam do governo provincial a ampliação de seu espaço de atuação sobre as práticas "ilegítimas" da população.

Por outro lado, embora em vários momentos as atitudes policiais fossem apoiadas por alguns jornais, muitas vezes a própria polícia era objeto de ataque por parte dos jornalistas e de outros setores sociais. A criminalização crescente das práticas populares de lazer, incluindo-se aí as sexuais, não se dava sem encontrar forte resistência por parte de quem se sentia lesado. A polícia se reorganizava em novos moldes, especialmente depois da vinda da Missão Francesa em 1904, não só ampliando seus poderes e sua autonomia em relação ao próprio governo, como também interferindo em todas as esferas da vida dos pobres. E os jornais, principalmente os operários, respondiam atacando com virulência a ação dos policiais.

A *Folha do Povo*, autodenominado "jornal de combate", publicava, em 8/11/1908, um artigo intitulado "As belezas da polícia", em que denunciava o quanto "essa camarilha de beócios e arbitrários que têm como chefe o ridículo Quixote do largo do Palácio" dominava a vida pública. Divulgava inúmeros atos de violência cometidos contra os trabalhadores, sobretudo em momentos de manifestações paredistas, acusando a polícia de permanecer sempre do lado dos "ladrões", isto é, "os patrões exploradores".

---

8. Guido Fonseca, *História da prostituição em São Paulo*, São Paulo, Resenha Universitária, 1982, p. 162.

Em outro artigo, de 4/05/1909, o mesmo periódico publicava, após uma série de notas relativas a crimes, roubos e brigas, o artigo "Passe de largo", ironizando novamente a atuação da polícia na cidade:

> A nossa polícia, disciplinada à francesa, é cada vez mais interessante e engraçada. Antes de vir a missão, o soldado de nosso país possuía uns ares de homem; hoje, porém, coitados! São uns pobres autômatos, embrutecidos até a medula dos ossos!

Enfim, a imprensa operária caracterizava a polícia como imoral e corrupta. Num jogo de espelhos, construía uma contra-imagem do policial, invertendo todas as características atribuídas aos vagabundos, pobres e ativistas políticos. O policial se tornava o reverso do "bandido":

> Um nosso auxiliar, passando pela várzea do Mercado, teve a felicidade de assistir a uma cena digna de outras, ou mesmo dos nossos tempos. Como é notório, estacionam naquelas paragens mulheres pobres caídas na mais triste miséria e deboche... Pois bem, a um soldado do 2º Batalhão, ontem de manhã, deu na cabeça — verdadeira cabeça cheia de álcool concentrado — trazer conquistas no meio daquele mulherio.

Comentava, em seguida, que o soldado resolvera expandir-se "em atos de libidinagem" perseguindo aquelas meretrizes, caracterizando, enfim, seu comportamento tão recriminável quanto o dos marginais que perseguia. Mesmo assim, inúmeros artigos na imprensa reivindicavam uma ação mais eficaz de controle sobre práticas tidas como indecorosas. A *Folha do Braz*, de 3/09/1899, chamava a atenção das autoridades públicas e da sociedade em geral contra "o caftismo", "indústria (que) vai tomando proporções colossais". Diante de um quadro em que se projetavam "cenas degradantes", dizia o jornal, "maridos que exploram esposas, pais as filhas, irmãos as irmãs", a polícia permanecia "de olhos fechados ou gozando no Eldorado ou Politheama um espetáculo de borla".

A REPRESSÃO INSTITUCIONALIZADA

Na verdade, se muitos homens públicos se recusavam a encarar seriamente o problema da prostituição, outros defendiam uma atuação direta do Estado na organização da vida do submundo. Em 1896, por iniciativa do delegado Cândido Motta, decretou-se o primeiro Regulamento Provisório da Polícia de Costumes, como reação aos comportamentos "escandalosos" das meretrizes que circulavam no centro da cidade.[9]

Percebendo a prostituição como *doença*, necessária porém fatal, Cândido Motta apoiava-se no médico francês Parent-Duchâtelet para justificar medidas de vigilância da vida das prostitutas. Para ambos, a prostituição tinha como função social canalizar os resíduos seminais masculinos, como os lixos e excrementos nos esgotos, sendo inevitável em qualquer aglomeração de homens. Não se tratava, evidentemente, da necessidade de responder a uma exigência feminina, pois a mulher, segundo os pensamentos médico e jurídico do período, primava por uma baixa intensidade do instinto sexual, como veremos a seguir. As mulheres que se dispunham a desempenhar papel tão aviltante só poderiam ser comparadas aos receptáculos dos detritos sociais, pensavam eles.

Representando a sexualidade como força animal que ameaçava transbordar os limites estabelecidos pelas regras da civilização, Cândido Motta, assim como os regulamentaristas em geral, justificava a necessidade de um espaço de alívio das tensões libidinais na geografia urbana. "Mal necessário", a prostituição deveria ser tolerada, porém controlada e subjugada ao império da razão e da violência policial. Para tanto, o regulamento propunha uma série de normas de vigilância das áreas do prazer, tentando impedir a emergência de múltiplas condutas desviantes no submundo. O enquadramento da prostituição nos moldes da relação conjugal monogâmica parecia ser o objetivo principal desta política de controle das práticas sexuais vagabundas.

Embora Cândido Motta repetisse os argumentos que os seus opositores, os abolicionistas, lançaram contra o regulamentarismo, então ultrapassado nos países europeus, sua proposta continha uma série de medidas que visava a confinar o comércio do prazer num espaço determinado

---

9. Cândido Motta, *Prostituição, polícia de costumes, lenocínio, op. cit.*

da cidade. No entanto, não se cogitava da prostituição de luxo, como ironizará explicitamente Hilário Tácito, em seu romance *Madame Pommery*, nem da fiscalização dos bares e bordéis elegantes de São Paulo.

Distribuído a 220 meretrizes residentes na zona de baixo meretrício — Beco dos Mosquitos, ruas Libero Badaró, Benjamin Constant, Senador Feijó, Quintino Bocaiúva, do Teatro, Quartel, Esperança —, determinava:

> a) que não são permitidos os hotéis ou conventilhos, podendo as mulheres públicas viver unicamente em domicílio particular, em número nunca excedente a três.

Segundo Cândido Motta, essa disposição protetora mais do que repressora, visava a impedir que as proprietárias das "pensões alegres" explorassem as prostitutas. É possível que se destinasse a responder às denúncias alarmistas publicadas na imprensa sobre a sorte miserável de mulheres vitimizadas pelas mãos cruéis de exploradores desalmados. A *Província de S. Paulo*, de 17/05/1878, por exemplo, acusava como foco de imoralidade e exploração femininas o Hotel Progresso:

> Na hospedaria ou tasca que existe no largo da Cadeia, esquina da rua da Esperança, que já se denominou Hotel Gallino e hoje pavonea-se com o título de Hotel Progresso, foi ontem encontrada a infeliz Maria da Conceição em estado quase moribundo e desumanamente tratada.

O proprietário tivera sua licença cassada, e a meretriz fora recolhida a um hospital. No dia seguinte, o *Correio Paulistano* informava que o chefe de polícia Toledo Pisa ordenara também o fechamento de outro estabelecimento, o Hotel da América, situado no largo da Cadeia, esquina com rua da Esperança, com base nos artigos 163 e 164 do Código de Posturas Municipais. Determinava, ainda, que se exercesse séria fiscalização sobre tavernas, botequins onde se vendia cerveja e tascas, em que se reuniam "ébrios, vagabundos e desordeiros", argumentando que:

> Infelizmente muitas dessas casas são focos de imoralidade; lugar de perdição para moços inexperientes; pontos de reunião de malfeitores, sítio escolhido para combinações sinistras.

Evidentemente, uma medida como essa dificilmente teria eficácia numa cidade que crescia e se desenvolvia, e onde mesmo os bordéis de segunda ou terceira categorias passavam a ganhar foros de civilidade, à imagem dos que existiam na Europa.

b) As janelas de suas casas deverão ser guarnecidas, por dentro, de cortinas duplas e, por fora, de persianas.

O objetivo de privatizar as relações extraconjugais segundo o modelo do casal burguês evidenciava-se na intenção de eliminar qualquer elemento de publicidade que o sexo pudesse ter. O bordel transformado e decorado à imagem da casa evitaria qualquer possibilidade de devassamento pelos olhares curiosos. Para Cândido Motta, esta medida impediria que as pessoas do lado de fora presenciassem cenas escandalosas no interior das casinhas baixas do centro.

c) Não é permitido chamar ou provocar os transeuntes por gestos ou palavras e entabular conversação com os mesmos.

O regulamento visava a limitar qualquer expressão autônoma das meretrizes, entre as quais Cândido Motta destacava as "polacas", que se dirigiam aos transeuntes "sem o mínimo respeito para com as famílias vizinhas". Curto-circuitavam-se as trocas imprevisíveis e os agenciamentos fortuitos. A disciplina conventual do silêncio cortaria as pontes com o mundo exterior. Complementarmente, dispunha que:

d) Das 6 horas da tarde às 6 horas da manhã, nos meses de Abril e Setembro, inclusive, e das 7 horas da tarde às 7 horas da manhã nos demais, deverão ter as persianas fechadas, de modo aos transeuntes não devassarem o interior das casas, não lhes sendo permitido conservarem-se às portas.

Definiam-se os horários em que as prostitutas pobres poderiam aparecer publicamente e procurava-se isolar do mundo exterior o espaço das relações ilícitas.

e) Deverão guardar toda decência no trajar uma vez que se apresentem às janelas ou saiam à rua, para o que deverão usar de vestuários que resguardem completamente o corpo e o busto.

O poder público deliberava ainda sobre a aparência física das prostitutas pobres, determinando que suas roupas não fossem nem muito curtas nem muito decotadas. É verdade que essa preocupação com o traje feminino crescia na opinião pública, e não apenas em relação às meretrizes. Estamos entrando numa época em que as mulheres passavam a valorizar mais fortemente a elegância, a sofisticação visual, a atração que podiam exercer pela aparência e em que várias vozes se levantavam em favor da decência e da moralidade. A roupa se transformava num sistema semiótico e a preocupação em definir claramente a diferença entre as "honestas" e as "mulheres de vida airada" ficava mais premente. Mas, como estabelecer esses limites? Mais uma vez o medo diante da presença das mulheres falava alto em determinados setores da sociedade.

Por outro lado, dificilmente poderemos afirmar se era um hábito generalizado entre as prostitutas o expor-se seminuas, com os seios de fora, como afirmava o delegado. Provavelmente, também não se vestiam pudicamente. Contudo, as imagens que a documentação do período fornece são suficientemente contraditórias para impedir maiores generalizações. Sugerem, porém, que grande número delas podia ser facilmente identificado pela vestimenta e pelos cheiros.

> f) Nos teatros e divertimentos públicos que freqüentarem deverão guardar todo o recato, não lhes sendo permitido entabular conversação com homens nos corredores ou nos lugares que possam ser observados pelo público.

Nos espaços públicos de diversão, o regulamento propunha recato e silêncio às meretrizes pobres. Valorizava-se o ideal da mulher doméstica, contida, que não exprime suas emoções, que controla as pulsões corporais e o desejo. A prostituta era tão reificada pelos investimentos estratégicos do poder no controle de sua aparência quanto nas relações sexuais com os fregueses. O papel a ser representado era o não-papel, a não-existência, para não ser percebida pela multidão e não se destacar de outras mulheres, silenciosas como ela. Se o ideal do indivíduo sem rosto visava a atingir toda a sociedade, no caso da prostituta ele era explicitado sem insinuações, visto que ela era destituída de toda espiritualidade e percebida como pura encarnação sexual.

Vale lembrar que, nessa época, mulheres vestidas com trajes masculinos haviam sido encaminhadas à polícia ou ao hospício e que, com vestidos mais curtos do que habitualmente se usava, não conseguiam andar livremente nas ruas da cidade, como acontecera no Rio de Janeiro, em 3/07/1914. Segundo o jornal *A Noite*, fora necessário abrigar na redação duas "*demoiselles*" e uma senhora, cujos trajes "que deixavam à mostra apenas dois palmos de perna e um palmo de colo" haviam excitado a imaginação dos "desocupados" no largo da Carioca.[10]

A aparência adquiria maior importância no meio urbano, onde se haviam diluído as antigas referências pré-industriais. Distinguir pobres de ricos, homens de mulheres, jovens de velhos, crianças de adultos, prostitutas de "honestas", vagabundos de trabalhadores tornava-se uma exigência imperiosa no momento em que a industrialização democratizava o acesso aos bens de consumo, eliminando assim as antigas demarcações sociais e sexuais. Vale notar a preocupação com que se desejava manter a ordem simbólica dos sexos e garantir as diferenciações no reconhecimento da identidade de cada um.[11] Em 4/04/1877, o *Correio Paulistano* apresentava a seguinte notícia:

> *Mulher Homem* — Comunicam-nos que às 9 horas da noite de anteontem para ontem foi presa na rua da Imperatriz uma mulher de nacionalidade italiana que vagara disfarçada com vestes masculinas. Ao ser ela conduzida pelos urbanos para a respectiva estação, alguns compatriotas da varonil filha de Eva pretenderam obstar o ato, travando uma luta corporal que terminou com a prisão, também, dos defensores da excêntrica representante do belo sexo.

---

10. Vários trabalhos mostram que se vestir de homem era um recurso mais ou menos comum de mulheres escritoras, na França e Inglaterra, que queriam ser aceitas em revistas. Veja Peter Gay, *op. cit.*, p. 135; Eugen Weber, *França fin-de-siècle*, São Paulo, Companhia das Letras, 1988, p. 51: "o traje masculino dava à mulher mais liberdade no seu ofício". Ele se refere ainda às operárias que se disfarçavam desse modo no trabalho. Maria Clementina P. Cunha, *O espelho do mundo. Juquery, a história de um asilo*, Rio de Janeiro, Paz e Terra, 1986, p. 144.

11. Para uma discussão aprofundada do tema, veja Richard Sennett, *O declínio do homem público*, São Paulo, Companhia das Letras, 1988; Claudine Haroche, "O homem desfigurado. Semiologia e Antropologia Política da expressão e da fisionomia do século XIII ao século XIX", *Revista Brasileira de História*, v. 7, n. 13, set. 1986-fev. 1987, São Paulo, Marco Zero, 1987; C. Haroche e D. Cochart, "Uma política de indiferença", *op. cit.*

Será que ela ofendia a população, ou era considerada ultrajante apenas para a polícia? Em 21/05/1904, outra notícia do *Correio Paulistano* destacava a prisão de uma meretriz por andar vestida de "sexo forte":

> Na rua Libero Badaró, a horizontal Ana Ferreira, conhecida pela alcunha de *Menina*, por estar vestida de homem e não explicar à autoridade a razão desse travesti.

O que levaria Ana Ferreira e tantas outras que são notícias da imprensa a transgredirem a ordem dos símbolos, substituindo suas roupas femininas pelas masculinas? Como se sentiriam vestidas nos trajes daqueles que certamente eram muito mais livres nas ruas do que elas?

Para completar a regulamentação proposta, criara-se um *Livro de Registro* das prostitutas, em que se exigiam informações pessoais como nome, idade, nacionalidade, profissão, residência. Mesmo depois que a proposta regulamentarista foi arduamente criticada, optando-se por várias décadas pelo não-confinamento da zona do meretrício, o fichamento das meretrizes na Delegacia de Costumes continuou a ser prática corrente, especialmente depois de 1915. Além disso, a Guarda Civil também foi posteriormente autorizada a vigiar o comportamento das meretrizes "de maneira que não seja perturbada a tranqüilidade e o sossego da vizinhança".[12]

Em quase todos os países onde medidas regulamentaristas foram adotadas, a exemplo da França, Inglaterra, Itália, Portugal, as reações que suscitaram logo se fizeram sentir. Em São Paulo, o jornal *A Platéia* discutiu a questão assim que teve acesso ao folheto destinado às prostitutas, argumentando em sentido contrário. Embora afirmasse compreender os nobres objetivos que motivavam o chefe de polícia Xavier de Toledo e o delegado Cândido Motta, questionava a forma pela qual estava elaborado pois, "(...) torna-se por demais vexatório à própria sociedade, a que supõe proteger e comprometendo o governo que pode vir a ser responsável por fatos de alta gravidade (...)" (6/08/1896).

Refutava-se o regulamento de ponta a ponta, apoiando-se nas atitudes exemplares tomadas nos países cultos da Europa. Na verdade, o

---

12. Veja Guido Fonseca, *op. cit.*, p. 162.

ponto central da discussão dizia respeito ao papel do Estado diante da prostituição. Os anti-regulamentaristas negavam-lhe qualquer direito de interferência na liberdade individual dos cidadãos. Esse era o ponto central das divergências em todos os países onde o regulamentarismo foi criticado e derrotado. Com ironia, aquele jornal rebatia:

> À ilustrada autoridade faltou-lhe o equilibrar-se; escutou muito a sua virtude e deu um salto mortal sobre o bom senso. Resvalando da moral para a mania, quer arremessar-nos a um atrofiamento, taxando-nos horas para o exercício de necessidade que só têm merediano a espontaneidade de um homem agradável.

Em seguida, ridicularizava a prescrição de que as cocotes saíssem à rua "com o rosto envolvido num véu", afirmando:

> Este artigo é anti-higiênico; num dia de pó, a fina cutis dessas criaturas indispensáveis não se enxovalha. Mas creio que não foi esse o fim com que se estipulou o véu para a horizontal; a intenção do sr. chefe de polícia era dar-lhe um distintivo; lembrou-se mesmo de fardá-las, dar-lhes um tom de guarda cívica feminina, mas isso implicava aumento de despesa.

Por isso, sugeria o uso de simples véu sobre o rosto, e finalizava o artigo satirizando:

> Se esse regulamento tivesse sido discutido no Congresso, eu, que não sou deputado, teria lembrado a algum membro da Câmara que apresentasse esta emenda: "Onde se lê véu, leia-se carapuça com rua e número (...)." (10/08/1896)

Três meses depois, o mesmo periódico criticava os "exageros e arbitrariedade" da Polícia de Costumes. Informava que, no início, os funcionários do dr. Xavier de Toledo haviam conseguido um "resultado magnífico: cessaram os agrupamentos licenciosos, os escândalos nos jardins, nos corredores, nas salas dos lugares de recreio (...)", podendo as filhas das famílias respeitáveis e as senhoras idosas circular tranqüilamente sem as antigas ameaças das cenas de imoralidade. As prostitutas já não exibiam "bustos descobertos nas sacadas, nas janelas dos alcouces e dos prédios", as conversas obscenas e a algazarra cotidiana haviam cessado; os tumultos do submundo haviam-se dissipado. No entanto, enfatizava o jornal, a violência empregada contra as mulheres para implementar essas medidas havia chegado aos limites da barbárie. Lembrava, então, os casos semelhantes ocorridos na França, onde, diante da exigência das matrículas nos registros das prostitutas, jovens operárias, moças pobres, costureiras apavoradas, quase enlouquecidas e desesperadas, "(...) na revolta do pudor, atiravam-se ao suicídio, precipitavam-se no Sena, para fugirem à caça indistinta e desenfreada dos agentes da prefeitura (...)".[13]

Reclamava-se das dificuldades que o regulamento criava para as meretrizes que, por exemplo, adoecessem repentinamente, pois, enclausuradas nos bordéis, correriam o risco de não encontrar apoio para serem socorridas. Acabava censurando o regulamento pelo poder que conferia aos policiais que privilegiariam algumas prostitutas, perseguiriam outras, e sobre os quais não se teria qualquer capacidade de controle. De fato, essas perseguições policiais predominaram por várias décadas, chegando mesmo aos anos mais recentes.

Discutindo a violência policial exercida contra as meretrizes, Mme. O. lembrou, em seu depoimento de 4/08/1989:

> Às vezes, tinha umas coitadas, moravam dentro de um porão, lá embaixo dentro de uma casa, que havia tudo no porão lá antigamente, lá morava gente que não tinha condições de morar em nenhum lugar, no outro quarto era tudo arejado, e tudo. E coitada, uma mulher saiu na rua, às 8:30 da noite, para ir comprar leite no bar da esquina. A polícia não prendeu ela? Não pensou que ela queria fazer o "trottoir"? Saiu um barulho do diabo, quando viu que se enganou teve que pedir desculpa. Mas a polícia sempre deu isso, mesmo que recebia. Quem é que pode dizer? Eles não dão recibo, quando eles recebem o dinheiro. Então não tem prova!

Nas décadas iniciais do século XX, freqüentemente a repressão física era a principal arma usada pela polícia contra prostitutas e homos-

---

13. Veja, aliás, as célebres páginas do romance de Emile Zola, *Naná*, e as recordações de Jacob Penteado em *Memórias de um postalista*, *op. cit.*

sexuais. Presos, apanhavam e recebiam banhos com duchas de água fria e tinham a cabeça totalmente raspada.[14] Contudo, manifestavam sua revolta até em modinhas como esta, dirigida ao delegado Bandeira de Mello, conhecido pela freqüente repressão aos anarquistas na cidade:

> O Dotô Bandaio de Merda é home muito canaia. Pega cabeça de nega e manda rapá a navaia![15]

Essas práticas de violência física contra os desviantes não se limitaram ao Brasil, ocorrendo em todos os países que implantaram o regulamentarismo. Esse foi, aliás, um dos principais pontos da argumentação dos abolicionistas contra essa política de controle dos corpos marginais. Muito recentemente, as prostitutas, reunidas em associações de defesa de seus direitos civis, denunciavam as arbitrariedades cometidas nos países em que vigorava a política regulamentarista. Na Suécia, a filha de uma prostituta fora expulsa da universidade por ter seus estudos pagos pela mãe.[16]

Além do jornal *A Platéia*, o *Correio Paulistano* também se colocou contra a interferência regulamentarista do Estado na vida do submundo paulista. Suas críticas foram expressas, entre outros, no artigo "Moralidade pública", publicado em 25/06/1896. O jornalista procurava elucidar a opinião pública em relação às diferentes maneiras de enfrentamento do problema da prostituição, apontando para as inconveniências do regulamentarismo. Colocando como questão principal da discussão a pergunta "Qual o papel do Estado diante da prostituição?", informava que os três principais sistemas existentes eram: o da *repressão penal*, que considerava a prostituição como infração passível de penalização para a mulher; a *regulamentação*, que considerava a prostituição um "mal necessário", tolerava-a, mas controlava-a com medidas administrativas "mais ou menos severas e concernentes às mulheres que se lhe entregam"; e, finalmente, apontava a *abstenção*, isto é, o sistema em que a prostituição era encarada como questão de moral individual, em que o Estado não deveria envolver-se diretamente, a não ser

---

14. Jacob Penteado, *op. cit.*, p. 56.
15. Idem, p. 56.
16. Gail Pheterson, *A vindication of the rights of the Whore*, *op. cit.*, p. 16.

nos momentos em que assumisse proporções alarmantes. O jornalista refere-se aqui ao *sistema abolicionista* de controle de amor venal. De qualquer modo, condenava radicalmente o regulamentarismo pelo fato de repousar sobre a "teoria das duas morais", isto é, uma concepção que justifica a repressão concentrada sobre a mulher, enquanto o homem é totalmente desresponsabilizado.

A AMPLIAÇÃO DO CONTROLE ESTATAL
SOBRE O MUNDO DO PRAZER

Apesar das discussões levantadas contra a proposta de regulamentação do mundo do prazer entre diversos setores da sociedade, vários artigos publicados nos jornais de maior penetração no período indicam que medidas de fiscalização dos bares, hotéis, "pensões alegres" e bordéis disfarçados estavam sendo postas em prática crescentemente, seja atendendo a reivindicações da população, seja partindo da iniciativa do poder instituído. Em 15/07/1877, *A Província de S. Paulo* publicava a carta de um observador anônimo, endereçada ao chefe de polícia da cidade, em que denunciava a presença de meretrizes indecorosas, "que praticavam desacatos pela rua da Tabatingüera", no Hotel do Universo. Lembrava à autoridade policial que aquelas mundanas foram expulsas de Sorocaba pouco antes, em virtude dos "assombrosos escândalos que praticavam", além dos roubos que haviam facilitado aos seus amigos gatunos.

Em 26/06/1877, no *Correio Paulistano*, outro popular reclamava da chegada de uma meretriz no Hotel Globo, à rua da Imperatriz, freqüentado por muitas famílias honestas. Um viajante denunciava o Hotel da América, situado na rua da Esperança, n. 76, onde procurara hospedar-se:

> Fomos ao América e a outros como o Universo e Globo, porém achamos os cômodos, embora sejam um pouco acanhados, ocupados por muitas damas, de modo que foi-nos impossível hospedar-nos em lugar pouco espaçoso e onde de dia e de noite se aspira o ar viciado por inúmeras flores — as camélias, por exemplo. (*A Província de S. Paulo*, 10/08/1877)

Em maio de 1878, o Hotel Gallino, depois chamado Hotel Progresso, no largo da Cadeia, era inspecionado pelas autoridades públicas, registrando-se a presença de uma meretriz doente, deitada nua em um "catre velho, coberta com panos imundos, em estado de magreza, que pode ser chamado de marasmo, sobre roupas de cama inteiramente sujas de matérias excrementícias" (*A Província de S. Paulo*, 17/05/1878)

Outros hotéis, tabernas, tascas e botequins eram vistoreados nessa campanha de moralização dos lugares de lazer e hospedagem da população. O artigo 163 do Código de Posturas Municipais determinava o fechamento dos bares às 9 horas da noite no inverno, enquanto os hotéis, confeitarias e bilhares teriam um limite prolongado até a meianoite, desde que não se constituíssem em locais de "orgias, que ofendem a moralidade pública e perturbam o sossego dos habitantes (...)".

Em 1896, o "garboso" prédio do Palais Élegant, juntamente com outras casas de jogo e tavolagem da rua do Rosário eram inspecionados pela polícia, conforme informava o *Correio Paulistano*, em artigo sobre a "Jogatina e caftismo". Segundo um plano de "enérgica repressão", visava-se a "(...) expurgar esse vergonhoso cancro moral que assola esta cidade e outras do interior do Estado (...) (29/05/1896)".

Referia-se, ainda, a medidas atinentes ao lenocínio e à prostituição, que seriam executadas em diligências posteriores. No mesmo ano, ainda, era levada uma ampla campanha de repressão aos rufiões, ao jogo e à prostituição no Rio de Janeiro, revelando uma estreita articulação entre as autoridades policiais dos dois Estados.

Portanto, além da visível preocupação com a moralização dos costumes — repressão ao jogo, lenocínio, "danças desenvoltas" e "bailes tolerados", alcoolismo e vagabundagem —, ocorria uma interferência direta dos setores dominantes na modelização dos espaços públicos em que a mulher poderia atuar. Lembre-se de que, no mesmo período, uma advogada precisara lutar contra os obstáculos impostos pelos homens de sua categoria profissional para poder exercer sua profissão no Rio de Janeiro. E, em São Paulo, ainda não se formara a primeira advogada.

A presença feminina no cenário urbano incomodava de várias maneiras, seja como trabalhadora, seja como prostituta; fumando ou usando roupas mais curtas. Desconhecida, a sexualidade feminina se tornava um grande medo e uma atração. Daí o enorme interesse em torno do desvendamento do corpo da mulher desde meados do século passado, tanto pelos saberes científicos quanto pelas artes. Como ameaça sexual, é visível a irritação provocada pelas prostitutas, quando abordavam diretamente os homens. Medo? De acordo com nosso código moral, ao sexo forte cabia a iniciativa de aproximação sexual, segundo um modelo masculino que valoriza a virilidade, os pêlos, a coragem e a força. Krafft-Ebing, médico austríaco de renome, comparava nessa época as relações sexuais entre homens e mulheres às das espécies animais mais desenvolvidas, em que o macho procurava a fêmea e não o oposto. Do mesmo modo, Lombroso afirmava convictamente que "esta maior frigidez e passividade da mulher no coito é comum, aliás, a todas as fêmeas do mundo zoológico".[17]

Ainda com o objetivo de "sanear algumas ruas centrais da capital", o delegado Rufiro de Tavares determinava a fiscalização de várias casas nas ruas Santa Tereza, da Esperança e do Quartel, onde, por detrás das fachadas de botequins, alugavam-se quartos a homens e mulheres de "ínfima classe social". Exigia, conseqüentemente, a visita rigorosa dos inspetores de higiene a esses "(...) imundos receptáculos de misérias dessas escolas do vício, conhecidas vulgarmente pelo nome de 'farras'"(...) (*O Estado de S. Paulo*, 26/11/1898).

No começo do século, o *Correio Paulistano* noticiava que o chefe de polícia Oliveira Ribeiro baixara uma portaria aos seus delegados auxiliares visando a reprimir as cenas de imoralidade provocadas pelas prostitutas no centro da cidade, o que sugere a pouca eficácia do regulamentarismo de Cândido Motta:

> Considerando que a acumulação de mulheres públicas em determinados prédios de ruas centrais desta capital, em forma de hotel ou hospedaria, constitui verdadeiro artifício para iludir o preceito terminante do art. 278 do Código Penal com grande escândalo público e flagrante restrição da liberdade das famílias honestas privadas quase sempre da servidão das suas janelas e até do livre trânsito, além de outros motivos de ordem superior, vos recomendo com maior empenho que empregueis medidas decisivas atinentes a remover tal situação. (3/09/1901)

---

17. C. Lombroso, *op. cit.*, p. 52.

Alguns dias depois, a seção "Vida Diária" do mesmo periódico informava que a proprietária da "Pensão Emma", situada na rua Conselheiro Crispiniano, n. 22, requerera mandado de manutenção de posse ao juiz da 2ª Vara Cível, contra a intimidação recebida pela polícia. Outras notícias traziam reclamações de populares contra a freqüência de soldados num lupanar existente na rua de Santa Tereza, junto do restaurante "Bahia em São Paulo" que, ao lado das "mulheres de vida airada da mais baixa classe", ofendiam a moral pública com gestos e palavras obscenas.

Outro espaço de investida das autoridades policiais eram os bailes considerados "imorais", como os que se realizavam na Vila Mariana, segundo o *Correio Paulistano*, "à luz meridiana e ao compasso de umas danças "commencement de siècle". O "galã" pagava 100 réis pela escolhida, futura *taxi-girl*, e podia embalá-la em "polkas, majurkas e quadrilhas". Além disso, as "vistas-imorais" de Vitor Mayo faziam sucesso e eram vigorosamente reprimidas, como já citamos no capítulo i.

Evidenciava-se, portanto, um interesse crescente da população masculina em consumir as novidades européias, contribuindo para expandir o mercado de consumo dos objetos eróticos e de participar de uma atmosfera que os contemporâneos contrapunham às tímidas práticas desviantes do passado.

É difícil estabelecer se as práticas sexuais do período colonial eram mais pacatas do que as introduzidas com o desenvolvimento urbano, pois a violência e a brutalidade da vida nas fazendas ou na vila sugerem uma realidade em que o pudor era o sentimento que menos contava. Por outro lado, não existia uma vida de submundo propriamente dita, onde circulassem revistas e filmes pornográficos, "nus artísticos", ou onde se realizassem *shows* de *strip-tease*, ou bailes "tolerados", apesar das eventuais referências aos capoeiras nos chafarizes.[18]

Portanto, novas demandas estavam sendo incorporadas por esta sensibilidade modernizante, inclusive no âmbito sexual. Configurava-se uma sociedade "voyeurista", em que dificilmente se poderia reprimir o desejo de assistir ao jogo do "esconde-esconde" dos corpos femininos, propiciado pelos espetáculos de *strip-tease* ou pelas fotos eróticas. Mui-

---

18. Sérgio Milliet, "A prostituição na Colônia", *Revista Investigação*, São Paulo, Secretaria de Segurança Pública, jan. 1950, ano ii, n. 13.

tas décadas depois, olhamos para essas práticas desejantes que se introduzem na cidade de São Paulo, como tímidos pontos de partida dos *sex-shops*, cabarés, inferninhos, revistas e filmes pornôs, *dancings* e muitos outros "divertimentos" que se difundiram enormemente até o presente.

Na passagem do século, o desvendamento propiciado pela introdução do *strip-tease*, a possibilidade de pagar pela dança com uma companhia feminina, de ver sua imagem nua à distância, no palco ou na foto, fascinava um certo público e incitava a uma outra produção de olhares, de representações, de modos de ver, em busca de uma contínua ampliação do campo de visibilidade às regiões mais recônditas do corpo e da vida. À sensibilidade perceptiva aguçada do transeunte que atravessava as ruas movimentadas, de trabalhadores que deveriam seguir o ritmo da máquina, de pessoas que se fascinavam com a difusão de inúmeros filmes, como tematiza W. Benjamin, o desnudamento do corpo feminino exercia seu fascínio como espetáculo "voyeurista", possível de ser deglutido ávida e passivamente.[19]

Enfim, se determinados setores da população exigiam campanhas policiais e sanitárias de moralização das práticas sexuais ilegítimas, ou se se mostravam solidários, por outro lado, é visível que o alvo de atuação desses poderes era a prostituição pobre, as "pensões alegres", tavernas, "casas de tolerância" que compunham a geografia do baixo meretrício e que, eventualmente, se estendiam a outros bairros populares da cidade. Sabemos das inúmeras concepções a respeito da incivilidade e irracionalidade dos pobres, considerados no período como "classes perigosas" mais do que como classes trabalhadoras.

Contudo, também é preciso notar que as práticas ilícitas do desejo não foram erradicadas e, ao contrário, expandiram-se e sofisticaram-se enormemente. Há o aspecto econômico da questão que é relevante: constituía-se um mercado de oferta e consumo em torno do prazer; a prostituição transformava-se numa atividade lucrativa que exigia cada vez maiores investimentos, como várias outras. As prostitutas profissionalizavam-se com o crescimento urbano-industrial, constituindo um mercado de trabalho disputado. As novidades introduzidas com a modernização

---

19. Walter Benjamin, "Sobre algunos temas en Baudelaire", *Iluminaciones II, Poesia y Capitalismo*, Madri, Taurus, 1980; R. Barthes, *Mitologias*, São Paulo, Difel, 1982, 5ª ed.

tecnológica eram consumidas avidamente por uma sociedade em que o peso da cultura européia, especialmente a francesa, era considerável.

Políticos influentes, fazendeiros ricos, estudantes de Direito, advogados de projeção, delegados de polícia, assim como trabalhadores e jovens dos setores mais pobres da população divertiam-se em companhia dessas mulheres, solicitavam-nas, bebiam e dançavam com elas. Mesmo aquelas que se tornaram cortesãs de luxo provinham de um meio social inferior e, na maior parte dos casos, fizeram fortuna por intermédio dos homens que as procuravam. Nenê Romano, por quem se apaixona desesperadamente um jovem advogado de família tradicional, Moacyr de Toledo Pisa, começara como humilde imigrante italiana que trabalhava como costureira. Mme. Sanchez-Pommery enriquece na prostituição e alguns sugerem que também como traficante de drogas. Os exemplos são muitos. Não eram certamente os homens humildes, trabalhadores das fábricas que se implantavam no Estado e residentes nos cortiços dos bairros pobres, que compunham a clientela dos bordéis de luxo, nem os que podiam freqüentar teatros, restaurantes e cafés-concerto acompanhados das cocotes. O que não significa, ao mesmo tempo, que não participassem do mundo da prostituição.

É preciso ainda considerar que não havia interesse para os homens, sobretudo os que tinham influência e poder político, em eliminar um território desejante considerado vital para si mesmo e para seus filhos, ao menos durante um período de sua vida. Lembro a respeito como a imprensa operária insinuava sobre a presença do delegado Rudge Ramos, responsável pela moralidade dos divertimentos públicos, em um café-concerto badalado da época. Segundo a *Folha do Povo*, de 4/05/1900, um jornalista, que presenciara cenas de violência na cidade, saíra à procura do delegado em seu posto. Responderam-lhe, então:

> — Está no Moulin Rouge.
> — E o escrivão?
> — Saiu agora há pouco, foi dormir.

Então o jornal comentava:

> E, enquanto o dr. Rudge divertia-se na admiração das pernas das bailarinas e o escrivão sonhava com os proventos das multas, o pobre preso, fechado na solitária, gemia, gemia, gemia...

Helena Dias, vítima do lenocínio,
Correio Paulistano, 6/11/1914. (Foto Barela, Aesp)

O *Parafuso*, de 28/04/1920, fazia as mesmas advertências irônicas em relação ao conluio da Polícia de Costumes com os "figurões" que freqüentavam os bordéis protegidos, como a Pensão Royal:

> Imagine o leitor que beleza, se a Polícia fosse prender os Kakás, Herculanos, Julio Cardosos, Freitas Valles e outros figurões quando de lá se retiram embriagados, depois de terem promovido charivari de arromba!

Casos como esses com certeza não foram raros em nossa história. Talvez se desejasse que a prostituição ocorresse em melhores condições sanitárias e mais confortavelmente, e que uma maior privacidade fosse garantida para os homens públicos importantes, políticos famosos, ou pais de família culpados que freqüentavam os centros de prostituição, alta ou baixa. De qualquer maneira, uma conjunção de circunstâncias favoreceu muito mais do que obstaculizou o crescimento da prostituição.

É significativo que, em 1913, ano em que se inicia a organização da Polícia de Costumes em moldes europeus, o vereador Armando Prado, quando propôs na Câmara Municipal um projeto de regulamentação da prostituição baseado no do vereador José Oswald (pai do escritor modernista), de 1908, tivesse sofrido enorme oposição e fosse fragorosamente derrotado.[20] Certamente, há muitas questões sendo decididas perifericamente à discussão do projeto, mas não há como negar o interesse em facilitar o acesso às relações extraconjugais e aos espaços do prazer.

Os principais itens do projeto de Armando Prado determinavam que se proibisse a localização das casas de tolerância nas proximidades dos quartéis, escolas, fábricas, templos religiosos, estabelecimentos de diversão pública, teatros, praças e ruas muito movimentadas. Controlava-se o nomadismo das prostitutas, interditando sua mudança residencial sem o consentimento da Polícia de Costumes. Impedia-se a realização de jogos, bailes, festas que perturbassem as vizinhanças dos bordéis. Exigia-se o *registro* de toda casa de tolerância, com o fichamento minucioso de todo o pessoal que aí vivesse. As mulheres deveriam submeter-se a exames médicos periódicos, e as que estivessem contaminadas com sífilis ou outra doença venérea seriam proibidas de exercer suas atividades profissionais, sendo transferidas para hospitais.[21]

Esse projeto, ainda mais rígido que o de Cândido Motta, avivou as críticas da oposição e, em nome da luta anti-regulamentarista, não conseguiu ser aprovado, o que não significou, por outro lado, um abrandamento nas relações entre as autoridades públicas e o mundo da prostituição.

Contudo, uma política de confinamento propriamente dito, segregando geograficamente as meretrizes, só se efetivou na década de 1940, quando as prostitutas pobres foram alocadas nas ruas Itaboca, Aimorés, Timbiras, Carmen Cintra, no Bom Retiro, em São Paulo, e no Mangue, no Rio de Janeiro. Em 1954, sob o governo de Lucas Nogueira

---

20. Mensagem enviada ao Congresso Legislativo em 1913 pelo dr. F. de Paula Rodrigues Alves, presidente do Estado de São Paulo, p. 571.
21. Anais da Câmara Municipal de São Paulo, referentes a 1913, p. 34; veja, ainda, Guido Fonseca, *op. cit.*, p. 167.

Garcez, processou-se em São Paulo o desconfinamento da zona do meretrício do bairro do Bom Retiro. Mesmo assim, isso ocorreu de maneira drástica, como se pode constatar pelas fotografias e notícias publicadas nos jornais da época. "Houve princípios de tumulto, repressões violentas", observa Hiroito de Moraes Joanides.[22] Muitas prostitutas saíram às ruas em passeatas, tentando resistir contra a sua expulsão dos prostíbulos em que viviam e trabalhavam.

Na verdade, não se ofereceu uma alternativa concreta às mulheres que eram despejadas dos bordéis. Muitas não tinham outras fontes de renda, local de habitação, nem mesmo habilitação profissional para encontrar rapidamente um outro emprego. E não tardou para que os hotéis e casas-de-cômodos do bairro de Campos Elíseos se transformassem em prostíbulos disfarçados.

Mme. O. tem uma visão contraditória desse processo, ora aproximando-se da posição de Hiroito, contrária ao desconfinamento, ora permanecendo favorável. Segundo ela,

> Na rua dos Aimorés, Carmen Cintra, não sei bem como se chamam essas ruas do Bom Retiro, era o melhor sistema: as mulheres fiavam atrás da janela, era o mesmo sistema (que havia na Líbero Badaró). Agora, eu acho que nunca deviam ter colocado essas mulheres lá, era um centro industrial, onde todo mundo trabalha, judeu ou não, são gente que trabalha. (...) Aí depois, quando aconteceu (o desconfinamento), todas as mulheres se espalharam. (Depoimento de 17/07/1989)

De qualquer modo, o desconfinamento não significou uma maior distância do Estado em relação ao mundo da prostituição, a não ser teoricamente. Na prática, as prostitutas tiveram de se lançar às ruas, praticando o *trottoir*, espalhando-se por diversos bairros onde, isoladas, ficavam ainda mais expostas às arbitrariedades policiais. Quando criticavam o regulamentarismo e propunham o sistema abolicionista como melhor forma de relacionamento político com o comércio do prazer, os médicos e juristas do começo do século passado estavam longe de imaginar que poderiam estar defendendo um avanço da repressão sobre as meretrizes.

---

22. Hiroito de Moraes Joanides, *op. cit.*, p. 20; *Diário da Noite*, 8/01/1954; 21/01/1954; 22/01/1954; *A Platéia*, 4/12/1970.

2 | POLÍTICAS DE CONTENÇÃO DO DESEJO

O ABOLICIONISMO

As investidas policiais no cotidiano das meretrizes fundamentaram-se nos tratados médicos e nas propostas que elaboraram para gerir a sexualidade insubmissa. Desde a década de 1840, os médicos apresentaram idéias de como controlar a prostituição no Rio de Janeiro, centro que se urbanizava rapidamente, levando os chefes de polícia nas décadas seguintes, a tentar implementá-las.[23]

Na verdade, sua influência ultrapassou em muito o âmbito das políticas públicas, pois construíram o conceito da prostituição como doença, associada ao perigo da morte e, como falas científicas, apresentaram a própria definição da verdade sobre o sexo.[24]

---

23. Veja: Evaristo de Moraes, *Ensaios de Patologia Social*, Rio de Janeiro, Leite Ribeiro, 1921; Magali Engel, *Meretrizes e doutores, saber médico e prostituição no Rio de Janeiro*, São Paulo, Brasiliense, 1989. Sobre o surgimento do abolicionismo na Inglaterra, o importante trabalho de Judith Walkowitz, *Prostitution and victorian society*, Cambridge University Press, 1980.
24. Michel Foucault, *História da sexualidade I. A vontade de saber,* Rio de Janeiro, Graal, 1979; Roberto Machado, *Danação da norma*, Rio de Janeiro, Graal, 1978; Jurandir Freire Costa, *Ordem médica e norma familiar*, Rio de Janeiro, Graal, 1979, sobre a ascensão do poder médico no Brasil durante o século XIX.

Aqueles que se posicionaram contra o sistema regulamentarista de controle da prostituição, sobretudo a partir de 1870, questionavam basicamente a interferência estatal numa esfera da vida que consideravam extremamente privada. Assim, chamavam a atenção para a ineficácia de um sistema que humilhava a mulher, fazendo recair apenas sobre ela o peso de uma relação amorosa condenável; que acabava por institucionalizar uma profissão que poderia ser vivida apenas temporariamente; que expunha a mulher a devassamentos médicos obrigatórios e intermináveis; e que segregava as meretrizes em guetos, aprisionando-as seja em bordéis, seja nos hospitais, quando doentes. Em 1902, dizia o dr. Alberto Seabra, refletindo a posição de toda uma tendência no interior da medicina brasileira:

> Não podendo dominar a prostituição, as sociedades tomaram o partido de considerá-la *um mal necessário*. Procuraram cerceá-la em seus efeitos funestos, restringir o mal que dela deriva por um conjunto de medidas administrativas. (...) Abriram-se as chamadas "casas de tolerância", onde o comércio carnal se estabelece sob garantia do Estado.
> Médicos visitam periodicamente estes estabelecimentos, procedem ao exame nas mercadorias humanas, seqüestram as que estão infeccionadas, garantindo assim o sexo forte. (...) Agentes plenipotenciários, mas não diplomáticos, efetuam a caça paternal às prostitutas rebeldes, e constrangem-nas aos regulamentos. E eis, sumariamente, como o Estado se faz *cáften*.[25]

Segundo ele, enquanto as mulheres de condição humilde, filhas de proletários, operárias de fábricas, costureiras, lavadeiras eram perseguidas violentamente pelas autoridades públicas, muitas vezes por estarem complementando um salário miserável, a prostituição de luxo imperava soberana com o apoio de homens abastados. A este sistema o dr. Alberto Seabra atribuía também a origem do rufião, "protetor da mulher contra a polícia de costumes". Apontava os inconvenientes das casas de tolerância, onde os proprietários obrigavam as prostitutas a aumentar constantemente a taxa de consumo de bebidas alcoólicas, com o objetivo exclusivo de lucro, debilitando sua saúde.

---

25. Alberto Seabra, "Regulamentação da prostituição, *Revista Médica de São Paulo*, 28/02/1902 (grifo meu).

Em artigo assinado conjuntamente com o dr. Ulisses Paranhos, o dr. Seabra continuava seu ataque ao regulamentarismo, derrotado definitivamente no Congresso Internacional de Bruxelas, de 1899, e na Segunda Conferência, de 1902. Anos depois, na Academia Nacional do Rio de Janeiro, o famoso dr. Souza Lima reforçava os argumentos anti-regulamentaristas, parabenizando o jurista Baltazar da Silveira, antigo defensor do sistema francês, por ter modificado seu pensamento em relação à inscrição das mulheres no cadastro policial.[26] Argumentava enfaticamente sobre o direito de inviolabilidade de seus lares, como os de qualquer pessoa, visto que não exerciam nenhuma atividade que necessitasse pagar impostos à municipalidade, e a prostituição não era considerada delito.

Em 1921, nos *Ensaios de Patologia Social*, Evaristo de Moraes radicalizava as críticas ao regulamentarismo. Bastante informado sobre as discussões que se travavam nacional e internacionalmente sobre o amor venal, as doenças venéreas, as campanhas contra a pornografia, fazia um amplo histórico das diferentes posições que se manifestavam nos meios médico e político, desde meados do século anterior, no Brasil.

O ponto forte de sua argumentação em defesa do abolicionismo girava em torno da vitimização da prostituta, seqüestrada numa rede de poder, tanto pelas caftinas quanto pelas autoridades policiais, cúmplices daquelas. Preocupado em refazer uma outra imagem da meretriz, dissociada da idéia da vagabundagem e da criminalidade, Evaristo apontava para as causas socioeconômicas da prostituição. Dizia ele, investindo contra as posições regulamentaristas:

> A *prostituição-crime*, a *prostituta-criminosa*, são concepções errôneas de outras épocas. Seja *fenômeno fisiológico*, seja *fenômeno patológico*, da vida coletiva, a prostituição aparece hoje a moralistas, sociólogos e criminólogos como resultante do *meio social*, tendo por causa direta, preponderantemente, quase exclusiva, a miséria, tomada essa expressão no seu significado mais amplo.[27]

Segundo ele, até mesmo o patriarca do regulamentarismo, Parent-Duchâtelet, dera-se conta de que as "casas de tolerância", registradas

---

26. Souza Lima, "Regulamento do meretrício", *Gazeta Clínica*, São Paulo, jul. 1916.
27. Evaristo de Moraes, *Ensaios de Patologia Social*, *op. cit.*, p. 29.

pela Polícia de Costumes, acabavam constituindo-se em focos privilegiados da decadência moral e da transmissão da sífilis. As moças eram obrigadas pelas caftinas a receber elevado número de fregueses, enquanto as que moravam isoladamente podiam escolhê-los livremente. Além disso, eram obrigadas a alcoolizarem-se para garantir um consumo mais elevado de bebidas nos bordéis, embrutecendo-se rapidamente nesta situação de "escravidão disfarçada". Atacando violentamente a Polícia de Costumes, afirmava:

> Reconhecida a causa social-econômica da prostituição, o caráter odioso da Polícia de Costumes se patenteia em plena luz, aparecendo a monstruosidade de serem tratadas como criminosas e perversas, as pobres criaturas que o egoísmo do tempo estraga e corrompe, para satisfação dos sôfregos instintos libidinosos do homem e garantia da moral familiar. (p. 161)

Como jurista, Evaristo considerava absurdo o Estado consentir em "que alguém faça comércio com o corpo alheio". No entanto, era a favor da repressão das "prostitutas escandalosas", quando a prostituição ofendesse publicamente a moral. Grande admirador de Yves Guyot e Louis Fiaux, mentores do abolicionismo na França, Evaristo defendia a restrição do poder que as autoridades policiais exerciam sobre a vida do submundo. Mostrava que, juridicamente, a prostituição não poderia ser considerada crime, e que as meretrizes, portanto, não poderiam ser vistas como "desclassificadas", ou "vagabundas", pois sua ação era bilateral e não "unipessoal". A indústria do prazer supunha a participação de duas partes, era um contrato estabelecido entre a pessoa que oferecia e a que procurava. Por isso mesmo, o regulamentarismo era injusto ao penalizar apenas uma das partes contratantes.

Fundamentalmente, Evaristo, assim como os abolicionistas em geral, deixava claro sua irritação com o aumento de poder que a polícia adquiria sobre a sociedade e a interferência que se autorizava a fazer em campos que médicos e juristas, cada vez mais, passavam a ver como áreas de sua competência.

Concordando com as opiniões emitidas pelo dr. Silva Araújo, famoso sifiliógrafo da Academia Nacional do Rio de Janeiro, Evaristo considerava que o controle da prostituição e da propagação das doenças venéreas não eram tarefas que competiam à Polícia de Costumes, mas sim às autoridades médicas. Liberal, defendia a liberdade individual, a igualdade perante a lei e reivindicava uma restrição do poder policial em benefício da atuação de médicos sanitaristas.

Elogiava as medidas propostas pela Academia Nacional desde o final do século para combater a propagação da sífilis, com a criação de ambulatórios com atendimento gratuito, promoção de propaganda popular, conferências públicas, difusão de folhetos, livros, brochuras contra os perigos das doenças venéreas, instrução dos jovens de ambos os sexos sobre o assunto. À medida que delineava um outro perfil da prostituta, mais associado à doença e à carência econômica do que à criminalidade, a prostituição passava a ser assunto dos médicos e não da polícia. Segundo o jurista: "Configurou-se, mais uma vez, o que observamos no início deste ensaio — entre nós, têm sido os *médicos* os únicos a se preocupar seriamente com a questão do meretrício" (p. 279).

As críticas dos abolicionistas brasileiros pareciam procedentes em vários aspectos. Dos dados de que dispomos, constatamos com esses médicos a fragilidade e a arbitrariedade de um sistema autoritário que atingia apenas uma parcela das prostitutas — em particular, as "prostitutas públicas", mulheres de condição social inferior, que viviam em "pensões alegres", bordéis, casas de tolerância, nem sempre tão toleradas. Deixavam-se de lado, portanto, as meretrizes "clandestinas", consideradas mais perigosas e ameaçadoras, justamente por estarem fora de controle e as cocotes, em geral, mulheres protegidas por suas ligações com homens influentes e abastados, como os "coronéis".

Além do mais, se as prostitutas pobres já eram mais estigmatizadas pela sociedade, o que não dizer de um sistema que favorecia verdadeira "caça às bruxas" comandada pelas autoridades policiais?[28] Evaristo de Moraes registrava a violência da polícia contra as mulheres nômades no Rio de Janeiro, por ocasião da vinda do rei Alberto, em 1920. Expulsas das ruas onde se concentravam, como São Jorge, rua do Regente, do Núncio e da Conceição, haviam se espalhado por toda a cidade, misturando-se com as famílias, justamente o contrário do que pretendia a "moralização policial".

---

28. Sobre a violência policial contra os homossexuais, veja Nestor Perlongher, *op. cit.*; João Silvério Trevisan, *Devassas no paraíso*, São Paulo, Ed. Max Limonad, 1986, 2ª ed.

Além disso, proibidas por falta de espaço físico de exercerem sua profissão, tinham de perambular pelas ruas à cata dos fregueses e procurar locais onde pudessem se relacionar. As mesmas recriminações aparecerão na década de 1950, quando Lucas Nogueira Garcez acaba com a zona do meretrício no Bom Retiro. Finalmente, em todos os países onde foi implementado, o regulamentarismo revelou-se ineficaz, autoritário, violento, produto de uma vontade panótica de domesticação da sexualidade feminina.

Não é fácil precisar historicamente o número de prostitutas atingidas pelas práticas regulamentaristas em São Paulo, e tampouco estimar sua proporção em relação ao total dessas, porque grande parte eram clandestinas ou prostitutas de luxo, portanto não contabilizáveis, e várias diluíam-se nos limites dessa categoria: mulheres que tinham um amante, por exemplo, mas não eram necessariamente prostitutas; ou que viveram enquanto tal apenas por um período de sua vida.

Alguns registros de prostitutas "públicas" foram realizados pelos poderes instituídos, nas décadas iniciais do século, à medida que a prostituição foi sendo vivenciada como problema. Em 1914, a polícia registrou 812 meretrizes em São Paulo; no ano seguinte, foram fichadas 269.[29] Em 1922, 3.529 prostitutas foram inscritas no Gabinete de Investigações e Capturas, atual Departamento Estadual de Investigações Criminais.[30] O médico J. M. Leme, em 1926, afirmava que as "mulheres públicas" fichadas pela polícia, em dezembro de 1925, atingiam o número de 13.941, acreditando que muitas deixavam de figurar nessa estatística.[31] Informava que nesta cidade, o número de bordéis e *rendez-vous* autorizados pela polícia era de 531 e 224, respectivamente. Já o dr. José Lentino, em 1930, mencionava a existência de 210 casas de tolerância no perímetro central da cidade, que abrigariam cerca de 850 prostitutas, existindo ainda diversas outras casas nas redondezas, cujo número crescia constantemente.[32]

---

29. Relatório apresentado ao dr. Francisco de Paula Rodrigues Alves, Pres. do Estado, pelo Sec. da Justiça e Segurança Pública, Eloy de Miranda Chaves, ano de 1914. Typ. Brazil, de Rothschild.

30. Relatório apresentado ao Exmo. Sr. Dr. Washington Luiz Pereira de Souza, Presidente do Estado, pelo Secretário da Justiça e da Segurança Pública, Francisco Cardoso Ribeiro, ano de 1922, p. 97.

31. José B. de Moraes Leme, *O problema venéreo*, tese apresentada à Faculdade de Medicina de São Paulo, 1926.

32. José Lentino, *Problema da sífilis em São Paulo*, São Paulo, 1930, p. 21.

Em 1936, o número de meretrizes registradas na polícia crescia para 10.008.[33] Nesse ano, o delegado Costa Netto, ao assumir a Delegacia de Fiscalização de Costumes, do Gabinete de Investigações de São Paulo, localizara 1.252 prostitutas registradas naquela delegacia, distribuídas em 276 casas de tolerância. Procurara, então, instalá-las em "pontos onde não há passagem forçada de menores, operárias e mulheres honestas", provavelmente para evitar os "maus exemplos".[34] Além disso, sua delegacia contava com fichário completo das mulheres "públicas" de São Paulo, incluindo seus dados pessoais e fotografias. Mantinha rigorosa fiscalização em todas as casas de tolerância e *rendez-vous*, "evitando que menores, mulheres casadas e mesmo as não registradas naquela Delegacia, conduzidas por indivíduos inescrupulosos, cheguem a dar o último passo, freqüentando tais lupanares".

A SÍFILIS E A EDUCAÇÃO SEXUAL

O combate às doenças venéreas e, em especial, à sífilis, reforçou a iniciativa que os médicos tomaram em prol de uma mobilização para conhecer minuciosamente a vida cotidiana das meretrizes e o interior dos bordéis e para traçar uma geografia e uma tipologia das práticas do submundo.[35] Mas, em contraposição aos que defendiam uma estratégia panótica de seqüestro das prostitutas nas casas de tolerância, outros médicos e juristas apoiavam-se nos princípios do abolicionismo.[36]

---

33. E. A. Carvalho Franco, *Relatório do Gabinete de Investigação relativo ao ano de 1936*, ao dr. Arthur Leite de Barros Junior, Secretário dos Negócios da Segurança Pública da Secretaria da Segurança Pública do Estado de São Paulo, p. 184.

34. Humberto Sá de Miranda, "A mulher na etiologia do crime", *Arquivos de Polícia e Identificação*, São Paulo, abril de 1936, n. 1, Tip. do Gabinete de Investigação, p. 13.

35. Para uma história cultural dessa doença venérea e do pânico que provoca na Europa, veja Claude Quétel, *Le Mal de Naples, histoire de la syphilis*, Paris, Seghers, 1986, e Alain Corbin, "Le Péril vénérien au début du siècle: prophylaxie sanitaire et prophylaxie morale", in *Recherches. l'Haleine des Faubourgs*, Paris, Cerfi, 1978.

36. Para a posição dos abolicionistas em relação ao tratamento da sífilis no Brasil, veja Flávio Goulart — *Prophylaxia da syphilis*, tese de doutoramento apresentada à Faculdade de Medicina do Rio de Janeiro, Sorocaba, tip. Lacerda, 1922; João Braga de Araújo, *A luta contra a syphilis*, tese apresentada à Faculdade de Medicina do Rio de Janeiro, 1916; Joaquim Raimundo de Moura, *Prophylaxia da syphi-*

As discussões entre os adeptos das duas posições nos meios acadêmicos girou em torno do controle da sífilis, que todos associaram ao crescimento da prostituição espontânea. O debate em torno da sífilis acendera as discussões sobre a prostituição e sua regulamentação desde a década de 1870, na Academia Nacional do Rio de Janeiro, sendo retomado inúmeras vezes entre a elite culta do Rio e de São Paulo.

Enfatizando a importância da prevenção e educação sanitária da população, os higienistas abolicionistas defendiam o esclarecimento da opinião pública sobre os problemas decorrentes das doenças venéreas, a separação dos conceitos de higiene e de polícia, com a realização de conferências populares, cursos gratuitos, instalação de postos de saúde e enfermarias nos hospitais, com atendimento gratuito à população e distribuição de medicamentos. Reconheciam a impossibilidade de eliminar o comércio do prazer nos grandes centros urbanos, mas posicionavam-se radicalmente contra qualquer forma de cadastramento das meretrizes e contra a obrigatoriedade das visitas médicas e internamento das doentes.

Fazia parte das campanhas contra a sífilis, nos anos de 1920, conscientizar os jovens dos perigos advindos do contato com meretrizes. Segundo Evaristo de Moraes, as "exigências da educação sexual dos adolescentes", como pregavam Havellock Ellis ou A. Austregésilo, implicava o esclarecimento acerca das doenças venéreas não só para rapazes, mas também moças.[37] Além do mais, era favorável à instituição do "delito de contaminação intersexual", assunto debatido internacionalmente e que objetivava punir aqueles que transmitissem a sífilis com conhecimento de causa.

Alguns esforços foram empreendidos nessa direção. O dr. Cláudio de Souza funda, em 1905, a Liga Antivenérea, depois transformada no Dispensário Cláudio de Souza, que se propunha também a combater o

---

lis, tese apresentada à Faculdade de Medicina do Rio de Janeiro, Rio de Janeiro, 1920. Um exemplo da posição dos regulamentaristas é Etelvino Cortez, *Prophylaxia pública da syphilis*, tese apresentada à Faculdade de Medicina do Rio de Janeiro, Rio de Janeiro, 1912.

37. Cláudio de Souza, "Assistência aos syphiliticos, venereos e alcoolistas em S. Paulo", *Revista Médica de S. Paulo*, ano XII, n. 12, 31/01/1909; José Martins de Barros, "Contribuição para o estudo do problema da sífilis na capital de S. Paulo", 1952, Arq. Faculdade Higiene S. Pública, USP, 1951.

alcoolismo. Em 1908, uma nova tentativa de profilaxia da sífilis em São Paulo foi encabeçada pelos estudantes da Faculdade de Medicina, associados em duas entidades representativas: o CAOC (Centro Acadêmico Oswaldo Cruz) e o Grêmio dos Internos dos Hospitais.[38] Atendendo às suas iniciativas, o Serviço Sanitário de São Paulo abriu outros postos nas Delegacias de Saúde dos Campos Elíseos, da Liberdade, do Brás e da Consolação. Entretanto, em agosto de 1920, este atendimento médico ao sifilítico foi extinto pelo próprio diretor do Serviço Sanitário, e os estudantes, descontentes, reabriram um posto no Dispensário Clemente Ferreira, da Liga Paulista Contra a Tuberculose.[39]

A crítica ao desinteresse do Estado pela questão da prostituição e da higiene pública era marcante nos discursos médicos. Enfatizava-se que todas as iniciativas higiênicas de luta contra as doenças venéreas haviam partido de particulares. Segundo Potyguar Medeiros:

> Em São Paulo, iniciado por particulares, o serviço de profilaxia da sífilis logrou apoio decisivo do governo durante dois anos apenas: depois foi extinto, há cinco meses, sem que se saiba ao certo o porquê da extinção (p. 14).

Mesmo a Sociedade Brasileira de Profilaxia Sanitária e Moral, logo após as conferências realizadas em Bruxelas, em 1899 e em 1901, teve duração efêmera e atuação restrita até 1909. Em 1925, outros centros foram criados em São Paulo: o Centro de Saúde Modelo, os do Brás e do Bom Retiro, por obra do novo diretor do Serviço Sanitário, Geraldo de Paula Souza, cuja política sanitária se orientava para a prevenção, fiel às posições que conhecera durante sua permanência nos Estados Unidos.

A discussão do problema da sífilis, portanto, passava pelo exame das medidas tomadas pelo Estado em relação ao controle da prostituição, visto que as estatísticas provavam que a maior parte dos contágios tivera origem no contato com as meretrizes, como demonstrava o dr. Lentino:

---

38. *O Combate*, de 17/09/1918. Veja ainda dr. Aguiar Pupo, "A Syphilis em São Paulo", *Gazeta Clínica*, São Paulo, ano XX, mar. 1922, n. 3.

39. José Martins de Barros, *op. cit.*; Potyguar Medeiros (médico do Serviço Sanitário, em 1936), *Dissertação sobre a profilaxia da sífilis (a função do dispensário)*, 1921; José Lentino, *Problema da sífilis em S. Paulo*, 1930.

Em 100 novos doentes, 94 infeccionam-se por intermédio de meretrizes, notando-se 93 dos pacientes que freqüentam os referidos postos são operários, em que a educação sanitária deixa muito a desejar (p. 11).

Mesmo assim, segundo Oswald de Andrade, muitos homens dessa geração vangloriavam-se de um dia ter conhecido essa doença estigmatizada:

Nenhuma experiência tive, no entanto, de doenças venéreas. Por pura sorte. Pois tinha me atirado às fêmeas como todos os rapazes de minha geração. Muitos deles vi se orgulharem de um cancro duro — pura sífilis. Era um atestado de virilidade pegar uma boa gonorréia. (p. 55)[40]

Nesse contexto, ao lado das inflamadas críticas anti-regulamentaristas, os médicos defendiam a estratégia de educação moral do povo, em que sua atuação adquiria fundamental importância. Conferências, palestras, conselhos, folhetos, artigos publicados na imprensa, exibição de modelos de cera monstruosos nas fábricas e nos quartéis, além do recurso ao cinema e rádio destacavam-se como os principais meios de esclarecimento da população em relação ao problema da sífilis e da prostituição. Citando o dr. Teófilo de Almeida, mostravam-se as vantagens da utilização do rádio como meio de educação das massas:

O outro motivo de meu contentamento, eu o sinto nesta vantagem nunca sonhada que a radiotelefonia oferece ao orador, colocando-o inteiramente à vontade, isolado, sem constrangimento, só entre quatro paredes, tal como me acho nesta sala, donde vos falo e donde minha voz pode ser ouvida em todo o Brasil (...).[41]

Para o dr. Potyguar Medeiros, que escreve quase dez anos antes, o dispensário deveria ser o principal meio de educação, além de lugar de cura. A começar pelo lar: "Os primeiros funcionários educadores do dispensário devem ser os chefes de família". Depois, nas fábricas, escolas, pelo próprio professor e, principalmente, nas fábricas e oficinas. Lições

---

40. Oswald de Andrade, *op. cit.* p. 55.
41. "O que todos devem saber. Palestras de Educação Sanitária, 1927", in José Lentino, *op. cit.*

de higiene física e moral deveriam ser ministradas diariamente aos operários, de modo a se conseguir provocar neles *um verdadeiro medo pelo perigo venéreo*. Eles deveriam ser subdivididos em classes e subclasses, cada qual com um tratamento especial de aprendizagem. Finalmente, toda a população deveria ser educada a controlar seus impulsos sexuais:

> Não há em cada distrito um mecanismo policial completo? Haja também em cada distrito uma instituição sanitária. Ao delegado de polícia, com seus escrivães, agentes, soldados, carcereiro etc., contraponham-se o médico e seus dois auxiliares. Ao lado do posto policial, instale-se um posto de profilaxia. (p. 36)

Na guerra sanitária pregada pelos médicos, a moralização dos costumes e a contenção do desejo eram itens fundamentais. O combate à prostituição deveria passar pela censura dos filmes fortes ou pornográficos, que mostravam abertamente cenas representadas no "alcouces". Os filmes que expunham a vida nas tavernas nas "famosas fitas do 'Far-West', "as cenas de "beijo demorado", de uso de tóxicos, de abuso do álcool, "a vida do bordel, montada a capricho" deveriam ser censuradas para não servirem de exemplo maléfico. Assim, educando-se moral e religiosamente a prostituta, facilitando-lhe um trabalho honesto, incentivando-lhe o casamento, contribuir-se-ia para sua reabilitação. Ou ainda, incidindo sobre as condições ambientais que empurravam a mulher à prostituição, isto é, melhorando as condições intelectuais, morais e econômicas das classes proletárias, "melhorando as habitações e espalhando a educação", regulamentando-se o trabalho noturno das jovens eliminar-se-iam as causas da prostituição.

Para as jovens "virgens, defloradas e prostituídas", o dr. P. Medeiros sugeria a criação de escolas profissionais gratuitas dirigidas pelo Estado, casas de regeneração, organizadas com as características das oficinas e o incentivo do Estado à prática do casamento precoce, de modo a afastar os solteiros do interesse pelas prostitutas.

Embora essa proposta tenha por suas próprias concepções informado práticas mais liberais do que o regulamentarismo, preserva pontos de contato com a teoria anterior. O peso que se lança sobre a prostituta como principal responsável pela existência da prostituição e das doenças venéreas continuou grande. Num pensamento marcadamente eugenista, ameaçado ante o fantasma da degenerescência da raça, focalizar a prostituta como a principal fonte de todos os males não poderia deixar de ter efeitos bastante repressivos para ela que, se não era obrigada a ser fichada na polícia ou internada nos hospitais, devia ser convencida das profundas destruições que produzia no interior da sociedade.

Vale notar que, juntamente com outras práticas sexuais extraconjugais (hetero ou homossexuais), operava-se todo um deslocamento conceitual na forma de percepção da prostituição: cada vez mais era associada à noção da *doença* e ao perigo da morte, sobretudo depois dos trabalhos científicos de Krafft-Ebing e Cesare Lombroso, autoridades inquestionáveis por décadas em várias partes do mundo. Krafft-Ebing, estudando as *Psycopathia Sexualis* e Lombroso com *La femme criminelle et la prostituée*, com base em uma perspectiva biológica, forneceram os fundamentos e exemplos necessários para os teóricos brasileiros do período.

É muito provável que a sífilis, principal doença venérea de então, provocasse muitas devastações, como alardeavam médicos e higienistas. Silvio Floreal, cronista da cidade, horrorizava-se com a tranqüilidade com que alguns conhecidos lhe falavam de tal problema, sinal de virilidade mais do que de promiscuidade.[42]

Contudo, é preciso relativizar a amplitude que os médicos procuravam dar ao problema. É bem possível que na alta prostituição, onde imperavam as prostitutas estrangeiras, muitas com relativa experiência de seu ofício, as precauções higiênicas fossem bem maiores do que no baixo meretrício, onde a alta rotatividade dos corpos e o descaso das caftinas e meretrizes facilitavam a propagação das doenças venéreas.

Novamente, recorro aos depoimentos contrastantes de Mme. O. sobre a vida do submundo paulistano das décadas iniciais do século XX, que sugerem um redimensionamento da questão. Segundo ela, as prostitutas estrangeiras eram mulheres experientes e com conhecimentos mais avançados de cuidados higiênicos. Considerando a elevada duração de vida da média das prostitutas estrangeiras do período, muitas das quais vivas ainda hoje, aos 80 ou 90 anos de idade, perguntei-lhe como conseguiam superar problemas de saúde e prolongar de tal maneira a

---

42. Silvio Floreal, *op. cit.*, p. 23.

própria existência, visto que no senso comum predomina o mito de que uma vida sexual exaustiva como a da prostituta reduziria seus anos de vida.

> Mas eu conheço essas mulheres que ainda vivem, de 80, 85 anos, que vivem bem! E andam, e vão e vêm pela rua, alors! Você sabe, as estrangeiras dificilmente ficam doentes, porque elas têm corpo, elas sabem comer. Brasileiro não come. Porque vou dizer uma coisa: não é essa comida, feijão com arroz, que vai engordar uma pessoa. Feijão não tem vitamina, arroz não tem vitamina. (Entrevista de 4/08/1989)

Mais especificamente sobre a questão da higiene, afirmou:

> Sim, mas você sabe, quando as brasileiras começaram a fazer a vida, não eram muito limpas, depois que aprenderam, e assim mesmo... As francesas, não, já estavam acostumadas, porque quando vão para essa vida, já receberam instrução porque o cafetão francês não permite que a mulher dele beije um freguês. (Entrevista de 3/08/1989)
>
> Ah, vou te contar uma coisa. Não tinha dentro dos quartos todas essas instalações que nós temos aqui no banheiro. Dentro de um quarto, atrás do guarda-roupa, tem um bidê, um jarro de água e tudo, mas todas elas eram mulheres limpas, porque não havia nenhuma mulher, nem na zona baixa, que não andava com um fulano antes de ele se lavar (...) A mulher também. (Entrevista de 4/08/1989)

Seu relato, marcadamente generalizador, responde parcialmente ao fato de que muitas dessas prostitutas sobreviveram bem aos anos, o que não teria ocorrido se enfrentassem muitos problemas de saúde numa época em que a medicina não estava tão avançada. Além do mais, muitas se casaram e ingressaram na sociedade normalizada de maneira rápida, o que também sugere que o abismo que as separava do mundo "respeitável" era menor do que se imaginava. Mme. O. foi bastante enfática em suas respostas. Segundo ela, "não havia doenças como você vê agora. Era higiênico, sim! Essas mulheres, essas francesas, essas polacas, nunca ficavam doentes. Agora, essas meninas de hoje...".

Segue-se uma expressão de desânimo diante da inexperiência e dos hábitos precários das nacionais. Perguntei-lhe se a sífilis era um grande problema naquela época, ao que ela explicou:

> Não, não. Agora, essas meninas que vêm do interior... Eu conheci um médico que estava fazendo estágio nas Clínicas, um estrangeiro, há uns dez anos, que me disse: "Eu nunca vi mulher tão suja e tão doente como aqui no Brasil. O que eu vejo lá no hospital é de pasmar"(...) Então, essas meninas têm que transferir doenças para os outros forçosamente. (Entrevista de 4/08/1989)

Jacob Penteado estabelece uma distinção entre as meretrizes do alto e do baixo meretrício em relação à higiene. Segundo ele, no Brás, os fazendeiros e viajantes acabavam levando de volta para suas terras "uma boa carga de doenças venéreas", pois aí não havia a mínima noção de asseio, nem fiscalização sanitária que obrigasse as mulheres a tratar-se clinicamente. Contudo, é muito possível que os conhecimentos populares entrassem em boa escala em socorro das prostitutas doentes, no baixo meretrício. De qualquer maneira, Penteado considerava as prostitutas "da cidade" mais informadas, pois usavam "líquidos antisséticos", aquecidos num fogareiro a álcool, enquanto que "as do Brás empregavam uma mecha de estopa que, por economia, usavam para vários fregueses".[43]

---

43. Jacob Penteado, *Memórias de um postalista*, *op. cit.*, p. 56.

3 | O COMPLICADO SEXO DOS DOUTORES

As medidas que médicos e policiais tomaram em relação à prostituição foram plenamente justificadas pelas teorias científicas vigentes no período, atestando a inferioridade física e mental da mulher e, especialmente, da prostituta, a quem se referiam freqüentemente pela metáfora do *micróbio*. Fundamentados em Augusto Comte, Herbert Spencer, Richard von Krafft-Ebing e Cesare Lombroso, divulgados por seus discípulos brasileiros — positivistas como Raimundo Teixeira Mendes e Miguel Lemos, o médico Tito Lívio de Castro e o jurista Viveiros de Castro, entre outros —, acreditavam que as mulheres se deixavam dominar pelas paixões mais facilmente do que os homens, e que a passividade era sua principal característica.

Na esteira daqueles pensadores, definiu-se a prostituta como "mulher anormal", "delinqüente nata", proveniente das classes pobres e deslumbrada com as atrações do mundo moderno. Sua debilidade psíquica, associada a uma constituição orgânica deficitária, explicaria em primeiro plano a existência da prática da comercialização sexual do corpo. Assim, as teorias científicas sobre a condição feminina, marcadamente biologizantes, culpabilizaram a mulher pela existência da prostituição.

As minorias cultas tematizaram a prostituição não como um fenômeno social propriamente dito, elidindo a relação desejante entre homens e mulheres para privilegiar a *instituição de identidades*: no caso, a formação da personalidade degenerada da prostituta. Mesmo que procurassem destacar os aspectos exteriores — econômicos, sociais e culturais — que favoreciam a existência do comércio sexual do corpo feminino, a grande ênfase na explicação da existência da prostituição recaiu sobre a figura da meretriz, sobre sua debilidade psíquica, decorrente de uma configuração orgânica patológica.

Influenciados pela teoria da degenerescência racial, mesmo aqueles que não abordaram diretamente o tema da prostituição, ao tratarem de questões como o adultério feminino ou, mais amplamente, da condição social da mulher, não deixaram de reproduzir os argumentos misóginos que apontavam para a inferioridade biológica do "sexo frágil", sugerindo a existência ameaçadora de uma prostituta em potencial em cada mulher.

A PROSTITUTA, "DEGENERADA NATA"

Examinar os argumentos que os homens cultos do período elaboraram para explicar a prostituição pode ser uma boa porta de entrada para se conhecer o pensamento científico sobre a prostituta. Todos os tratados médicos e jurídicos produzidos entre meados do século XIX e as primeiras décadas do século XX atribuíam o florescimento da prostituição inicialmente à miséria econômica da mulher. Proveniente de um meio social inferior, ela não conseguiria com proventos próprios sustentar a si e à sua família, recorrendo portanto à comercialização do seu corpo como forma de complementar o salário, ou como única atividade remunerada.

Esse argumento romântico, bastante difundido na literatura européia da primeira metade do século passado, transformava a meretriz numa figura vitimizada pelo destino cruel, que se sacrificava absolutamente contra sua vontade. No entanto, e paradoxalmente, era sua personalidade frágil e vulnerável que acabava tendo o maior peso na argumentação: amante do luxo, preguiçosa, carente de educação moral, dotada de um forte temperamento erótico, a jovem pobre se constituía numa prostituta em potencial. Quase todos os autores apontam como influências nocivas que atuavam sobre seu espírito fraco os livros, o teatro, o cinema, os bailes e outras formas de diversão que se propagavam na cidade moderna, em oposição à tese de que o brasileiro tinha o temperamento mais quente e nervoso do que outras populações. Segundo Ferraz de Macedo, médico português residente no Rio de Janeiro, a sociabilidade mais intensa que verificara na década de 1870 favorecia a dissolução dos costumes e o crescimento da prostituição:

> Há poucos anos a esta parte apareceu entre a população do Rio de Janeiro uma tendência especial para reuniões, grêmios, clubs etc.; esta propensão passageira foi pouco a pouco tomando vulto, e presentemente pode-se dizer sem errar que degenerou em mania legítima, invadindo todos os ramos em que se fraciona a população.[44]

A facilidade de aproximação dos corpos, a troca de olhares entre uma senhora e um rapaz solteiro, as conversas propiciadas pelas danças e reuniões sociais, tudo agia visando a propiciar condições para a entrega ao prazer. Esse é, aliás, um dos argumentos mais recorrentes nas falas de juristas, advogados, médicos e observadores do período. Contudo, vale notar que a ênfase dada à sociabilidade mais intensa como fator da prostituição referia-se, nessa lógica, à vulnerabilidade da mulher, suscetível tanto de ser seduzida pelas táticas masculinas, quanto pela própria excitação resultante da agitada vida social na cidade grande.

Quase três décadas depois, o jurista Viveiros de Castro, pioneiro nas discussões sobre a honra da mulher e os atentados ao pudor, fortemente marcado pelas teorias do médico vienense Richard von Krafft-Ebing, afinava no mesmo diapasão: a vida moderna incitava à emancipação da mulher e à dissolução dos costumes. No prefácio ao segundo livro citado, de 1894, alertava:

> Criançolas de 14 anos freqüentam francamente as casas das prostitutas. Os assuntos eróticos constituem a conversação predileta de moços e velhos. Qualquer mulher que passa nas ruas ou embarca nos bondes tem logo convergidos sobre si olhares ardentes dos homens. Os teatros

---

44. Francisco Ferraz de Macedo, *Da prostituição*, tese de doutoramento, Rio de Janeiro, 1873, p. 132.

representam peças de uma imoralidade revoltante, as atrizes exibem-se seminuas. Os jornais publicam contos e anedotas que tornam castas as histórias de Bocaccio. Os livros pornográficos têm um consumo enorme e muitos negociantes enriquecem vendendo gravuras e objetos imorais.[45]

Viveiros também se irritava com a presença das prostitutas estrangeiras que aqui chegavam "quase andrajosas, e em pouco tempo estão cobertas de sedas e brilhantes". Três anos depois, suas recriminações sobre a vida moderna se tornavam mais incisivas. Em 1897, ao definir os delitos que atentavam contra a honra feminina, as práticas que podiam caracterizá-la como desonrada — adultério, sedução, defloramento, estupro —, criticava a mulher moderna como "boneca de salão", por haver rompido com a antiga educação que a preparava para a maternidade e para a vida "na intimidade silenciosa do lar".

> (...) e hoje temos a *mulher moderna*, vivendo nas ruas, sabendo de tudo, discutindo audaciosamente as mais escabrosas questões, sem fundo moral, sem freio religioso, ávida unicamente de luxo e sensações, vaidosa e fútil, presa fácil e muita vez até espontaneamente oferecida à conquista do homem.[46]

Vale dizer que, apesar dessas idéias, interferiu favoravelmente ao ingresso de uma advogada na Associação dos Advogados do Rio de Janeiro, sendo por isso profundamente elogiado pelas feministas de *A Mensageira*. Para ele, no entanto, a dissolução dos costumes não afetara apenas as mulheres das altas classes, onde "o adultério tornou-se (...) um costume, uma moda, é o *sport* predileto de todo rapaz com pretensões à elegância". As camadas menos favorecidas da sociedade também haviam se debilitado com as novas transformações urbanas: a fábrica matara a família, "dissolvendo os laços que prendem e unem". A mulher tornava-se independente economicamente, o que significava um

---

45. Viveiros de Castro, *Atentados ao pudor* (*Estudos sobre as aberrações do instinto sexual*), Rio de Janeiro, Freitas Bastos, 1943, 4ª ed., p. VIII ("Introdução à 1ª ed. de 1894"); Marta de Abreu Esteves, *Meninas perdidas. Os populares e o cotidiano do amor no Rio de Janeiro da Belle Époque*, Rio de Janeiro, Paz e Terra, 1989.

46. Viveiros de Castro, *Delitos contra a honra da mulher*, Rio de Janeiro, Ed. João Lopes da Cunha, 1898, p. XVI.

O MERETRICIO EM S. PAULO

GRUPO SLAVO: — Da direita para a esquerda, typos: lithuana, ukraniana, russa, yugo-slava, polaca

GRUPO GERMANICO-SAXÃO: — Da direita para esquerda, typos: allemã, austriaca, prussiana, suissa-allemã, ingleza

GRUPO BRASILEIRO: — Da direita para a esquerda, branca, cabocla, mulata, negra e negra pura

Typo hellenico: grega

Typo flamengo: belga

GRUPO LATINO: — Da direita para a esquerda, typos: portugueza, hespanhola, franceza e italiana.

Revista Oficial do Gabinete de Investigação (SP), ano II, SP, n° 13

enorme prejuízo moral pois, tornando-se concorrente do homem, deixava de ser percebida como "ente fraco que precisa de sua proteção".

Ainda na linha de argumentação que associava o crescimento urbano à dissolução dos costumes e à degenerescência da raça, J. B. de Moraes Leme, médico ligado à Faculdade de Medicina de São Paulo, afirmava, em 1926:

> Concordemos que nas cidades modernas tudo age no sentido de estimular o apetite sexual: o luxo, a libertinagem, a tendência que impele às diversões — ao teatro, à dança, ao bar, mas principalmente ao *cabaret*, que é uma associação desses três gêneros (...). A essas causas, temos recentemente que juntar a influência avassaladora do cinema (...), os livros e estampas pornográficas, que circulam secreta e ativamente entre os rapazes, principalmente entre os estudantes internos dos colégios.[47]

Segundo o médico, assistindo a cenas imorais, no cinema, mulheres honestas ficavam estimuladas a imitar a protagonista que, abandonando a família, atirava-se à vida fácil e conquistava "situações de luxuoso conforto". Ao mesmo tempo, esses cientistas definiam a mulher normal como alguém que tinha uma necessidade sexual muito mais baixa do que a do homem, por nela predominar o instinto materno sobre o sexual. Esse mesmo médico, por exemplo, repetia um dos argumentos sobre a sexualidade feminina mais difundidos no período:

> Na mulher domina, *sobre o instinto sexual*, o *instinto materno*, ou melhor, o apetite sexual decorre do instinto materno, enquanto que no homem o instinto paterno tem parte muito pequena no coito, em que aquilo que ele procura é o prazer. (p. 66)

À exceção de alguns cientistas como Havellock Ellis, todo o século XIX carregou essas representações negativas sobre a sexualidade feminina. Diante delas, o que se poderia esperar das concepções que se elaboraram sobre a figura da meretriz? Menos sensual do que o homem, acreditava-se que a moça suportava com muito mais facilidade a castidade pré-conjugal ou perpétua. Se se atirava na prostituição, isto se de-

---

47. J. B. de Moraes Leme, *op. cit.*, p. 81.

via menos à necessidade sexual do que a outros motivos como "vaidade, desejo de ganho (por falta de recursos ou por querer se entregar ao luxo sem o poder), *deficiência mental* (que a faz vítima da exploração alheia), desejo de vingar-se do marido infiel, etc." (p. 67).

Raramente os homens cultos do período imaginaram que a mulher pudesse lançar-se à prostituição movida por um impulso sexual, o que seria percebido como anomalia. Embora parte da teoria de Lombroso, com a concepção da prostituta como "degenerada nata", estivesse em parte desacreditada nos anos de 1920, no Brasil, médicos e juristas continuaram a referendar o perfil estereotipado da prostituta que a tornava primeira responsável pela existência da prostituição.

A exacerbação dos sentidos, que os doutores lhe atribuíam, manifestava-se em várias direções: adoravam licores fortes, comidas picantes, perfumes extravagantes, pinturas exageradas, roupas muito coloridas, davam risadas estridentes e falavam exageradamente. Mesmo estabelecendo diferenciações sutis entre as prostitutas de luxo e as do baixo meretrício, os médicos não consideravam as nacionais mais recatadas do que as francesas. De modo geral, herdeiros das Luzes, médicos e juristas reforçavam os argumentos de que as mulheres em geral possuíam um físico débil e um temperamento frágil, razões pelas quais deveriam estar mais sujeitas à vigilância do que os homens. Sua entrada na esfera pública só poderia ser muito conturbada.[48]

Por isso mesmo, recomendavam a censura de leituras que excitassem a imaginação, de vistas obscenas, de conversas insinuantes e a interdição de companhias perigosas. Vale notar que tanto controle era proposto num momento em que a mulher passava a participar mais in-

---

48. Segundo os médicos responsáveis pela elaboração do *Diccionnaire des Sciences Médicales*, com 67 volumes, editados entre 1812 e 1822, a própria constituição física da mulher seria um obstáculo para sua participação na vida pública. Para um dos médicos mais influentes do período, Pierre Roussel, autor do *Système physique et moral de la femme* (1775), "os ossos (da mulher) são menores e menos duros, a caixa torácica é mais estreita; a bacia, sendo mais larga, força uma obliqüidade aos fêmures que atrapalha o andar, pois os joelhos se tocam, as ancas balançam para reencontrar o centro de gravidade, o andar se torna vacilante e incerto", in Ivonne Knibiehler, "Les médecins et la 'nature féminine' au temps du Code Civil", *Annales ESC, n° 4*, jul.-ago. 1976, p. 829, e I. Knibiehler e Catherine Fouquet, *La femme et Les médecins*, Paris, Hachette, 1983. Ver, ainda, Paul Hoffmann, *La femme dans la pensée des Lumières*, Paris, Ophrys, 1976 (?).

tensamente no âmbito da vida pública, batalhando para ingressar no mercado de trabalho, assim como para ter reconhecidos seus direitos de cidadania. Não é à toa que as feministas cariocas e paulistas se insurgissem contra as recomendações castradoras dessa literatura misógina, mesmo que não questionassem diretamente a representação da mulher como ausência da sexualidade, de um lado, ou como sexualidade desenfreada, de outro.

De qualquer maneira, é importante observar que mesmo que atribuíssem uma parcela de responsabilidade pela existência da prostituição à lascívia dos homens, à ociosidade dos jovens poderosos, ao desprezo pela religião, grande parte da culpabilidade pelo incremento do comércio do prazer caía sobre a própria mulher, segundo essas formulações. Pobre, entregava-se à prostituição porque desejava o luxo e a riqueza; rica, porque desejava dar vazão às fantasias menos nobres que o excesso de tempo permitia florescer.

A prostituta era tão desconsiderada nas discussões que Viveiros de Castro fazia sobre o "sexo frágil", que em seus textos aparece apenas quando ele se refere aos casos de estupro. Nessa situação, defendia que ela fosse amparada pela lei assim como a mulher casta, embora a pena para o culpado devesse ser mais branda no primeiro caso. Argumentava que seria absurdo classificar a violação de uma prostituta no mesmo item em que se consideravam os delitos praticados contra a honra e honestidade das famílias, pois:

> a prostituta, a mulher faz comércio de seu corpo, recebendo homens que a pagam, não têm sentimento de honra e dignidade. *Quem dela abusa contra sua vontade não lhe prejudica o futuro, não mancha o seu nome, sua reputação.*[49]

Certamente, o que importava no estupro para o jurista não era a violência em si da ação exercida contra outra pessoa, mas a perda da virgindade. Esse seria o dano maior, em sua opinião, que um homem indigno poderia causar à jovem honesta. Aquele que estuprasse uma moça casta cometeria um crime contra sua honra, enquanto o que atacasse uma meretriz atentaria apenas contra sua liberdade pessoal, pois ela não teria mais honra. Portanto, não causava mal irreparável à vítima.

---

49. E. Viveiros de Castro, *Delitos contra a honra da mulher, op. cit.*, p. 123.

Os trabalhos deste renomado jurista, que influenciará muitas gerações posteriores, revelam uma preocupação maior em garantir a honra e a posição social do sexo forte. Entre os delitos contra a honra da mulher, por exemplo, analisava, em primeiro lugar, o adultério feminino, considerado criminoso, e absolvia as relações sexuais extraconjugais do marido. A preservação da família estava na base de sua condenação do amor ilícito para a mulher, pois, como lembrava Rousseau e todo o pensamento do século XIX, esta corria o risco de engravidar enquanto o homem não. Afinal, se a mulher era percebida pela literatura científica como um ser diferente, a quem escapavam as mesmas necessidades fisiológicas e sexuais do que no homem, o adultério transformava-a em *prostituta*, em alguém insatisfeita que ia buscar fora do lar alívio para seus instintos desviantes. A mulher adúltera, embora não se expresse explicitamente nesse discurso, era vista como um tipo de prostituta, mesmo que não fosse remunerada.

Sua defesa da condição masculina era tão forte que, quando discutia se a mulher casada poderia reclamar da violência praticada pelo marido para conseguir satisfação sexual, respondia negativamente:

> Se houve apenas a consumação do matrimônio, a cópula natural, qualquer que tenha sido a resistência da mulher, quaisquer que sejam os meios empregados pelo marido para vencer esta resistência, a queixa não pode ser aceita em juízo. Não houve crime e sim o exercício de um direito. (p. 124)

De modo que o jurista acabava garantindo juridicamente ao marido o direito de propriedade sobre o corpo da esposa e, fora do lar, sobre o da prostituta. Bastante influenciados pelas teorias evolucionista e positivista, por Lombroso e Krafft-Ebbing, esses intelectuais conservadores reafirmavam o mito lombrosiano de que a prostituta era o equivalente feminino do "criminoso nato", o que no fundo equivalia a dizer que a prostituição era um crime, mesmo que formalmente fosse considerada um "mal necessário". Na verdade, mais do que a prostituta, as teorias biologizantes que procuravam entender a sexualidade feminina e definir seu lugar na sociedade atingiam a mulher em geral, reafirmando explícita ou implicitamente o mito de sua inferioridade biológica natural.

MITOLOGIAS MISÓGINAS

Ao passar de assunto silenciado para objeto de conhecimento, a mulher pagou o alto preço de ser incorporada nos marcos de uma teoria já estruturada pela razão masculina. Figura da alteridade, foi capturada nas teias de um discurso incapaz de pensar a diferença e, portanto, foi definida por aquilo que não possuía em relação ao homem: incapacidade de previsão, ausência de desejo, menor agilidade física e mental, "ausência de pênis", como afirmará Freud. Carência absoluta, toda a sua personalidade, caráter e desejos foram vinculados a um único órgão — o útero —, definidor de sua essência em toda a cultura ocidental.[50] Ao definirem conceitualmente a condição feminina, os cientistas acabaram por subjugá-la à dimensão especular da posição central ocupada pelo homem.

Esta situação torna-se ainda mais complexa quando se trata de estudar a condição social da prostituta. Ao contrário da "mulher normal", constituída como mãe-natureza, totalmente transparente, a prostituta é *opaca* ao olhar científico masculino, podendo ser lida e identificada apenas por sua aparência: pelos cheiros, roupas, maquilagens, gestos, signos que ocultam qualquer interioridade. Não é casual a condenação de pura superficialidade que receberam constantemente.

"Mulher pública", a prostituta foi percebida como uma figura voltada para o exterior, mulher do mundo sem vínculos nem freios, ao contrário da mãe, toda interioridade, confinada no aconchego do espaço privado. Na superfície do seu corpo, os médicos leram os traços de sua estrutura psicológica: no tamanho dos quadris, na largura da testa, no comprimento dos dedos decifraram os sinais de uma anormalidade estrutural. Pelo estudo anatômico de seu corpo, construíram sua identidade e o lugar da manifestação de seu desejo sexual.

---

50. Uma crítica profunda da misoginia da razão ocidental encontra-se nos trabalhos de Luce Irigaray, expulsa da Sociedade Psicanalítica Freudiana na França: *Speculum de l'autre femme*, Paris, Minuit, 1974; *Ce sexe qui n'est pas un*, Paris, Minuit, 1977, e *Éthique de la différence sexuelle*, Paris, Minuit, 1984. Uma discussão bastante elaborada de suas idéias encontra-se em Claude Alzon, *Femme mythyfiée, femme mystyfiée*, e em Shoshana Fellman, *La folie et la chose littéraire*, Paris, Seuil, 1978. Veja ainda *Histoire de l'hystérie*, de Etienne Trillat, Paris, Seghers, 1986; Pierre Morei e Claude Quetel, *Les médecins de la folie*, Paris, Hachette, 1985.

Assim, a mulher carregou uma longa tradição cultural que a desqualificou como pessoa, subordinando-a à sua "matriz biológica", procriadora.[51] O século XIX, em especial, reforçou muitas concepções negativas e estigmatizantes sobre a condição feminina, principalmente ao recorrer a métodos supostamente científicos para provar sua inferioridade física e mental em relação ao homem.

No Brasil, o pensamento da minoria culta sobre a mulher foi essencialmente conservador, privilegiando a ideologia vitoriana da domesticidade. Ao lado dos médicos e juristas, colocaram-se ainda os positivistas, exemplares na desclassificação social da mulher, e os evolucionistas, marcados pelas idéias de Herbert Spencer, cujo principal expoente entre nós foi o dr. Tito Lívio de Castro, muito apreciado por Tobias Barreto e Sílvio Romero.

Todas essas teorias sobre a condição feminina primaram por referendar o *mito da inferioridade biológica da mulher*, muito embora tivessem sido apropriadas ambiguamente. Serviram tanto para preservar os estereótipos da feminilidade instituídos e, conseqüentemente, justificar a exclusão da mulher dos espaços masculinos de atuação social, quanto para defender seu direito de cidadania e de participação em igualdade de condições com os homens.

Além disso, embora as teorias sobre a condição da mulher que se formularam no Brasil tenham oscilado entre a *afirmação da inferioridade natural do "sexo frágil"* em relação ao homem e a *idéia da complementariedade dos sexos*, privilegiada no pensamento europeu desde a segunda metade do século XIX, a ênfase maior foi dada à incapacidade feminina, tanto física quanto intelectualmente.[52]

Os positivistas foram os mais aguerridos defensores do mito da inferioridade biológica da mulher. Fundamentados nas idéias de Augusto Comte, intelectuais, deputados, médicos, jornalistas, literatos defenderam o "culto da mulher", baseado no Apostolado Positivista do Brasil.

---

51. Veja Jean Delumeau, *op. cit.*; Edward Shorter, *Le corps des femmes*, Paris, Seuil, 1984; Martha Vicinus (org.), *Suffer and be still, women in the victorian age*, Indiana University Press, 1972; *A widening sphere. Changing roles of victorian women*, Indiana University Press, 1977; Viola Klein, *The feminine character. History of an ideology, op. cit.*; Jane Lewis, *Women in England (1870-1950): sexual divisions and social change*, Indiana University Press, 1984.

52. Jill Conway, "Stereotypes of feminility in a theory of sexual evolution", in Martha Vicinus, *Suffer and be still, op. cit.*

Sabe-se da importância que teve nesse pensamento autoritário a valorização do ideal da Mãe e a idealização romântica do lar como santuário. Apoiando-se nas demonstrações biológicas de Gall, Comte considerou "quiméricas" as reivindicações feministas pela igualdade de direitos entre os sexos que se manifestavam na França, na década de 1820. Para ele, a lei geral da evolução social consistia em excluir cada vez mais as mulheres de todas as ocupações estranhas às suas funções domésticas, de tal modo que, em breve, todos os homens, independentemente de classe social a que pertencessem, sentir-se-iam envergonhados de ter a esposa executando trabalhos penosos.

Nessa lógica, a família foi pensada não como uma associação ou contrato, como explicava Hobbes e reafirmava o dr. Tito Lívio, mas como uma "união" baseada na inclinação instintiva do ser humano para a vida gregária. A mulher, nesse contexto, teria a função de *educadora primeira*: seu ofício seria preparar o servidor futuro do *Gran-Ser* e aperfeiçoar o atual. Formadora do caráter dos filhos, sua atuação seria privilegiada, pois dela dependia a regeneração moral da humanidade. Como esposa, deveria ser a substituta da mãe/sogra, ajudando o homem a reprimir seus instintos não civilizados. Para tanto, ela não deveria exercer nenhuma atividade fora do lar, nem dispor dos meios materiais de independentização. Segundo a tradução que Miguel Lemos fez do *Apelo aos conservadores*, de Augusto Comte, em 1899, para ser lida na sede central da Igreja Positivista do Brasil, a subordinação da mulher ao homem seria necessária para garantir a unidade de direção do lar. No entanto, este seu papel deveria ser bastante repressivo, consistindo em educar os sentidos do marido e dos filhos. Sob sua vigilância, a criança poderia "(...) começar o difícil aprendizado da luta interior que dominará toda a sua vida, para subordinar os impulsos egoístas aos instintos simpáticos".[53]

Desincumbida dos trabalhos externos, consagrar-se-ia a modelar o caráter também do marido, dando continuidade à obra de "padroeira" iniciada pela sogra. Governado involuntariamente pela mulher, o

---

53. Augusto Comte, *Apelo aos conservadores* (tradução de Miguel Lemos), Rio de Janeiro, Templo da Humanidade, 1899; A. Comte, citado por Paul Arbousse-Bastide, *La doctrine de l'éducation universelle dans la philosophie d'Auguste Comte*, Paris, Presses Universitaires de France, 1957, t. I, p. 276.

homem contrairia em relação a ela "uma subordinação voluntária que completa sua educação" (p. 277). O culto à mulher se tornava, portanto, necessário para que o homem aprendesse a cultuar a Humanidade, que ela representava simbolicamente.

Essas idéias foram também defendidas por Raimundo Teixeira Mendes nas conferências que pronunciou no Templo da Humanidade, sede central da Igreja Positivista no Rio de Janeiro, no início do século. Em 27 de novembro de 1908, ele discursou sobre a *preeminência social e moral da mulher*, sendo bastante aplaudido pelo auditório ao criticar o "feminismo" existente, que pretendia tornar a mulher concorrente do homem.[54]

Nessa palestra, Teixeira Mendes se propunha a divulgar a teoria comteana formulada no *discurso sobre o conjunto do positivismo*. Assim como para os médicos e juristas, sua questão central era conhecer a posição social da mulher e definir que papel lhe caberia na sociedade moderna. Contudo, divergiam suas formulações teóricas, como veremos à frente. Para os positivistas, a evolução humana estabelecera as diferenças físicas e mentais entre os sexos de maneira irreversível, destinando o homem para representar o "fator industrial", isto é, "a aptidão maior de modificar o meio em proveito da espécie", enquanto a mulher concentraria "no mais alto grau, a aptidão de modificar a espécie", sendo o "fator moral" por excelência. Mais sóbria do que ele, ela teria instintos altruístas, entre os quais o materno, mais desenvolvidos e, portanto, "(...) *o instinto sexual, na Mulher, pode-se dizer que não existe quase*, de ordinário, a Mulher se presta, sacrifica-se às grosserias do homem, mas é fundamentalmente pura" (p. 55).

Por isso, se ficasse viúva, não deveria contrair outro matrimônio. A dessexualização da mulher foi um componente importante do mito de sua inferioridade biológica. Afinal, era considerada menos sensível sexualmente porque dotada de uma sensibilidade menos desenvolvida em todos os sentidos. Retorno a essa questão logo mais.

Os positivistas elevaram a Mulher — note-se que sempre escrevem essa palavra com letra maiúscula —, diminuindo-a e anulando-a

---

54. R. Teixeira Mendes, *A preeminência social e moral da mulher*, Rio de Janeiro, Templo da Humanidade, 1908.

decisivamente. Sua superioridade, na verdade, consistia em compreender muito bem os ensinamentos de Aristóteles, para quem sua principal força consistia em saber obedecer.

Como sua função primordial consistia na educação, ela deveria ser educada especialmente em classes separadas do sexo masculino pois, embora o assunto tratado fosse o mesmo, deveria ser transmitido de acordo com as exigências da particularidade de cada sexo. Segundo o mestre, os sexos tinham inteligências complementares, de acordo com suas vocações naturais. Assim, embora servisse para disciplinar a sociedade, instituindo o altruísmo, a mulher não servia para a indústria, campo exclusivamente masculino. Vale notar que os positivistas discordavam das teorias lombrosianas sobre as diferenças cranianas entre os sexos, reproduzindo a tese de sua complementaridade. Contudo, o homem era sempre considerado superior à mulher.

Muitos discordaram das concepções positivistas sobre a condição social da mulher, apontando para seu aspecto misógino e conservador. Tito Lívio de Castro, autor de um tratado bastante citado no período sobre *A mulher e a sociogenia*, criticava-os por quererem instalá-la num altar, retirando-a da vida social. "Os altares", dizia ele, "fazem-se para os deuses e para as preces, orações e sacrifícios".[55]

Com esse argumento, colocava-se ao lado das feministas do período, profundamente irritadas com a divinização da mulher.

Em 1919, quando o deputado Veríssimo de Mello apresentou à Câmara Federal projeto de criação de um feriado nacional consagrado ao Culto da Mulher, as feministas da *Revista Feminina* insurgiram-se, enfatizando que não lutavam pela destruição da família, mas, ao contrário, acreditavam que um melhor nível de educação feminina serviria para consolidá-la. Consideravam o projeto de "uma ingenuidade a toda a prova", e afirmavam:

> Não se trata neste momento de criar cultos a esta ou àquela entidade social. Trata-se de trabalhar, de trabalhar febril e ativamente, de fornecer um coeficiente concreto de esforço e energia (...) (*RF*, janeiro de 1919)

---

55. Tito Lívio de Castro, *A mulher e a sociogenia, op. cit.*, 1887; veja, ainda, Marisa Correa, *As ilusões da liberdade, op. cit.*, p. 68 e 268.

Sugeriam que o deputado defendesse, ao contrário, seu direito de voto, a exemplo do que ocorria nos países avançados, onde ela tinha garantido o ingresso na vida pública.

Contudo, se o dr. Tito Lívio, considerado um pensador progressista por Maria Lacerda de Moura e por alguns estudos contemporâneos, divergia dos positivistas em relação à condição da mulher, não deixava de construir uma teoria ambígua sobre esta. Herdeiro de Herbert Spencer, acreditava que a inferioridade biológica da mulher, constatada pelos estudos da antropologia, da craniometria, da organometria e da etnologia, não era natural, mas produto da evolução social. Equivalente a um "menino de 10 anos", a mulher havia parado na evolução mental e essa tendência vinha se acentuando nos tempos atuais, pois cada vez mais se exigiam do sexo forte respostas, atividades e rapidez, enquanto a mulher se acostumara na inação e na passividade. Atrofiava-se totalmente, acomodando-se à escravidão, à fraqueza e ao medo, sem ter de reagir e lutar para se adaptar ao meio.

No entanto, acreditava que, embora sua situação fosse lastimável e decorresse de nunca ter sido estimulada para evoluir, este quadro poderia ser parcialmente reversível. Se a mulher tinha o cérebro pouco desenvolvido, a sociedade não tinha feito mais do que reforçar essas características, tornando-a dócil, amante da autoridade, incapaz de raciocínios longos, de abstração, de trabalho "digno", isto é, a atividade intelectual. A hereditariedade e a educação haviam contribuído para que os sexos se distanciassem e para que a mulher fosse incapaz de compreender o universo masculino.

A atuação da mulher na sociedade deveria ser limitada enquanto ela não se desenvolvesse pois, como educadora da infância, poderia transmitir um tipo psíquico infantil como ela, de pequena capacidade mental e atraído pelo terror e pela autoridade. Certamente, não fica claro como o dr. Tito Lívio gostaria de libertar a mulher, visto que considerava importante restringir suas atividades sociais no presente e ao mesmo tempo recriminava a sociedade por solicitar muito pouco sua participação. Se o homem não monopolizasse o trabalho intelectual no presente, ocorreria "um desmoronamento da civilização atual", ponderava ele.

No entanto, nos dois últimos capítulos de seu volumoso trabalho, reverte muitas concepções tradicionais ao defender a educação da mulher. São esses pontos que pensadores progressistas e liberais do período, como Maria Lacerda de Moura e as feministas de *A Mensageira*, irão buscar para reforçar suas argumentações em defesa da entrada da mulher no mercado de trabalho e na vida pública. Argüindo em favor da evolução mental e moral da mulher, Tito Lívio investia contra dois sólidos preconceitos. O primeiro — de que "a educação da mulher dissolve a família" — levava a que ele articulasse uma crítica à maneira como o casamento era concebido em sua época. Ora, se a condição de existência da família era a ignorância de um dos contratantes, seu fim deixava de ser uma "associação de forças para a conquista em comum de um bem", tornando-se uma forma de exploração de um sobre o outro. Se assim fosse, a família não merecia respeito algum: era outra forma de escravidão que não deveria existir.

O segundo argumento contra o qual se colocava dizia que "dissolvendo a família, dissolve-se a sociedade, que é uma grande família". Para ele, a sociedade não era uma grande família, mas uma organização social histórica que nem sempre havia existido. Portanto, a mulher não precisava ser ignorante para que houvesse estabilidade social.

Finalmente, contra a hipótese de que o lugar da mulher era na família e o do homem na sociedade, tema que causava bastante polêmica naquele momento e era um dos pilares das concepções dos positivistas, ele opunha a idéia de que os dois sexos deveriam atuar conjuntamente nas esferas da vida pública e privada, embora observando-se uma divisão de trabalho.

As afirmações do dr. Tito Lívio entusiasmavam as feministas de São Paulo, sobretudo porque desacreditavam teses como a de que a mulher não poderia evoluir, pois nascera predestinada à maternidade. Ele explicava fisiologicamente que

> (...) não é nas glândulas geradoras mas nas condições *sociais* da vida do indivíduo, condições distintas para indivíduos sexualmente distintos, que reside a causa da notável diferença de mentalidade.

Concluía, portanto, que a mulher deveria atuar na sociedade e na família em cooperação com o homem, segundo as teses spencerianas, e que deveria ser educada para desempenhar sua função social, e não apenas procriar.

Não cuidar da evolução mental da mulher, porque ela tem "a missão de reproduzir a espécie", é fazer da mulher a idéia primitiva do selvagem. (p. 338)

No entanto, nas esteiras de seu mestre inglês, concordava que um desenvolvimento intelectual "exagerado" da mulher poderia ser perigoso, pois acarretaria um dispêndio da energia destinada à reprodução. Nesse caso, ela corria o risco de ficar estéril.

Educar a mulher, em sua opinião, era a tarefa fundamental da sociedade, pois interviria na evolução da espécie e na seleção humana. Retirando-a do atraso secular em que se encontrava, seu cérebro cresceria rapidamente de tamanho, ela se dinamizaria e transmitiria valores mais modernos à "sociedade industrialista". Escapar-se-ia do perigo de formar uma sub-raça, como a que existia então. No entanto, advertia que o processo seria longo, tendo em vista suas explicações anteriores.

Em suma, seu trabalho apresenta aspectos extremamente conservadores aos nossos olhos, principalmente ao postular a inferioridade biológica secular da mulher e comprová-la por meio dos recursos da antropometria. Recorrendo aos mesmos expedientes, é bom lembrar, o delegado Cândito Motta provava a delinqüência estrutural dos anarquistas e criminosos natos, assim como a degenerescência racial atestada pela deficiente formação orgânica da prostituta, na mesma época.

Entretanto, mesmo definindo a mulher como "um menino de 10 anos", e não menina e, baseado nesse mesmo argumento, justificava sua entrada no campo dos negócios, até então privilégio exclusivo dos homens. Ao contrário, para Spencer, esse argumento servira para defender a exclusão social das mulheres. Segundo ele,

(...) toda modificação importante na educação das mulheres tendo em vista torná-las aptas ao comércio ou à indústria é prejudicial.
Se as mulheres compreendessem tudo que a esfera da vida doméstica inclui, elas não reclamariam por uma outra.[56]

Tito Lívio refutava, então, opiniões correntes no final do século XIX, que incentivavam a reclusão da mulher no lar, com ameaças esca-

---

56. Herbert Spencer, *Príncipes de Sociologie*, Paris, Felix Aican, 1910, v. VII, p. 415.

tológicas de desagregação de toda a sociedade. Nesse sentido, menos marcado por uma concepção organicista do social que os positivistas, apresentava argumentos progressistas em defesa do "sexo frágil" que determinados setores souberam utilizar. As feministas de *A Mensageira* elogiavam suas explicações em que o papel social da mulher era valorizado:

> Na sociedade cooperam os dois sexos, portanto, o lugar de ambos é na sociedade. Na família cooperam também os dois sexos — o lugar de ambos é na família, desempenhando-se cada um de suas funções, porque a sexualidade é biologicamente uma divisão do trabalho.[57]

Assim, se em relação ao pensamento médico e jurídico do final do século XIX, acentuadamente conservador no que tange à condição feminina, ou aos positivistas, extremamente autoritários em suas formulações teóricas, Tito Lívio apontava para alternativas que permitiam uma forma de integração da mulher, que só poderia se dar com limites bastante definidos. Entrava na esfera pública, porém sem ameaçar a primazia conferida ao homem de todos os campos da vida social. Além disso, embora fornecesse argumentos para as feministas do período, ele também atuava visando a impedir que avançassem para reivindicações menos reformistas em relação à sua própria condição.

Nos limites deste trabalho, restrinjo-me a mapear as diversas tendências do pensamento autoritário da elite sobre a condição da mulher e, eventualmente, da prostituta, visto que nem sempre se referem a esta diretamente, tal sua insignificância aos olhos dos dominantes. Contudo, vale notar o quanto esse pensamento parece pouco criativo, reproduzindo as principais colocações de pensadores europeus que se tornaram as autoridades competentes sobre esse contingente da população e, mais particularmente, sobre a própria questão da sexualidade feminina nunca tão estudada anteriormente. Por outro lado, a apropriação que nossos cientistas fizeram de autores como C. Lombroso, H. Spencer, A. Comte ou Havellock Ellis foi ambígua, servindo tanto para justificar propostas as mais reacionárias, quanto as mais avançadas no período.

---

57. Tito Lívio de Castro, *op. cit.*, p. 337.

A MATRIZ BIOLOGIZANTE

As diversas correntes de pensamento que debateram a condição feminina no Brasil, neste momento histórico, estiveram profundamente marcadas pelas concepções biologizantes elaboradas no século XIX, na Europa. O evolucionismo e o positivismo formularam a *teoria da diferença biológica dos sexos* para justificar as desigualdades sociais e culturais entre homens e mulheres. Contudo, nas últimas décadas do século, *a teoria da complementariedade entre ambos* deslocou o acento dado à inferioridade feminina para a idéia de que as diferenças biológicas e sociais eram necessárias para que exercessem funções complementares. Aos homens, caberia enfrentar a dura e competitiva realidade do mundo do trabalho, enquanto as mulheres deveriam ocupar-se com a atividade da educação, com a formação do caráter das crianças e com a destilação dos valores morais.[58] Contemporizava-se, desse modo, todo um esforço que convergia para a exclusão da mulher da esfera pública, humanizando-se uma função que até então era percebida menos positivamente, porque do domínio da natureza: a maternidade.

No entanto, embora a teoria de que dois sexos desempenhavam funções sociais diferentes mas complementares suavizasse o discurso da incapacidade natural feminina, seu conteúdo acentuadamente misógino desqualificou igualmente a mulher, considerada "menino de 10 anos" pelo mais influente pensador europeu do período, H. Spencer. Note-se que, mesmo entre os que debatiam a condição da mulher no Brasil, como as feministas apresentadas no capítulo I, Spencer, Comte e Darwin tiveram um peso mais considerável do que pensadores progressistas como John Stuart Mill e Harriet Taylor.

Assim, por mais que Spencer constatasse um progresso no relacionamento entre os sexos, culminando com o modelo conjugal monogâmico burguês, e admitisse a igualdade diferenciada entre ambos, insistiu em mostrar que as aptidões naturais de homens e mulheres rumavam para direções opostas. Para ele, fazia parte da natureza feminina o respeito pela autoridade, assim como "um sentimento mais fraco de liber-

---

58. Flávia Alaya, "Victorian science and the genius of woman, *Journal of the History of Ideas*, abr.-jun. 1977, v. 38, n. 12, entre outros.

dade individual"; por este motivo, considerava que sua participação no poder político acarretaria efeitos muito nocivos sobre a sociedade.[59]

Mesmo assim, havia ainda outra razão mais direta para que temesse o exercício do poder pelo "sexo frágil": a salvaguarda da raça. Afinal, se a mulher despendesse muita energia em estudos e atividades públicas, estaria desviando parte de sua força vital necessária para o desempenho de sua vocação sagrada. Na perspectiva desse influente pensador, a evolução individual da mulher sofrera uma interrupção necessária para a reserva de energia vital capaz de compensar o custo da reprodução. Daí sua passividade característica, derivada da tendência natural de armazenar uma maior quantidade de energia, enquanto o homem estava muito mais voltado para a atuação no mundo exterior.

Diante desse quadro referente à mulher considerada "normal", o que esperar dos estudos que se destinaram a analisar o corpo da meretriz? Em comparação com as obras produzidas nas décadas iniciais do século XIX, a mais influente teoria que se elaborou na escola da Antropologia Criminal articulou um discurso que superpôs a figura da prostituta à da "degenerada nata" e à da "louca normal". Cesare Lombroso e G. Ferrero, autores da principal obra sobre a condição da meretriz — *La donna delinquente, la prostituta e la donna normale*, publicada inicialmente em 1893[60] — procuraram dar uma base ainda mais fixa ao perfil-tipo da prostituta do que as teorias que explicavam a existência da prostituição baseando-se na miséria econômica e nas influências do meio. Em detrimento dessa forma de explicação, privilegiaram as tendências hereditárias natas, irreversíveis na formação do seu caráter, descartando, nesta lógica, qualquer possibilidade de alteração de seu destino condenável. Examinemos as principais conclusões desse estudo.

Acentuadamente marcado pelo darwinismo e pelo positivismo, ele defende a tese de que a prostituição é o equivalente feminino à criminalidade, decorrente da degenerescência física e moral da mulher.

---

59. Herbert Spencer, *Principes de Sociologie*, *op. cit.*, p. 416.
60. C. Lombroso e G. Ferrero, *La femme criminelle et la prostituée*, Paris, Felix Alcan, 1896. Sobre Lombroso, indico "Le sang impur. Notes sur le concept de prostituéenée", de Hilde Olrik, *Romantisme*, n. 31, 1981; e *O gabinete do dr. Lombroso*, de Luiz Maristany, Barcelona, Cadernos Anagrama, 1973.

Dedicando grande parte de seu volumoso trabalho à construção do perfil da "mulher normal", em relação ao qual elabora o da prostituta, Lombroso procura mostrar como em todas as sociedades vivas — das espécies animais já extintas às formas de organização social mais complexas — registrou-se a passagem do matriarcado, império da dominação das fêmeas, para o patriarcado, forma mais avançada existente na história da humanidade. A evolução das espécies, portanto, sempre orientou-se numa única direção, que foi a de seu aperfeiçoamento: o predomínio dos machos, seres superiores, sobre as fêmeas. Aliás, o prefácio do livro anuncia:

> Se, enfim, nós tivermos de provar que a mulher é intelectual e fisicamente um homem incompleto em seu desenvolvimento, o próprio fato de ela ser mais piedosa e menos criminosa que ele compensa vantajosamente esta inferioridade.

Na verdade, não é essa a principal conclusão que tira de seu trabalho. Definindo os homens como os construtores da cultura e da civilização, Lombroso provará que faz parte da natureza feminina uma incapacidade física, intelectual e mesmo sexual irreversível, pois decorre de sua própria formação biológica incompleta. E, se os homens são os seres mais desenvolvidos de todas as espécies, a eles cabe definir, inquestionavelmente, os rumos da sociedade.

Especialmente a sensibilidade sexual feminina é considerada inferior à do homem, pois sua sexualidade está subordinada ao sentimento materno. Como Comte, Darwin, Spencer e Krafft-Ebing, para não falar de inúmeros outros pensadores do período, Lombroso entende que a mulher normal não sente atração especial pelo relacionamento sexual, devendo para tanto ser despertada pelo homem:

> Sabe-se que é apenas pela força das carícias e dos agrados que se leva a mulher a ceder a qualquer prazer; de outro modo, ela permanece fria e não experimenta nem dá prazer.

Portanto, para definir a prostituta, Lombroso constrói a natureza da mulher "normal" em função da sexualidade, que por sua vez é submetida ao sentimento materno. Acima de tudo, a mulher é mãe. Vários temas vão assim se entrecruzando em seu discurso — maternidade, sexualidade, histeria, menstruação — para definir a essência da mulher e, posteriormente, possibilitar a comparação com a figura da mais degenerada. Todavia, vale notar que o parâmetro máximo de referência para ele é o burguês civilizado da sociedade que habita, centro em torno do qual tudo e todos gravitam.

Novamente apoiando-se em Darwin, ele demonstra que a inferioridade da sensibilidade sexual caracteriza a fêmea em todas as espécies animais; razão pela qual, nas mais primitivas, os machos eram eliminados logo após fecundarem as companheiras. O instinto materno prevalecia sobre o desejo sexual. Nas sociedades contemporâneas, esse mesmo sentimento sexual mais fraco entre as mulheres explicava a pouca variedade de perversões sexuais entre elas, ao contrário dos homens, e a criação do amor platônico, também peculiar a elas. Sobretudo no caso das prostitutas, Lombroso registrava uma frigidez sexual acentuada, que contrastava com a precocidade com que entravam na vida sexual. Concluía daí a "loucura moral" das "prostitutas natas", que não se lançavam "na vida" por amor ou tesão:

> Se, ao contrário, as mulheres se tornam prostitutas, apesar de sua frieza sexual, a causa determinante *não é a luxúria*, mas a *loucura moral*; sem sentimento de pudor, insensíveis à infâmia do vício, atraídas por uma fascinação mórbida por tudo que é proibido, elas se entregam a este gênero de vida, porque encontram aí o melhor meio de viver sem trabalhar. (p. 542)

O perfil da "mulher normal" vai se tornando mais depreciativo à medida que sua obra avança, pois além de ser definida como carente de tudo que o homem tem de positivo, Lombroso atribui-lhe em excesso tudo o que considera negativo no outro sexo. Assim, por sentirem-se menos do que os homens — tanto afetos, quanto emoções e sensações —, as mulheres são mais rudes e cruéis. Adoram ver o sofrimento, apreciam a tortura, ao contrário daqueles que destroem em defesa própria. Mentirosas, desleais, sugestionáveis, avarentas, vingativas, crédulas, injustas, elas concentram todos os atributos morais recrimináveis que a fantasia alucinada do dr. Lombroso projeta. Mesmo o sentimento do amor, que segundo ele sempre se afirmou ser do domínio das mulheres, é redimensionado em sua argumentação:

O amor da mulher pelo homem não é um sentimento de origem sexual, mas uma forma destes devotamentos que se desenvolvem entre um ser inferior e um ser superior. (p. 115)

É interessante notar que, se no início da obra, os atributos negativos eram destinados às mulheres de origem social humilde, paulatinamente todas as mulheres são responsabilizadas por atitudes moralmente condenáveis e por uma tendência perversa latente.

Mais parece que o dr. Lombroso se dedica a provar, mobilizando os infindáveis recursos da estatística, da antropometria, da etnologia, e os exemplos fornecidos pela história e pela literatura, seu desprezo pela mulher, ser inferior. Não lhe faltam, aliás, adjetivos alucinantes e metáforas preconceituosas para descaracterizar a condição feminina em geral. Evidentemente, seu raciocínio torna-se muito mais colérico, quando se trata de traçar o perfil da "prostituta nata" e compará-lo ao da "mulher normal".

Examinando minuciosamente sua aparência, evidencia todos os sinais indicadores da inferioridade orgânica e mental: os estigmas. Configuração menor do cérebro, mandíbula maior, tamanho inferior ao da mulher normal, peso um pouco acima, mãos mais longas, pés mais curtos, canelas mais grossas, cabelos mais volumosos atestam a diferença genética da prostituta em relação à "mulher normal". Se esta é um "macho inacabado", aquela é uma "mulher inacabada" e imperfeita na evolução humana, muito mais próxima do selvagem.

Aliás, o acentuado grau de animalidade em que se encontra se evidencia no fato de ser gulosa e voraz, como observava Parent-Duchâtelet. Destituída de inteligência e do ideal de reprodução, só lhe restavam funções totalmente elementares, do nível mesmo da sobrevivência biológica, como a alimentação. Assim como as crianças e os idiotas, para ela toda a existência se concentrava no estômago. Ociosa, detestava o trabalho ou qualquer forma de movimento.

Sua loucura moral, como a que caracteriza os criminosos, manifestava-se de vários modos, a começar pela própria opção pela prostituição. Afinal, para Lombroso, a prostituta nata é ainda mais frígida sexualmente do que a "mulher normal", que não se prostituiria jamais por paixão, desejo ou miséria econômica. Contudo, esta frigidez sexual é para ela uma vantagem, uma "adaptação darwiniana", visto que deve manter várias relações diariamente.

A ausência de sentimentos familiares e maternos torna-a "a(s) irmã(s) intelectual(is) dos criminosos natos", ao contrário do que dizia o médico francês. Tendências perversas predominam em seu caráter: tem excesso de amor pelos animais e nenhuma afeição pelos humanos, a exemplo de Mme. Pompadour, que tinha um zoológico em sua casa; mata seus filhinhos quando quer livrar-se deles, como no caso de Amélie Porte que, depois de assassinar seu filho, "conservou seu esqueleto trancado em um cofre, por vários anos, em seu quarto"; deixa as crianças sofrerem privações; ou, quando velha, prostitui a própria filha ou inicia-a em práticas de safismo, mesmo no caso das que são ricas.

Os delírios do dr. Lombroso progridem num ritmo crescente. Segundo ele, a prostituta nata se caracteriza, ainda, pela atração pelo roubo simples, estilo chantagem; adora bebidas alcoólicas, como os criminosos; é violenta, gosta de brigas, enfim, a figura mais completa da desrazão, concentra tudo aquilo que de pior existe na humanidade.

Assim como todas as mulheres, a prostituta é absolutamente dessexualizada nesse discurso mistificador, pois nem prazer sexual pode sentir. Sua opção pela prostituição decorre de uma tendência mórbida que apresenta, aliás, desde tenra idade: daí a precocidade de suas experiências sexuais, mesmo no caso das que tenham sido violadas ou estupradas. Lombroso não fez diferenças entre as maneiras pelas quais ela foi introduzida na vida sexual.

Enfim, a prostituta aproxima-se da criança "desmiolada", que se emociona com as coisas mais triviais, que não compreende nada do que se passa ao seu redor, que não sabe responder. Excluída do campo da racionalidade masculina, ela é destituída de qualquer capacidade de decisão em sua própria vida e de interferência no jogo social.

Vale notar que Lombroso, no final do século XIX, discorda ainda de todos os atributos positivos que Parent-Duchâtelet, no começo do século XX, podia encontrar na figura da prostituta. A solidariedade que elas estabelecem entre si mesmas como forma de autodefesa e proteção, o instinto materno muito vivo, ou ainda o sentimento de pudor que o médico francês encontrava nas meretrizes são absolutamente descartados por Lombroso. Desconsiderando as influências do meio social, por exemplo a miséria econômica como causa da prostituição, o discurso lombrosiano, violentamente misógino, confere total primazia à fatalidade da herança biológica hereditária do indivíduo. O biologismo permite-lhe cruzar o tema da prostituição com o da loucura e com o fantasma da degenerescência racial, de maneira apocalíptica. Assim, este pensamento torna-se ainda mais autoritário e cristalizador do que aquele que se esboçara nas décadas iniciais do século XIX.[61] Nessa lógica, estabelece-se uma identidade psicológica e anatômica entre o criminoso e a prostituta nata, assimilados por sua vez ao louco mental. Ambos possuem "o mesmo gosto precoce pelo mal", nenhum senso moral e total indiferença diante da infâmia social:

A prostituição é, em suma, o lado feminino da criminalidade. (p. 578)

As idéias de Lombroso passarão a ser repetidas por algumas décadas no Brasil, especialmente entre os criminologistas, médicos e policiais, a exemplo de Cândido Motta, Viveiros de Castro e Leonídio Ribeiro.[62]

Estudando O *papel da mulher na etiologia do crime*, Viveiros de Castro retoma todas as teses lombrosianas sobre a inferioridade da mulher em relação ao homem e a teoria da "degenerada nata". Assim, a "estreiteza da inteligência" feminina impedia as mulheres de realizarem crimes bem planejados, por isso o número de mulheres criminosas era inferior ao dos homens.

Além de retomar os argumentos de Lombroso, Viveiros apóia-se no pensamento médico mais conservador do período para mostrar que a própria constituição fisiológica feminina "produz nela um caráter menos impetuoso, menos agressivo", em que as paixões não se manifestam com tanta intensidade quanto nos homens. Na esteira de Krafft-Ebing, portanto, justificava a "dupla moral" condenada por vários setores sociais, argumentando que, sendo biologicamente diferentes, homens e mulheres tinham necessidades fisiológicas e sexuais também diferenciadas.

---

61. Alguns trabalhos acadêmicos discutem o enrijecimento que sofre o discurso científico durante o final do século XIX. Entre eles, Claudine Haroche, *Histoire du visage, op. cit.*, e Alain Corbin, *Les filles de noce, op. cit.*
62. Marisa Correa mostra a influência que teve Lombroso sobre Nina Rodrigues, a quem considerava como um dos "apóstolos da Antropologia Criminal" no Novo Mundo. *As ilusões da liberdade, op. cit.*, p. 62-63 e 262.

Portanto, acreditava que tudo que desviasse a mulher da sua missão, "tirada do santuário do lar para as agitações da vida pública", tendia a provocar um aumento da participação feminina na criminalidade. Assim, concluía ele, havia muito mais criminosas na cidade do que no campo. E, como bom discípulo de Lombroso, a criminalidade feminina não poderia deixar de estar associada à idéia de imoralidade. Em suas observações, grande parte das mulheres criminosas eram prostitutas ou descasadas. Na verdade, mais do que isto, é visível que também para este jurista de renome a prostituição era um crime, embora na prática não pudesse penalizá-la juridicamente.

É hora de perguntarmos sobre a eficácia de toda essa produção científica. Fundamentalmente, a teoria da diferença biológica dos sexos foi utilizada de maneira extremamente conservadora para justificar tanto a opressão machista sobre a mulher, quanto sua exclusão do campo da vida pública, num momento em que estava em jogo o debate sobre os direitos de cidadania na sociedade. Além do mais, se biologicamente se provava que a sexualidade masculina era muito mais exigente e agressiva do que a feminina, é claro que se justificava plenamente a existência de um espaço desejante na cidade, destinado exclusivamente à satisfação do prazer masculino. Mulheres "honestas" não cabiam nesse território, enquanto as prostitutas que ofereciam seus serviços eram estigmatizadas como "loucas morais", seres geneticamente deficientes, "mulheres devoradoras", "decaídas", em outras palavras, como monstros.

Se é muito difícil avaliar a dimensão da penetração das idéias científicas que concluíam pela inferioridade biológica da mulher na sociedade, vale lembrar que o pensamento biologizante e as teorias sobre a sexualidade feminina tiveram receptividade não apenas nos círculos acadêmicos, como se depreende da análise dos artigos publicados na imprensa, ou dos romances da época. São recorrentes as referências às prostitutas como figuras da anormalidade: elas aparecerão identificadas tanto como *a femme fatale* que fazia carreira no mundo das artes, quanto à jovem vitimizada incapaz de fazer face às adversidades do meio urbano por suas próprias debilidades orgânicas. A aceitação da teoria lombrosiana da "degenerada nata" ou do "criminoso nato", assim como daquelas que de algum modo provavam cientificamente a inferioridade biológica e social da mulher, respondia em alguma medida a mitologias e crenças já difundidas socialmente há algum tempo.

Contudo, é importante relativizar o alcance dessas concepções misóginas e delirantes. Mesmo entre os homens cultos do período, houve aqueles que criticaram essas mitologias, referenciando-se, por exemplo, por John Stuart Mill ou Havellock Ellis.[63] Outros tiveram, na prática, atuações esporádicas totalmente contrárias ao que professavam na teoria, como já apontei em relação ao jurista Viveiros de Castro, admirado pelas feministas então citadas.

Em relação às próprias mulheres, se de um lado aceitaram a teoria de sua inferioridade biológica em relação ao homem, nem por isso essa tese foi integralmente internalizada. Nem todas se retiraram para o interior do lar e se dedicaram exclusivamente à maternidade. Estudos recentes mostram que mesmo na Inglaterra do século XIX, berço da ideologia vitoriana da domesticidade, nem todas as burguesas casadas abriram mão do prazer sexual no interior de suas relações conjugais monogâmicas, ou adúlteras, como se costumava pensar.[64] Além do mais, a luta pelos direitos de cidadania da mulher envolveu tanto a conquista de novos campos profissionais e o direito de livre circulação nos espaços da cidade, quanto o questionamento teórico das mitologias científicas sobre seu próprio corpo, como nos mostra a livre pensadora Maria Lacerda de Moura.[65]

Quando à prostituta, a necessidade de construir ou referendar explicações científicas que se tornavam cada vez mais rígidas e delirantes revela a própria fragilidade e insegurança de teorias que visavam a disciplinar, senão eliminar, as práticas sexuais insubmissas. Os cientis-

---

63. Havelock Ellis é, aliás, um excelente crítico das teorias dessexualizantes do século XIX, como as de C. Lombroso, e um pensador bastante citado entre nossa intelectualidade no período. Depois de fazer um longo levantamento dos autores que dessexualizam a mulher por vários períodos na História, conclui que é do século XIX a idéia de que "as mulheres são talhadas para ser congenitamente incapazes de experimentar a satisfação sexual completa e que são particularmente sujeitas à anestesia sexual. Parece que o século XVIII não teve conhecimento dessa idéia". In *O instinto sexual*, São Paulo, Companhia Editora Nacional, 1933, cap. III, "A impulsão sexual nas mulheres", p. 229.
64. Peter Gay, *op. cit.*, Carl Segler, "What ought lo be and what was: women's sexuality in the XIXth century", *The American Historical Review*, v. 79, n. 5, dez. 1974.
65. Maria Lacerda de Moura levanta essa discussão em várias de suas obras, como *A mulher é uma degenerada?*, Rio de Janeiro, Civilização Brasileira, 1932; *Amai e não vos multipliqueis*, Rio de Janeiro, Civilização Brasileira, 1932; *Han Ryner e O amor plural*, São Paulo, Unitas, 1932.

tas demonstraram enorme incapacidade de entender a aversão às convenções da ordem, da família, do trabalho, e só puderam perceber as fugas, derivas, buscas de satisfação sexual por meio do paradigma do normal e do patológico: como manifestações patológicas. A prostituição foi focalizada a partir da doença, da degenerescência da raça, da loucura e animalidade das mulheres das "classes perigosas" com a construção de tipos psicofisiológicos — a prostituta, o gigolô, a caftina — extremamente fixos, determinados pela própria estrutura óssea, base definitivamente imutável do caráter do indivíduo, ao contrário de suas paixões ou fisionomias.

Só assim, afinal, a prostituta pôde ser transformada em *fantasma*, espectro da morte. Construindo uma explicação totalmente negativa da prostituição, nos dois sentidos que o termo recobre, perdeu-se sua especificidade e as múltiplas funções que o mundo do prazer desempenhou na sociedade daquela época.

Por outro lado, a prostituição nunca deixou de crescer e diversificar suas práticas desejantes. No senso comum, a "mulher de vida airada" esteve longe de ser percebida como doente, ou evitada pela população em geral. A malícia popular nunca deixou de vê-la mais associada ao pecado do que à doença: a prostituta neste contexto esteve mais próxima de ser percebida como um "micróbio" ameaçador. Além do mais, a mulher educada na ideologia burguesa da domesticidade projetou múltiplas fantasias eróticas sobre o mundo da prostituição, como espaço da liberação do desejo e da perda de si. O cotidiano do bordel apresentou-se como um mundo labiríntico e misterioso para a imaginação da grande maioria dos que dele participavam, ou não, como procurarei mostrar na leitura de romances que apresento no próximo capítulo.

III | LABIRINTOS

Qu'est-ce que l'amour?
Le besoin de sortir de soi.
L'homme est un animal adorateur.
Adorer, c'est se sacrifier et se prostituer
Aussi tout amour est-il prostitution.

Baudelaire, *Mon coeur mis a nu*

1 | A CULTURA DO BORDEL

Embora tenha suscitado reações de grande ansiedade por parte de alguns setores da sociedade, o mundo da prostituição foi marcado por toda uma auréola de mistério, fascínio e atração. Nele se configurou uma importante rede de sociabilidade: fluxos que circulavam entre os cafés-concerto, cabarés, "pensões chics", teatros e restaurantes, congregando artistas, músicos, coristas, dançarinas, boêmios, gigolôs, prostitutas estrangeiras e brasileiras, seguidas por toda uma corte de empregados, responsáveis pela infra-estrutura de serviços: chofres, garçons, arrumadeiras, cozinheiras, manicures, costureiras, porteiros, "meninos de recado".

Nascia a zona do meretrício propriamente dita, com sua geografia — o centro da cidade —, e seus modos específicos de funcionamento: códigos, leis e práticas, que configuravam uma cultura diferenciada. Modinhas que não se cantavam nas casas de família eram difundidas entre a população, com irônicas alusões ao cotidiano do submundo, às relações amorosas que envolviam conhecidas figuras da sociedade, aos tipos marginais populares, às mulheres exuberantes, aos "casos" famosos.[1] Revistas

---

1. Sobre a vida dos cafés-concerto e cafés-cantantes no Rio de Janeiro da *Belle Époque*, veja Luís Edmundo, *O Rio de Janeiro do meu tempo*, v. 3; José Ramos Tinhorão, *Os sons que vêm da rua*, Rio de Janeiro, Edições Tinhorão, 1976, parte III, "Os palcos do povo".

e versos pornográficos, muitas vezes assinados por pseudônimos de senhores respeitáveis, compunham uma literatura erótica que fazia sucesso, levando Monteiro Lobato a afirmar com perplexidade: "Nunca se vendeu bem um livro neste país, exceto os pornográficos".[2]

Condenada e aceita ao mesmo tempo, a prostituição cumpria diferentes funções socializadoras, que só podem ser apreendidas se escaparmos aos parâmetros conceituais dominantes e apreendermos *sua positividade*. Ao agrupar os indivíduos por meio de redes subterrâneas de convivência e solidariedade, apresentava-se como um território que viabilizava a experiência de relacionamentos multifacetados e plurais, num contexto de distensão. Práticas licenciosas que contrariavam a exclusividade sexual imposta pela ordem, tanto quanto encontros, brincadeiras e jogos que ocorriam nos cabarés e "pensões alegres" da cidade, conformavam um espaço importante de interação social.

Nessa perspectiva, procura-se perceber o mundo da prostituição não como lugar de "descarga libidinal" ou de alívio das tensões sexuais, como afirmavam os médicos do período, isto é, segundo a "lógica do negativo", na expressão de Deleuze.[3] Certamente a representação do desejo como energia caótica e em estado bruto implica a construção imaginária do mundo do prazer como campo noturno da desordem das paixões e da erupção de forças animais e satânicas, contrárias aos princípios da civilização.[4]

No interior desse campo de significações, é impossível apreender as múltiplas funções desempenhadas pelo submundo da prostituição, assim como a diversidade das práticas sociais aí vivenciadas. No entanto, diferentes formas de lazer, de diversão social, como o bate-papo, o contar piadas ou os conchavos políticos que se cruzavam nas noites boêmias, em meio a ceias prolongadas e ao som de músicas animadas, obedeciam a todo um jogo codificado de trocas simbólicas e a um ritual de civilidade. Ao lado de encontros e articulações políticas entre os homens da elite, as práticas sexuais ilícitas, as aventuras românticas e a circulação dos afetos configuravam a cidade do prazer e da festa. A cidade noturna vingava-se da cidade diurna do trabalho e da disciplina industrial.

---

2. In Teresinha del Fiorentino, *Prosa de ficção em São Paulo, produção e consumo, 1900-1920*, São Paulo, Hucitec, p. 88, nota 7.
3. Gilles Deleuze; Felix Guattari. Mille Plauteax. Paris, Minuit, 1980.
4. Veja Michel Foucault, *História da sexualidade*, v. I, *op. cit.*

A prostituição preenchia ainda um papel "civilizador" na sociedade, porque aí se realizava a iniciação sexual dos rapazes, rito de passagem para sua abertura à alteridade. Alternativa para a preservação da virgindade das moças e da castidade das esposas, como se argumentava, a prostituição era parcial e ambiguamente aceita, como lugar onde os jovens poderiam saciar os impulsos ardentes de uma fase de sua vida, para depois se assentarem e permanecerem casados. A sexualidade masculina deveria ser despendida nesse momento da vida jovem, para que depois o homem se dedicasse exclusivamente ao lar e à vida racional dos negócios. Portanto, ao mesmo tempo que era percebida como mulher desregrada, a prostituta figurava como aquela que poderia modelizar as pulsões sexuais dos jovens, ainda em estado bruto. Função libertina e religiosa, a iniciação sexual significava uma ordenação das pulsões instintivas consideradas ameaçadoras. Daí a ambigüidade que caracterizou a relação da sociedade normalizada com o universo explosivo dos prazeres ilícitos, ao mesmo tempo desejado e invejado, pleno de mistérios e de vida.

Além disso, nesse momento histórico em que a burguesia e as camadas médias se deslumbravam com as conquistas do progresso, o mundo da prostituição era vivenciado, no plano simbólico, em sua dimensão modernizante. Um jornalista explicava em 1916: "Importamos tudo do estrangeiro, até seus vícios, seus maus costumes. E a nevrose latente do francesismo".[5] Relacionar-se com a prostituta estrangeira, mulher experiente e desconhecida, satisfazia a expectativa burguesa de se ver introduzida nos hábitos sexuais avançados das sociedades modernas. Fazendeiros e coronéis não mediam esforços para tanto. Pelo mundo da prostituição, acreditava-se entrar no compasso da História, absorvendo e consumindo práticas e mercadorias européias, profundamente mistificadas.

Rebelde, independente e noturna, toda uma mitologia envolvia a "francesa", a "polaca", a estrangeira enfim, insistindo em seus múltiplos saberes e segredos. De fora, ela era capaz de lançar uma luminosidade nova sobre antigas práticas, arejando as relações sociais e sexuais e metamorfoseando o cotidiano monótono. Em torno dela, múltiplas

---

5. *A capital*, de 1/09/1916.

possibilidades de expansão das formas de consumo do prazer podiam ser imaginadas e vivenciadas, nessa mescla de fantasia e realidade, de que também não estavam ausentes elementos de violência, como veremos neste capítulo.

A MÁQUINA DE EVA

Em 1920, José Maria de Toledo Malta, um dos engenheiros responsáveis pela construção do edifício Martinelli, publicava, sob o pseudônimo de Hilário Tácito, sua única novela: *Madame Pommery*. O livro tem interesse especial para este trabalho por privilegiar a função "civilizadora" da prostituição na cidade em processo de modernização e por focalizar a vida e as fantasias que movimentavam um bordel de luxo: *Au Paradis Retrouvé*.

Em tom satírico, o autor anunciava sua intenção "moraliste" ao descrever as transformações dos costumes do mundo da prostituição paulistana, a exemplo de escritores franceses clássicos. Portanto, pautava-se por pessoas e locais existentes e bastante conhecidos no período, a exemplo da própria heroína do romance, a caftina Mme. Pommery, ou de suas colegas Mme. Filiberti, então proprietária de outro famoso bordel do começo do século, o Hotel dos Estrangeiros.

Combinando as imagens libertinas de Mme. Pompadour e Mme. Bovary, Hilário compunha a personagem central, inspirando-se fundamentalmente na "caftina mais rica de São Paulo", Mme. Sanches.[6] Segundo os documentos do período, ela fora uma meretriz da baixa prostituição, que enriquecera "explorando coronéis e vendendo champagne". Tornara-se proprietária de inúmeros prédios da avenida São João, dos quais o mais importante — o Palais de Cristal — situava-se na rua Amador Bueno, n. 10.

Graças à ação empreendedora dessa imigrante estrangeira, seu bordel se torna um dos principais pontos de encontro da boêmia paulistana, interessada na prostituição de luxo e nas formas de sociabilidade aí vivenciadas. Na verdade, logo que chegara a São Paulo, nos iní-

---

6. Edmundo Amaral, *A grande cidade*, Rio de Janeiro, José Olympio, 1950, p. 48.

cios do século, Mme. Pommery percebera a necessidade de instalar um bordel de alta classe na cidade, que passava por um momento de profundas mudanças econômicas e sociais. Com seus olhos espertos de empresária capitalista, ávida de lucros, a estrangeira escutava esperançosa as lamentações do coronel Pinto Gouveia, enquanto tomavam cerveja no terraço do Politeama, pouco antes da inauguração do Teatro Municipal, em 1911. Ele se lamuriava da

> (...) insipidez dos nossos hábitos noturnos; da facilidade com que nos abandonavam as artistas mais cotejadas e mais belas. De modo que só se mantinha aqui, fixamente, um meretrício indigente e reles (...). (p. 57)

A dinâmica Mme. Pommery, por sua vez, já se havia apercebido do atraso cultural em que vivia mergulhado o país, em questões de "vida airada". Encontrara poucos teatros na cidade: além do Santana, quase sempre fechado, apenas se destacava o "glorioso" Politeama, o "melhor teatro de variedades de São Paulo, no gênero Folies-Bergère". Portanto, "A mocidade divertia-se, então, sem os requintes modernos da elegância refinada e do luxo santuário (p. 21)".

Mais do que os moralistas, a prostituta estrangeira escandalizavase com a sóbria vida noturna dos lupanares elegantes da cidade: o "10" da rua Formosa e o Hotel dos Estrangeiros, ambos extintos nos anos de 1920. No primeiro, nem mesmo se saboreava champanhe, "considerada um luxo de nababos", e "a taxa de hospedagem e de assistência profissional" era extremamente baixa. No Hotel dos Estrangeiros, mais animado, a orquestra tocava maxixes e *cake-walks*, "em ritmos acanalhados", enquanto a juventude ocupava as mesinhas do vasto salão, onde uns dançavam e outros comiam, observados por Mme. Filiberti:

> Por toda a parte faiscavam como pirilampos os reflexos das jóias nos dedos, nas orelhas, nos colos nus das mulheres decotadas. (...) Mas bebiam todos, valentemente, chope e cerveja Antarctica. (p. 24)

Mme. Pommery se indignava com a prostituição "indígena" que encontrara em São Paulo. Rapidamente, portanto, fez seus cálculos promissores, anunciando, qual bandeirante desbravadora, sua importante missão civilizatória:

A cidade estava se transformando à vista de todo mundo; crescia, embelezava-se. O Teatro Municipal em breve se inaugurava. O café, tanto tempo sucumbido, sentia os primeiros estímulos de valorização. De todos os pontos acorriam à capital fazendeiros aos magotes, todos dinheirosos e ávidos, todos, por quebrar a longa abstinência dos maus dias passados, numa vida renascente de prazer e fartura. Hábitos novos e novas instituições tinham, pois, que surgir forçosamente em todos os órgãos da sociedade. — Como admitir, então, que só a vida airada do alto bordo se amodorrasse, obsoleta? — Era absurdo. (p. 59)

Ela compreende a imperiosa necessidade de agir rapidamente e de dotar a cidade de uma instituição adequada, onde fossem introduzidos os novos equipamentos do prazer para atender às demandas de uma clientela enriquecida. Progressista, ela revolucionava os costumes, mostra o narrador, com a criação de seu bordel, *Au Paradis Retrouvé*, introduzindo refinados códigos de conduta na vida do submundo paulistano. Assim, em oposição aos discursos moralistas da imprensa, nos quais Mme. Sanches aparece como uma caftina ameaçadora, na literatura, seu bordel é apresentado como um espaço de sociabilidade elegante, lugar do prazer e da festa, como o nome indica, onde todos se divertiam ao som de valsas e maxixes bem tocados, na companhia de mulheres formosas, numa atmosfera próxima à que evoca o memorialista Cícero Marques.

Idealizado a partir de uma referência mecânica, seu bordel funcionava segundo regras bem definidas e de acordo com um planejamento prévio: máquina capitalista bem montada. As prostitutas que nele trabalhavam não eram vitimizadas pelo destino, nem estavam irremediavelmente atoladas na lama do abismo, embora sejam descritas como "internas do Colégio" e submetidas à rígida disciplina de sua diretora. Enfeitadas em suas roupas decotadas, com muitas pérolas e brilhantes reluzindo no colo e nos dedos, "pó de arroz cheiroso" nas faces, as prostitutas, como Leda Roskoff, "loura eslava muito grande", a francesinha Isolda Bogary, a italiana Coralina, procuravam divertir seus fregueses endinheirados: o dr. Filipe Mangancha, industriais estrangeiros, coronéis envelhecidos, políticos famosos e jornalistas.

O romance enfatiza a importância do bordel de alta prostituição como "escola de civilidade"; aí se aprendiam as regras modernas de interação social no submundo, aí desfilavam as modas francesas, feminina e masculina, enquanto se degustavam bebidas importadas, ao som

Mme. Pommery, personagem central do romance homônimo de Hilário Tácito, 1919. Ilustração de Patrício Bisso para a peça teatral *Mme. Pommery*, apresentada pelo Grupo da Província.

de ritmos agradáveis ou excitantes: "Cursar o Paradis Retrouvé ficou sendo, no conceito geral da gente fina, um título de merecimento e remate indispensável de toda educação aprimorada" (p. 136).

Literatos e jornalistas afluíam em busca de notícias sensacionais, além de satisfação sexual, o que, por sua vez, não impedia que o clima de harmonia fosse preservado:

> Jornalistas nunca faltaram nas reuniões do Paradis. Basta dizer que não faltavam lá os políticos, dos de maior grau e momento, que não se vexavam de manifestar abertamente o seu apreço por Mme. Pommery. Reinou sempre uma harmonia edificante nas relações e correlações entre políticos, jornalistas e Mme. Pommery. (p. 136)

O "influxo civilizador" da empresária logo se fez sentir por toda a sociedade, narra Hilário, em tom irônico:

> Longe estava o tempo em que as cortesãs, por mais de alto bordo que fossem, não se mostravam em público, em São Paulo, a não ser no isolamento das de sua classe; perto da vista, mas apartadas de todo comércio civil pela barreira do anátema que as extremava da Família. Cobiçavam-nas os homens com os olhares, mas nenhum que zelasse pela própria compostura se atrevia jamais a tratar com elas em público, e em presença de senhoras de nome respeitável. Agora estavam as coisas diferentes, desde que se operava a reabilitação do mundanismo, graças ao esforço inteligente de Mme. Pommery. (p. 122)

O romancista capta de forma exemplar as mudanças que se registravam nas formas de consumo do prazer, na São Paulo das décadas iniciais do século XX. A prostituição deixava de ser timidamente praticada em algumas casas reservadas para ser incorporada como uma outra dimensão do mercado capitalista. Em torno dela, surgia toda uma rede de serviços, espaços de entretenimento, manifestações culturais, a exemplo do próprio romance. Investimentos cada vez mais vultosos eram feitos nesse campo e mais lucros eram obtidos. A relação entre a prostituta e o freguês tornava-se mais complexa, porque passava a ser mediatizada por outros intermediários(as), a exemplo da caftina e dos comerciantes que lhe faziam empréstimos. As "pensões alegres" cresciam no centro comercial, espalhando-se para os bairros do Brás e Bom Retiro. As prostitutas, por sua vez, profissionalizavam-se com o crescimento econômico do comércio, investindo na produção de sua aparência, nas "artes" da sedução e do prazer: nascia, assim, uma nova categoria de profissionais que, não obstante toda a estigmatização, reivindicava seu lugar no cenário urbano.

Os próprios limites de normalidade sexual se distendiam numa sociedade que, em processo de mudança acelerada, com toda a insegurança que isto desencadeava, procurava estabelecer rígidos padrões de comportamento familiar. Essa distensão periférica tornava possível o enquadramento idealizado pelo modelo da família nuclear. Assim, se de um lado a prostituição passava a ser atacada e debatida, por outro suas funções se explicitavam. Para alívio de pais preocupados com a sexualidade dos adolescentes, as meretrizes eram absolvidas por exercerem a tarefa de iniciação dos rapazes no campo sexual, garantindo-se ao mesmo tempo a castidade das futuras esposas e o futuro desempenho masculino.

Essa função da prostituição era bem-vinda pela sociedade burguesa, muito embora persistisse o medo latente de que a juventude se corrompesse no vício, não conseguindo controlar seus impulsos na fruição do prazer, como acontecera nos casos de suicídio por paixão ou por dependência de drogas, publicados nos jornais. De qualquer modo, na medida em que se atribuía ao homem uma capacidade racional maior do que à da mulher, ele conseguia ter sancionada uma certa margem de autonomia para participar da vida do submundo, como necessidade orgânica natural. Assim, no Paradis,

> Os rapazes da melhor roda e de melhores roupas ostentavam com orgulho amostras de familiaridades com as alunas do Paradis, prestigiadas altamente pela taxa centesimal. Era o melhor meio de revelar hábitos de vida noturna fidalgos e invejáveis e, ao mesmo tempo, a certidão e prova de autenticidade daquele feitio paradisíaco de linguagem, de gestos e de vestuário que os sublimava e distinguia entre toda a sociedade. (p. 122)

As moças da sociedade, por sua vez, aprendiam indiretamente os novos hábitos, comportamentos e modas parisienses, referenciando-se pelas cocotes do Paradis, verdadeiros "figurinos vivos e últimos modelos de elegância" (p. 123). Comentando esse fascínio pela moda francesa, Mme. O. rememora uma experiência da qual esteve bem próxima:

> Minha mãe (...) veio (em 1913) porque ela trabalhava como costureira e trouxe muita roupa da França. Naquela época, era fácil trazer as coisas da França, ninguém te aborrecia (...). Sim, ela montou uma casa (de costura) lá no centro; é só lá que havia. Depois, como ela tinha trazido muitos modelos, então vinha gente, famílias grandes, todas essas famílias de fazendeiros comprar, porque elas não viajavam como viajam agora. Então se anunciava no jornal, "uma costureira francesa chegou"... ah! E às vezes, a mamãe (...) fazia exposição nos hotéis, aí havia o Hotel Terminus (...). (Depoimento de 4/08/1989)

Quando lhe perguntei se sua mãe não se incomodava em vender roupas para as cortesãs de luxo, respondeu-me:

Não, não se incomodava, desde que pagassem. O negócio é esse. Depois, elas sabem se comportar num lugar. Elas saíam com rapazes de família, num restaurante, sabiam se comportar. Mas elas compravam coisas boas. Bem, naquele tempo, as mulheres eram mais bem vestidas que agora. Porque agora qualquer coisa, uma calça, uma blusa, você já está vestida. Naquele tempo, não. A gente ia ao cinema com chapéu e tudo! (risos) Mudou muito!

É inegável a importância que adquiria na vida social da cidade o espaço do bordel ou do cabaré. E essa importância se devia em grande parte às habilidades e perspicácia da caftina — como observava Hilário —, diplomacia no relacionamento com os fregueses, sutileza, absoluta discrição, informações sobre os homens e suas preferências, jogo de cintura no relacionamento com as "pensionistas". A "Madame" era uma pessoa bastante informada sobre os bastidores da política local, contava com o apoio de homens influentes e mesmo de policiais, a quem, em geral, pagava "gratificações" em troca da paz de seu estabelecimento. Deveria saber seu lugar em muitas outras ocasiões, nunca cumprimentar um freguês fora de seu recinto, preservar a identidade dos participantes, tomar algumas precauções em casos de doença ou brigas entre eles. Tal era o caso de Suzanne Valmont, como recorda Mme. O.:

> Tinha o *rendez-vous* da Suzanne Valmont, que era uma coisa especial, na rua Timbiras, uma bela casa. Ninguém ia lá sem telefonar. A Valmont só recebia por telefone e marcando a hora e o dia. (...) Não era qualquer freguês. Não era como lá na zona (...). (4/08/1989)

A caftina administrava um pequeno negócio, na verdade. Empregava meretrizes de nacionalidades e idades variadas, garçons, arrumadeiras, músicos, porteiros, meninos de recados. Como já trabalhara como prostituta, conhecia bem os problemas que uma jovem poderia enfrentar: confidente e conselheira, às vezes realizava funções de ginecologista e prestava os primeiros socorros. É claro que mantinha um alto grau de controle e exploração sobre as "meninas", como mostra satiricamente o autor, ou mesmo a imprensa. Controlava os mínimos gestos das "alunas" do bordel, a quem introduzia nos códigos da mundanidade: ensinava como agradar ao freguês, como se vestir atraentemente, como ter gestos e atitudes charmosos, e exigia que as prostitutas incentivassem os seus pares a consumir o máximo possível. No entanto, ela procurava "glamourizar" a profissão, especialmente nos bordéis de luxo: organizava e enfeitava o espaço interno, a fim de criar todo um clima de erotismo e fantasia, providenciava um bom estoque de bebidas, reciclava as prostitutas cujos serviços oferecia, contratava músicos de qualidade, que completavam seus rendimentos tocando também nos bordéis.

Assim, muitas proprietárias das "pensões alegres" e *rendez-vous* ficaram famosas na história da cidade, muito mais pelo seu lado "bonachão" e aconchegante do que pela exploração econômica que exerciam sobre suas subordinadas. Ao descrever o Armenovrele, situado na rua Amador Bueno, Paulo Duarte elogia a proprietária Mère Louise como "verdadeira mãe para os rapazes", uma "filósofa":

> Mère Louise era a regente daquela orquestra de nossa devoção. Quando ali entrávamos de farrancho, fechavam-se as portas e lá ficávamos como donos da casa e íamos cear, ali mesmo, geralmente às três da madrugada, e permanecíamos à mesa às vezes até o amanhecer.[7]

É visível, nessa representação que o memorialista faz da caftina, a projeção da figura materna sobre alguém que ajudava os rapazes a encontrar o par ideal, despervertizando simbolicamente a união. Sempre gorda e "bonachona", ela emerge em muitos relatos com suas boas ações e nobres sentimentos, desfazendo-se, assim, a barreira simbólica que a separava das mulheres "respeitáveis".

Mère Louise, "velha francesa altamente vivida, uma mulher de uns 50 anos, muito discreta", segundo Paulo Duarte, "portava-se como a mãe de família a que pertenciam aquelas oito ou dez francesinhas que formavam suas pensionistas". Em determinada ocasião, ela mobilizara todas as prostitutas de seu bordel para tricotar malhas destinadas aos soldados em guerra, exatamente como faziam as senhoras da elite paulistana. Os maridos, freqüentadores de Mère Louise, voltavam para casa com muitas contribuições beneficentes para a obra de suas espo-

---

7. Paulo Duarte, *Memórias*, *op. cit.*, v. I, p. 122. É possível que Mário de Andrade esteja se referindo a este bordel nos versos: "Nunca nos encontramos (...) / Mas há *rendez-vous* na meia-noite do Armenon-Ville (...)" ("Tristura", *Paulicéia desvairada*, Poesias completas, São Paulo, Martins, 1980).

sas. Em outra situação ela socorrera um dos amigos do memorialista, Ademar de Paula, que ficara com pneumonia. Desaparecido por cinco dias, acabara sendo encontrado no bordel, medicado pela caftina.

Entrevistando Mme. O., perguntei-lhe se conhecera Mère Louise. A resposta veio com um sorriso de entusiasmo:

> Mme Louise? Ali freqüentavam os Mesquitas. Quando eles estavam no exílio, como se lembravam das meninas de Mme. Louise! Era o tipo da bonachona, não tinha um pingo de malvadeza, mas era gorda, formidável, mas uma mulher que todos gostavam, ela tinha adotado uma menina, uma negrinha... (17/07/1989)

Contei-lhe o que havia lido sobre a caftina nas memórias de Paulo Duarte, ao que ela acrescentou:

> Sim, ela era muito amada. Mme. Louise, na casa dela você encontrava a bandeira francesa. Sim, era francesa (mesmo). Sabe o que tinha? Um cabeleireiro (...). Ela era cabeleireira e veio para cá, mas não sei quem trouxe ela. Quem é que não conheceu a Mère Louise?

Benquista ou maldita, a caftina era uma mulher bastante solicitada pelos homens interessados em suas "protegidas" e na discrição que seu estabelecimento garantia. Além disso, provavelmente ela devia se sentir bastante gratificada em sua profissão, pois, ao contrário das senhoras "respeitáveis", impedidas de participar do mundo público essencialmente masculino, ela era uma empresária capitalista, que se relacionava com homens influentes, dos quais conhecia segredos íntimos. É interessante observar que nem os memorialistas nem Mme. O. trazem uma imagem negativa da dona do bordel do passado. Mesmo Oswald de Andrade, que não poupou o mundo do prazer em seus romances, destacando sua decadência e violência, refere-se à gorda caftina que conhecera na adolescência como uma figura simpática e maternal. O que sugere que era vista socialmente como alguém que mantinha uma relação de exterioridade com o desejo, pois dificilmente se prostituía com algum freguês nessa fase de sua vida.

Discorrendo sobre os bordéis de luxo localizados na rua Vieira de Carvalho e no largo do Arouche, Mme. O. se lembra de outra figura famosa do submundo, cujo nome lhe escapa:

Todo mundo conhecia. Era uma italiana bem apanhada, bonita, ela tinha mais um tipo de cabaré que outra coisa, na rua Vieira de Carvalho. Tinha uma casa bem bonita, ela tinha arrumado o salão e a sala, tinha um...(?) Uma maravilha! Havia uma orquestra e tudo, era uma espécie de cabaré. Você podia ir lá, dançava, havia *shows*, como ela se chamava?... (4/08/1989)

O tratamento que a caftina dispensava à sua própria clientela devia ser o melhor possível, para que retornasse diversas vezes e para que não interferisse em seus negócios, nesse espaço da semi clandestinidade. Cícero Marques ironizava, em suas memórias, o desempenho diferenciado da proprietária do Hotel dos Estrangeiros, Mme. Filiberti, "avantajadíssima italiana", para com os coronéis:

Aos "coronéis" — "vieux marcheurs" — ela tem carinhos maternais e um sorriso padronizado, estereotipado, que, por mais expressão de espontaneidade que lhe queira dar, não alcançava o seu intento com real desprazer da velha profissional. Em todo o caso, fazia o que podia...[8]

Já a proprietária do Maxim's, Salvadora Guerrero, recebia maiores elogios por sua disponibilidade na relação com os fregueses:

Quem dela não se lembra e cativo não ficou da sua gentileza e acolhedora camaradagem?! A sua pensão, o velho Maxim's, era o lugar preferido pela boêmia paulistana e políticos de projeção. Lá, a companhia de Salvadora era requisitada em todas as rodas para alegrá-las com o seu constante bom humor e narrar com a sua verve de autêntica espanhola as cenas boêmias das quais ela foi protagonista, nos bons tempos. (p. 147)

Grande parte da intelectualidade e dos artistas que curtiam a vida boêmia freqüentava assiduamente os cabarés e bordéis, mesmo porque a cidade apresentava então escassas alternativas de entretenimento.

---

8. *Le vieux marcheur* é o nome de uma comédia apresentada no Rio de Janeiro, em que "o protagonista é o senhor sexagenário, solteirão, rico e elegante, que não pode ver rabo de saia sem perder a cabeça. É explorado pelas cocotes e acaba casando-se com uma professora que sabe tudo, principalmente fazer negaças" (O *Rio nu*, de 20/06/1903, n. 517; Cícero Marques, *Tempos passados*, *op. cit.*, p. 121).

Essa dimensão socializadora do bordel é destacada nas memórias de Paulo Duarte, quando ele fala de uma das "pensões de artistas da rua Amador Bueno:

> Ceávamos ou aí muitos ficavam para dormir, e essas noitadas eram de uma alegria perfeitamente sã. Apesar de esse não ser o julgamento das famílias recatadas a cujo conhecimento chegavam ecos longínquos desses serões boêmios. O que realmente fazíamos era comer bem, sempre com um vinho bom, fosse ele francês, alemão, suíço ou italiano, fazer piada e até discutir os nossos autores prediletos, que eram, nesse tempo, Dante (Nino Galo), Camões e outros, portugueses e brasileiros (eu), Anatole, Verlaine e Baudelaire principalmente (discussão com as francesinhas que constituíam a população efetiva da casa) e outros autores que ninguém podia esperar encontrá-los naquela casa. (v. I, p. 122)

Embora Paulo Duarte dessexualize o bordel em sua narrativa, ao transformá-lo num misto de clube, salão literário e bar, vale destacar a sua função de ponto de encontro de determinados grupos sociais masculinos. Mme. O. também se refere a esse aspecto socializador e cultural da vida das "pensões duques" de São Paulo. Perguntei-lhe se havia muitas casas como essas na rua Vieira de Carvalho. Ela respondeu:

> Sim, muitas casas de *rendez-vous*, mas um *rendez-vous* de mulher chique, e havia muito nessas casas de *rendez-vous* que de noite tinha jogo — a carteada. Todo mundo jogava cartas, não esse pif-paf, que aquilo não existia naquele tempo. Era jogo de pôquer e havia coisas interessantes. Os homens iam lá passar o tempo. E não havia muito lugar para ir. (Depoimento de 4/08/1989)

Nem sempre a companhia de prostitutas ou caftinas era procurada com fins sexuais, como observava essa senhora:

> Eu conheci uma fulana, que depois ficou muito minha amiga, que faleceu há uns 15 anos. Ela estava numa casa de "pensão chique", mas os homens iam lá só para conversar com ela. Só para conversar porque ela era muito inteligente. Então, eles gostavam de ir lá conversar e bebericar. Ela ganhava o dinheiro, porque quando ela estava na Argentina ela escrevia artigos no jornal; então, ela sabia conversar. E, às vezes, tem homens que gostam de conversar. (...) Ela era argentina, mas filha de

estrangeiros, e adorava a França. Ela morava em São Paulo, numa "pensão chique", mas onde tinha música. (Depoimento de 4/08/1989)

Embora sua lembrança do passado seja permeada por elementos contraditórios, ora afirmando a tranqüilidade e elegância dos territórios marginais, ora enfatizando a violência intrínseca a essas formas de relacionamento entre os sexos, é muito marcante a noção de que o espaço da prostituição constituía um lugar importante de sociabilidade nesse momento histórico. É, aliás, conhecida na memória que a população difusamente guarda da "Cidade da Garoa" a imagem dos cabarés e bordéis, como lugar de festas e de conchavos políticos de influentes homens públicos até décadas recentes. Vários bordéis das cidades do interior de São Paulo, como Bauru, Piracicaba, Itu, Sorocaba, Jaú, ainda têm vivas essas lembranças do passado, "folclóricas" para as gerações mais jovens. Em entrevista concedida em 4/09/1988, ao jornal *Comércio*, de Jaú, o comerciante grego Jack Torkomian, que chegou ao Brasil aos 19 anos de idade, em 1929, relembra a intensa vida social no submundo daquela cidadezinha que era São Paulo:

Quando era aniversário de alguma menina da zona, também íamos lá para tocar, sempre com o mesmo respeito [que nas casas de família — MR]. Nosso negócio era a boa música e, dessa forma, não importava o local, íamos festejar. Aliás, quando alguma menina da zona ia fazer compra em minha loja, era tratada com a mesma educação e respeito que mereceria qualquer outra freguesa.

Portanto, participar do submundo da prostituição na São Paulo das décadas iniciais do século XX podia não ser uma experiência apenas negativa e imoral, como sugere a imprensa do período. Para muitos homens de destaque no mundo da política e das finanças, a companhia da meretriz preenchia seus anseios de ser admirado pela virilidade, pela capacidade de conquistas amorosas, por um certo don-juanismo, que levava a contabilizar, nas conversas com amigos, as vitórias obtidas — prática que se manteve inalterada até há poucas décadas.

Tudo sugere que nomes importantes da elite paulista não se preocupavam muito em esconder-se dos jornalistas curiosos ou das fofocas das rodas sociais. Pelo contrário, muitos faziam questão de exibir suas cocotes em lugares públicos, tornando famosa a imagem do "coronel" endinheirado e maduro, que desfila acompanhado de sua jovenzinha loira ou ruiva, como nos passam romances e memórias de contemporâneos. Afinal, desculpava-se e exigia-se do homem que procurasse o bordel, por se acreditar que sua sexualidade era muito mais potente e exigente do que a da mulher. Não havia por que se estranhar que uma área geográfica da cidade fosse destinada à liberação dos impulsos sexuais "selvagens" que, felizmente, ele conseguia controlar em outros lugares.

O mundo da prostituição atendia, portanto, a várias necessidades. Além, evidentemente, dos altos lucros que se obtinham com essa imensa máquina, funcionava como pólo aglutinador de determinados grupos sociais, que aí densificavam suas relações de vários modos. Jacob Penteado, por exemplo, recorda-se de que, ao lado de vários estudantes da Escola de Comércio Álvares Penteado, inaugurada no largo São Francisco em 1908, procurava as mulheres públicas" das ruas Líbero Badaró, Senador Feijó, Caixa D'Água, Capitão Salomão, para ser iniciado nos segredos do amor venal, em vez de ir às aulas. Nessas aventuras estudantis, muitas vezes, os estudantes se solidarizavam fortemente ao compartilhar entre si o prazer da narrativa de seus primeiros encontros amorosos, de suas conquistas, reais ou fictícias, ou de seus fracassos. Mais do que desejo de promiscuidade, participavam assim da coletivização de uma experiência pessoal.

Um "processo de participação simbólica, a procura de uma correspondência profunda entre os indivíduos" podem ser percebidos nesse tipo de iniciativa, assim como na cotização que faziam entre si para pagar uma "noitada" ao sorteado.[9] Ocorria até que, às vezes, vários rapazes dividissem uma prostituta, pois nenhum tinha condições de sustentar uma amante sozinho.

De qualquer modo, vale dizer que além das novas formas de sociabilidade que aí podiam ser praticadas entre os sexos, o mundo da prostituição possibilitou a vivência de toda uma diversidade anárquica dos modos de funcionamento desejantes. Pois, por mais que uma imensa rede de codificação dos comportamentos sexuais se constituísse no interior dos bordéis, confinando e instituindo as "perversões sexuais", "as pessoas se fabricam singularidades de estados excitantes que que-

---

9. M. Maffesoli, *A sombra de Dionísio*, Rio de Janeiro, Graal, 1985, p. 128.

bram os miméticos e as sensações copiadas", como afirma Judith Belladonna.[10] Escapando da ordem das distribuições sexuais da lei, infinitos modos de experiência da prostituição se configuram, impedindo um aplainamento tranqüilo, por parte do historiador, das práticas sexuais efetivadas nos espaços do prazer. Como adentrar nesse universo?

ÊXTASES

No bordel, buscava-se não apenas a transgressão dos comportamentos moralmente sancionados, mas os excessos, as fugas, os êxtases, os prazeres da orgia. É na literatura que encontramos um caminho para conhecer uma dimensão fundamental da subjetividade, excluída de outras fontes documentais. *O mistério do cabaré*, romance de Amando Caiuby, registra a excitação geral do cabaré enfumaçado, onde a personagem Maria Alice procura ingressar na prostituição.[11] No Maxim's, que efetivamente existira na rua Xavier de Toledo, meretrizes excitadas cercavam homens embriagados, atiçando-os com beijos e abraços:

> Risos, ditos, chistes, cantos, gargalhadas e música excitante de orquestra. Nesse ambiente cálido de prazer, o perfume dilatava as narinas, a bebida amiudava os gestos e desabrochava a inteligência, e o ritmo das danças acabava de perturbar os sentidos, embriagados já daqueles corpos jovens e tentadores. (cap. III)

Não importa a medida do prazer que era atingido no encontro dos corpos prostituídos. Importa ressaltar a existência de fantasias que moviam os indivíduos em direção ao mundo da prostituição — lugar de coesão social, forma simbólica e concreta de escapar ao isolamento da vida conjugal e do fechamento circular das teias que configuravam o âmbito da vida privada. No cabaré, encontravam-se homens e mulheres de classes sociais diferenciadas, jovens e velhos num ritual solidário. Mas nem sempre esse encontro respondia às polarizações homem/mulher, macho/fêmea, ativo/passivo. Pluralidade de novas nomenclaturas que escapavam à codificação sensorial imposta pela lei: relações homosse-

---

10. Judith Belladonna, *op. cit.*, p. 182.
11. Amando Caiuby, *O mistério do cabaré*, São Paulo, Cia. Editora Nacional, 1931.

xuais, entre homens ou entre mulheres, voyeurismo por buracos de fechadura ou por espelhos sobrepostos, vivências sádicas e masoquistas.

Ao mesmo tempo, o bordel era instituído como lugar da canalização dos impulsos libidinais explosivos. Contudo, se há uma dimensão de neutralização do novo, recorrendo-se a espaços predeterminados, onde os hábitos dificilmente podem ser alterados (lembrando Foucault: o sexo do casal confina-se no quarto e as "perversões" que existam nos bordéis!), o movimento de desterritorialização dos corpos é incessante nos jogos microscópicos que configuram inúmeros outros territórios.[12]

No começo do século XX, o bordel viabilizava novos agenciamentos coletivos dos fluxos desejantes: novas formas de expressão do desejo podiam se dar passagem. O romance de Laura Villares *Vertigem*, publicado em 1926, que aborda a temática da prostituição numa perspectiva feminina, nos introduz nessa atmosfera dionisíaca.[13] Vive-se aí uma intensa circulação social entre os palacetes das avenidas Paulista e Angélica, alugados por ricos fazendeiros ou industriais bem-sucedidos para suas amantes francesas e polacas. Uma dessas, Mme. Blanchette, promove grandes ceias, encenações teatrais — óperas, cantos líricos, espetáculos de fantasias sofisticadas — e oferece bebidas finas, às vezes misturadas com drogas. Organiza orgias em que participam figuras masculinas de destaque da elite paulista, ostentando suas cobiçadas cocotes ou procurando uma aventura momentânea.

Numa dessas festas, muitos convidados ansiosos para participar das "surpresas" que Mme. Blanchette prepara durante as representações teatrais, comparecem barulhentos e excitados. As artistas, que também são prostitutas freqüentadoras da casa, fantasiam-se com brilhantes, pedras preciosas, véus coloridos e tênues, relembrando figuras míticas como Salomé:

> Nina cobria-lhe (a Luz, personagem central) as ancas com um véu branco semeado de estrelas de ouro e sobre este, a cingir-lhe o ventre,

---

12. Veja Ciro Morello e Christian Ferrer, "El sí y los otros en la obra de Richard Sennett, in Tomás Abraham (org.), *Foucault y la ética*, Buenos Aires, Biblos, 1988, p. 155.
13. Laura Villares, *Vertigem*, São Paulo, Antonio Tisi, 1926 (Arquivo particular de Eric Gemeinder).

| LABIRINTOS | 213

A escritora Laura Villares, em foto publicada pela revista *Ariel* (ano IV, n.41). São Paulo, novembro de 1926, por ocasião do lançamento de seu livro *Vertigem*. A revista se recusara a fazer quaisquer comentários sobre seu romance, limitando-se a mencionar exclusivamente o título do mesmo e a ocupar todo um parágrafo desculpando-se por essa omissão. (Arquivo Eric Gemeinder).

uma faixa ornada de pedras preciosas. A cintura redonda ficou nua e duas pequenas conchas de ouro, ornadas de brilhantes e esmeraldas, agarraram-lhe o seio, apenas escoradas por um longo fio de pérolas que, passando sobre os ombros, cruzava-se-lhe sobre as costas e ia perder-se na faixa fulgurante. (p. 309)

Vivencia-se todo um clima dionisíaco, em que as representações teatrais deveriam provocar a excitação dos sentidos dos espectadores, a aproximação dos corpos aquecidos pelas bebidas e pelo efeito das drogas e por todo um clima mágico que envolve o ritual orgiástico. O auge da excitação, desta feita, ocorre com a entrada em cena da principal protagonista, Luz, extremamente bonita, jovem, "mercadoria" recente no meio, cobiçada sobretudo pelos velhos ricos:

> Ao aparecer da moça houve um rumor de admiração; não a conheciam no "demimonde", era uma nova e só poucos amigos do Pimenta sabiam que era amante de Vargas. Artista no íntimo, ela revelou-se artista nos mínimos gestos, com a mais natural das expressões, na adorável flexão que fez ao rei, nos poucos passos de dança que executou com o bando das escravas, Mme. Blanchette à frente, atraiu a atenção e o interesse de todos. (p. 313)

A dança do ventre, acompanhada de *strip-tease*, faz parte das apresentações que embriagam essa sociedade da *Belle Époque*. Mme. Blanchette, em meio aos aplausos,

> (...) reproduzia a dança do ventre que executara na opereta, e Mimi, trepando sobre a mesa, pretendia encarnar Salomé, fazendo de uma taça de champagne numa bandeja a cabeça de São João Batista (p. 317).

No Rio de Janeiro, Luz convida o amante Eduardo Vargas a visitar uma "dessas casas" onde acontecem "cenas esquisitas", diz ela. As cenas de orgia e de volúpia provocadas pela dança de bailarinos exóticos — um negro musculoso e uma jovem japonesa —, seguidas de *strip-tease*, provocam reações descontroladas de explosão da energia sexual nos personagens. Luz assiste deslumbrada às danças, que se realizam no casarão atapetado, onde uma escadaria de mármore conduzia a uma sala grande muito iluminada. Instalados, assistem a um espetáculo voluptuoso que prenuncia a intensificação da relação amorosa do casal:

> O atleta Otelo com a loura e insípida Desdêmona animaram a tragédia do ciúme, com trejeitos e atos vulgares, despertando interesse somente no fim, quando o possante negro atirou-se como uma fera contra a frágil mulher, jogando-a no chão. Tendo-a à suja mercê, rodeou-lhe a garganta com mãos convulsas, apertando-a realmente, esmagando-a com os joelhos com tal fúria bestial que os espectadores foram obrigados a intervir (...). (p. 228)

Depois, ao som do maxixe, os pares dançam excitados com a cena cruel. A bailarina japonesa, envolta num quimono azul, rodopia vertiginosamente para o público até ficar completamente nua. A conseqüência de todo esse envolvimento erótico é a profunda excitação da personagem, que não consegue controlar-se, carregando o parceiro, também apaixonado, aos labirintos de sua paixão ardente.

Há que se destacar novamente o aspecto de liberalização sexual promovida com a constituição de toda uma indústria do prazer e com a mercantilização da vida do submundo. A sexualidade adquire direito de exprimir-se muito mais, de funcionar diferentemente, de ampliar seus circuitos, englobando uma série de equipamentos, com danças, festas, espetáculos, *strip-teases*, exibição de vestimentas, passeios públicos. O conceito de perversão se amplia, recobrindo um maior número de práticas sexuais e de modalidades do desejo que vêm à tona. Acentua-se ainda a divisão entre a sexualidade conjugal, encerrada no quarto de casal, como diz Foucault, restrita aos limites da cama, e uma sexualidade prostituída, pecaminosa, paga, porém, muito mais excitante e violenta.

No romance de Laura Villares — expressão das fantasias femininas sobre a prostituição —, as cortesãs vivem as "perversões" como monstruosidades, mas divertem-se, sentem desejos ardentes, buscam excitação nas bacanais realizadas pela elite. Por outro lado, é seu amante que tem um olhar de censura sobre essas práticas, assim como o dr. Raul Adalberto, do romance de Amando Caiuby. Por um motivo ou outro, são as jovens inexperientes que buscam fugas no bordel, ou se atiram na prostituição, mesmo que num primeiro momento por um motivo exterior, de ordem econômica. Mas Luz sente enorme prazer em participar da vida do submundo, em relacionar-se fora do casamento, assim como a personagem de Ercília N. Cobra, em *Virgindade inútil e anti-higiênica*.

Essas mulheres decidem viver sua vida sexual, rebelam-se contra o casamento que acreditam aprisionar sua sexualidade, negando-lhes a possibilidade de conhecer o outro lado da margem em relação ao prazer sexual, como os homens. Por mais que ultrapassem as fronteiras do "mundo respeitável", impulsionadas por fortes motivos externos às suas vontades, como costuma acontecer nos romances e filmes sobre a prostituição, ou ainda no relato delas próprias, há um grande prazer em permanecer nele, em desvendá-lo, o que ocorre juntamente com o desvendamento do próprio corpo e, portanto, da própria sexualidade. São recorrentes as cenas da mulher bonita, prostituta ou em vias de sê-lo, que admira e descobre seu corpo, sua nudez, suas partes mais sensuais diante do espelho, isto é, no mesmo movimento em que redefine sua auto-imagem. Luz, por exemplo, examinava-se cautelosamente, enquanto sondava suas possibilidades estéticas diante do espelho, comparando-se com a prostituta francesa, vizinha de quarto:

> Tirando a camisa, mirou-se demoradamente, minuciosamente, virando sobre a ponta dos pés, como fizera Liliane. Suas carnes, claras e frescas, tinham a consistência e a rijeza de um fruto em vésperas de sazonar; as pernas musculosas, o ventre pequeno e polido como o mármore, os seios rígidos petulantemente erguidos, satisfizeram completamente os olhos críticos, que acharam perfeitos os ombros, os braços, o dorso. — Toda de amar... — pensava (...). (p. 64)

Ao contrário, Mme. Pommery ou Mme. Blanchette mantêm uma relação de exterioridade com o desejo: por isso, podem entender bem as preferências dos clientes, localizando os pontos do prazer, as formas modernas de consumo do amor venal, que se difundem na sociedade paulistana dos inícios do século passado. A caftina só se envolve indiretamente com o freguês, promovendo encontros, articulando contatos, calculando preços e as margens do lucro, as inovações que terão êxito e que merecem um maior investimento. Ela promove a prostituição, especialmente a de luxo, cercando-a com todo um arsenal de erotismo, criando um ambiente voluptuoso em que abundam espelhos, tapetes, gravuras eróticas, bebidas afrodisíacas, drogas e literatura pornográfica. No bordel de Mme. Pommery, por exemplo, o freguês chegava por volta da meia-noite e era introduzido pelo garçom, ou pela própria proprietária, cortesmente para o interior:

> O salão do Paradis era uma sala baixa, empapelada de verde e muito iluminada por um enorme lustre de lâmpadas elétricas, pendente do meio do forro sobre a mesa de jantar.(...) Em torno da mesa principal, junto das paredes, várias mesinhas pequenas se alinhavam, separadas, para evitar promiscuidades incômodas aos senhores coronéis no trato com as alunas e no consumo do champagne. (p. 76)

O cenário da mansão de Mme. Blanchette é mais excitante. Uma das prostitutas que freqüentam a casa leva Luz

> (...) a uma sala redonda onde não havia cadeiras, mas grandes almofadas dispostas em círculo, no chão. As paredes eram formadas de painéis pintados com cenas lascivas, e o teto, com um espelho convexo no meio, fazia dos convidados que iam entrando tantos monstros fantásticos e ridículos. (p. 122)

Nora, em *A mulher que pecou*, de Menotti del Picchia, deslumbra-se com o mundo diferente e misterioso que encontra na pensão da caftina Sinhá. Há qualquer coisa de encantamento no ar, pouco antes do primeiro encontro:

> Examinou o quarto. Era lindo! Cortinas, espelhos, tapetes, perfumes... Parecia-se com aqueles quartos de luxo com que ela sonhara tanto e só vira nos cinemas. Olhou para o mármore do toucador. Havia lá frascos de cristal com um bico de nikel e uma pêra de borracha envolvida numa redezinha de seda. "Para que servirá isto?", pensou (...). Ela ia ser uma daquelas mulheres...
> Teve um sorriso e um arrepio.[14]

Como num teatro, o bordel é arranjado para produzir efeitos de excitação erótica. As cenas mitológicas que decoram as paredes e o teto da mansão de Mme. Blanchette compõem, juntamente com espelhos deformantes e almofadões que convidam ao relaxamento sensual, um cenário particular que estimula o desfrute do prazer. Espaço privilegiado da prostituta que, como *a artista*, é associada ao mundo do artifício e da máscara.

Embora muitas prostitutas viessem do meio artístico, o vínculo que superpõe suas imagens tem camadas mais espessas, sedimentada por uma forma de conceitualização que carrega toda a elaboração romântica do século XIX. Ambas habitam o mundo da representação, das ilusões e dos artifícios nesse imaginário que, ao mesmo tempo, situa a mulher honesta no campo da natureza. Por isso, os bordéis podiam ser chamados de "pensões de artistas".

---

14. Menotti del Picchia, *A mulher que pecou*, São Paulo, Martins, p. 63.

Como a artista, a prostituta é aquela que aprendeu a encenar múltiplos papéis, dissociando aparência e essência, interioridade e exterioridade, perdendo-se definitivamente no labirinto das sensações. Predomínio total do instinto sobre a razão, ela oculta por meio de inúmeros disfarces a imensa fealdade de um corpo degenerado — projeções do desconhecido avassalador construído pela racionalidade masculina burguesa. Vale rever as posições caricaturais do médico Ferraz de Macedo, profundamente influenciado, como toda a elite pensante do século XIX e de meados do século XX, por Rousseau:

> Entretanto, se virdes estas mulheres, depois de paramentadas, julgá-las-eis frescas qual uma rosa, asseadas sem rival, puras como um anjo, *porque a ilusão é perfeita, o disfarce é completo.*[15]

Ambas fazem parte de um mesmo universo de exploração do corpo, de metamorfose e nomadismo. Mas a máscara, que é hipocrisia para uns, traduz o jogo lúdico do travestimento dos papéis para outros, "alegre negação da identidade e do sentido único", na expressão de Suely Rolnik.

A TEATRALIZAÇÃO BARROCA

No cabaré, a prostituta faz sua aparição solene, teatralizada, barroca, projetando-se com destaque para a sociedade elegante. Ao lado do teatro, local de movimentada circulação social nesse momento histórico, principal atividade cultural especialmente dos setores mais privilegiados, o cabaré e suas derivações — o bar, a "pensão de artistas", o bordel de luxo e, posteriormente, o *rendez-vous* —, com todos os equipamentos modernos de prazer e conforto que a cidade fornece, introduzem um nível mais sofisticado e diversificado de vivência erótica.

Não é mera ironia que Hilário Tácito considere o Paradis Retrouvé, ou seu correspondente real, o Palais de Cristal, um empreendimento capitalista moderno. Afinal, ele é característico de uma época que se

---

15. F. Ferraz de Macedo, *op. cit.*, p. 149.

pretende adiantada e que investe na tecnologia e na noção de progresso. O cabaré vem, então, suprir as exigências da demanda por novas formas de consumo sexual. A prostituição torna-se mais visível — compra-se um momento de contato físico e de prazer sexual em suas múltiplas possibilidades —, porém, ao mesmo tempo, mais velada e mais secreta: há toda uma fetichização dessa nova mercadoria exposta no mercado. Tanto que enquanto a circulação masculina pelas grandes avenidas ou nas passagens parisienses podia ser vista como *flânerie*, como observam Benjamim e Baudelaire, as mulheres nas mesmas condições de *flâneurs* seriam percebidas negativamente, como prostitutas: objeto em exibição em busca de um novo comprador/consumidor.[16]

No cabaré, os corpos femininos brilham com os artifícios que os ornamentam: jóias, colares, pulseiras, brincos, que atestam o *status* da cortesã. Roupas brilhantes, escarlates, coloridas, negras, justas, colantes, vistosas, decotadas, insinuantes, realçando as formas físicas bem conformadas, como as das "alunas" de Mme. Pommery e de Luz, ou já decadentes, como as de suas companheiras de pensão, Liliane Carrère e Mme. Blanchette. No Paradis Retrouvé, uma das meretrizes, a "loura eslava" Leda Roskoff,

> (...) decotada até a cintura, exibia sobre a carne de açucena muito creme da rainha, pó-de-arroz cheiroso, e uma parte do milhão de jóias que um grão-duque lhe dera na gloriosa mocidade.[17]

No Rio de Janeiro, Luz modela sua imagem para fazer uma entrada triunfal, espetacularizada no baile em que se reúne a elite carioca. A contemplação narcisista do próprio corpo traz segurança emocional:

> Olhou-se ao espelho demoradamente. Com o vestido verde, violentamente perfumada, o busto polvilhado de pó-de-arroz, o rosto fresco, os lábios levemente pintados, e um pequeno traço negro a sublinhar atrevidamente as bastas e sedosas pestanas, a figura que este lhe mostrava, fascinava-a como se não fosse a sua.[18]

---

16. Veja Christine Glucksman, *La raison baroque*, Paris, Galilée, 1984; P. Aulagnier-Spairani, *op. cit.*, p. 71.
17. Hilário Tácito, *op. cit.*, p. 79.
18. Laura Villares, *Vertigem*, *op. cit.*, p. 179.

Também os homens procuram ostentar sua boa condição social e dar provas dos sucessos financeiros obtidos, revelando aos olhares curiosos a possibilidade de conquistar uma cortesã mais cara, ter a companhia de uma loira muito jovem, tomar champanhe, como bem percebeu a "Hetaíra-Rainha", Mme. Pommery-Sanchez. Não é apenas a busca da satisfação sexual que está em jogo nessa reunião orgiástica; há todo um jogo de trocas entre as pessoas, circulação de informações, difusão de códigos, construindo e reforçando um plano de referenciação simbólica da sociedade para si mesma.

Assim, o mundo da prostituição não produz apenas a transgressão da norma e a inversão dos papéis convencionais sancionados. Aí se afirma uma diferença intensa, um modo diferente de funcionamento desejante.

Não é casual que a condenação da prostituição moderna se faça também pela crítica ao luxo desenfreado e ao desperdício de energias. Há uma forte associação da prostituta, e particularmente a de luxo, com o gosto utilitarista pela riqueza, com a forma pela qual ela explora o amante endinheirado, conseguindo extrair de suas mãos carros, apartamentos elegantes, roupas finas e muitas jóias.

Exemplo típico dessa situação encontra-se no romance *Vertigem*. Luz consegue todos esses bens não apenas de seu amante Eduardo como também dos pretendentes mais idosos. Consegue ainda garantir o futuro de sua concorrente e rival, Liliane Carrère, menos por solidariedade do que impulsionada pelo desejo de vingar-se do amante, arruinando-o financeiramente. Encomenda-lhe um palacete na avenida Angélica, provavelmente semelhante ao de Lenita, do romance *A carne*, de Júlio Ribeiro, e faz ele importar um carro luxuoso da Itália. Mesmo que o motivo central de sua ambição pelo luxo seja o desejo de vingança contra o amante, nessa ocasião, Luz e a prostituta francesa Liliane revelam uma profunda atração pelas mercadorias expostas nas modernas vitrinas do centro comercial:

> A cidade estava animada, ruidosa, alegre: as vitrinas arranjadas para tentar os passantes atraíam irresistivelmente os olhares; Liliane parava a cada instante e mostrava à companheira os objetos que cobiçava, conduzindo-a logo depois às lojas, onde comprava mil futilidades, *gastando o dinheiro à larga*, dando o seu endereço aos caixeiros, com uma espécie de orgulho: Liliane Carrère. (p. 71)

Nessa voracidade de consumo, Liliane arrasta a tímida provinciana:

> Luz, que desejava também comprar todas as coisas sedutoras que as lojas ostentam, com uma verdadeira ciência de psicologia feminina, levianamente deixou-se arrastar a fazer despesas inúteis.

Explorada sexualmente, a prostituta explora por sua vez o explorador, num jogo circular de dominação, em que todos os gestos são calculados e pesados. Um beijo a mais, uma derivação além podem alterar os preços cobrados. A encenação é elevada às últimas conseqüências nos espaços marginais de sociabilidade: todos vivem papéis bem definidos, especialmente as mulheres que aí estão para não existirem radicalmente enquanto sujeitos, metamorfoseando-se nas imagens que os olhares masculinos projetam sobre seus corpos. A feminilidade é transmutada em fetiche, objeto do desejo masculino. Contudo, a prostituta uniformiza os homens porque todos lhe são substituíveis.

Mais do que qualquer outra, ela encena no cabaré, ou no quarto de hotel, a personagem que o freguês procura, por quem ele paga, sabendo ler os seus desejos e preencher suas expectativas, para que também retorne. Ela se apresenta, então, com absoluta disponibilidade de representação. Seu corpo é totalmente fragmentado, cada parte podendo ser utilizada como peça da engrenagem sexual. Vários autores, a começar por Marx, destacaram a analogia da condição do operário na fábrica com a da prostituta no bordel. Ritmo intensificado de trabalho e de produtividade, corpo requisitado, fragmentado, sugado, esvaziado de toda subjetividade, de emoções e derivações.[19] A ornamentação rebuscada do ambiente no jogo do claro-escuro, de luz e sombras, cortinas, fumaças, confusões de objetos e corpos reforça o aspecto caricatural da mulher travestida em prostituta — figura única, corpo genitalizado. Por trás da "mulher pública", o cenário não é nunca a natureza, mas o artifício, o espaço barroco, as sombras e luzes

---

19. Marx: "A prostituição é somente a expressão específica da prostituição geral do operário", in Susan Buck-Morss, "Le flâneur, l'homme-sandwich et la prostituée: politique de la flânerie", in Heinz Wismann (org.), *Walter Benjamin et Paris*, Colloque International, 27-29 jun. 1983, Paris, Cerf, 1986, p. 384.

ofuscantes. Assim, Ercília Nogueira Cobra, em *Virgindade inútil e anti-higiênica*, transforma sua personagem central, Cláudia, moça interiorana e educada, em cortesã de luxo nos prostíbulos de Buenos Aires. Como Luz, ela se destaca triunfantemente nessa investida no mercado do prazer mais próspero.

> O salão resplandecia. *Smockings* impecáveis nos homens, *toilettes* maravilhosas nas mulheres. Carnes macias de colos e braços nus. Cabeças deliciosas de adolescentes. Olhos negros, lânguidos. Corpos esbeltos, cinturas flexíveis, bem marcadas nos ternos de talho perfeito.[20]

A capacidade mutante, acrobática, da prostituta permite a rápida metamorfose da jovem interiorana em prostituta de luxo, elegante e cara:

> Os escrúpulos que a punham desconsolada à beira da cama, sem coragem de se vender, haviam desaparecido com as suas ilusões. Era agora uma dessas cortesãs que prometem. Para ganhar uma jóia que a agradasse, Deus sabe o que seria capaz de fazer! Deixara a categoria das meretrizes e passara à das cortesãs que possuem pérolas e magnífico guarda-roupa. (p. 88)

Explorava as belas formas físicas com os gestos elegantes para cativar um cliente mais rico. Todo seu esforço se concentrava na exterioridade trabalhada, nas rendas que fingiam esconder a pele macia, nos efeitos que a transparência da blusa ameaçava produzir.

> Naquela noite, trajada de rendas verdadeiras, com as espáduas e peito descobertos, deixava ver, apenas velados pela escumilha, as pontas dos seios rosadas como duas flores de "durazno". (p. 88)

A arte teatral da prostituição intensifica as fantasmagorias: a prostituta calcula tudo o que vai ser mostrado ou ocultado, montando um sofisticado aparato de meias, ligas, calcinhas, rendas, sutiãs, laços, fitas, correntes, que se opõem como obstáculos a serem ultrapassados para que o freguês consiga atingir o corpo nu.

---

20. Ercília Nogueira Cobra, *Virgindade inútil e anti-higiênica*, São Paulo, 1927, p. 86.

Essa dimensão da teatralização dos gestos, posturas, frases, risos, silêncios e olhares faz parte intrinsecamente do desempenho calculado de seu papel que, na verdade, não esconde nada. Pois o que se compra é a aparência simplesmente, o que se deseja é a materialidade do corpo e as fantasias do desejo.[21] Por mais que médicos e outros setores cultos da sociedade procurem impor uma identidade à figura da prostituta durante o século XIX, constituir sua essência, domesticar e medicalizar a "natureza feminina", ela se exila, escapa, oferecendo-se apenas como espelho de uma imagem masculina projetada. É decifrável apenas a partir de sinais exteriores. Por isso, é tão difícil querer falar em nome da prostituta, que se esconde em lugares-comuns e em clichês.

Nômade, a prostituta não se fixa num único bordel, não se sedentariza numa única relação, muda constantemente de identidade. Nomadismo geográfico, que a leva a viajar insistentemente ou a mudar-se com freqüência, como observavam irritados os médicos do século XIX. Nomadismo sexual dos corpos: não apenas pela troca rápida dos fregueses, mas pelos usos sexuais do próprio corpo. Nomadismo de identidade: ora "francesa", ora "polaca", ora "brasileira", ruiva, loira ou morena, ela vive suas fantasias e as expectativas do freguês. Lu, do romance de Alberto Leal *Cais de Santos* (1939), divertia-se em fazer-se passar por cubana, francesa, guatemalteca, hindu, para os fregueses, até ser reconhecida como Luiza, antiga puta do Mangue:

> Conchita-Margot-Rafaela-Kabilah-Luíza, vulgo Lu, fingiu que se lembrava: ah! o Praxedes! Vamo conversá no meu quarto, Praxede?[22]

O nomadismo está presente em sua própria cabeça, que sonha em viajar mundo afora e odeia o sedentarismo da vida doméstica:

> E aquela vida nova, que pau! Não nasceu para o trabalho — gosta é do luxo, e de ficar o dia inteiro de papo para o ar. (...) Começava a ter saudades daquela vida de luxo e de ócio. Luxo, sim! (p. 124)

---

21. In P. Bruckner e A. Finkielkraut, *op. cit.*, p. 85: "A prostituta não é um corpo que goza; se comove, ri, chora, se dilacera, se extasia, sofre; é um corpo que trabalha, que representa uma personagem particular numa peça particular escrita pelos clientes, é um corpo que encarna o teatro íntimo de um estranho e, por isso, será chamado a fazer calarem-se nele seus caprichos e suas vontades".
22. Alberto Leal, *Cais de santos*, Rio de Janeiro, Cooperativa Cultural Guanabara, 1939, p. 105.

Uma notícia publicada pelo *Correio Paulistano*, em 19/12/1923, sobre uma vítima das drogas, também nos transmite essa mesma imagem veloz e inconstante da meretriz. Em três dias, Edith Moniz conhecera Horácio Martins no bordel Salomé, deitaram-se em seguida no Cabaret Scala, onde o rapaz consome elevada dose de cocaína, morrendo no quarto dela no Imperial Hotel. Em tons chocantes, o jornal anunciava:

> A última noite de Horácio Martins passou-a ele entre os "jazz-bands" enervantes do "Cabaret" Scala e a morna volúpia do aposento de Edith, onde terminou a derradeira aventura de sua vida descuidosa (...).

O desejo de fuga da meretriz irritava os médicos do passado, obsessivamente empenhados em definir seu caráter, esquadrinhar seu corpo, confiná-la em categorias fixas. Seu nomadismo impedia a classificação que os doutores desejavam: "clandestinas", "ocasionais", "incidentais", tantas nomenclaturas categoriais não davam conta da fluidez de seu modo de vida.[23]

No entanto, esse mesmo nomadismo produzia efeitos de muita excitação sobre os fregueses. Em movimento contínuo, a prostituta se recicla constantemente, dramatiza outros papéis, vivencia outras fantasias. Na teatralização do bordel, sua suposta identidade explode: ora ela é domadora sádica futurista, calçando botas altas, como Barbarella; ora é a escolar-virgem, trajando meia soquete; ora é a mulher masoquista e sofredora, que gosta de apanhar do gigolô e ser amansada; ora é a lésbica apaixonada e ciumenta. "Belle de Jour" de tempos antigos.

Se o nomadismo é parte do negócio, arma de sedução e excitação do freguês em busca de novidade, é também a abertura de territórios da própria prostituta, que se reinventa ininterruptamente, e que não quer se fechar no par. Além disso, o nomadismo a torna uma eterna estrangeira. Seus hábitos nunca são fixos, seus gestos são inconstantes, suas escolhas, passageiras e fugazes. Situa-se na fronteira entre a *cigana* e a *artista*: uma que é nômade, outra que sabe representar, metamorfosear-se, usar múltiplas máscaras.[24]

---

23. Francisco Ferraz de Macedo, *op. cit.*, p. 148.
24. Veja Dominique Maingueneau, *Carmen — les Racines d'un mythe*, Paris, Sorbier, 1984.

Entretanto, falemos de reterritorializações. Nômade, em fuga constante, a prostituta também é constantemente capturada: pela "casa de tolerância", pelo triângulo amoroso que estabelece com o gigolô, amante fixo ou demais fregueses, e pela própria "paixão" que a enreda com aquele. No bordel, ela sofre um movimento de reterritorialização nos códigos internos do grupo; na relação com o amante fixo estilo "coronel", ela deve viver o modelo conjugal tipicamente burguês; ao lado do gigolô ou da caftina, uma forte dependência emocional.

Essa reterritorialização perversa impede que o processo de desterritorialização, que ela busca ao colocar-se fora dos parâmetros normalizados do percurso feminino, seja levado ao limite. O meio da prostituição, no qual é voluntária ou involuntariamente encerrada, atua como grupo de defesa e autoproteção, mesmo que os laços que aí se formem sejam precários, ameaçando dissolver-se ao primeiro sopro.

A personagem Cláudia, de *Virgindade inútil e anti-higiênica*, vive intensamente esse conflito. Foge literalmente de sua cidadezinha do interior para desfrutar a liberdade da metrópole. No bordel, percebe a vida entediante que deve suportar. Foge novamente para um exterior maior, fora do país, onde a vida noturna é muito mais dinamizada. Em Buenos Aires, enreda-se ainda mais violentamente com um amante rico, de um lado, e um cáften, de outro. Foge novamente para o centro do mundo e capital do prazer: Paris.

É como se a mulher estivesse o tempo todo precisando driblar um cerco masculino que a persegue mesmo sendo prostituta. Nos romances que analisei, quase todos os autores condenam as prostitutas a um final trágico: as que escapam pagam o preço da regeneração. Incapazes de se fixar, são destruídas. Ao contrário, nos romances femininos sobre a prostituição, esta é vivida como possibilidade de fuga, de abertura para um exterior e de estabelecer outras conexões. Acompanhemos esses movimentos da literatura paulista do período.

2 | A ECONOMIA DA IMAGEM DA PROSTITUTA

Na economia da imagem da meretriz prevalecem, de modo geral, duas figuras polarizadas: a mulher fatal e a vítima. Tanto na imprensa quanto nos romances e textos científicos, essas projeções masculinas se superpõem sobre a figura da "mulher pública", ora dotando-a de enorme capacidade destruidora de sedução, ora apresentando-a como vítima de movimentos exteriores contra os quais não há possibilidades de luta. Apenas na literatura feminina, a prostituta traduz um ideal de libertação social e sexual da mulher, escapando assim às duas imagens dicotômicas que, às vezes, podem alternar em uma mesma personagem. Examino a primeira dessas construções imagéticas.

A SEDUÇÃO MORTAL:
FEMMES FATALES

A *Belle Époque* foi seduzida pela imagem da *belle dame sans merci*, em suas múltiplas expressões: desde as personagens sensuais criadas pelos romancistas de meados do século XIX, como Carmen, de Mérimée (1846), Salambô, de Flaubert (1862), Naná, de Émile Zola (1879), até Salomé, imortalizada por muitos autores e artistas: Oscar

Wilde, Mallarmé, Appolinaire, Klinit, Beardsley e cineastas contemporâneos.[25] Ou ainda Lulu, criada por Frank Wedekind, em 1896, que dará origem, por sua vez, ao famoso romance de Heinrich Mann, *O anjo azul*, representado no cinema por Marlene Dietrich, em 1930, no filme de Joseph von Sternberg.

No cinema, os anos de 1910 deliciaram-se com a presença eletrizante da *vamp*, popularizada pela atriz Theda Bara, ou ainda por Louise Brooks, no conhecido *Caixa de pandora*. Quase todas as atrizes da época interpretaram Cleópatra, Laís, Circe, Eva, Dalila ou Salomé — que, com a dança voluptuosa dos sete véus, consegue obter a cabeça de João Batista como vingança.[26] O demônio toma forma de mulher e invade o imaginário e a iconografia da época.

Comportando diferenças essas mulheres poderosas e sensuais aproximam-se enquanto expressão da sedução tirânica e ao evocar paisagens distantes e exóticas, climas quentes ou tempos ancestrais. Provenientes de antigas mitologias, retornam de terras longínquas ou imaginárias — da Espanha, Rússia ou de países exóticos do Oriente —, revelando as fantasias eróticas de uma época que fez do sexo a chave de explicação dos comportamentos humanos.

Mário Praz sugere que, enquanto a primeira metade do século passado privilegiou a figura da heroína frágil, franzina e pura, que se suicida pela perda da virgindade e, no caso da prostituta, a mulher extremamente vitimizada pelos infortúnios do destino, tal como Marguerite Gauthier ou Lucíola, a segunda metade presencia a entrada em cena da mulher forte, poderosa e fatal para o homem, tanto na literatura quanto no campo das artes.[27]

A *femme fatale*, cheia de artifícios, ousada e extravagante, foi dotada de um instinto sexual indomável, selvagem e insaciável, que obcecou os homens cultos do período: dos médicos aos literatos, toda uma produção intelectual e artística procurou estabelecer os limites da

---

25. Mário Praz, *La chair, la mort e le diable dans la littérature du XIXe. siècle*, Paris, Denoél, 1977, cap. IV.
26. René Girard, "La danse de salomé", in Paul Dumouchel e Jean Pierre Dupuy, (orgs.), *Colloque de cerisy — l'auto-organisation. De la physique au politique*, Paris, Seuil, 1983. Gentilmente cedido por Roberto Romano.
27. Mario Praz, *op. cit.*, cap. IV; sobre *Lucíola*, veja a análise de Valéria de Marco, in *O império da cortesã*, Rio de Janeiro, Martins Fontes, 1986.

sexualidade feminina e desnudar suas regiões erógenas. Evidentemente, não se trabalha então na perspectiva hipocrática, que atribuía à mulher uma função tão ativa na procriação quanto ao homem. O prazer no coito não era mais visto como fundamental para a geração de um ser perfeito, como ocorria no século XVII.[28] A moral cristã, lembremos, dissociou prazer e ato sexual, enquanto a preocupação maior de Santo Agostinho era menos a relação sexual entre parceiros do que os possíveis delírios alcançados na relação consigo mesmo, isto é, na masturbação, ponte direta para a loucura e talvez para a morte.[29]

Nesse contexto, a "mulher fatal" irrompe na literatura como uma figura dotada de uma supersexualidade, noturna, má, bela, encarnando o primado do instinto sobre a razão. Ameaçadora para a sobrevivência da civilização, ela, que deseja a ruína e a castração de todos os homens pelo puro prazer da destruição, invade o imaginário de poetas, pintores, artistas, assim como dos médicos e juristas do período. É o reinado das rainhas cruéis, cortesãs de luxo e grandes pecadoras.[30] Certamente, a "mulher fatal" não nasce na segunda metade do século XIX, mas torna-se um tipo de destaque, contracenando com o herói obscuro, frágil, inferior, minimizado por sua força malévola.

No cinema, a força misteriosa e sobrenatural da *vamp*, com seu poder magnético expresso nos olhos negros, contrastando com a palidez assustadora da pele, é reforçada pelo artifício das roupas sedosas, brilhantes e ousadas, dos longos cabelos negros sensualmente escorridos sobre os ombros nus, que ameaçam enredar o homem como uma aranha devoradora. Theda Bara derrota as platéias dos cinemas, entre 1914 e 1918, representando Carmen, Salomé e Cleópatra.[31]

Máquina, fêmea artificial, essa mulher, expressão do Mal, revela a profunda ligação entre a morte e a sexualidade. Nas danças orientais e exóticas, semelhantes a rituais profanos, ela realça seu corpo feminino e a todos envolve inexoravelmente. Num clima de orgia e deprava-

---

28. Jean Louis Flandrin, *op. cit.* Veja ainda, a respeito, Ivonne Knibiehler e Cathérine Fouquet, *op. cit.*, e Etienne Trillat, *op. cit.*, cap. I.
29. Michel Foucault e Richard Sennett, "Sexualidad y soledad", in Thomás Abraham (org.), *Foucault y la ética, op. cit.*
30. Lily Litvak, *Erotismo fin de siglo*, Barcelona, Antoni Bosch, 1979.
31. Veja, sobre o tema, Alexander Walker, *El sacrificio del celuloide: aspectos del sexo en el cine*, Barcelona, Anagrama, 1966.

ção, a *femme fatale* revela sua arte em transfigurar o próprio corpo pela magia dos artifícios, reafirmando ao mesmo tempo o destino da mulher como grande tentação, pois sua natureza está destinada a não se ausentar do corpo, enquanto o homem se dessolidariza de sua imagem corporal.

Confundida com a artista que a representa — Jane Avril, de Toulouse-Lautrec, Salomé com Sarah Bernhardt —, a imaginação erótica associa a prostituta a essa mulher sensual e misteriosa como os labirintos da cidade, porém dotada de extremo controle sobre o próprio corpo. E, embora "mulher fatal" e prostituta se diferenciem em muitos aspectos — afinal a primeira é forte, não se apaixona nunca e não é obrigada a comercializar o próprio corpo —, a superposição das imagens é visivelmente enfatizada pela sociedade da época. Polarizada entre o bem e o mal, entre o anjo e o demônio, a prostituta — em especial, a cortesã de luxo — passa a simbolizar a mulher independente que se entrega aos prazeres do corpo, dominando e destruindo os homens fracos das famílias responsáveis. Contudo, na maioria das vezes, ela, que é destruidora como Lulu, também acaba sendo consumida, não por Jack, o Estripador, mas pelas próprias forças malignas que seu desejo sádico e mórbido desencadeia.

A imprensa explorou a construção dessa mitologia, especialmente ao noticiar os escândalos sensacionalistas que excitavam a imaginação pública. Muito comumente, a prostituta vampiresca foi responsabilizada pela introdução dos rapazes ingênuos nos "vícios elegantes" e por suicídios cometidos em seu nome, que se tornaram célebres na história da cidade, como no trágico envolvimento entre a cortesã Nené Romano e o advogado Moacyr Pisa.

As manchetes do *Correio Paulistano*, de 19/12/1923, destacavam com grande alarde: "Mais uma vítima da cocaína — Mulher fatal — A morte de moço no Imperial Hotel". Tratava-se da morte de um jovem de 19 anos, filho de um engenheiro, no quarto de uma prostituta no Imperial Hotel. Segundo o noticiário, Edith Moniz já era conhecida antiga da polícia por sua enorme capacidade em sugestionar os meninos "inexperientes que iniciam a vida depravada dos vícios", levando ao suicídio tempos atrás outro laborioso rapaz. Vale atentar para a maneira como a figura da prostituta é construída pela imprensa:

> Cocainômana contumaz, Edith Moniz é uma dessas *venenosas e fatais flores da orgia*, que arrastam para o abismo da perdição e da morte os rapazes incautos que tão facilmente se deixam levar na vertigem dos pecados "chics" e das abominações elegantes (...) Horácio Martins devia ser mais uma vítima da *mulher demoníaca*.

Assim, enquanto o homem é completamente absolvido por sua própria morte, vitimizado por sua fragilidade, a prostituta recebe todos os adjetivos estigmatizantes que a tornam extremamente poderosa e mortal. Não é circunstancial que, nessas condições, muitas fossem enviadas como loucas para o Hospício do Juqueri, como noticiava o mesmo jornal a respeito da meretriz Maria Portuguesa e de uma "conhecida artista de *cabarets*, Arlette Germain".

No entanto, ao lado dos rapazes que se intoxicavam ou morriam por ingerência de drogas, muitas meretrizes sofriam igual sorte. O *Jornal do Comércio*, de 18/10/1921, se referia a uma francesa de 35 anos, apelidada Georgette, que quase sucumbira de tão intoxicada. Junto com outras mulheres e rapazes entregavam-se à toxicomania, ingerindo morfina, éter e cocaína, em sua residência, numa pensão da rua Conselheiro Crispiniano.

A culpabilização da prostituta pela adesão dos jovens das famílias ricas às drogas era recorrente. Em 30/09/1921, prosseguindo sua campanha de moralização, o *Jornal do Comércio* produzia todo um clima de mistério e erotismo ao denunciar um bordel, onde um "chinês viciado" e a "artista Loulou" ofereciam drogas aos visitantes.

> Os "mocinhos bonitos" formaram a primeira freguesia; outros que haviam adquirido o vício no estrangeiro se encaminharam para lá e, em pouco tempo, novos adeptos do ópio, estes já colhidos na nossa população, avolumaram a freguesia do nojento chinês. (...) Nos *cabarets* e nas pensões alegres, raparigas pervertidas iniciavam os nossos jovens na embriaguez, pela morfina ou trivalerina, pela cocaína e seus derivados...

O empregado chinês, a prostituta fatal Lulu, o ópio e demais vícios "elegantes" dos "mocinhos bonitos" participam de uma associação que remete ao mundo da fantasia, da sexualidade e da morte, bem ao gosto do romance *noir*. Portanto, tanto a imprensa quanto a literatura atuaram visando a construir e reforçar estereótipos que o imaginário social valorizava, a exemplo da *femme fatale* e sua contrapartida, o homem frágil e dominado.

O envolvimento de uma jovem prostituta italiana — Romilda Machiaverni, conhecida como Nenê Romano — com um advogado da elite paulistana, Moacyr de Toledo Pisa, causou profundo impacto na opinião pública da época por seu trágico final. Segundo *O Combate*, de 26/10/1923, o advogado famoso fora levado a cometer o assassinato de sua amante e, em seguida, o suicídio, vítima de uma paixão arrebatadora e mal correspondida pela insaciável cortesã. Sobre ela, jovem e formosa, recaíram as mais violentas condenações da imprensa misógena:

> Matou-se Moacyr Piza, o brilhante, o audaz, o valoroso escritor que todo São Paulo admirava. Matou-se depois de ter matado Nenê Romano, a *mulher fatal*, que tinha *um rosto de anjo e uma alma perversa*.

No dia seguinte, o mesmo jornal explicava que Nenê era muitíssimo conhecida nas rodas boêmias da cidade, reforçando a construção de sua imagem de "mulher fatal", bonita, traidora, perigosa:

> Nenê Romano, essa "beleza funesta", a figura mais completa do novo cenário da *mulher fatal* que surgiu do nada e que triunfou devido à benignidade da natureza que a presenteou com um rosto e uma rara perfeição estética (...) era também muitíssimo conhecida nos ambientes onde a gente se divertia na doida esperança de esquecer uma mágoa que atordoa ou de ganhar um pouco de repouso pelo trabalho de todo o dia.

Muitas décadas depois, um jornalista relembrava o episódio que abalara a vida da cidade nos anos de 1920, reforçando aquela representação do poder da mulher supersexualizada e a associação entre a morte e os impulsos sexuais perversos. Segundo ele, Nenê Romano

> Era, prá dizer o mínimo, uma *mulher fatal* (...) de olhos a um tempo dóceis e temíveis, melancólicos e profundos. Essa a sua maior beleza. Chamavam-na nas rodas boêmias de então, "a mulher do pescoço de cisne". Tinha graça espontânea e natural. Na voz, no andar, na coqueteria dos gestos. Enfim, uma Margarida Gauthier ítalo-paulistana, que endoideceu muitos homens e que foi a preferida do senador Rodrigues Alves. (Paulo José da Costa Jr., cit. in *Folha de S.Paulo*, de 26/08/1979)

Nunca o poder da prostituta de luxo, associada à cinematográfica *vamp*, teria sido maior do que então. Afinal, quem eram as personagens desse famoso escândalo? Como haviam chegado a esse trágico desfecho?

Em 25 de outubro de 1923, transitava pela avenida Angélica um automóvel no qual se encontrava o casal. No momento em que se aproximava da rua Sergipe, o motorista Faustino Soares assustou-se com os disparos consecutivos no interior do carro. Ainda pôde ouvir as últimas palavras da jovem, que caiu banhada em sangue. Logo em seguida, o amante desesperado, voltando a arma contra si, disparou-a rapidamente, caindo sobre o corpo de Nenê.

A história ressoou na vida da cidade, principalmente por tratar-se da morte de um jovem talentoso da elite paulista, bastante conhecido como poeta e por sua atuação política. Os principais jornais da época, à exceção do *Correio Paulistano*, de tendência política oposta à sua, deram grande destaque ao caso, publicando suas fotos e tentando apresentar uma versão do ocorrido por vários dias. Além do mais, a morte de Nenê Romano excitou a opinião pública por envolver nomes do mundo da política e por relembrar uma outra situação dramática vivida pela prostituta. Tão controvertidas foram as polêmicas que giraram em torno dessa história que, chegando ao Brasil nesse mesmo ano de 1923, Mme. O. lembrou-se do caso imediatamente à minha pergunta. Segundo ela, as explicações corriqueiras continuavam não respondendo devidamente às causas e à maneira da morte do casal:

> Ah, a Nenê Romano era muito linda, ganhou um prêmio de beleza, estava junto com um tal de Piza, não? (...) Um filho de família, fazendeiro e tudo. Mas aquilo, sabe, foi um problema mais político que outra coisa. É que ela sabia muito da política, e o Piza também. Não foi paixão, não. Ela sabia muita coisa da política e a política já estava começando a ferver um pouco. Só havia os barões do café na política, naquele tempo, os quatrocentões, não havia esses vagabundos que tem hoje. (...) Logo depois que eu cheguei aconteceu o caso. (Depoimento de 17/07/1989)

Conta Paulo Duarte, por ocasião da comemoração do 40º aniversário da morte de Moacyr, que todas essas derrotas resultaram numa enorme produção de artigos, polêmicas, manifestos, discursos, protestos, em grande parte reunidos no livro *Três campanhas*, publicado em

Amor e violência:
Nenê Romano,
paixão fatal do advogado
e poeta Moacyr Piza,
O *parafuso*, 25/08/1920.

fins de 1922. Em outro ensaio, *Roupa suja*, de 1923, Moacyr exercita sua verve mordaz contra Júlio Prestes, Rodrigues Alves e Washington Luís, critica as despesas orçamentárias do chefe de Estado e, de passagem, denuncia sua ligação com Nenê Romano, convidada a participar dos desfiles comemorativos de festividades nacionais, como o 7 de setembro e o 15 de novembro.

A paixão, entretanto, parece tê-lo envolvido a tal ponto que larga a redação do *Jornal do Comércio*, abandona o escritório de advocacia, assim como os amigos da boêmia, dedicando-se exclusivamente ao relacionamento amoroso com Nenê. As primeiras desavenças surgem quando os negócios do advogado começam a declinar e sua dependência da prostituta aumenta, a ponto de ele se retirar do convívio com os amigos e dos negócios. No entanto, continuam freqüentando os melhores restaurantes da cidade, passeando de automóvel pelas ruas badaladas, outras vezes viajando pelas regiões vizinhas.

Após dois anos de intensa paixão, Nenê desencanta-se do poeta, com quem rompe relações. Moacyr envia-lhe um faqueiro de presente de aniversário; ela recusa. Ele telefona; ela não atende. Procura-a e é evitado. O desfecho é conhecido. Ele é enterrado no cemitério da Consolação, ela, no cemitério do Araçá.

A história não tardou a virar romance. Em 1928, Gastão Goulart publica o romance *Nenê Romano* que, embora retrate a história do envolvimento da prostituta de luxo com um homem casado da elite paulistana, não acompanha os acontecimentos então descritos nos jornais.[32] Mesmo assim, ela aparece como a "mulher fatal" destruidora de lares, que acaba levando a mulher de Márcio Brandão a refugiar-se em Londres, depois de abandonar o marido, enquanto a filha, decepcionada com a impossibilidade do casamento desejado, morre de amor num convento da cidade. A prostituta aparece tanto vitimizada pelos caprichos de um homem galanteador sem princípios, quanto como "fatal". Assim, o autor vê em seu poder de sedução a razão da perdição do chefe de família:

> As suas energias, tais como as nebulosas que se apagaram, condensadas pela gravitação no sistema planetário que vive dos esplendores do sol refulgente, giravam na órbita de um astro de inconteste fulgor, trans-

---

32. Gastão Goulart, *Nenê Romano de Florença*, São Paulo, Irmãos Ferraz, 1928.

figurado na silhueta de uma mulher excessivamente bela e afável que, como as estrelas radiosas, fascinou, com a sua breve aparição, no firmamento do mundanismo, os estadistas recatados e os diplomatas sisudos de São Paulo: Nenê Romano. (p. 53)

Incapaz de resistir ao fascínio da cidade grande, aos galanteios dos homens experientes, débil por natureza e, no entanto, *femme fatale*, o autor procura mostrar no romance como a "queda" na vida dos prazeres resulta de uma fraca formação moral da mulher e da influência do meio. Portanto, a prostituta aparece como vítima das garras do macho insaciável e corrupto, mas responsável pela sedução física que exerce e pela incapacidade de conter-se na vida recatada do lar.

Convivem assim, nesse imaginário, duas imagens opostas da mulher: o anjo abnegado e a serpente que enlaça e devora. Num momento, Nenê é representada como a mulher despojada, que abdica de sua relação com Márcio, ao saber que poderia provocar a destruição de sua família. Aproxima-se de sua filha Josefina, protege seu amor indesejável para os parentes, chora em seus ombros. No momento em que Márcio se encontra internado no Hospício dos Alienados, Nenê batalha para libertá-lo. Ao mesmo tempo, o autor figura-a como força irresistível diante da qual todo homem sucumbe: "As mulheres tem, sem dúvida, a propriedade das *serpentes*: curam as chagas dos nossos corações com a mesma peçonha que os molesta" (p. 172).

Freqüentes observações sobre as características da mulher culminam, no romance, no momento em que, ferido em seu amor próprio, o médico Maurício Coutinho, rejeitado pela filha de Márcio, profere uma conferência no anfiteatro da Faculdade de Medicina, sobre "A inferioridade de mulher", em presença de sua mãe. Todas as teses positivistas, lombrosianas e evolucionistas sobre a condição feminina reaparecem na fala do especialista:

A mulher é uma criminosa nata. Investigai para isso a forma de sua deselegante cabeça. Tem o crânio típico dos bárbaros das eras remotas e apagadas da civilização, e é esse o crânio característico dos criminosos (...). (p. 155)

O que mais ressalta aos olhos, no entanto, é que a despeito de o narrador imputar essas convicções ao médico ensandecido, num momento de profunda dor moral, no decorrer do romance essas mesmas "verdades" a respeito da mulher são formuladas direta ou indiretamente. O próprio autor não se dá conta das contradições que permeiam sua posição em relação à mulher, não apenas a prostituta, infantilizada numa visão romântica e misógina.

No imaginário social, a figura da prostituta jovem, satânica, devoradora de corações, que leva o homem ao delírio, quando não ao suicídio, como Nenê Romano, continua a fazer sucesso durante os anos de 1920, como revelam as produções literárias ou as observações de contemporâneos. Sílvio Floreal, por exemplo, no já citado *Ronda da meia-noite*, solidarizava-se com o "coronel", vítima da exploração vampiresca das cortesãs de luxo. Descrevendo seu perfil, dizia:

> O "coronel" é o que protege e garante a manutenção da fêmea *chic*, "mamífero de luxo" verdadeiro escoadouro de dinheiro, *devoradora* de fortunas, que, com um delicioso sorriso *satânico* nos lábios, um suave e ardente clarão de volúpia nos olhos, e o mais esplêndido e candoroso cinismo deste mundo, arrasta ao fracasso financeiro e à ruína o mais sizudo velhote, que ainda com forças, caía num momento de fraqueza, na basbaquice de bancar o "coronel".[33]

Na literatura paulista dos anos de 1920, serão vários os momentos em que a prostituta aparecerá entretecida pelas representações da *femme fatale* e da ninfomaníaca, reforçando toda uma mitologia em torno da identidade feminina.

Laís, personagem do romance homônimo de Menotti del Picchia, de 1922, encarna a meretriz ousada e cheia de armadilhas.[34] Sabe o que quer e luta para vencer. É ela que progressivamente envolve Hélio d'Almeida, ultrapassando paulatinamente as barreiras subjetivas que ele lhe impõe. Mesclando sentimentos de repulsa e atração por ela, acaba enredado por sua sexualidade diabólica, mais do que por uma paixão ardente. Laís sabe que caminhos percorrer, que trejeitos adotar, que sentimentos expressar para enlaçá-lo gradativamente, meio felina, meio serpente, até que ele se sinta absolutamente dominado e títere em suas mãos. Nesse romance, Menotti constrói o estereótipo da prostituta dominadora, que leva o amante irresistivelmente à queda. Assim, Hélio

---

33. Silvio Floreal, *op. cit.*, p. 27.
34. Menotti del Picchia, *Laís*, Rio de Janeiro, Civilização Brasileira, 1931, 5. ed.

rolava de queda em queda. Sentia agora um prazer doentio, quase sádico, em cair... Não, não era amor aquilo: era cegueira e desejo; ele sentia nos gritos de sua carne, no furor dos seus nervos que era uma *perversão do seu instinto* tomado de uma diabólica fome e sede de Laís... (p. 122)

O afeto por Laís aumenta progressivamente, porém, a partir de uma batalha que ela inicia. Ela o cerca, envia bilhetes a que ele inicialmente não responde, persegue-o, chora, suplica, até ele ceder e tornar-se vítima de uma relação tirânica. Hélio se vê sucumbir a uma ligação absolutamente carnal. Laís é a prostituta hábil que joga com vários homens, meiga e perversa, fingida e infiel. Vivendo uma relação conflituosa com ela, Hélio experimenta na prática aquilo que teoriza sobre o amor. O amor é concebido como uma batalha, como violência e dominação de um sobre o outro. Quando Laís se declara pela primeira vez, tomando a firme decisão e iniciativa de conquistá-lo, ele procura dissuadi-la dizendo:

– O homem e a mulher, quando se desejam, só nos romances procuram a própria felicidade... Na vida, Laís, odeiam-se e destroem-se. Todo apaixonado gosta de ver sua amada sofrer... E o prazer erótico da lágrima, o gosto sádico do insulto, a alegria mórbida da dor! (p. 100)

Contudo, embora ele faça essas observações a respeito do amor, é ela quem o tiraniza, quem o manipula como boa "mulher fatal". Hipócrita, tem um prazer sádico em arrastá-lo para o abismo, envolvê-lo para depois soltá-lo, sem rumo e dilacerado. Mesmo assim, Hélio vê Laís em determinados momentos de lucidez, isto é, quando deixa de querer projetar mil fantasias sobre a relação que está vivendo. Então, percebe suas artimanhas, fraudes, manipulações:

Ela inventou uma tragédia banal — a eterna mentira das decaídas — onde aparecia como vítima dos martírios de um Barba Azul. Ele acreditou ingenuamente, sofreu com ela as torturas imaginárias e, quixotesco, odiou o monstro. (p. 124)

O poder da prostituta é acrescido pelo mistério que o olhar masculino, tanto do amante quanto do narrador, projeta em sua fronte. Para Hélio, Laís parecia ambígua, monstruosa e divina, diferente, ágil como felino, hermafrodita e "muito mulher", semi-humana e semi-animal, enfim, dotada de uma natureza que ele mal conseguia desvendar.

Em *O homem e a morte*, do mesmo autor, o narrador conta como se envolve com uma mulher também misteriosa, sádica e excêntrica que, embora não seja caracterizada como prostituta propriamente dita, tem uma vida bastante livre. Ele a vê pela primeira vez assistindo a uma partida no Jóquei e flagra um momento em que ela sente prazer diante da morte de um corredor. O sangue a excita. Logo mais, recorda-se de uma aventura sexual em uma quarta-feira de Cinzas e se pergunta: "A sádica mulher do Jóquei e a lúbrica bacante mascarada não seriam a mesma mulher?" (p. 23).

Nessa novela, que Menotti define como surrealista, uma explosão das projeções inconscientes contra a ordem literária burguesa, as figuras femininas são apresentadas pelas fantasias masculinas num irromper dos sonhos mais profundos do psiquismo e associadas ao sadismo, principalmente a personagem central, por quem o narrador se apaixona febrilmente: "Sinto ainda o perfume — uma diabólica criação de Arys — que vinha do seu sexo", afirma ele. De início, acha-a frívola, porém registra sua independência. Ela fuma um cigarro de ponta dourada, enquanto conversa banalidades. Mas, desde logo, sente uma atração perturbadora: "Eu não posso explicar como logo no primeiro contato compreendi a alma divina e satânica dessa mulher" (p. 30).

Ela resume o bem e o mal, a bondade e a perversão, a ingenuidade e a esperteza, a pureza e a decadência. As imagens se sucedem compondo uma figura ambígua, mas em quem prevalece o lado dominador e sádico, mesmo nos momentos em que sua fragilidade é realçada.

Enquanto o homem é reduzido a uma fragilidade espantosa, nesses romances, a mulher livre ou a prostituta desencadeiam, com a força que emana de seu sexo, sentimentos violentos, desconhecidos, arrebatando os ingênuos corações masculinos. No entanto, elas não saem nunca vitoriosas desses enfrentamentos amorosos. O autor invariavelmente se vinga pelas aflições que fazem passar os personagens masculinos. Ao mesmo tempo, desponta rapidamente nos romances uma dimensão vitimizada da prostituta, caracterizando uma irracionalidade absoluta própria das que vivem uma sexualidade devassa. Há outros romances, ainda, em que o aspecto da vitimização feminina é levado ao extremo, como veremos a seguir.

A FATALIDADE IRRESISTÍVEL:
MULHERES VITIMIZADAS

Enquanto as *femmes fatales* dos romances paulistas dos anos de 1920 são mulheres essencialmente urbanas, ou que se adaptaram às exigências e à velocidade da vida na cidade moderna, como Nenê Romano (Goulart), Cláudia (Cobra), Maria Alice (Caiuby), Kundry (Picchia), as *prostitutas vitimizadas* pelo destino são efeitos da inexperiência e da ingenuidade perante o mundo urbano.[35] Falar de sua vitimização pelo destino cruel supõe situá-las, como fazem os autores, no espaço urbano moderno: mundo corrompido pela degeneração dos costumes, pelo relaxamento dos laços familiares e pela indiferença entre os indivíduos atomizados, aí o ser humano perdeu toda capacidade de autocontrole. A prostituição, nesse caso, decorre de um fenômeno de violenta desterritorialização sofrida pela mulher.

Grande parte dessas prostitutas ingressa na "vida airada" por contingências exteriores à sua vontade, empurradas pela fatalidade. Salvo raras exceções, conseguem escapar do labirinto negro. Assim, ora a comercialização sexual do corpo é meramente uma maneira de conseguir dinheiro, pois a mulher não tem formação profissional alguma, ora é um mero acidente incompreensível para ela mesma, ora decorre do desejo de vingança contra a opressão masculina.

Seja como for, nesses romances, a relação do autor com o tema da venda sexual do corpo feminino se caracteriza por uma grande dificuldade em superar uma referência paradigmática tradicional, que se abstém de pensar a própria prostituição e o desejo. A idéia de um degringolamento da sociedade, da degeneração dos costumes, da ruptura radical do entendimento entre o homem e seu meio se explicita numa representação trágica da cidade, lugar dos marginalizados e da incomunicabilidade total entre as pessoas. Aí, a fragilidade essencial da mulher torna-a vulnerável ao mais leve sopro.

É significativo que a *Trilogia do exílio*, de Oswald de Andrade, se inicie com o livro *Os condenados*, anunciando uma trama marcada pela

---

35. Utilizo nesse item os seguintes romances: *Os condenados*, de Oswald de Andrade (1920); *A mulher que pecou*, de Menotti del Picchia (1922); *Uma história*, do mesmo autor e ano; *Ana Rosa*, de Jerônimo Osório (1920); *Os grandes bandidos*, de Emilio Gonçalves (1919); *O mistério do cabaré*, de Amando Caiuby (1931).

desesperança, pelo sofrimento e pela impotência humana.[36] O mundo da prostituição, por onde circulam a prostituta Alma, o gigolô Mauro Glade, o telegrafista João do Carmo e muitos boêmios e "Evas pérfidas", engole os indivíduos, prometendo-lhes a felicidade sexual que nunca se realiza. São Paulo, cidade-fragmento, ora alegre e colorida, ora sombria e soturna, é dotada de uma força própria que parece puxar os indivíduos, como uma "grande boca de mil dentes", na expressão de Mário de Andrade.

Alma, perdidamente apaixonada por Mauro Glade, não consegue escapar da condição de prostituta, suportando como suas demais colegas, "asiladas" dos bordéis da cidade, "posses geladas" de homens repulsivos e grotescos que cheiram à morte. Cede a todas as exigências do gigolô, abandonando o avô doente e instalando-se num bordel: vive para satisfazer os caprichos do atraente explorador. No entanto, ela mesma prefere esse amor impossível e dilacerante à possibilidade do amor-repouso com que lhe acena o telegrafista enamorado:

> Ela queria só uma coisa, só um milagre — o amor de Mauro, a fidelidade de Mauro. Ou então, pelo menos que ele não lhe jogasse ao rosto a sua facilidade de conquistas, o seu deboche insolente. (p. 11)

Mesmo que Alma, jovem e bela de "educação burguesa", procure escapar da tirania do destino, abandonar o violento e entendiante mundo da prostituição, dedicando-se ao filho, o tédio a invade e ela não consegue explicar sua insatisfação nem controlar seus impulsos libidinais masoquistas. É inevitável o escorregar na "queda abismal, sem fundo" (p. 74). Adere ao papel que a cidade lhe destina irremediavelmente, assim como todos os demais personagens, também eles confinados em seus papéis e trajetórias predeterminadas. "A existência era isso: uma torturada quermesse...", pensa ela (p. 11).

De certo modo, Alma situa-se entre a figura da "mulher fatal" e a da prostituta vitimizada pelo acaso. No triângulo amoroso em que se

---

36. Em 1941, Oswald de Andrade altera os títulos da trilogia. *Os condenados* passa a designar o conjunto da obra, enquanto *Alma* é o primeiro volume. Sobre esse livro, veja ainda Margareth Rago, "Prazer e perdição: a representação da cidade nos anos vinte", *Revista Brasileira de Histórias*, São Paulo, Marco Zero, v. 7, n. 13, set. 1986-fev. 1987.

debate, oprime cruelmente o telegrafista João do Carmo, que a ama, enquanto é espezinhada pelo gigolô Mauro Glade, capturada por uma paixão que a impede de transformar o curso de sua vida. Assim, a característica de vitimização é muito mais forte do que o poder que ela exerce sobre outros homens.

O viver no espaço urbano implica um alto preço: o confinamento e a solidão, a alienação de si próprio, o dilaceramento interno. Como nos expressionistas alemães, a cidade, transformada num grande cabaré, é o lugar dos marginais, boêmios, prostitutas, gigolôs, ladrões e das "massas macambúzias" sem rumo.

É ainda nessa representação orgânica que a cidade é descoberta por Nora, personagem central da novela *A mulher que pecou*, já citada. Separada do marido Nello em virtude da guerra, ela prostitui-se para conseguir financiar sua viagem para a Itália, onde ele se encontra. Ao contrário de Alma, que se liga na vida devassa por um certo prazer e por paixão ao gigolô, Nora é arrastada ao *rendez-vous* por contingências externas: precisa de dinheiro para ir ao encontro do marido, que ama profundamente. Como Alma, porém, é por amor ao homem que se prostitui, no caso o marido. Assim, tendo conseguido seu objetivo, retorna à vida conjugal normalizada, em que pretende viver para sempre. O rompimento moral do contrato de casamento advém, portanto, de uma situação extrema — de ordem financeira —, e não propriamente de um desencontro nas relações conjugais.

No entanto, como Alma, Nora sente uma certa atração pelo submundo e pelo mistério que encobre o mundo do prazer, em sua imaginação. A ausência do marido permite que ela dê passagem a outras formas de expressão do desejo. "A tentação cantava nela como uma sereia", afirma o autor, depois que ela recebe o convite da caftina Sinhá para ir ao bordel. Mas é a sensação de estar sendo arrastada por uma força invisível e incontrolável que predomina em suas reflexões sobre sua amargurada condição. Ela sente o mundo real como uma coisa

> (...) inventada por um mago para apavorá-la, como uma tragédia sem sentido, ilógica e incoerente. Ela era um farrapo de vida, arrastado na vertigem que levava os outros, folhas, como ela, da mesma árvore ignorada e trágica, à mercê do mesmo vento de fatalidade, rolando para baixo, sempre para baixo, no destino das quedas. (p. 54)

A sorte implacável leva tudo de roldão: a ida do marido à guerra, a morte do sogro, a queda na prostituição, a tragédia final. Como condenados, os indivíduos não conseguem interferir na direção da própria vida e decidir livremente seus rumos. Nesse sentido, a relação que Nora estabelece com a cidade aproxima-se muito da de Alma. Embora esta transite com mais desenvoltura pelo espaço urbano modernizante, a cidade é dramatizada como um espaço concentracionário, onde as pessoas, sobretudo as mulheres, não têm muitas opções e não conseguem escapar à roda do destino cruel. Abandonada pelo marido, Nora sofre com sua solidão e, despreparada, teme a cidade e a vida:

> Não saía há tanto tempo. E ela tinha medo dos homens, dos bondes, dos autos... No viaduto de Santa Ifigênia parou um instante olhando a cidade confusa e tumultuária estendendo-se do céu louro da avenida ao horizonte cinzento do Brás. (p. 50)

Não apenas o movimento tumultuado da cidade que cresce, a velocidade dos carros, o desconhecimento dos transeuntes a assustam, mas a difícil relação que a agressiva "paquera" masculina provoca:

> Homens paravam para olhá-la. A buzina de um auto urrou fazendo-a tremer de susto. Na rua São Bento, cheia de ruído, misturou-se à multidão apressada. Ao entrar na rua Álvares Penteado um "chauffeur" irônico, de cigarro na ponta do lábio, ofereceu-lhe o táxi:
> — Entre, formosura... (p. 51)

O espaço urbano é identificado como domínio imoral, tentador e cruel, assim como em outra novela de Menotti del Picchia, *Uma história*. Maria Célia, filha de um senador e rico industrial, "cai", na prostituição aos 20 anos para escapar das pressões familiares. Fugindo de casa no dia do seu indesejado casamento, a heroína, indefesa e atordoada, se sente física e moralmente desamparada. As ruas são desertas, cheias de sombras e obstáculos; nenhum espaço a acolhe familiarmente. Também para Maria Célia, que no entanto é uma moça da elite paulistana acostumada à vida social, a cidade amedronta e fascina, sobretudo pela presença agressiva de trabalhadores reunidos na avenida Paulista.

Para Alma, a cidade labiríntica agride e rejeita. Espaço masculino por excelência, só permite a presença feminina nas ruas como prostituta:

244 | OS PRAZERES DA NOITE |

Andara à-toa pela cidade noturna e agora deixava-se ficar ali num banco quieto da esplanada do Municipal, esperando, numa desorientação calma, que as horas passassem. E as horas custavam a passar. como a vida. Homens farejavam como cães, Dois rapazes que desciam pela ruela de areia, perguntaram-lhe se viera do teatro. Tinham parado no Anhangabaú claro e deserto. Ela levantara-se. Eram ambos bem vestidos, tinham dinheiro decerto. Chamaram-na. (p. 82)

Apenas em alguns momentos, nesses romances, as heroínas vislumbram possibilidades de sentirem-se acolhidas pela cidade e, mesmo assim, somente quando elas se situam na fronteira simbólica entre a cidade e o campo. O jardim, nessa representação que recolhe a imagem burguesa da natureza, vem associado à sensação de tranqüilidade e segurança. Maria Célia pode refugiar-se no Trianon, onde relaxa e dorme:

Estava em frente ao Trianon. O esplendor das luzes apavorou-me. Havia uma fila de autos parados junto da balaustrada e um grupo de "chauffeurs" ria alto, falando em vozes gritadas. Tive medo e atravessei a avenida. (...). Tomou-me um estranho pânico e fui, desnorteada, rumo do jardim onde, sob as árvores, o meu pranto jorrou livre, longamente... (p. 123)

Alma, por sua vez, caminha desesperada pelas ruas de São Paulo, tentando encontrar uma saída para sua própria vida. No momento em que atinge a periferia, pensa em suicidar-se. Como no espaço geográfico, ela atinge o limite dos caminhos que consegue vislumbrar para si mesma. No entanto, o contato com esse outro lado da cidade, ainda marcado pela calma do campo, onde carroças levantam poeira e convivem rudes trabalhadores, "animais soltos e gente descalça", desperta-lhe a vontade de viver. O contato com a natureza restabelece o elo que ameaça se romper com a vida/cidade. É afastando-se da falsidade, das ilusões, dos vícios urbanos, reparando nos gestos simples dos trabalhadores "rudes", mais próximos da mãe-terra, que Alma se reencontra consigo mesma e volta fortalecida para enfrentar a batalha cotidiana.

Dificilmente podemos deixar de pensar na inspiração rousseana dessas representações literárias que opõem a cidade — lugar da opacidade e da desordem do mundo — ao campo — espaço privilegiado da transparência e do retorno à interioridade do eu. À medida que estão absolutamente cindidos na cidade, os indivíduos não podem compreender as forças que os arrastam contra suas vontades. Menotti del Picchia utiliza uma metáfora vegetal para exprimir a sensação de impotência de sua personagem, segundo uma representação orgânica do social:

> Sentia-me um ser abúlico, folha à mercê da primeira rajada, coisa sem dono, que o transeunte do acaso poderia carregar (p. 126),

diz Maria Célia. Assim como Alma, não consegue explicar o que a leva a retornar infinitamente ao mundo da prostituição. A heroína não entende como vai parar num bordel:

> Eu não sei até hoje explicar a mim mesma, doutor, como aquele moço de chapéu de feltro, cuja fisionomia não me lembro, tão pouco a fixei na retina, ganhasse, tão depressa, minha inteira confiança. (p. 127)

A heroína Ana Rosa, do romance homônimo de Jerônimo Osório, também se sente vítima do destino ao trair o marido que não ama e prostituir-se: "Porque se admira?... O que se deu foi um desastre! Não foi por minha culpa... Era destino".[37]

Mesmo assim, a experiência urbana civiliza-a. Ela se destrói enquanto mulher casta e pura; em compensação, cresce e aprende a participar da vida social dos grandes centros. Contando suas andanças ao narrador, ela afirma que viajara a São Paulo e Rio de Janeiro, freqüentara "*clubs*, teatros e *cabarets*", aprendera a jogar e conhecera muita gente. Ao contrário da prostituta que se inferniza e acaba em desgraça ou morre, Ana Rosa torna-se independente do fazendeiro que a sustentara por um tempo e, no final do romance, retorna ao campo e à vida doméstica. Nesse sentido, e apenas nesse, o romance de Jerônimo Osório se aproxima do de Hilário Tácito, em que o cabaré e a prostituição simbolizam progresso e modernidade.

De modo geral, podemos observar que não só essas figuras femininas são representadas pelo olhar masculino do narrador, portanto, são projetadas segundo um olhar exterior, mas ainda toda a trava de suas vidas é decidida a partir de um homem. Quase todas "caem" na

---

37. Jerônimo Osório, *Ana Rosa*, São Paulo, Duprat, 1920, p. 179.

prostituição ou para fugir de um casamento indesejado, para escapar de um relação afetiva insustentável, ou ainda por amor ao outro, seja ele o honesto combatente que vai à guerra, seja o gigolô vaidoso ao estilo de Mauro Glade. Essa situação é radicalizada em *Os grandes bandidos*, romance de Emílio Gonçalves, publicado em 1919.[38] Toda a trama se desenrola no centro de São Paulo, sobretudo a partir do largo da Sé. Objeto do capítulo inicial do livro, é apresentado com uma coloração forte e negativa:

> O largo da Sé, e as ruas que lhe são próximas, representam o coração da cidade. Ao fundo do seu vasto redondel, lá se ergue a base granítica da futura catedral (...); mas, simultaneamente, é o despejo de tudo quanto existe de bom e comporta de ruim. (...) Com efeito, no seu bojo, e dividido por um labirinto de ruas e travessas, havia tabernas sórdidas, prostíbulos pestilenciais, casas escuras, tortuosas, duvidosas, cafés-concerto e "Moulins-Rouges" baratos, escolas e casas de família, a infância e a verdade, o meretrício e a candura, numa mescla de luz e treva, uma massa de pus e de risos. (p.7)

Progressivamente, suas observações sobre o centro da cidade transformam-se em advertências à leitora:

> Nas dobras da noite, minha senhora, mas devidamente disfarçada para que o labéu não se lhe agarre às saias, percorra o largo da Sé e as ruas que o rodeiam. Não pare no largo, que infunde um mistério, talvez derramado pela massa granítica da futura igreja (...). Repentinamente (...) chega-lhe aos ouvidos uma música de violas que causa calafrios e às portas dos cafés baratos, e às portas dos alcouces e às esquinas das ruas e, no desvão das portas, ouvirá conversas libidinosas, convites odiosos, combinações asquerosas, entre rapazolas imberbes e meio ébrios e sabidas marafonas... (p. 14)

Nesse ambiente saturado desenvolve-se o drama de Marta, infeliz no casamento com um gigolô que a vende para um ricaço, às ocultas. Enamorada pelos galanteios deste, Marta abandona o lar infeliz e instala-se num luxuoso apartamento na rua Direita, esperança de uma nova vida feita de amor e riqueza:

---

38. Emílio Gonçalves, *Os grandes bandidos*, São Paulo, Casa Vanorden, 1919.

> A Rua Direita? (...) Mas achava-se, eis tudo, na rua do luxo, da opulência, na rua com que tanta vez sonhara, invejando as mulheres que por lá habitavam, ou paravam às vitrinas a apreciar as jóias e os vestidos caros... (p. 26)

Seduzida pelo envolvimento afetivo e material proporcionado por Jacques, ela se entrega sem hesitação, engravidando a seguir. Logo é abandonada por esse outro gigolô da alta prostituição. Assim, para escapar do marido vilão que só pensava em "dinheiro, álcool e mulheres", Marta, "sempre santa, sempre mártir, sem um queixume, sem mais revolta", cai nas garras de outro vilão, ainda mais poderoso porque mais rico.

Trata-se aqui menos de caracterização da prostituta — afinal Marta é apenas uma mulher que se separa e une-se a outro — do que da definição do perfil de gigolôs, um da alta prostituição e outro da baixa. A mulher nessas condições vê-se absolutamente impotente, aprisionada nas redes que remetem de um ao outro. O primeiro marido freqüentava o baixo submundo paulistano:

> Positivamente, nem aquilo era uma taberna. Era melhor uma baiúca, onde havia um balcãozinho, umas estantes muito sujas com garrafaria cheia de bebidas mais extraordinárias que o gênio inventivo dos charlatães impinge à boa-fé, e onde também, em vários pratos cobertos de papel, havia "sandwiches" de aperitivo e de pasto às moscas. (p. 43)

O ambiente é enfumaçado, fétido, freqüentado por "viciados" de vários tipos que conversam animadamente, "entrecortando as frases de obscenidades ou de calões apreendidos nas esquinas das ruas sujas. Também não se tratavam por seus nomes, mas por estranhos apelidos: "Um era o 'Quim'; outro o 'Pé Leve'; outro o 'Zangão'". Jacques, por sua vez, participava do alto submundo: "Era como muitos desses que vêm ao mundo, filhos de pais milionários, para gastar-lhe o dinheiro esterilmente...".

A construção dos personagens, portanto, é bastante caricatural, num clima melodramático e entendiante. Além disso, a mulher que se envolve com esses "grandes bandidos", prostituindo-se por seu intermédio, não existe enquanto agente de toda essa trágica trama. Inevitavelmente, ao tentar salvar a mulher que "cai na vida" vitimizando-a, ela é excluída do mesmo modo, reforçando-se o mito da passividade feminina.

Contudo, entre as mulheres mártires que são empurradas para a prostituição por força do destino implacável, ou pela rejeição de maridos devassos, não há como negar que quase todas sentem um pouco de curiosidade e mesmo de prazer na nova situação. Em geral, não são infelizes na nova experiência amorosa, que lhes proporciona um primeiro contato com outro modo de funcionamento desejante. No entanto, ainda estão longe daquelas que optam por viver a fantasia de que na prostituição poderão constituir novos territórios afetivos e desejantes.

Além do mais, a dificuldade em trabalhar com a questão da comercialização sexual do corpo feminino também se explicita, pois a prostituição aparece sempre como *resposta*: à necessidade financeira, à opressão familiar, às adversidades enfrentadas na cidade grande, ou decorre da manipulação machista do sexo forte. Em qualquer um dos casos, escapa a dimensão *positiva* do mundo da prostituição, isto é, aquilo que constitui sua diferença enquanto outro modo de funcionamento desejante e as funções que ela preenche socialmente.

FANTASIAS DO DESEJO: MULHERES EMANCIPADAS

Comumente se afirma que quase todas as mulheres possuem (ou possuíam?) a fantasia secreta de prostituir-se por algum tempo ou apenas por um momento. Fantasia ou realidade, essa imaginação feminina expressa a noção de que a prostituição é um espaço de libertação física e moral da mulher, linha de fuga por onde é possível constituir novos territórios afetivos e dar vazão aos seus instintos libidinais reprimidos na vida conjugal ou na ausência desta. Mais do que o adultério, a comercialização do corpo significaria a possibilidade de dispor-se ao acaso dos encontros regidos pela troca no mercado, de vivenciar a vertigem da aventura no desconhecido campo da sexualidade e de experimentar o êxtase que a ausência de vínculos anteriores entre os sexos proporcionaria.

Poucos romances no passado apresentaram essa fantasia da mulher, seja porque não havia muitas escritoras do "sexo frágil", seja porque o tema da prostituição era privilegiadamente um assunto masculino. Contudo, por volta do final dos anos de 1920, encontramos os romances de Laura Villares e de Ercília Nogueira Cobra que, na ficção, desenvolvem teses muito próximas às que a escritora e ativista anarquista Maria Lacerda de Moura discute em suas obras.[39]

Em *Vertigem* (1926), de Laura Villares, ou em *Virgindade inútil e anti-higiênica* (1927), de Ercília Nogueira Cobra, as personagens centrais, Luz e Cláudia respectivamente, têm trajetórias de vida muito semelhantes. Provenientes de cidadezinhas do interior, ambas sentem fortemente a atração da cidade grande em São Paulo, despertam os sentidos e toda uma sensibilidade para dimensões antes ignoradas de suas próprias vidas. Assim, optam pela prostituição e vivem com intensidade suas experiências sexuais. Finalmente, ambas terminam em Paris, a primeira, independente mãe solteira e a segunda, casada com um velho protetor.

Vale destacar que as duas heroínas não morrem no final dos romances, nem se tornam desgraçadas. Embora Luz não esteja absolutamente feliz, obrigada a renunciar à paixão sufocante por seu padrasto, não chega a viver tragicamente. Estamos longe dos desfechos arrasadores de *Naná*, *Lucíola* ou *Alma*. O final que Ercília Nogueira Cobra dá às aventuras de sua personagem é, aliás, triunfante: encontrando-se em Paris com o médico que se recusara a casar-se com ela na adolescência, ele elogia sua beleza madura e tenta uma aproximação. Ela o afasta, perguntando por sua esposa. "Pretextei um negócio e saí", responde ele. Cláudia avalia de que destino triste escapara, pois, se tivesse casado com ele, seria ela quem "estaria fechada num quarto do hotel, sozinha numa cidade estranha, enquanto o marido se regalava com o seu dinheiro!". A narradora conclui:

> Sim, minhas senhoras! É para casar com tipos daqueles que as mulheres guardam a castidade e conservam-se como botões fechados a vida inteira — quando possuem dote... Virgindade idiota! (p. 128)

---

39. Maria Lacerda de Moura, *Hans Ryner e o amor plural* (1933); *A mulher é uma degenerada?* (1924); *Amai... e não vos multipliqueis* (1932). Sobre essa feminista anarquista, veja Miriam Moreira Leite, *Outra face do feminismo — Maria Lacerda de Moura*, São Paulo, Ática, 1985; Margareth Rago, *Do cabaré ao lar. A utopia da cidade disciplinar. Brasil, 1890-1930*, Rio de Janeiro, Paz e Terra, 1985, cap. II.

Virgindade inútil e anti-higiênica traz como subtítulo: "Novela libelística contra a sensualidade dos homens".[40] Na verdade, a autora está preocupada em denunciar a hipocrisia do casamento burguês, contrato estabelecido a partir do dote da mulher, e em afirmar a igualdade dos sexos. Em inúmeras passagens, denuncia essa forma social em que a sexualidade feminina é oprimida e confiscada no celibato ou na vida conjugal, enquanto o homem tem todos os direitos de experimentar novas formas de expressão do desejo: "A repressão dos instintos femininos, as injúrias e anátemas que pesam sobre as que não se sujeitam ao perverso e imoral seqüestro conseguem apenas criar o lenocínio, o infanticídio, a caftinagem e a prostituição" (p. 7).

Ao lado de Maria Lacerda de Moura, conhecida por sua participação política, Ercília é uma das poucas escritoras da época preocupadas em denunciar o aprisionamento do desejo feminino e em reivindicar a igualdade do instinto sexual da mulher e do homem. Como aquela, critica a educação destinada ao "sexo frágil", que visa a preparar o futuro "anjo do lar", extremamente dependente econômica e emocionalmente do marido. Sua atitude em relação à prostituição é, entretanto, ambígua. Condena-a no mesmo registro que Maria Lacerda, como forma de exploração sexual do corpo feminino. Aqui também a prostituta dos bordéis paulistanos aparece vitimizada pela corrupção social, pela ausência de educação e pela falta de autonomia. Sua heroína, Cláudia, revolta-se ao observar a condição das meretrizes com quem convive:

> Na maioria analfabetas e de uma estupidez crassa, falando como papagaios, imitando e reproduzindo o que ouviam os homens dizer. Supersticiosas até à loucura, chegavam a mandar rezar missas para que conseguissem bons "michês". Colocavam oleografias de santos sob o travesseiro para que o "michê" fosse generoso e não se demorasse muito. (p. 68)

Preconceituosas, elas mesmas se consideravam "perdidas, como se isto fosse a coisa mais natural do mundo". Contestadora, Ercília per-

---

40. Sobre Ercília Nogueira Cobra, veja a pesquisa realizada por Maria Lúcia Mott, "Biografia de uma revoltada: Ercília Nogueira Cobra", *Cadernos de Pesquisa*, São Paulo, n. 58, ago. 1986. Referências a essa mulher insubmissa dos anos de 1920 aparecem ainda no livro de Susan Besse, *Modernizando a desigualdade: reestruturação da ideologia de gênero no Brasil, 1914-1940*. São Paulo, Edusp, 1999.

gunta, através da heroína, por que aquelas mulheres que se olhavam como "almas deterioradas" não podiam ter sido "advogadas, médicas, condutoras de autos, parteiras, deputadas, funcionárias públicas — as coisas que os homens são, em suma" (p. 69). Por que eram obrigadas a sofrer todo tipo de humilhações e torturas?

Até aqui, seu ponto de vista não difere daquele já bastante conhecido, expresso nos romances masculinos. No entanto, é na prostituição que sua personagem vai encontrar uma alternativa de vida, conhecer o amor e o prazer sexual e, ao se metamorfosear em cortesã de luxo, perder todos os trejeitos de moça interiorana. Na prostituição, ela expande muitas dimensões de seu ser, assim como a personagem de Laura Villares. Sem ligações amorosas definitivas, o espaço feminino se amplia, inclusive em relação à sua sexualidade: ela passa a descobrir o próprio corpo, a amar-se porque amada por muitos homens e invejada por muitas mulheres, redefine positivamente sua auto-imagem, considerando-se atraente e capaz de enfrentar o mundo com suas próprias forças. Parece ser esse o recado maior do livro de Ercília, o que contrasta fortemente com a leitura masculina da prostituta, nos romances pesquisados.

Desde o início do livro, Cláudia, ainda virgem e inexperiente, opta pela "vida" e não pela reclusão sexual:

> O seu sangue ardente de moça refervia-lhe nas veias ao ver nas fitas americanas lábios se colarem contra lábios. Solteirona, ela? Jamais. Gostava da vida. Amava o amor antes de o conhecer. (p. 2)

Já como prostituta, refletia:

> Ao menos, como prostituta, *vivia*. Perdia aos poucos a alma estraçalhada pelo desgosto moral, mas vivia. Sua carne, se não conhecia ainda o amor, o estremecimento divino de um beijo apaixonado, já gozava momentos de volúpia que não eram de desprezar. (p. 79)

Assim, a vida como prostituta em São Pedro (ou São Paulo) permite à personagem conhecer outros aspectos do comportamento humano, da vida em sociedade e de sua própria sexualidade, aos quais não teria acesso se permanecesse em sua cidadezinha. Se ainda não se apaixonou de fato, tem a possibilidade de despertar os sentidos e de "gozar diariamente as sensações deliciosas do beijo".

É ainda na prostituição, agora mais sofisticada e refinada, vivenciada em Buenos Aires, que Cláudia se transforma definitivamente numa mulher, abandonando os últimos resquícios da jovem interiorana. Veste-se elegantemente como cortesã de luxo, solicitada nas altas rodas sociais, e conhece o "verdadeiro amor". Evidentemente, o romantismo da autora ressoa em todas as suas colocações. No entanto, sua heroína não é transformada em demônio por sentir tesão ou por abandonar o amante apaixonado, ou ainda por ter uma relação lésbica. Nem em anjo decaído nas profundezas do lodo, como na ficção masculina. Cláudia entra e sai da vida prostituída, com controle da situação, como uma mulher autônoma, decidida e batalhadora. Ela se comporta como quem tem consciência de seus direitos e luta para viver intensamente, inclusive no plano sexual. A solidão não a torna solitária, nem há tragédias pela descoberta frustrante de que o "verdadeiro amor" é um cáften ladrão.

Laura Villares, por sua vez, embora revele uma percepção menos radical da condição feminina e da prostituição, aproxima-se em muito de Ercília, ao colocar em cena mulheres extremamente sensualizadas, em busca da satisfação sexual e da participação no espaço público, que rejeitam o casamento ou que, se o aceitam, pagam pelo alto preço de suas limitações. Assim, enquanto o romance *Vertigem* (1926) aborda diretamente a temática da prostituição, *Êxtase* (1927) gira em torno de um casamento malsucedido no seio da elite paulista.

Um dos aspectos mais interessantes em *Vertigem* é a sensualidade das figuras femininas, especialmente da personagem central. Órfã, Luz parte para a cidade grande tendo em vista construir sua vida, trabalhar, estudar e, para tanto, instala-se numa pensão mais simples, onde conhece a prostituta francesa Liliane Carrère. Com esta, a jovem faz sua introdução na vida social do centro urbano. Passeiam juntas pelas ruas de São Paulo, compram roupas nas costureiras bem providas das modas parisienses, tomam chá no Mappin Store, sentindo as vibrações da metrópole e do fetiche das mercadorias:

> A cidade estava animada, ruidosa, alegre; as vitrinas arranjadas para tentar os passantes, atraíam irresistivelmente os olhares; Liliane parava a cada instante e mostrava à companheira os objetos que cobiçava, conduzindo-a logo depois às lojas, onde comprava mil futilidades, gastando dinheiro à larga, dando o seu endereço aos caixeiros, com uma espécie de orgulho: Liliane Carrère. (p. 71)

A cortesã francesa, associada ao consumismo irresponsável e fútil, arrasta Luz para esse turbilhão de novidades. O deslumbramento progressivo com sua beleza, suas roupas, sua maquilagem, suas posses leva-a a sondar as possibilidades pessoais. Os romances eróticos que a amiga lhe empresta despertam-lhe mais fortemente o desejo e abrem espaço para que ela pense sua sexualidade.

Logo encontramos Luz examinando-se diante do espelho narcisistamente, apreciando suas belas formas, influenciada pelos conselhos da prostituta francesa e sentindo ainda os efeitos da explosão do sexo, desencadeada pelo contato físico com um desconhecido:

> Alguém acariciava-lhe o corpo, umas mãos delicadamente apertaram-lhe os seios... uma força imperiosa e doce dobrou-a como um junco para trás e, antes que ela tivesse tempo de fazer um gesto, ou dizer uma palavra, uns lábios cálidos, ávidos, sorveram sobre a boca semiaberta um longo, profundo beijo, sápido de lágrimas e voluptuoso até o sofrimento. (p. 44)

Nessa noite, sozinha em seu quarto, não consegue dormir, "atormentada e pálida, como uma gazela acossada por uma fera: o instinto" (p. 45). Aceso o desejo, a personagem desliza rapidamente por uma série de situações altamente erotizantes que a tornam uma mulher experiente. No entanto, sua forma de prostituir-se é relativa, pois ela se relaciona apenas com o mesmo amante durante todo o romance. Vive como a "outra" de um homem charmoso e rico, que conserva esposa e filhos à margem de suas relações extraconjugais.

Contudo, penso que esse dado não altera o aspecto sobre o qual quero chamar a atenção do leitor: *a leitura feminina da prostituição*. A sensualidade feminina, a forte manifestação do instinto sexual leva a moça a aceitar uma condição marginal que, evidentemente, contraria os princípios segundo os quais fora educada. Assim, ela não recusa a aproximação da prostituta francesa na pensão, que freqüenta seu quarto, espia curiosa seu mundo, lê os livros que aquela lhe empresta, circula com ela pela cidade e apaixona-se pelo seu amante, muito significativamente. Enfim, identifica-se com a prostituta francesa, mesmo que o objetivo explícito da narradora não seja essa aproximação. Também é Luz quem convida o amante rico a freqüentar as orgias organizadas no palacete de Mme. Blanchette, ou apresentadas nos cabarés do Rio de Janeiro. Ela procura provocá-lo, mesmo que aparentemente impulsionada por um desejo de vingança, e não consegue resistir à paixão sensual. A cena em que vive sua primeira relação sexual efetiva é excitante e saturada de pulsões desejantes:

> Ao sentir-lhe o palpitar precípite das veias, embaixo do setim (*sic*) do colo, ao sugar-lhe os braços, o peito, sentiu um ímpeto de paixão, tão delirante, que a voz se lhe embargou na garganta. (...) Furiosamente então, ela enterrou-lhe as unhas na carne e, enquanto sua boca era procurada, num anseio de inexprimível volúpia e os dentes entrechocavam-se como espadas num duelo de morte, o mordeu primeiro nos lábios, depois na testa. Mas a martirizada foi ela... (p. 192)

Presenciar cenas de dança erótica, *strip-tease*, experimentar bebidas excitantes ao lado do amante e em meio a todos os personagens que compõem o submundo elitizado de São Paulo, ou do Rio de Janeiro, também são momentos vivenciados com curiosidade e volúpia. E o parceiro, como em outros romances, que assume a função moralista de querer privar a prostituta de cenas e emoções censuráveis, impedindo que ela se dissolva no "debordamento do êxtase (Perlongher). Em casa de Mme. Blanchette, num ambiente saturado de sensualidade, Luz bebe vinho, "a verdadeira ambrosia dos deuses", como brinca um dos presentes. Em seguida, a artista-prostituta Mimi apresenta seu número de dança erótica, representando a Salomé. Luz não resiste à excitação dos sentidos atingidos por todos os lados naquele ambiente dionisíaco:

> Ébria de volúpia, inconsciente, ela mesma tomara-lhe as mãos e as pusera voluptuosamente em contato com os seios sensíveis, erriçados, doloridos, e gemendo baixinho, abandonava-se à doce pressão deixando-se arrastar pelo impulso do instinto. (p.125)

Nos romances em que a prostituta é identificada à figura perturbadora da *femme fatale*, é ela também quem leva o homem para a cama. Apaixonando-se por Hélio, Laís, do romance homônimo de Menotti del Picchia,

> Colou histericamente os lábios nos lábios dele, que ardiam. Hélio não resistiu. O desejo, ardente e imperativo, incendiou-lhe o instinto. Um arrepio eletrizou-lhe os lombos, as carnes... Arrastou a mulher, cego e alucinado, sob o brilho vacilante das primeiras estrelas. (p. 102)

Em *O mistério do cabaré*, é o dr. Raul Adalberto quem mobiliza seus esforços para impedir que a amante Maria Alice, que conhece no cabaré Maxim's, participe dos jogos desejantes e microscópicos. Assíduo freqüentador do cabaré, onde se diverte acompanhado de prostitutas e bebidas, ele se indigna ao ver que a jovem freqüenta o mesmo espaço libertino, confinando-a no modelo do relacionamento conjugal, com toda a privacidade que uma casa em "rua aristocrática" permite.

O que distingue, no entanto, os romances masculinos do período daqueles escritos por mulheres, mesmo que também registrem uma percepção moralista do submundo, é que, nos segundos, esse universo é erotizado, saturado de energias pulsionais, explosão de fluxos desejantes. O bordel é a contrapartida do universo higienizado e asséptico das relações conjugais e familiares. Aliás, se o amor não é privilegiado no discurso das cortesãs, objetivas e calculistas, o casamento também não constitui uma meta. Luz se diferencia das outras meretrizes por recusar "esse mercado de si mesma" e condena o casamento como círculo de ferro, uma prisão de aço" que a sociedade, "hipócrita senhora", pretende impor aos indivíduos, dizendo aos que estão dentro: "Não devem, não podem amar fora... E aos que estão fora: não podem, não devem amar os que o círculo de ferro oprime, os que sufoca a prisão de aço!" (p. 131).

Mme. Blanchette, como prostituta experiente, reforça essas concepções, radicalizando-as ao negar a possibilidade do amor:

> (...) nós mulheres nunca devemos amar, porque amando nos tornamos escravas. A mulher, em nossa condição, deve pensar somente em vencer, quer dizer tornar-se rica. Tendo dinheiro, todas as portas lhe serão abertas e as costas que se lhe viraram antes, curvar-se-ão à sua passagem.

Vencer significa enriquecer, libertar-se economicamente de cafetões, da própria prostituição e da sociedade. Essa lógica calculista, contudo, revela a nítida compreensão que tem a caftina do significado social da prostituição. O que está particularmente em jogo é a discussão sobre o lugar da mulher na sociedade, que exclui sua participação no campo profissional e na vida social.

É constante a relação que se estabelece entre a prostituição e o tema do casamento e, por isso mesmo, com muita freqüência, os dois aspectos polarizados são discutidos complementarmente. Laura Villares, que em *Vertigem* aborda perifericamente esse segundo tema, dedica-lhe seu outro romance, *Êxtase*. Nesse livro, duas personagens secundárias se destacam pela independência de espírito, mas também pela sensualidade: as viúvas Celina da Silva Gomes e Helena Álvares. Mulheres ricas, viajadas, bem-tratadas, não recusam a participação intensa nas rodas sociais, nas festas e passeios, sem se exilar sexualmente. Ambas mantêm várias aventuras amorosas com rapazes bem mais jovens. Descrevendo os pensamentos da viúva Celina, diz a narradora:

> Prostituta? Não. Uma mulher dotada de caprichos e que sabia satisfazê-los. Colhia o prazer onde o encontrava, admirava o belo, adorava o amor e gostava dos homens, doía-lhe o coração ao ver-se sozinha em sua cama faustosa... (p. 34)

Independente porque viúva rica, ela se veste com roupas modernas que escandalizam os empregados da fazenda e, experiente, tem uma concepção do casamento muito mais desmitificada do que a jovem sobrinha recém-casada. Como a personagem de Balzac, em *O contrato de casamento*, Celina procura persuadi-la de que a relação conjugal precisa ser equilibrada pelas "barreiras do mundo". Aconselha à jovem:

> É necessário que te divirtas! Que freqüentes a sociedade, que tenhas algum 'flirt', para que te não hipnotizes na adoração do ídolo que é Adalberto! A lua de mel já acabou. É chegado o momento de olhares em torno de ti e de gozares um pouco... (p. 67)

Como Mme. Blanchette, a viúva critica o casamento tipicamente burguês em que Isa acredita e que exige dedicação exclusiva. Seu ideal de feminilidade agora é muito diferente: cuidada, elegante, demonstrando felicidade e inteligência, a mulher deve freqüentar o espaço público, recusando-se à condição de doméstica pregada pelos médicos do período. As relações amorosas devem ser opacas, misteriosas, cheias de surpresas e de transgressões. É essa também a concepção de Helena, outra viúva que Isa conhece numa festa. Diante dos comentários piegas daquela sobre sua viuvez, "(...) ria, tomando os últimos goles de chá, e exaltou a liberdade, a independência das mulheres, livres do domínio pesado e cruel dos homens" (p. 85).

Como a viúva Celina, Helena afirmava viajar constantemente para a Europa ou Argentina, cultivar amizades e ser feliz. Como a outra, ela sabia aproximar-se dos homens pelos quais se sentia atraída, manifestando uma vitalidade e energia muito maior do que a da jovem casada. Experiente, ambas sabiam seduzir os homens mais jovens com quem acabam se relacionando. Deitada na cama com Luizinho,

> D. Celina adorava as carícias que deixam pelo corpo, sinais roxos, amarelos e rosados como a viola tricolor, e abandonava-se sem preocupações, porque assim, deitada, adquiria a consistência do mármore, o ventre achatava-se, os seios tornavam-se salientes e as pernas rígidas. (p. 124)

Ocorre-me perguntar por que o casamento era um tema tão discutido na literatura e, principalmente, nas revistas femininas das décadas iniciais do século. São inúmeros os artigos publicados na *Revista Feminina* que discutem a necessidade ou não do casamento, explicam sua importância, tematizam o divórcio e o adultério e recomendam o ideal da esposa higiênica.

Concordamos com a hipótese de que a entrada da mulher na esfera pública, com as transformações econômicas e sociais que marcam a sociedade do trabalho nesse momento histórico, tenham provocado reações morais bastante fortes. A possibilidade de acesso ao poder econômico e a conquista da autonomia parecem assustar profundamente os setores da sociedade preocupados em garantir suas prerrogativas masculinas. Desse modo, a relação da mulher com o dinheiro, objeto público por excelência, mas objeto que gera poder, estará sempre muito marcada por uma condenação moral sutil. Ela poderá consegui-lo pelo trabalho, como qualquer cidadão, mas seu trabalho terá um valor menor e seu salário pelo mesmo ofício será inferior ao do homem. Ou ela poderá ter direito a ele por herança familiar ou pelo casamento, mas as grandes compras, os grandes investimentos serão sempre decididos pelo pai e pelo marido. Apenas a mulher sozinha, viúva ou celibatária, estará em condições de administrar livremente seus bens, porque foi empurrada pelas contingências. A relação da mulher com o dinheiro passará sempre pelo "fantasma da prostituição", como mostra Clara Coria para os dias de hoje. Afinal, a mãe inventada pela moral vitoriana situa-se no plano da natureza, onde as relações não são mediadas pelo equivalente geral. No mercado, encontramos a "mulher pública", isto é, aquela que vende seu corpo, que contabiliza o prazer que oferece e o transforma em mercadoria.

As imagens literárias da prostituta, polarizada entre a "mulher fatal" e a "vítima do destino", entrecruzaram-se com aquelas construídas e difundidas pela imprensa da época. Ora "anjo decaído", ora encarnação do demônio, a prostituta é representada como uma figura que ameaça a estabilidade emocional e subjetiva da mulher "honesta". Entretanto, poderosa ou frágil, é a partir do centro de gravidade representado pelo homem que a mulher define seu ingresso no mundo da prostituição. Amor ao marido ou ao gigolô, desejo de vingança por se sentir recusada, ódio ao patriarcalismo, ou ainda impossibilidade de entrada profissional no mercado de trabalho, é sempre em função do homem que as meretrizes, nos romances ou na imprensa, encaminham-se para o outro lado da margem.

Como explicar essa dificuldade em aceitar um outro percurso, isto é, aquele que as romancistas citadas apontam para suas heroínas? Dessexualizadas pela ciência burguesa, como afinal se poderia explicar o desejo feminino de experimentar relações amorosas extraconjugais, senão pela mão muito visível da interferência masculina? Somente as ninfomaníacas, segundo as classificações médicas, poderiam manifestar impulsos sexuais fora do casamento. No entanto, não parece contraditório para a época que as prostitutas, nos romances ou na vida real, fossem penalizadas por sua própria condição. Enquanto na literatura adoeciam e morriam precocemente, na vida real eram perseguidas, estigmatizadas, internadas em hospícios como loucas, mesmo quando não eram responsabilizadas por sua condição.

Finalmente, vale notar que, assim como no cinema, também na literatura a figura "decadentista" da "mulher fatal" cede paulatinamente lugar para a mulher perigosa e irresistível, mais charmosa e sensual do que cruel, fácil de sucumbir à sedução masculina como Alma, ou Gilda no cinema, na passagem para os anos de 1930. A poderosa Salomé é superada, no Brasil, pela doce Gabriela.[41]

---

41. Refiro-me à *Gabriela*, conhecida personagem do romance de Jorge Amado *Gabriela, cravo e canela*, popularizada em novelas e filmes.

3 | SUBTERRÂNEOS DA PROSTITUIÇÃO

Se o mundo da prostituição pode ser focalizado como lugar de manifestação do desejo, onde o bordel figura como um "condutor de intensidades" (Guattari), não há como esquecer que a violência é uma dimensão constitutiva das relações sociais que aí se estabelecem: entre prostitutas e fregueses, entre caftinas e meretrizes e entre as próprias prostitutas. Uma ambígua rede de solidariedades e pequenas rivalidades, competições e manifestações de amizade marcam, assim, a subcultura da prostituição.

Além disso, por toda a máquina que essa instituição promove, trazendo altos lucros ilegalmente, a prostituição está muito próxima do mundo do crime, abrigando marginais: vagabundos, gigolôs, delinqüentes, ex-presidiários, alcoólatras, viciados. A violência permeia o cotidiano das meretrizes, manifestando-se tanto em sua reterritorialização perversa, quanto nos códigos internos que regem a vida do meretrício — especialmente a do baixo meretrício, como examino neste momento a partir da documentação pesquisada.

Sexo e violência

Nem sempre a relação entre meretrizes e fregueses se caracterizou pela harmonia descrita nos livros dos memorialistas. Corpo-instrumento, a prostituta representa fundamentalmente para o freguês uma peça de produção do prazer. Não interessa nessa relação a pessoa da prostituta, suas idéias, apreensões, desejos, mas uma *performance* que foi comprada e deve ser satisfeita. Ora, muitos dos freqüentadores do mundo marginal eram homens de classe social superior, cujas fantasias só poderiam ser compartilhadas por mulheres de posição social inferior, que não evocam as imagens familiares da esposa, irmã ou mãe, e que eram consideradas mais próximas do campo da animalidade e das perversões. Bataille chama a atenção para o significado dessa vivência da prostituição como liberação do prazer desmesurado, próximo da morte:

> A imagem da mulher desejável, que se nos oferece como tal, seria insípida — ela não provocaria o desejo — se ela não anunciasse, ou não revelasse, ao mesmo tempo, um aspecto animal secreto de uma enorme sugestão. A beleza da mulher desejável anuncia suas partes pudendas: justamente suas partes pilosas, suas partes animais.[42]

É claro que isso não significa necessariamente uma relação infeliz ou desagradável para ambos. Contudo, quando as fronteiras entre o que consideramos nosso lado de humanidade e de animalidade são tênues, a explosão da violência e a exacerbação dos sentidos tornam-se mais fáceis. É possível que os códigos de civilidade que se instituíram nos bordéis de luxo e nos cabarés elegantes incitassem a uma relação maior de respeito entre o freguês e sua "protegida", ao contrário do que ocorria, em geral, na zona do baixo meretrício. O próprio fato de estar cercado por amigos influentes na vida pública da cidade impunha determinados limites e regras civilizadas de conduta aos homens que solicitavam a companhia de uma prostituta. Por isso, ela poderia desempenhar o papel de interlocutora sobre assuntos variados, passando da política à arte, acompanhá-lo em um restaurante, freqüentar teatros e cafés; o que, evidentemente, não excluía situações mais violentas, como casos de agressão ou até de assassinato. Ainda assim, muitas vezes se definiam relações mais estáveis entre a prostituta e o freguês no mundo da alta prostituição, visto que muitos se fixavam numa preferida, com quem às vezes se casavam.

---

42. Georges Bataille, *O erotismo*, Porto Alegre L&PM, 1987, p. 134.

No baixo meretrício, a rotatividade muito mais acelerada dos corpos implicava encontros sexuais mais rápidos e diretos. As meretrizes deviam atender a uma quantidade maior de fregueses e, como recordam os contemporâneos, não havia muito tempo para música, jogos ou conversa. Perguntei a Mme. O. se havia alguma forma de diversão nas casas das ruas Amador Bueno e Timbiras. A resposta veio em tom desanimado:

> Não havia uma vitrola que tocava, mas as mulheres nesses bordéis estavam tão preocupadas em ganhar dinheiro porque precisavam dar para o cafetão; então não tinham tempo a perder. Sim, todas as mulheres que estavam na Amador Bueno, todas elas tinham (cafetão). (Depoimento de 17/08/1989)

Entretanto, de modo geral, as prostitutas tinham de enfrentar fregueses dos mais diversos tipos, desde figuras agradáveis até bêbados, delinqüentes, vagabundos, ladrões, homens violentos e desequilibrados, que não podiam arcar com os custos dos bordéis mais caros. Consideradas biologicamente inferiores e, muitas vezes, sendo economicamente mais pobres, as prostitutas expunham-se a muitas violências emocionais ou físicas. Evidentemente, são poucas as referências na imprensa ou na documentação em geral a conflitos ocorridos entre prostitutas e clientes nas altas rodas da boêmia, mesmo porque muitos escândalos eram abafados por amigos influentes, ou pela dona do bordel. Apenas casos mais trágicos, como o assassinato de Nenê Romano pelo advogado Moacyr Pisa, vinham à tona na imprensa — ao contrário do baixo meretrício, onde havia grande número de histórias conflituosas e sensacionais.

Entre os processos-crimes que pesquisei, foram poucas as referências a conflitos vividos no interior do bordel. Um dos raros exemplos registra a agressão de Antonio Rego de Freitas, de 22 anos, solteiro, brasileiro, funcionário público, a Olga Camargo, de 23 anos, solteira, "artista", paulista e analfabeta, residente no Hotel dos Estrangeiros, na rua Conselheiro Crispiniano, n. 17. A confusão das informações impede que se identifique precisamente esse cabaré, pois o tradicional Hotel dos Estrangeiros, tantas vezes citado neste trabalho, desaparecera em 1923, enquanto o processo data de outubro de 1927. Segundo o depoimento da jovem meretriz, o rapaz, freqüentador assíduo do referido hotel, apresentara-se às 3 horas da madrugada, tirando-a para dançar, e

> (...) como Rego Freitas, na dança, começou a lhe maltratar apertando-lhe, a declarante negou-se a dançar mais, indo sentar; que, tocando de novo para dançarem, negando-se a declarante sair; que, por tal foi arrastada pelo mesmo Rego Freitas e, como fez corpo duro, este segurou no braço da declarante torcendo, levando-a assim para onde ele quis (...)[43]

Olga, que também não era indefesa, reagiu arremessando um copo sobre a cabeça do insistente rapaz, ao que ele revidou conferindo-lhe um soco no nariz. Várias outras personagens participaram do caso, como testemunhas. Assim, conhecemos os habitantes e freqüentadores desse cabaré. Uma delas é a proprietária da "pensão para artistas", Fernanda Girardilli, italiana, natural de Veneza, de 41 anos de idade, casada. Regressava do bar do Teatro Municipal, no momento do conflito, em companhia de Genny Silva, 23 anos, portuguesa, casada, inquilina da pensão. Ambas reafirmam a história relatada inicialmente, solidarizando-se com a colega.

Vários estudos destacam a densificação das relações entre as meretrizes como forma de autoproteção, não obstante a concorrência entre elas pelo melhor "michê". Em ruptura com os laços familiares, total ou parcialmente, muitas procuravam recriar redes subterrâneas de interação social, estreitando os vínculos de amizade e companheirismo no interior da zona. Também por isso a proprietária do bordel era privilegiada nesses depoimentos e memórias, mais como uma figura maternal e protetora do que como a exploradora ávida que os jornais e documentos oficiais da época denunciavam.

Outra "artista", Elza de Carvalho, brasileira, 22 anos, casada, sabendo ler e escrever, depõe: regressava à sua residência na pensão com seu amante, quando encontra Olga ensangüentada. Finalmente, presta depoimento Angelo Francisco Martello, italiano, 34 anos, garçom, alfabetizado, residente na rua Benjamin de Oliveira, n. 76. Encontrava-se servindo a reduzida freguesia da pensão, naquela noite, "com a presença apenas de poucas mulheres porquanto a maior parte encontrava-se na rua — ao que se sugere, procurando fregueses —, quando entra "um moço alto, magro, um pouco pálido, vestido com uma capa cinzenta escura, até então desconhecido do depoente". Pede cerveja, já um tanto alcoolizado, e convida Olga para dançar. Discutem e

---

43. Processo de Antonio Rego de Freitas, de 6/10/1927.

(...) instantes depois, uma ocasião em que o depoente estava na copa, deu-se na sala onde estavam dançando estranho barulho proveniente de algumas pessoas correrem para o lado do corredor de saída; que o depoente chegando então ao corredor viu Olga com o nariz sangrando, ficando então o depoente sabendo que o rapaz com o qual havia dançado e que era o mesmo já mencionado lhe havia agredido com um violento soco no rosto (...).

A ação da Justiça resolve-se em favor do "sexo frágil", protegendo a mulher submetida a atos de violência por parte dos freqüentadores das "casas alegres".

Relações tensas e multifacetas estabeleciam-se entre fregueses e prostitutas, incluindo desde os momentos em que estas odiavam aqueles, desejando que o ato sexual acabasse rapidamente, até as que se sentiam como meras profissionais executando seu trabalho, ou ainda as que desejavam gozar e fixar uma freguesia. O jogo em que a prostituta calcula as intenções e fantasias do homem e avalia as extorsões que pode realizar é trabalhado no romance de Laura Villares, *Vertigem*. Aí, a prostituta francesa Liliane Carrère mede a quantidade de prazer que deseja vender de acordo com as finanças do cliente. Aliás, a contabilização do prazer comercializado fazia parte também dos cálculos financeiros da caftina, conhecedora íntima dos desejos do freguês.

Oswald de Andrade, à semelhança das autoridades públicas, embora sem se solidarizar com elas, traz um olhar extremamente negativo sobre o mundo da prostituição. Marcado por uma representação organicista do social, identificava os bordéis, inclusive os de luxo, a "asilos", onde as prostitutas-asiladas deviam suportar "posses geladas" de homens gordos e repulsivos — "vadios da sociedade chique, os velhos vermelhos do São Paulo Clube, os arrivistas comerciais" —, embriagando-se com eles ou dançando ao som desafinado de orquestras mambembes, além de satisfazerem seus instintos perversos.[44] Construía, enfim, uma percepção extremamente decadente do bordel, lugar onde sexo e violência se confundiam:

Na sala espaçosa, com mesas cheias e bolotas multicores de papel dos lustres anacrônicos, a desgraçada festa dos sem amor estrugia desde

---

44. Oswald de Andrade, *Os condenados, op. cit.*, p. 21.

meia-noite. Os enfeites ingênuos do teto eram um sarcasmo para a rapariga canalha, vestido em vivo de *gigolette*, que dançava grudada ao seu par. A orquestra feita de um careca, de um mulato e de um artista, chorava no fundo de fumaça. Um bêbado maxixou num bolo, com duas mulheres seminuas. Uma canção canalha levantou gritos. (p. 7)

Por mais moralista e conservadora que seja sua construção imaginária do *demi-monde,* sabemos que as prostitutas, especialmente nas "pensões de artistas" menos favorecidas, expunham-se à ameaça de contaminação de sífilis e outras doenças venéreas, a brigas com os fregueses, a violências emocionais, além da concorrência entre elas, da exploração econômica exercida pela caftina, ou da detestada perseguição policial. Abortos eram freqüentes e certamente realizados nas mais precárias condições, como aparece tanto naquele romance quanto nas notícias da imprensa.[45]

O número elevado de atendimentos sexuais no baixo meretrício provocava maior facilidade de lesões e contágios entre as meretrizes. Depressão, expectativas frustradas de casamentos — como aparece magistralmente no filme de Fellini, *Noites de cabíria,* além de suicídios, eram cenas freqüentes nos territórios marginais da cidade. *A Gazeta*, de 13/10/1915, por exemplo, noticiava o suicídio da "jovem decaída" Cotinha Maria de Jesus, de 22 anos, abandonada pelo soldado Laudelino Roque, com quem vivia e que a forçava a instalar-se numa casa de tolerância na rua Monsenhor Anacleto. O jornal *A Capital*, de 12/12/1916, registrava, entre inúmeros outros casos, o suicídio das "hetaíras" Luiza e Agrippina, residentes na casa de tolerância da rua São João, n. 105, por haverem ingerido forte dose de cocaína.

Outra forma de violência que caracterizava a vida cotidiana do bordel se devia à sua própria organização hierárquica. Se muitas meretrizes eram protegidas pelas "madames", proprietárias dos bordéis, a exploração econômica e emocional que exerciam sobre elas não ficava por menos. Segundo as memórias de Mme. O.: "Todas essas donas de bordel ficaram ricas. Porque você sabe, a menina tem que pagar, ganhou ou não ganhou, tem que pagar" (depoimento de 17/07/1989).

---

45. Veja o artigo "As fazedeiras de anjos", *A capital*, de 3/08/1916.

Portanto, enquanto um memorialista como Paulo Duarte privilegiava a dimensão aconchegante da vida libertina, como ocorria no estabelecimento de Mère Louise, também eram freqüentes as notícias de rebeliões das "alunas" contra a dominação das caftinas, amparadas muitas vezes pelas autoridades policiais. *O Parafuso*, de 28/04/1920, registrava os "Ecos de uma desordem na Pensão Royal", casa de tolerância freqüentada por "presidentes, secretários, senadores, deputados, coronéis e quanto menino bonito com fumaças de rico", onde "as desordens" eram "imediatamente abafadas pela própria polícia". Mesmo assim, noticiava:

> Quando não são os clientes que provocam a desordem, são as "escravas brancas" que se rebelam contra o despotismo da caftina ou contra o assalto dos cafetões e gigolôs. Qualquer uma dessas Branca Pena que pululam por aí exige das "pensionistas" verdadeiros sacrifícios. E as desgraçadas vítimas, pusilânimes para resistirem às baixezas e misérias que são forçadas a praticar, cedem terreno e caminham a passos vertiginosos para o abismo, para a lama, para a degradação pública.

Profundamente irritado com a proteção que a caftina Sylviane Dyrven, proprietária desse bordel situado no largo do Paiçandu, n. 48, recebia por parte da Polícia de Costumes, o jornal denunciava a agressão que ela praticara, tempos atrás, contra a meretriz Odette de Camargo, "ferindo-a levemente". Evidentemente, nada lhe ocorrera, como mostrava a imprensa:

> Estivesse em jogo uma dessas muitas infelizes que não podem repartir o seu ganho com os soldados de ronda e os secretas facadistas e a vítima estaria entre as grades do cárcere à espera do julgamento.
>
> Como se tratava de Sylviane, sucessora da Abadessa Sanches, o caso morreu e tudo ficou como era antigamente.

As prostitutas enredavam-se nas redes construídas pela caftina, de quem acabavam dependendo para viver em todos os sentidos. Grande parte delas — à exceção das cortesãs de luxo, que conseguiam tornar-se independentes, instalando-se em alguma casa construída por algum "coronel" para seus "rabichos" — viviam nos bordéis, onde pagavam aluguel pelo quarto, banho e alimentação. Várias caftinas lhes vendiam roupas, jóias e outros artigos de consumo a preços mais caros, dificultando deste modo sua saída. O endividamento progressivo era um dos instrumentos mais eficazes de controle e vigilância das proprietárias de bordéis sobre as prostitutas.

Assim, era muito ambígua a relação que se estabelecia entre "madames" e meretrizes. Ao mesmo tempo protetora — o adjetivo "Mère" é freqüentemente utilizado para definir carinhosamente a caftina — e exploradora. Figura importante na vida da prostituta: conselheira em momentos difíceis, confidente, criava fortes vínculos de dependência afetiva para com ela, instruía-a nos códigos do submundo, atendia-a em casos de doenças e, às vezes, fazia abortos. Ao mesmo tempo, mantinha cerrada vigilância sobre o cotidiano da meretriz, à semelhança de um patrão que exigisse produtividade dos operários em sua fábrica.

Há momentos em que qualquer generalização sobre o mundo da prostituição parece absolutamente impossível, tantas são as informações contraditórias que nos chegam. Mas, talvez, a contradição faça parte desse mundo de maneira muito flagrante. Vamos ao ponto. Mme. O., falando sobre a vida das meretrizes nas pensões, em uma das entrevistas, afirmou:

> Elas viviam bem, quase todas elas dormiam lá. Só aquelas que às vezes arrumavam um amante, então alugavam um quarto, porque antigamente não havia todos esses apartamentos. Mas era sossegado, não tinha problema. Entravam para dormir, levantavam, tomavam um banho, saíam e iam embora, a dona da casa só queria receber o dinheiro do quarto dela. Às vezes, uma sabia o que elas faziam, não tinha problema, mas eram quietas, que não brigassem, então tudo bem. Mas tinha umas que dormiam na pensão mesmo. Então quando chegava de manhã, elas acordavam, dez e meia, onze horas, onze e meia, tomavam banho, se arrumavam, tinham o almoço, as refeições lá dentro. Assim que era melhor para elas. (Depoimento de 4/08/1989)

É muito provável que, assim como ocorria em países da Europa, os laços de dependência das prostitutas com as caftinas fossem mais brandos nesse momento do que haviam sido naqueles, quando se tentara impor o projeto regulamentarista nas *maisons closes*. Tudo sugere que os laços de dependência mais estreitos e violentos eram aqueles que as prostitutas pobres estabeleciam com os gigolôs e cafetões. No entanto, os relatos referentes a essa experiência na época são relativamente escassos.

Interesses mesquinhos, pequenas rivalidades, concorrências desleais entre as próprias prostitutas reforçavam o quadro da violência de seu cotidiano. Explosivas, eram ao mesmo tempo extremamente solidárias entre si, seja pela condição estigmatizante, seja pelas ameaças de perseguição social e policial. No entanto, faziam questão de marcar ou inventar suas diferenças internas. Mme. O. nota que elas próprias se esforçavam para manter bem delineada a hierarquia em que se situavam, no alto e baixo meretrício:

> Havia ("pensões chics") na rua Vieira de Carvalho, na rua Aurora, mas era muito diferente. Mesmo que uma tinha irmã dela na zona do meretrício, não ia falar com a irmã, não se viam, nem se conheciam. Era assim o negócio. (...) Ah, não! Elas não se olhavam! (Depoimento de 4/04/1989)

Na novela de Menotti del Picchia, *A mulher que pecou*, Nora distingue duas categorias de prostitutas com quem convive no bordel de Sinhá: as "vitimizadas" pelo destino, que trazem nos olhos a angústia de vender o corpo, e as que assumem a própria condição. Entre as primeiras, destacava Marina, "uma mineira tímida, miúda, sempre com um ar alucinado de quem espera desgraças", ou Lolita, "uma argentina quase criança, de olhos parados, com cachos evidentemente armados a papelotes, ar ausente, de quem tem o corpo neste mundo e a alma num outro". (p. 205). Entre as segundas, "que desciam de autos, com ares senhoniais de arquiduquesas", e que Nora desprezava com moralismo, refere-se a

> Regina Alba, espigada e frívola, que oxigenava o cabelo, sempre a retocar a "maquillage" do rosto com a ponta do "baton". Maria do Céu, uma inexpressiva beleza pasmada, denunciando na cor da pele cor de ouro sua confusa origem crioula. (p. 206)

Bem situadas no papel social a que aderiam, estas desdenhavam as outras. A competição massacrante entre as duas categorias de prostitutas sufocava a heroína de Menotti:

E ela sentia horror daquela promiscuidade, onde o orgulho de umas era um insulto à angústia calada das outras, e ele sofria sobre si e sobre as companheiras, como se ela fosse o expoente único de toda aquela miséria e de toda aquela ignomínia... (p. 206)

Apesar da intensa batalha concorrencial, as pressões externas adversas — como batidas policiais, interferência médica, ameaça de despejo —, ou pessoais — como medo da morte, doenças, dificuldades com filhos —, impeliam as "mulheres públicas" a se unirem eventualmente. O caso mais expressivo desse tipo de solidarização foi a formação, pelas prostitutas judias, de uma sociedade beneficente e religiosa, em São Paulo, ponto sobre o qual falarei no próximo capítulo.

CÓDIGO DA MUNDANIDADE

Em fuga da família, da ordem, da disciplina do trabalho e do mundo sedentário, as prostitutas refaziam em suas microrredes relacionais seus vínculos afetivos de auto-sustentação, que permitiam reorganizar suas vidas. Rejeitando a sociabilidade sedentária do mundo burguês, buscavam uma "mundanidade" nômade, cuja modalidade de agrupamento teria uma referência paradigmática outra que a família.[46]

Ao contrário da vida sexual monogâmica, as meretrizes viviam uma alta rotatividade de relacionamentos nos bordéis e pensões da cidade, mesmo que se configurassem casos particulares de imitação do modelo conjugal burguês, a exemplo do "coronel" e seu "rabo-de-saia". Muitas vezes, a prostituta podia viver simultaneamente tanto a relação sedentarizante com o amante principal, nas ocasiões em que este estava presente, quanto outros encontros descomprometidos com vários fregueses. A exclusividade lhe era exigida, especialmente nos casos das que viviam nas pensões e não em casas particulares, apenas nos momentos em que o "coronel" estava presente: ele figurava como o principal amante e proprietário da "mulher pública" e aceitava ceder o uso de seu corpo temporariamente a outros homens.

---

46. Nestor Perlongher, *op. cit.*, p. 193; Deleuze, *Mille Plateaux*, *op. cit.*, p. 443.

Reterritorializada pelo edifício da prostituição, montado em São Paulo desde a passagem do século, a mulher que entrava para esse universo passava por todo um ritual de iniciação. Mudava de nome, adotando apelidos simples e afrancesados, como Mimi, Lulu, Vivi, Suely, Maria Cabaret, Jeannette, Lili das "Jóias", Nenê Romano etc. O significado simbólico dessa transferência de identidade é forte, pois ela vem acompanhada, de um lado, pela perda do sobrenome que vincula à família e, de outro, por toda uma metamorfose de sua identidade corporal. Trocando de nome, a prostituta mudava também a cor do cabelo, encurtava e decotava as roupas, passava a se maquilar com mais extravagância, enfeitava-se com jóias que revelavam seu *status*, produzia marcas no corpo como tatuagens. Além disso, devia aprender toda uma nova maneira de falar, conhecer as gírias desse meio, assim como as modalidades diversificadas de conduta que eram mais valorizadas.

Portanto, a produção da imagem corporal obedecia a um modelo determinado de prostituta que não era fixo. Esse modelo esteve muito marcado pelas influências das atrizes de teatro e cinema da época, fascinada pela barroquização da aparência. Muitos panos, rendas, fitas, meias, lenços, luvas, chapéus, enfeites, colares, anéis e brincos, no bom estilo da *Belle Époque*. Vale observar ainda o quanto esse modelo vai-se feminilizando à medida que a *vamp* do cinema americano dá lugar a uma mulher mais sedutora que fatal. A prostituta representa uma mulher demasiadamente feminina; ela acentua os traços que o imaginário social atribui ao "sexo frágil": dengosa, furtiva, charmosa, bonita, eneitada, volúvel. Provavelmente, a figura tradicional da prostituta, bem diferenciada da "mulher honesta" por sua própria aparência corporal, foi-se tornando deslocada no momento em que entrou em cena, nos anos de 1920, o ideal da "mulher nova": ágil, magra, esportiva, um pouco masculina.

Criando novos códigos de sociabilidade, as prostitutas conseguiam articular-se umas com as outras e com todos os integrantes do submundo. Não é à-toa que os médicos davam tanta ênfase, na definição do perfil da meretriz, à capacidade de solidarização que umas mantinham em relação às outras. O mesmo pode ser percebido nos processos-crimes ou em notícias de conflitos registrados na imprensa, em que as prostitutas sempre defendem a colega acusada, afinando num mesmo refrão.

É possível que muitas, senão a maioria, se percebessem como "vítimas", "perdidas", " escravas brancas" ou "párias", como observa a protagonista do romance de Ercília Nogueira Cobra, em um bordel paulistano:

> Os preconceitos cegavam-nas de tal modo que a si mesmas todas se chamavam perdidas, como se isto fosse a coisa mais natural do mundo. Tinham-se como coisas pobres, almas deterioradas e nem sequer indagavam por um instante se aquele estado de infâmia era ou não justo. (p. 68)

No entanto, procuravam valorizar-se diante das senhoras "respeitáveis", como mulheres que tinham acesso a dimensões e a segredos íntimos da vida sexual dos homens, ou às intrigas dos bastidores da política, de uma maneira que a esposa-mãe não possuía. Ridicularizar a sociedade burguesa, denunciá-la numa linguagem feminista ou satirizar figuras do "mundo respeitável" eram formas de destruição simbólica daqueles que as menosprezavam. A virgem sempre descrita como ingênua, mutilada ou "idiota", a esposa honesta enganada pelo marido, a adúltera como prostituta disfarçada e o casamento burguês foram temas recorrentes nessa crítica efetuada da margem. Contudo, muitas meretrizes aspiravam a esse tipo de vínculo afetivo e algumas, talvez um número expressivo, conseguiram casar-se com um advogado ou fazendeiro de certo prestígio, abandonando a prostituição. Novamente, a inexistência de dados mais precisos impede conhecer o número das que se casaram, das que se tornaram caftinas, ou então com que média de idade morriam. A preocupação com as prostitutas empiricamente existentes parece ter sido um problema bem menos grave do que levaria a supor o discurso médico e criminológico do período.

Embora muitas das prostitutas vivessem nas próprias "pensões" em que trabalhavam, ficou famosa na história da cidade a figura da cocote acompanhada por seu "coronel", velho endinheirado, que lhe construía uma residência própria nos bairros elegantes da Paulicéia. Vários autores, de Júlio Ribeiro a Silvio Floreal, e mais recentemente Júlio Chiavenatto, descrevem o perfil desse tipo boêmio, típico representante dos delírios da "burguesia do café" no cenário paulista.[47] Segundo Silvio Floreal:

---

47. Júlio Chiavenatto, *Coronéis e carcamanos*, São Paulo, Global, 1982.

O "coronel" é o que protege e garante a manutenção da fêmea *chic*, "mamífero de luxo", verdadeiro escoadouro de dinheiro, devoradora de fortunas que, com um delicioso sorriso satânico nos lábios (...) arrasta ao fracasso financeiro e à ruína o mais sizudo velhote que, ainda com forças, caia, num momento de fraqueza, de basbaquice, de bancar o coronel. (p. 27)

A imagem do burguês endinheirado que desperdiça o que ganha na exploração do trabalho é retomada por Edmundo Amaral, em seu romance *A grande cidade*, referente à São Paulo antiga.

No Palais Élégant, ouviam-se estouros de champanhe e ruídos de talheres de

(...) gabinetes reservados, onde os coronéis, fazendeiros de fartos cafezais e colheitas pingues, gastavam largamente as sobras da venda de café em saletas discretas e forradas de seda, receosos de se encontrarem com os próprios filhos dançando num salão. (p. 51)

A noção de que o coronel procurava estabelecer uma relação fixa com a meretriz preferida, sedentarizando-a e reproduzindo o modelo conjugal burguês, ressoa nas memórias dos contemporâneos. Mesmo Mme. O. reafirma essa idéia em seus depoimentos, estabelecendo uma comparação entre brasileiros e argentinos. Perguntei-lhe se havia muitas prostitutas francesas e polacas no *demi-monde* paulista e sua resposta foi a seguinte:

Tudo francesa e polonesa, muitas. Mas tudo isso, essas polonesas vinham tudo da Argentina, porque na Argentina, uma vez que você passou dos 25 anos, é difícil de ganhar sua vida. Os argentinos gostam de mulher nova. O brasileiro não. É conservador, acostumou, é igual, o brasileiro é conservador. (Depoimento de 3/08/1989)

Em outra entrevista, retomou a mesma idéia sobre o sedentarismo dos brasileiros:

(...) porque, na Argentina, mulher velha não pega, porque os argentinos gostam de mulher bem jovem, mesmo agora. Eles não querem uma moça de 25 ou 28 anos. O brasileiro não, o brasileiro é mais passivo, também é mais conservador. Ele conhece uma mulher, se acostuma (...) na Argentina, não. (Depoimento de 17/07/1989)

Por mais generalizante que seja sua afirmação, ela converge com as representações literárias da figura do "coronel" produzidas no período, e de sua relação sexual extraconjugal marcada pelo desejo de sedentarização até mesmo no impulso de fuga. A relação com o corpo fragmentado da prostituta é reelaborada como "conjugalização personalizada" (Perlongher), refletindo nessa operação mental a construção de um dispositivo de controle ante o medo do excesso.

Ao seu lado, as prostitutas de luxo freqüentavam restaurantes e teatros conhecidos, compondo um cenário fundamental para o prestígio e a virilidade do amante. Tudo sugere que grande parte das meretrizes, todas de origem pobre, desejasse a promoção social que o vínculo com o "coronel" significava em sua carreira, libertando-se tanto do cafetão quanto da dona do bordel. No romance de Laura Villares *Vertigem*, por exemplo, a prostituta francesa lastima ter de viver em um quarto alugado de pensão, embora tivesse como principal companhia um homem bem situado da elite econômica, que poderia lhe oferecer um apartamento: "Tem outras no Rio e em São Paulo. "Tu parles." Se não fosse assim, eu teria também outras exigências! Não moraria numa pensão, em primeiro lugar, e teria automóvel, criados e outros confortos...".

Nem todos os bordéis e "pensões de artistas" eram semelhantes, refletindo em diferentes aspectos o *status* e gostos de sua principal clientela. As várias camadas urbanas que se encontravam nas ruas da cidade — industriais e fazendeiros, funcionários públicos, comerciantes, profissionais liberais, pequenos proprietários, trabalhadores de fábrica — buscavam divertimentos que satisfizessem suas preferências e seu poder aquisitivo, forçando a diversificação do mercado do prazer. Vale observar, ainda, que começavam então a surgir os *rendez-vous* propriamente ditos, espaços reservados onde se mantinham encontros secretos. Para alguns memorialistas, não eram poucos os casos de adultério feminino que essa modalidade de ponto de encontro passava a viabilizar. Segundo Mme. O., muitas mulheres casadas freqüentavam os *rendez-vouz* elegantes, evocando-nos a imagem futura da personagem do filme *La Belle de Jour*, Buñuel:

Os *rendes-vous* são cheios de mulher casada. Mesmo antigamente (as mulheres) não eram tímidas, não. Conheci uma mulher casada, eu conhecia a família toda, o marido, as filhas. Ela topava tudo, com todo mundo. Ela já tinha filhos grandes e ela topava com mulher! (Depoimento de 4/08/1989)

Por mais diversificados que fossem os códigos vigentes no multifacetado universo da prostituição, permitiam que as prostitutas reorganizassem suas vidas, estabelecendo ligações afetivas entre si, com a caftina, com os empregados dos cabarés, pensões e bordéis e ainda com os fregueses com os quais, às vezes, se ligavam por um período mais ou menos prolongado, seja no alto ou no baixo meretrício.

Contudo, as notícias da imprensa, as memórias da época e os fragmentos literários compõem uma representação do baixo meretrício que anula a percepção das pequenas solidariedades microscópicas que o constituíam, enfatizando de uma maneira ou de outra o aspecto da animalidade, de uma sexualidade irreprimível e selvagem associada à degradação moral e à sordidez.

A SORDIDEZ MALDITA DO BAIXO MERETRÍCIO

Se o mundo da prostituição chique pode ser metaforizado com imagens que evocam prazer e tranqüilidade, ao mesmo tempo que violência e depravação, o baixo meretrício vem inevitavelmente associado à idéia da animalidade da carne, da bestialidade do sexo, do gozo irrefreável e da orgia sem limites, atestando o último degrau de degradação atingido pela humanidade. Tudo aí passa pelo crivo do negativo, do sombrio, da brutalidade humana. Examino essas construções baseando-me em um processo-crime, referente a uma disputa entre duas prostitutas negras, residentes num cortiço da rua Tamandaré, no bairro da Liberdade.

Mariana Nelson de Castro, de 22 anos, solteira, preta, brasileira, lavadeira, foi indiciada por agressão leve em Guilhermina Maria da Conceição, 40 anos, solteira, brasileira, também lavadeira e analfabeta. No dia 25 de novembro de 1924, por volta das 19 horas, tendo tomado conhecimento de que Guilhermina recebera um homem em seu quarto, "com o qual teve relações sexuais", Mariana acertou-a com uma garrafada no pescoço.

Embora a versão do conflito apresentada por Mariana fosse o inverso da acusação, declarando-se amante de Argemiro, objeto do desejo mimético de ambas, importa-nos ressaltar a agressividade constitutiva do relacionamento entre as meretrizes. Solidárias em alguns momentos, sobretudo diante de ameaças externas, tornavam-se extremamente violentas em suas querelas e rixas. Mas, especialmente, vale destacar a maneira pela qual a Justiça manipulava a economia da imagem da prostituta negra, do baixo meretrício, tradução de tudo o que a sociedade podia ter de mais execrável e degradante:

> Trata-se de uma cena de cortiço entre meretrizes de baixo calão. As baixas *(sic)* do prédio n. 38, da rua Tamandaré, estão transformadas num verdadeiro *quilombo de pretas vagabundas* e de rameiras desonradas, e por mais que se lhes dê em cima, sempre praticam desordens. (...) Dizem mais que ela (Mariana) é desordeira de grande marca e traz continuamente o cortiço em polvorosa. E nem podia ser outro o seu procedimento, porque é uma prostituta de cortiço, vivendo numa promiscuidade repelente, num meio esquálido, cuja atmosfera só tresanda a bafio de cachaça e a *fartura de corpos sujos*, que se espolinham num *orgasmo desordenado*, num *furor genésico* que atormenta o cérebro[48] (...) Merece ser castigada.

No discurso moralista e repressivo da Justiça, o conflito entre as "mulheres da vida" reafirmava o confinamento dos pobres, pelo baixo índice de moralidade que lhes era atribuído. Sua habitação, o cortiço, era comparada a um antro de perdição, onde os corpos se misturavam sem dignidade, "num furor genésico que atormenta o cérebro", ao mesmo tempo que designava um espaço de rebeldia e prazer dos pretos pobres: "quilombo de pretas vagabundas e rameiras desonradas".

A prostituição nos meios pobres, mais à margem, adquiria todo um caráter de sordidez maldita, de descontrole desenfreado, de excesso dionisíaco que assustava as classes privilegiadas. Fantasiava-se que o sexo maldito era aí vivenciado com mais intensidade, levado ao paro-

---

48. "O meretrício em São Paulo", *Revista Oficial do Gabinete de Investigações*, ano II, n. 13, São Paulo.

xismo numa mistura entre a busca irrefreada de prazer e a dissolução na morte, como observava Bataille.

A representação atormentada das relações sexuais ilícitas provocava a repulsa obsessiva diante da negritude, da depravação sexual imaginada e da aglomeração indistinta dos corpos quentes, justificando a opção por uma ação policial punitiva mais rigorosa e violenta. A prostituição negra pobre não teve (tem) desconto, ao contrário da branca, mais adequada a satisfazer as necessidades libidinais dos homens das classes dominantes. Num momento em que grande parte das meretrizes de São Paulo era constituída por mulheres brancas e estrangeiras, segundo as informações disponíveis, as pretas recebiam toda a carga negativa da estigmatização social. Em suas memórias, Mme. O. reafirma essa assertiva. Perguntei-lhe se havia muitas mulheres pretas na prostituição em São Paulo e ela respondeu:

> Não, nunca vi. Agora você encontra. Naquela época não havia. Vou te contar uma coisa, naquela época um branco não ia andar com uma preta. E uma branca não ia andar com um negro. Mas agora sim, agora acontece. (Depoimento de 4/08/1989)

Evidentemente, ela absolutiza suas lembranças. Em 1915, a polícia registrara entre 269 prostitutas fichadas, 177 brancas, 55 pretas e 37 pardas. Mesmo em 1936, quando a proporção de brasileiras na composição do quadro de nacionalidades das prostitutas em São Paulo aumentara consideravelmente, o Gabinete de Investigações registrava entre as 10.008 mulheres, 8.077 brancas, 647 negras, 1.150 pardas e 134 amarelas.

Apesar do baixo índice de mulheres negras entre as meretrizes fichadas pela Delegacia de Costumes — e é de supor que em geral eram as mulheres do baixo meretrício que a polícia atingia com maior insistência —, justificava-se um tratamento repressivo muito mais violento sobre a meretriz negra do que sobre a branca, pois, além do descontrole "natural" da mulher prostituída, trazia na pele a cor do pecado. Jacob Penteado refere-se às perseguições policiais que atingiam as negras habitantes do Brás, na rua Cruz Branca, lugar do baixo meretrício no início do século, ou na rua Chavantes, próxima às estações do Norte e da São Paulo Railway,

> (...) de onde vinham os maiores clientes, homens do interior, que acabavam levando para sua terra uma boa carga de doenças venéreas, pois ali não havia a menor noção de asseio nem fiscalização. (p. 56)

Contudo, era aí que a polícia investia mais energicamente quando ocorriam alguns conflitos, levando as prostitutas e demais participantes presos: "As mulheres, na maioria *negras*, recebiam uma ducha de água fria, por vezes uma surra e, quase sempre, saíam de lá com a cabeça raspada" (idem).

Duplamente marcada, muito mais ameaçadora porque mais difícil de ser capturada em sua fuga pelos espaços marginais, a prostituta negra simbolizava a figura da perversão total do corpo aberto às superfícies de contato, sem interdições reterritorializantes como a prostituta branca. Novamente, as informações sobre o baixo meretrício são muito contraditórias, envolvidas em muitas mitologias, como a do sangue mais quente da mulher negra ou da mulata.[49] Para muitos, o moralismo imperante nos meios pobres era muito maior do que nas altas esferas da prostituição, onde não só fregueses e prostitutas dispunham de um tempo maior para cada encontro, como tinham maior acesso a drogas — cocaína, ópio, morfina — e a bebidas afrodisíacas e a outros equipamentos de excitação dos sentidos.

É bem verdade que a rotatividade de prostitutas e clientes entre o alto e o baixo meretrício também impede afirmações muito taxativas. Muitas mulheres que envelheciam, ou brigavam com as caftinas nas "pensões chiques", por algum tempo refugiavam-se no baixo meretrício, até que encontrassem novas oportunidades de reintegração no mercado de cima. A trajetória de Naná, no romance de Zola, evidencia bem essa questão. Por outro lado, muitos homens que freqüentavam as altas rodas da boêmia podiam eventualmente passear pelas ruas do Brás, onde encontravam mulheres que certamente afastavam sem esforço as lembranças inoportunas de esposas, irmãs ou mães de sua classe.

Mas o que levaria os homens "respeitáveis" a buscar o baixo meretrício? Uma atração pelo abismo, pelo desejo de sair de si, de perder-

---

49. Sobre esse tema, veja Afonso Romano de Sant'Anna, *O canibalismo amoroso*, São Paulo, Brasiliense, 1984, p. 22 e segs.

se e escapar dos limites de sua classe no contato com as margens? Qual o encanto do baixo meretrício? Um desejo de humilhação ou autoflagelação, como sugere Bataille?

O *trottoir* não era ainda uma prática constante de "caça" pelas prostitutas. Apenas com o desconfinamento da zona do meretrício, em 1954, durante o governo de Lucas Nogueira Garcez, é que as "mulheres públicas" se espalharão pelas ruas de outros bairros da cidade, como a Santa Ifigênia e adjacências, avolumando o número daquelas que buscavam na rua o encontro com um freguês. Os passantes não eram, então, levados para o abismo; procuravam-no conscientemente. Não se manifestava a mesma ilusão de ser tragado, embora essa sensação tenha aparecido na literatura que desenha o perfil da *femme fatale*. Mas, em geral, esta não habitava o baixo meretrício. Mesmo assim, a presença de prostitutas convidando os transeuntes para a cama aparece em alguns romances, como *O homem e a morte*, de Menotti del Picchia. Numa das cenas, o narrador sente asco pelas meretrizes pobres, especialmente quando é abordado na rua:

> Alguém segurou-me no braço. Voltei-me. Uma máscara de alvaiade e cinabre cravava em mim os dois furos dos olhos canalhas. Só se descobria a humanidade daquela placa de tinta pelas pústulas que a esburacavam.
> — Viens, mon petit...
> Tive asco de ser homem. Fugi aterrorizado. (p. 88)

É interessante observar que o baixo meretrício é sempre constituído pela literatura, ou pela documentação em geral, como território do prazer delirante, embora ao mesmo tempo como região fronteiriça com a morte, por meio das metáforas do "lodo", "charco", "esgoto", que exprimem a decomposição orgânica de elementos vivos. A violenta carga de estigmatização lançada sobre o baixo meretrício por um pensamento tão conservador acabou por reforçar a idéia de que as autoridades públicas e policiais deveriam ser mais severas com esses setores, muito próximos ou diretamente envolvidos com o mundo da delinqüência e do crime. A exploração sexual dessas mulheres também foi facilitada pela imagem aviltante que a sociedade projetava sobre elas e que, talvez, elas referendassem. Assim, eram freqüentes as denúncias na imprensa tanto de conflitos que ocorriam nos prostíbulos e pensões do baixo meretrício — espancamento, suicídio, anavalhamento de prostitutas por cafetões ou gigolôs, roubo de fregueses pelas meretrizes, exploração de proprietários dos lupanares sobre as "pensionistas" —, quanto da exploração sexual praticada por policiais menos graduados. Um desses momentos foi flagrado pelo jornal *Folha do Povo*, de 4/05/1909:

> Um nosso auxiliar, passando pela várzea do Mercado, teve a felicidade de assistir a uma cena digna de outros, ou mesmo dos nossos tempos. Como é notório, estacionam naquelas paragens pobres mulheres caídas na mais triste miséria e deboche... Pois bem, a um soldado do 2º batalhão, ontem de manhã, deu na cabeça — verdadeira cabeça feita de álcool concentrado — trazer conquistas no meio daquele mulherio. Ao digno defensor da ordem e zelador da pública moralidade, pareceu propícia a hora — estava já alto o sol — para se expandir em atos de libidinagem e repugnantes, perseguindo aquelas pobres mulheres. Comentários? Para quê? O sol, que dos céus de cobalte apreciava tão sublime quadro, que o comente...

Afinal, por que as autoridades públicas se interessariam pela sorte das meretrizes as mais marginalizadas e menosprezadas da sociedade? Os caftens, estrangeiros ou nacionais, tinham campo livre para ampliar suas fontes de lucro, como observaram alguns jornalistas preocupados com a questão do lenocínio e com a extinção do tráfico das "escravas brancas". Diferentemente, a prostituta dos meios mais pobres era estigmatizada por sua condição considerada aviltante e imoral ainda mais que as cortesãs de luxo, pois, desprotegida em vários sentidos, tornava-se extremamente vulnerável para preencher a necessária figura sombria exorcizada pela sociedade. Com raras exceções, apenas aquelas que ficaram conhecidas como "escravas brancas", todas estrangeiras, é que conseguiram receber alguma atenção de filantropos e autoridades públicas e, mesmo assim, por se tratar de uma luta destinada à desarticulação de gangues de cafetões, internacionalmente organizadas.

IV | DRAMATURGIAS

A verdade aqui não está dada de imediato. Não é suficiente levantar a cortina e dizer: olhe! É preciso reconstituí-la sem pressa como se faz com as imagens de um quebra-cabeças.

Albert Londres, *Le chemin de Buenos Aires*

1 | NO TEATRO DE TODOS OS MISTÉRIOS

Presenças indesejáveis

Muitas das meretrizes que circulavam nas casas de tolerância e bordéis da cidade vieram no fluxo da imigração. É curioso que, embora as raras estatísticas disponíveis registrem uma porcentagem superior de brasileiras entre as diversas nacionalidades presentes, as estrangeiras se destaquem nos relatos de memorialistas, nos romances e nas fontes oficiais. Francesas e polacas, reais ou produzidas, dominavam o cenário. Também Mme. O. as privilegia em seus depoimentos sobre o mundo da prostituição em São Paulo. Quando lhe perguntei se as prostitutas que conhecera já haviam chegado ao país exercendo essa atividade, respondeu positivamente:

> Já tinham vindo, sim, é claro, porque você sabe, tudo isso já é uma conglomeração de todos esses cafetões que mandavam mulheres para cá. Então, tinha mulheres que iam para a zona do meretrício porque têm que faturar, e tem outras que vão às pensões chiques, que já não são tantas, tantas, porque nessas pensões chiques, com menos de 100 mil réis não havia freguês, 100 mil réis era dinheiro (...). Porque vou dizer uma coisa, mulher estrangeira não tem mais e eu me admiro (que) muitas brasileiras tenham entrado neste negócio.

Perguntei-lhe o porquê:

> Porque elas não eram disso no meu tempo. Quando eu cheguei no Brasil, não havia mulheres (brasileiras) não. (...) Tudo *francesas* e *polacas*, muitas. (Entrevista de 3/08/1989)

Nas imagens que se mesclam em seu discurso, às vezes contraditório e generalizador, as paulistas sobressaem como figuras raras no *demi-monde*, porque ao mesmo tempo mais espertas e menos experientes. Mme. O. completa suas explicações:

> A prostituta, nunca você encontra(va) uma paulista, nunca. Mulher da cidade, acostumada, conhece o perigo de certas coisas, você veja todas essas mulheres, sem ofender ninguém, são dos outros Estados, paulista dificilmente, ou ela é muito chique. (idem)

É praticamente impossível estimar a quantidade de prostitutas que vieram traficadas da Europa, principalmente das aldeias pobres da Polônia, Rússia, Áustria, Hungria e Romênia para a América do Sul. Também dificilmente saberemos quantas vieram por vontade própria, ou iludidas com promessas de casamento e perspectivas estimulantes de enriquecimento, embora as autoridades públicas do período tendessem a privilegiar um conhecimento de causa por parte da grande maioria.[1]

A referência ao tráfico clandestino de francesas, espanholas, italianas, portuguesas e russas aparece, contudo, como uma constante nas histórias sobre a prostituição nas décadas iniciais do século XX. Nos registros policiais e nas notícias dos jornais mais importantes da época, o medo suscitado pela expansão do lenocínio começava a receber certo destaque desde a década de 1870, no Brasil. Em 1879, no Rio de Janeiro, o chefe de polícia Tito de Matos lançara uma grande campanha de repressão aos traficantes de prostitutas. Um de seus delegados, após rigoroso inquérito, alertava dramaticamente contra a existência de uma

---

1. Paul Appleton, *La traite des blanches*, Paris, Arthur Rousseau, 1903, p. 43; Louis Layrac, *La traite des blanches et l'excitation à la débauche*, Paris, V. Girard e F. Bière, 1904.

associação composta de estrangeiros "(...) com o fim especial de importar para o país mulheres inexperientes para entregá-las à prostituição e tirar delas todo o proveito possível (..)".[2]

Em 1896, o jornal carioca *O Paiz* deflagrava outra expressiva campanha de "saneamento moral do Rio de Janeiro", por iniciativa do jornalista Ferreira da Rosa, visando a mobilizar a opinião pública contra a existência do "recrutamento de mulheres para o exército do vício". Visivelmente perturbado com as formas que o lenocínio e a prostituição assumiam, procurava mapear os bairros em que se estabeleciam os prostíbulos, as pensões, os bares e hotéis onde se concentravam os caftens, e vistoriar, com o auxílio da Polícia, os navios que aportavam no Rio, a fim de denunciar os elementos envolvidos no comércio ilegal dos corpos femininos e impedir que "jovens ingênuas" fossem seqüestradas.

A série de reportagens foi reunida posteriormente no livro *O lupanar*, adquirido então pelas autoridades européias como importante documento sobre a situação do submundo no Brasil. Nessas reportagens, era flagrante o sentimento de apreensão diante das novas formas de comportamento em relação à satisfação do prazer sexual:

> Cerca-nos uma cenografia ilusória de cores e linhas tão bem combinadas que nem por momentos nosso espírito, aliás prevenido, é capaz de supor que se acha diante do *teatro de todos os mistérios* que narram os jornais, diante dos atores que executam todos os dramas do crime. (p. 7)

As metáforas emprestadas ao teatro reforçam a sensação de que o submundo da prostituição e do lenocínio — opaco — exigia um esforço maior de deciframento. Labiríntico e misterioso, este universo iludia a todos, apresentando-se com máscaras espessas e bem talhadas. Nesta lógica, acreditava-se que só com muito empenho as autoridades conseguiriam desvendar seus mistérios e torná-lo transparente para todo o social.

Para Ferreira da Rosa, a presença indecorosa das prostitutas nos espaços públicos constituía um ultraje aos bons costumes e aos valores da família brasileira, afirmando inexistirem, então, quaisquer barreiras

---

2. Ferreira da Rosa, *O lupanar, estudo sobre o caftismo e a prostituição no Rio de Janeiro*, Rio de Janeiro, 1896, p. 46.

que pudessem confiná-las em lugares mais adequados. Irritava-se com a maior visibilidade que a "mulher da vida" conquistava na cidade moderna:

> Ela ocupa os melhores lugares em todos os teatros das mais honestas pessoas; ela senta-se à mesa das confeitarias, ombreando com as donzelas; entra desassombrada nas repartições públicas, preterindo todas as partes; tem familiaridades ostensivas com chefes de Secretarias do Estado; e invade todas as ruas, tendo-a por vizinho o médico, *o* advogado, o jornalista, o magistrado, o senador, o chefe de polícia; e mesmo o respeitável ministro do Presidente da República, senão o próprio presidente. (p. 10)

Registrando a existência de "casinhas-bordéis", ou de "biombos-alcouces" nas ruas Sete de Setembro, Senhor dos Passos, do Regente, do Senado, São Francisco de Assis e praça Tiradentes, no Rio de Janeiro, o jornalista revoltava-se com o quadro escandaloso que as meretrizes expunham à vista da população que percorria as ruas centrais apinhada nos bondes. As centenas de passageiros eram obrigados a presenciar "(...) as mais acentuadas cenas do desregramento desse mulherio que se exibe nas 'rótulas' ou mesmo no interior de suas habitações propositalmente devassadas" (p. 252).

Em São Paulo, a preocupação com o crescimento da prostituição levou à decisão de extraditar os caftens, reponsabilizados pela introdução de grande número de mulheres no país. O chefe de polícia Pádua Fleury, em 1879, defendia incisivamente a criminalização do lenocínio, argumentando que aumentava em todo o Estado a circulação nômade dos traficantes provenientes da Corte:

> Todo o meu empenho sobretudo na atualidade que os caftens perseguidos na Corte têm procurado tanto esta como as cidades de Santos e Campinas, está em impedir a especulação torpe dos traficantes da honra e da miséria de quem a perdeu (...).[3]

Um ano depois, ampliava sua denúncia contra o aumento da criminalidade no Estado, fato que atribuía à entrada de grande contingente

---

3. "Relatório apresentado ao dr. Laurindo Abelardo de Brito, pelo chefe de polícia João Augusto de Pádua Fleury", 1897, *op. cit.*; Guido Fonseca, *op. cit.*, p. 167.

de imigrantes, sobretudo de italianos, sem uma profissão útil, "andando sempre de revólveres, punhais etc.(...)". Afirmando que alguns estrangeiros, "conhecidos vulgarmente pela denominação — CAFTENS", atuavam no comércio ilícito de mulheres no eixo Rio-São Paulo, "auferindo eles vantagens pecuniárias das taxas estipuladas e sujeitando-as a um regulamento repugnante", encarregava seus subalternos a investigarem o procedimento de Adolpho Guinsberg e o movimento de uma casa suspeita na Freguesia do Brás. Ao fim das investigações, informava que dois acusados da prática do lenocínio no país, Adolpho Guinsberg e Antônio Gomes, haviam sido deportados.

Em 19 de junho de 1892, novos rufiões estrangeiros foram enquadrados no Código Penal de 1890. Alguns foram transferidos para o Rio de Janeiro, enquanto trinta deveriam ser deportados do país, como noticiava o *Correio Paulistano*, de 22/06/1892, no artigo "O lenocínio". Em 1894, Cândido Motta atacava com virulência o caftismo, que ele dizia estar em mãos de austríacos, russos, polacos e alemães, em São Paulo, considerando-o o principal responsável pelo incremento da prostituição na cidade.[4] Opinião que, de certa forma, se evidencia também nos depoimentos de Mme. O.:

> Como essas mulheres iam chegar aqui no Brasil? Vinham acompanhadas, às vezes, quatro, cinco num vapor. Elas não se conheciam, eram todas do mesmo homem e não sabiam. Chegavam e ficavam no Rio, no Mangue, e vinham aqui para São Paulo, na Amador Bueno, mas tinham que trabalhar as coitadas! (Depoimento de 3/08/1989)

As denúncias contra a exploração de mulheres por bandos organizados levaram à criminalização do lenocínio pelo Código Penal de 1890, segundo os artigos 277 e 278. Segundo este último, proibia-se:

> Induzir mulheres, quer abusando de sua fraqueza ou miséria, quer constrangendo-as por intimidações ou ameaças, a empregarem-se no tráfico da prostituição; prestar-lhes, por conta própria ou de outrem, sob sua ou alheia responsabilidade, assistência, habitação e auxílios para auferir, direta ou indiretamente, lucros desta especulação:

---

4. Cândido Motta, A Justiça Criminal na Capital do Estado de São Paulo. Relatório apresentado ao dr. Procurador-Geral pelo bacharel Cândido Motta, em 31/12/1894, São Paulo, Espindola, Siqueira e Comp., 1895.

Penas — prisão celular por um a dois anos e multa de 500$000 a 1000$000.[5]

Em 1907, contudo, a penalização dos caftens estrangeiros passava a incluir a deportação, segundo a Lei n. 1.641, de 7/01/1907, o que aliás já vinha sendo relativamente praticado. Mesmo assim, as reclamações se sucediam. O jornal *O Tempo*, de 13/02/1903, por exemplo, denunciava:

> Tendo a polícia de Santos resolvido dar caça aos proxenetas que a enchiam, estes estão fugindo para esta capital onde continuarão com a sua desmoralizadora e ignóbil indústria, digna de uma enérgica repressão da polícia.

Apesar dessas medidas repressivas, a conivência de determinadas autoridades políticas dificultava a aplicação da lei, assim como o silêncio e a cumplicidade das meretrizes traficadas tornavam inexeqüíveis medidas mais eficazes de punição dos rufiões. Reunidos em seus pontos de encontro mais conhecidos, como os cafés Suisso e Criterium, na praça Tiradentes, no Rio de Janeiro, ou em São Paulo, no Bar do Municipal, em cafés e restaurantes próximos às casinhas baixas do centro, esses homens negociavam a importação de suas "mercadorias", depois encerradas nos prostíbulos cariocas ou paulistas, ou comercializadas nas principais cidades argentinas. Vários haviam-se tornado figuras tão conhecidas do submundo, no Brasil ou no exterior, que os consulados enviavam cartas prevenindo contra sua atuação. Mesmo assim, atreviam-se a operar livremente, burlando os poderes públicos com muita agilidade e sem maiores constrangimentos.

No levantamento realizado por Ferreira da Rosa, ganhava destaque o rufião Sigmond Richer, que circulava no eixo Rio-São Paulo-Buenos Aires. Acusado de lenocínio, conseguira ser defendido pelo famoso advogado Evaristo de Moraes e provar sua impunidade. Disfarçado como comerciante de jóias e negociante de fazendas, naturalizara-se brasileiro, impedindo assim sua deportação.

---

5. Astor Guimarães Dias, "O tráfico de mulheres", *Revista de Criminologia*, São Paulo, ano I, n. 1, 1954.

Igualmente famoso e visado, Isadoro Klopper, considerado no Rio o principal chefe dos caftens estrangeiros, chegara a provar sua honestidade, naturalizar-se brasileiro e obter carteira de alferes da Guarda Nacional. Não obstante, explorava a polaca Rowiska, de 29 anos, desde Buenos Aires, onde possuía um prostíbulo e de onde fora deportado. O jornal *A Noite*, de 17/11/1915, informava ainda que através de Anita, "mulher notável pela beleza", ele conseguira ingressar na maçonaria brasileira.

Segundo Ferreira da Rosa, Isidoro também possuía uma "escola de prostituição" na rua São Bento, em São Paulo, semelhante às que existiam no Rio de Janeiro, para onde eram encaminhadas as jovens recém-chegadas mais inexperientes. No Hotel Rosas, ficavam sob a vigilância e orientação de uma *padrona* que, durante cerca de 15 dias, lhes ensinava os códigos de conduta nos bordéis da cidade. Depois eram redistribuídas pelos prostíbulos, casa de tolerância e pensões, conforme as solicitações dos mercados argentino ou brasileiro. Mesmo assim, os dois caftens mais famosos foram expulsos do Brasil.

Os rufiões chegaram a formar verdadeiros sindicatos do crime, organizando-se disciplinadamente na mesma proporção em que o comércio das "escravas brancas" se tornava um empreendimento lucrativo e em que as perseguições policiais se intensificavam. Desde o final do século XIX, realizaram-se congressos internacionais na Inglaterra, Holanda, França e Alemanha, com a finalidade de reprimir o tráfico das "brancas" e dotar os países envolvidos de uma legislação adequada e eficaz. Por iniciativa do secretário da associação filantrópica inglesa National Vigilante Association, Alexandre Coote, reuniu-se em 1899 o I Congresso Internacional de Combate ao Tráfico, em Londres, do qual participaram vários países europeus.[6]

Após os encontros promovidos em Budapeste e Amsterdã, o Brasil decidira enviar seu representante para a Conferência Internacional de Paris, em 1902, comprometendo-se a acatar as resoluções tomadas. No entanto, essas só foram incorporadas ao Código Penal em 1915, com a

---

6. Jules Lenoble, *La traite des blanches et le Congrès de Londres de 1899*, Paris, Larose, 1900; Ataulfo de Paiva, "Assistência à mulher. O tráfico das brancas", in *Justiça e assistência. Os novos horizontes*, Rio de Janeiro, Tip. do Jornal do Comércio, 1916.

aprovação do projeto do deputado Mello e Franco, que ampliava o conceito da figura criminal do lenocínio, segundo a opinião dos juristas.[7] O advogado e deputado Mauricio de Lacerda afirmava que esta demora decorrera da proteção que muitos políticos influentes davam aos próprios caftens.[8]

Nesses congressos internacionais, que continuaram a ser realizados nas décadas seguintes, procurava-se levantar os motivos que facilitavam o crescimento do "tráfico das escravas" brancas, na maioria recrutadas nas portas das fábricas e escritórios, na saída dos hospitais, nas estações ferroviárias e nos portos. Reconstruíam-se as rotas do comércio ilegal das prostitutas, identificando-se procedências, destinações e principais portos de embarque. Segundo o jurista Paul Appleton, Gênova embarcava anualmente cerca de 1.200 mulheres para a América do Sul, na maioria procedentes da Áustria, Hungria, Rússia, Polônia e França. Marselha, Anvers e Hamburgo apareciam como portos importantes do tráfico, enquanto Buenos Aires era considerado o principal porto de chegada, seguido de Montevidéu e Rio de Janeiro.

Alguns historiadores afirmam que a grita em torno do tráfico era maior do que ele próprio e acabava-se construindo um "minotauro moderno", o qual se pressionava visando ao enrijecimento dos padrões femininos de moralidade.[9] Para Ruth Rosen, embora o tráfico realmente existisse, nos Estados Unidos atingira apenas 10% das prostitutas.[10]

---

7. Nelson Hungria, *Direito Penal. Parte Especial*, p. 94. Segundo esse artigo, constituía lenocínio: "Prestar, por conta própria ou de outrem, sob sua ou alheia responsabilidade, *qualquer* assistência ou auxílio ao comércio da prostituição".
8. *A Noite*, de 23/10/1914, "Coisas do tráfico das brancas".
9. Alain Corbin, *op. cit.*, p. 424 e segs.; Ruth Rosen, *op. cit.*
10. Ruth Rosen, *op. cit.* A autora informa que, entre 1911 e 1915, a movimentação em torno do tráfico das "escravas brancas" atinge seu ápice nos Estados Unidos: milhares de famílias das camadas médias reagiam histericamente às notícias sensacionalistas dos jornais, revelando a ruína e a perdição de jovens ingênuas exploradas por vilões, que lhes impunham drogas e outros vícios. Note-se que os primeiros filmes que tratam da sexualidade, antes do surgimento da indústria do "sex appeal", focalizavam a prostituição e o tráfico das "brancas", como *Traffic in souls*, filme de 1913, produzido por George Loane Tucker. Seguiu-se a esse uma grande leva de películas que abordavam temas similares, como *The inside of the white slave traffic*, de Samuel H. London, antigo investigador do governo. Em São Paulo, há uma breve referência a um filme sobre o tráfico apresentado no Cinema Elite, na rua Barão de Iguape: *A escrava branca*. Segundo a revista *O Pirralho*, n. 60, de 5/10/1912, os espectadores reagiram com indignação ante tamanha pornografia! In Vicente de Paula Araújo, *op. cit.*, p. 311.

A anarquista Emma Goldman, por sua vez, ao escrever um ensaio sobre o assunto, insistia em desmistificar a idéia de que houvesse um intenso comércio ilegal de meretrizes, preocupando-se mais em responsabilizar a sociedade capitalista pela opressão econômica e social da mulher. Para ela, os reformadores haviam descoberto o tráfico repentinamente e haviam ficado chocados. Então, perguntava: "Por que esta perversidade, conhecida por todos os sociólogos, se converteu bem agora em um tema tão importante?"[11].

Pensando na situação das prostitutas estrangeiras que viviam em Nova York, lembrava que a grande maioria não fora prostituta antes de ter chegado àquele país, pois falava inglês perfeitamente, tinha costumes e hábitos americanos, o que seria impossível adquirir a não ser vivendo vários anos no país. Concluía, nesta linha de raciocínio, que as condições socioeconômicas vigentes na América é que deveriam explicar o crescimento da prostituição e não o tráfico das brancas. Além do mais, achava que não havia um intenso comércio ilegal de mulheres para os Estados Unidos, como pregavam a imprensa e as autoridades públicas. Finalmente, procurava desacreditar a estigmatização da mulher judia como prostituta: "Tão absurdo quanto proclamar o mito de que os judeus formam o mais importante contingente de vítimas voluntárias. (...) A mulher judia não é uma aventureira" (p. 44).

Se Emma tinha razão em repudiar a manipulação política e ideológica do comércio das "brancas" pelos reformadores norte-americanos — que, segundo ela, enquanto alertavam contra o tráfico, deixavam de atingir as "verdadeiras causas" da exploração sexual da mulher, isto é, a injusta organização social —, o tráfico era um entre os muitos fantasmas que assustavam a sociedade da passagem do século.

É inegável que se articulava internacionalmente uma rede de traficantes de mulheres destinadas aos mercados da prostituição na América. Evidentemente, a formação de tais gangues não excluía a atuação de cafetões isolados. Aliás, se nos pautarmos pelas declarações de Mme. O., no Rio de Janeiro e em São Paulo, esses eram muito mais ativos do que os grupos organizados. Perguntei-lhe se ouvira falar de rufiões nos anos de 1920, no Brasil, ao que ela respondeu:

---

11. Emma Goldman, *Tráfico de mujeres y otros ensayos sobre feminismo*, Barcelona, Cuadernos Anagrama, 1977.

Não é bem o que se chama de máfia. Agora, os cafetões franceses, você não pode tirar a mulher do outro ... ah! porque aí sai briga. E a mulher também não pode ir ver o outro. (...) E todo mundo trabalhava separado, mas tinha que respeitar.

Comentando a vida de um bordel dirigido por uma francesa em Santos, Mme. O. afirmou:

Lá em Santos, havia uma mulher francesa que tinha uma casa, porta fechada em baixo, precisava tocar a campainha, e a empregada vinha ver quem era, porque não abria a porta. Mas também ela tinha cada mulher linda, me falou um fulano que conheci e que disse: "A Marcelle tinha as mulheres mais lindas que se podia ter". Mas era cafetão da Europa que mandava para ela, porque, você sabe, quando tinha essas mulheres que vinham aqui, o cafetão mandava ir e mandava o dinheiro e se elas não mandavam, ele vinha aqui, buscar. Se você não dá dinheiro, apanha. O cafetão francês não é melhor que os outros, não, não, é até pior talvez. (Depoimento de 3/08/1989)

Apesar de não registrar em sua memória a presença de grupos organizados de rufiões estrangeiros, esta figura permeia suas recordações sobre o mundo da prostituição do período. Isolados ou organizados, eles operavam determinadamente, como se depreende ainda das notícias publicadas na imprensa, nas décadas iniciais do século. Segundo o *Correio Paulistano*, de 17/03/1904, no artigo sobre "O tráfico de mulheres", o chefe de polícia, atendendo ao pedido do cônsul alemão, mandara organizar uma relação das prostitutas européias que viviam nesta capital, para ser enviada ao comitê berlinense encarregado do combate ao tráfico. Dos cinco mapas realizados contendo nome, idade, nacionalidade, procedência e local de residência das meretrizes européias, registrava-se a existência de 40 na 1ª Circunscrição; 34 na 2ª; 46 na 3ª; 27 na 4ª; 19 na 5ª, e procurava-se descobrir se haviam chegado sozinhas ou acompanhadas.

Logo mais, o jornal paulistano *A Capital*, de 28/08/1919, publicava com alarde o artigo "Um grande perigo... 200 mulheres para o Brasil", em que noticiava o desembarque de 79 prostitutas, além de mutilados de guerra, no paquete Darro, no Rio de Janeiro. Solicitava ao governo que tomasse rápidas providências, pois

Anunciam-se já e com os maiores visos de verdade, que 200 mil mulheres, na França e na Inglaterra, estão só aguardando a terminação da guerra para se fazerem ao mar com destino ao Brasil.

O nomadismo característico da vida dos caftens e prostitutas impediu que se elaborassem estatísticas definitivas, embora afligisse profundamente os setores sociais envolvidos com a sedentarização dos corpos marginais. A obsessão com o controle e a fixação desses nômades aumentou nessa época em que se vivia a modernização como um processo de desagregação das relações sociais e de afrouxamento das antigas formas de vigilância. Assim, personagens que entravam em cena na cidade de São Paulo para, em seguida, desaparecerem e reaparecem no cenário carioca, ou portenho, ou ainda europeu, só podiam ser vistos com olhos profundamente desconfiados e amedrontados.

Por volta de 1915, outro jornal carioca, *A Noite*, deflagrava nova guerra contra o lenocínio no Rio de Janeiro, com uma série de reportagens intituladas "Os grandes problemas sociais. O Rio — paraíso dos rufiões". Um dos temas mais destacados dessas reportagens era o crescimento do tráfico de mulheres, devido à extrema facilidade com que os caftens, "expulsos da Europa, dos Estados Unidos e da Argentina penetravam no porto". Denunciavam-se os truques que aqueles usavam para burlar a polícia marítima: desembarcavam em outros Estados do país, retornando depois ao Rio em um barco menos vigiado, ou conseguiam seduzir a tripulação dos transatlânticos desde o início da viagem, ganhando seu apoio para, num momento qualquer de distração da vigilância policial, pularem para outras embarcações ali atracadas. Além dessas artimanhas, destacava-se a proteção que alguns políticos proeminentes dispensavam aos rufiões franceses, principais responsáveis pela prostituição de luxo.

A sensação de que assim como o Rio de Janeiro, São Paulo se transformava na "capital artística" que atraía o *residuum* de outros países — principalmente da Argentina — permanecia forte por volta dos anos de 1920. Silvio Floreal, em *Ronda da meia-noite*, afirmava que semanalmente desembarcavam na Estação da Luz "aventureiros esporádicos":

Tipos que foram escroques em Paris, batedores de carteira em Monte Carlo e San Sebastian, contrabandistas no Havre e Gênova, falsários em

Londres e Nova York, caftens na Rússia, Polônia e adjacências que, caldeados e adestrados nos grandes centros de prostituição, chegam até nós, em última escala, da Argentina. (p. 54)

A imagem de traficantes — homens e mulheres — que procuravam se aproximar das jovens menos avisadas, no percurso das longas viagens dos imigrantes estrangeiros ao Brasil e à Argentina é recorrente também nos depoimentos que obtive. Mme. O., que chegou ao país em 1923, recorda-se dos cuidados tomados por sua mãe para que pudesse vir da França, acompanhada por sua madrinha, sem maiores problemas:

(...) então nós viemos para São Paulo, descemos lá no porto de Santos, minha mãe estava nos esperando, eu tinha viajado da França com minha madrinha. Minha mãe tinha dado uma procuração assinada pelo procurador da República que ela podia nos buscar lá, e quando a madrinha trouxe nós, eu e minha irmã, ela teve que fazer a mesma coisa lá na França, porque nós (...) eu tinha 14 anos, minha irmã 15. Naquele tempo, não dava, ela podia falar: "Que diabo! Vai levar as meninas onde?". Porque naquele tempo tinha muito negócio da *traite* das brancas. Porque todas as meninas iam para Buenos Aires. *La traite des blanches, on allait à Buenos Aires.* (Depoimento de 17/07/1989)

E continua:

No barco em que nós viemos, havia uma senhora muito distinta, muito simples, acompanhada de um homem pequeno. Eles conversavam como se não se conhecessem. Chegando em Santos, ela não desceu em Santos, ela ia para Buenos Aires. Quando nós descemos em Santos, tinha uma amiga da mamãe que estava junto com nós e que nos viu conversar com aquela mulher e perguntou:
Mas, escuta uma coisa. Elas conheceram esta fulana na viagem?
A madrinha falou: — Sim, uma fulana que está viajando como qualquer outra.
E ela falou: — Mas eu me admiro como o comandante não falou, porque esta é uma fulana que vai lá para Buenos Aires e o fulano que acompanha ela é um cafetão.

Nas memórias do advogado Samuel Malamud, imigrante da Ucrânia, que chega ao Rio de Janeiro no mesmo ano de 1923, emerge a mesma figura da caftina que procurava aproximar-se das mocinhas ingênuas durante a viagem. Lembra-se ele de uma "senhora vistosamente trajada, toda perfumada e exageradamente maquiada", que falava ídiche com forte sotaque polonês, e que a todo custo tentava estabelecer relações com a garota confiada a seus pais, durante o trajeto:

> Ao deparar com a moça, procurou entabular conversa, indagando de onde vinha e para onde ia. Dizia ter vontade de lhe ser útil e estar pronta para ajudá-la, pois residia no Rio de Janeiro há longos anos. Minha mãe, tão logo deparou essa mulher e sua conversa com a moça, interveio e fez-lhe sentir que ela viajava em nossa companhia, de modo que dispensava seus bons serviços. Em seguida, advertiu a moça de que não tivesse qualquer contato com essa visitante da primeira classe. Apesar de advertida por minha mãe a não mais se aproximar, essa mulher ousada ainda procurou novos contatos com a moça e a convidou para visitá-la em sua cabine. Conversava com todo mundo, dando preferência às mulheres."[12]

Embora não se possa avaliar precisamente o peso do tráfico ilegal das prostitutas no crescimento do comércio do prazer, é visível que afetava não apenas as autoridades públicas, mas vários setores da população. Mito ou realidade, provocava reações de temor em muitas famílias no período. Samuel Malamud reforça essa impressão que a época nos deixa:

> A América do Sul, principalmente a Argentina, criou uma péssima fama, nos primeiros decênios do século XX, nas comunidades judaicas da Europa Oriental, devido à escravatura branca explorada por uma máfia judaica, com sede em Buenos Aires, que vivia do meretrício. A realidade desses fatos só vim a conhecer anos depois, quando já radicado no Rio de Janeiro. Esse assunto perturbou muitíssimo a vida comunitária judaica nos primórdios de sua formação, na Argentina e no Brasil. (p. 92)

Mme. O. narra o episódio em que uma amiga, residente na França, tomara contato com a reportagem publicada em 1927, pelo jornalista Albert Londres, no livro *Le chemin de Buenos Aires*:[13]

---

12. Samuel Malamud, *Escalas no Tempo*, Rio de Janeiro, Record, 1986, p. 93.
13. Albert Londres, *Le chemin de Buenos Aires*, Paris, Albin Michel, 1927.

Eu tenho uma amiga ainda viva que estava na França e não sabia notícias da irmã. Ela sabia que a irmã dela estava na Argentina, mas não sabia onde. E quando ela foi ler um livro que saiu muito bem, de Albert Londres, *Le chemin de Buenos Aires*, que ela viu o endereço assim assado, ela falou: "Que diabo! Este é o endereço que minha irmã me deu, então o que ela está fazendo na Argentina?". Ela bolou logo, e decidiu ir buscá-la. E escondeu o livro, porque não queria que a mãe o visse e lesse. Então, ela veio ao Brasil e escreveu à irmã dela para encontrá-la. Ela veio ao Brasil e queria levar a irmã dela de volta. (...) A outra veio mais do que depressa. (Entrevista de 17/07/1989)

Que revelações chocantes trazia este livro, referência obrigatória de todos os textos que tratam do tráfico das brancas? Encontrei-o nos arquivos da Biblioteca Municipal Mário de Andrade, de São Paulo.

2 | O CAMINHO DE BUENOS AIRES

Em 1927, aos 42 anos de idade, Albert Londres era um repórter de grande prestígio. Poeta e jornalista, tornara-se conhecido pelas ousadas reportagens que realizara até então, viajando pelos quatro cantos do mundo. Noticiara desde os eventos da Revolução Bolchevique de 1917, e as lutas de resistência das colônias francesas da África até a condição dos loucos nos asilos de seu país. "*Flâneur* assalariado" é lembrado como uma figura meio cigana, aportando em toda a parte, ousado, detetive, explodindo com suas reportagens inesperadas. Em 1932, morre misteriosamente no incêndio que destruiu o navio em que viajava, deixando uma pergunta no ar: "Quem matou Albert Londres? Um curto-circuito ou uma organização política? Um grupo de traficantes ou os acólitos de um governo? Um atentado ou um acidente?"[14]

Interessado em penetrar no misterioso mundo dos traficantes de escravas brancas, Londres é enviado pela Liga das Nações a Buenos Aires, o centro de importação de prostitutas mais importante da América do Sul. Procurando, então, desvendar as formas pelas quais se constituíram redes subterrâneas que operavam nessa atividade extremamente lucrativa, trava contato com os membros de uma poderosa organização mafio-

---
14. Pierre Assouline, *Albert Londres. Vie et mort d'un grand réporter*, Paris, Ballarnd, 1989, p. 462.

sa francesa, sediada em Buenos Aires. A partir de então, outras portas se abrem ao jornalista, permitindo-lhe conhecer por dentro a microssociedade dos rufiões, sua linguagem, seus códigos e sua geografia.

De Paris viaja para a Argentina, onde convive com os integrantes deste sindicato do crime, aprendendo suas gírias, conhecendo seus principais bares e bordéis argentinos, pontos de encontro, observando gestos e condutas, percorrendo os caminhos que constituíam as principais rotas do comércio ilegal das prostitutas européias. Seu interesse era descrever por dentro esse pequeno mundo:

> Sabe o que eu quero? Viver entre eles. Estudar seus costumes obscuros como se eles fossem insetos e eu fosse um pouco sábio. Descer em seu meio como eu teria subido à lua, para dizer depois o que se passa nestas profundezas. (p. 59)

Assim nasce, em 1927, o livro que fizera a amiga de Mme. O. compreender o destino de sua irmã. *O caminho de Buenos Aires* produziu enorme impacto na época e despertou a opinião pública mundial para o problema. Como um dos livros que mais fortemente marcaram Eisenstein, é lembrado em suas memórias, sobretudo pela maneira como lhe permite estabelecer contato com o mundo exterior, superando as barreiras geográficas, viajando mentalmente por ele:

> Encostem a ponta de uma espada em meu peito ou o cano de uma pistola em minha têmpora. E obriguem-me a declarar qual dos meus dois livros preferidos tem por título *O caminho de Buenos Aires*. Seria a continuação de *Anatole France de roupão*, por Brousson ou a coletânea de ensaios de Albert Londres sobre o tráfico de escravas brancas?"[15]

Devo dizer que não foi menor o impacto que produziu sobre esta historiadora, que ignorava por completo a existência de um tráfico de prostitutas para Argentina, Brasil e Estados Unidos, no período.

Um dos principais documentos sobre a dinâmica da circulação dos rufiões e da comercialização dos corpos femininos da Europa para

---

15. Sergei Eisenstein, *Memórias imorais: uma autobiografia*, São Paulo, Companhia das Letras, 1987, p. 209.

a América do Sul, as reportagens de Albert Londres descrevem suas impressões no convívio diário com duas gangues organizadas na Argentina: uma formada pelos *maquereaux** franceses e a outra, pelos "polacos", diferenciando-se em suas formas de organização e métodos de atuação.

O livro tem particular interesse para nosso trabalho porque, embora concentre sua atenção sobre os grupos que operavam no país vizinho, sabemos que não raro os traficantes, "homens do mundo", refugiavam-se no Brasil quando eram perseguidos pela polícia argentina, chegando mesmo a estabelecer filiais de suas organizações, que atuavam internacionalmente. Constantemente, viajavam de Buenos Aires para o Rio de Janeiro, do Rio para São Paulo e ainda para outros Estados, controlando vários bordéis e negócios comerciais como charutarias, relojoarias, lojas de móveis e tecidos, aos quais podiam se dar uma aparência legal.

Este tipo de procedimento, aliás, já vinha sendo denunciado desde 1896, por Ferreira da Rosa e por outros jornalistas preocupados com a questão. Entre os inúmeros casos que trazia a público no final do século, Rosa destacava a trajetória de Inácio E. que, procedente de Constantinopla, viajara muitas vezes de Buenos Aires ao Rio de Janeiro. Apresentava-se como ex-proprietário de um botequim na rua Senhor dos Passos, n. 175, e afirmava-se então ligado à compra e venda de imóveis.

Ferreira da Rosa também se dava conta de que, logo após o início da publicação de suas investigações, ocorrera uma evasão generalizada dos caftens "polacos" para São Paulo e Buenos Aires. Do outro lado, Cândido Motta, autoridade policial de São Paulo, alertava:

> Logo aos nossos primeiros passos estabeleceu-se uma debanda dos caftens para o Rio de Janeiro, para o interior, para Buenos Aires e Montevidéu, mas, mesmo assim, apesar de atenuado, o caftismo existe e existirá nesta Capital pelo menos enquanto o poder competente não nos der leis aptas para sua completa extirpação. (p. 18)

---

*   *Maquereaux*: gíria francesa, refere-se a cafetão, gigolô. Etmologicamente designa um tipo de peixe que vive à custa de outro; também *mac* e *macro*.

Cartões de visitas usados pelos caftens como disfarce.

Em 1913, ano particularmente importante na perseguição aos rufiões na Argentina, em virtude da decretação da Lei Palacios, que decidia pela deportação dos "indesejáveis", a polícia marítima do Rio de Janeiro impedia a entrada de aproximadamente 1.068 caftens procedentes de Buenos Aires.[16] Esse número era particularmente elevado em comparação com as médias anteriores, que oscilavam entre 10 e no máximo 250 rufiões, para o ano de 1912. O chefe de polícia Francisco de Campos Valladares afirmava em seu relatório anual de 1913:

Alguns dos que se dirigiram para a República Argentina dali voltaram sem poder desembarcar, em virtude das medidas policiais. Em fins de setembro e nos seguintes dias de outubro, o êxodo dessa classe foi

16. Donna J. Guy, "White slavery, public health, and the socialist position on legalized prostitution in Argentina, 1913-1936", *Latin American Research Review*, n. 3, 1988.

considerável. Quase todos os vapores procedentes da República Argentina traziam grande número de caftens, expulsos de Buenos Aires, que eram impedidos de desembarcar neste porto.[17]

Seu procedimento repressivo era elogiado na carta que o cônsul-geral da Inglaterra enviava do Rio de Janeiro às autoridades do British Foreign Office, em 17 de julho de 1914.[18] Segundo W. R. O'Sullivan-Beare, apesar das inúmeras dificuldades que F. Valladares enfrentava para manter a moralidade pública naquela cidade, conseguira demonstrar grande energia no combate ao *nefarious traffic*. Além disso,

> O dr. Valladares fez um acordo com o chefe de polícia de Buenos Aires para que atuem conjuntamente tendo em vista a supressão do dito tráfico, e foi proposto que os membros das respectivas forças policiais vigiem as embarcações que possam ser usadas pelos traficantes de escravas brancas ao longo da costa.

Ambos ponderavam que se os quinze países que haviam aderido à Convenção de Paris, de 1902, tomassem providências a fim de adotar um "sistema de correspondência e solidariedade", tal qual existia entre Brasil e Argentina, o combate ao tráfico das brancas poderia ser controlado e talvez suprimido em breve. Problema antigo, a questão do cerco aos traficantes de "escravas brancas" continuava sem solução ainda no final dos anos de 1920, razão pela qual Albert Londres empreendia sua minuciosa investigação, atendendo à solicitação da Liga das Nações.

Chama a atenção a semelhança das descrições contidas nos livros dos dois jornalistas: Ferreira da Rosa, que escreve em 1896, e Albert Londres, em 1927. É possível que este tenha tido contato com as reportagens publicadas no final do século XIX no Rio de Janeiro, uma vez que *O Lupanar* se tornou um dos mais importantes documentos sobre o

---

17. "Relatório do Ministério da Justiça e dos Negócios Interiores, organizado sob a gestão do respectivo ministro dr. Wadislau Herculano de Freitas, em 1914". Rio de Janeiro, 1915, p. 98.

18. Carta do cônsul geral da Inglaterra no Rio de Janeiro, W. R. O'Sullivan-Beare, a Sir Edward Grey, do British Foreign Office, 1914, FO. 369/677, Brazil Files, 26/58-88725, PRO.

lenocínio no Brasil para as autoridades européias.[19] De qualquer modo, as informações que ambos apresentam nos levam a concluir que os métodos de atuação dessas gangues mantiveram-se inalterados por mais de três décadas, pelo menos, sofisticando-se à medida que o desenvolvimento urbano trazia um maior apelo ao mundo da prostituição e tornava-o um negócio altamente lucrativo.

Contudo, diferentemente de Rosa, preocupado exclusivamente em denunciar o lenocínio praticado pelos judeus no Rio de Janeiro, provavelmente em número reduzido, Albert Londres estabelecia uma distinção entre os *maquereaux* franceses e os *polaks*, mais distantes e organizados, cujo campo de atuação se centralizava nas aldeias pobres da Europa Oriental.

Seus contatos começam em Paris, num bar do *faubourg* Saint-Denis, onde o jornalista se encontra com alguns caftens. Aos poucos, inteira-se das diversificadas formas de atuação que utilizavam para garantir a comercialização das prostitutas e construir grandes fortunas. Atuavam em várias cidades argentinas, como Buenos Aires, centro mais importante da prostituição no período, Rosário, Mendoza, Santa Fé, Bahia Blanca, assim como em vários Estados brasileiros, onde o crescimento econômico e a modernização da vida social alteravam profundamente os hábitos de consumo sexual. As barreiras geográficas eram completamente abolidas por esses grupos nômades, que se transladavam das mais afastadas aldeias da Europa oriental até os países sul-americanos, espalhando-se pelas cidades as mais longínquas. A viagem para Buenos Aires passava por Paris e Marselha, atingia os portos de Santos e Rio de Janeiro, seguia para Montevidéu e finalizava na capital portenha.

No entanto, a agilidade dos rufiões e das meretrizes ultrapassava em muito a dimensão espacial. O próprio jornalista, que refaz a trajetória, espantava-se com a extrema facilidade com que faziam embarcar suas "mercadorias", como eles falavam, burlando e confundindo as autoridades públicas, falsificando documentos, escondendo-se nos lugares mais reclusos dos navios, em porões ou entre a maquinaria. Muitas vezes, casa-

---

19. Segundo E. Bristow, *O Lupanar* foi traduzido por Gustav Tuch, presidente do Comitê contra o Tráfico das Brancas, de Hamburgo, e publicado na Alemanha. In *Prejudice and prostitution. The jewish fight against white slavery, 1870-1939*, Oxford University Press, 1982, p. 413.

vam-se com elas para facilitar o embarque. Em passagem curiosa do livro, Londres nos conta que ele próprio fora impedido de desembarcar em Montevidéu pela polícia marítima, enquanto o cáften que viajava ao seu lado, acompanhado por uma jovem, não tivera problema algum. Pelo contrário, desembarcara sem ser barrado e interferira com êxito na entrada da moça e na do próprio Londres naquele país. Montevidéu era escolhido como local de chegada, porque a passagem pela alfândega uruguaia era menos vigiada e, em seguida, podiam partir em grandes barcos iluminados para Buenos Aires, sem quaisquer constrangimentos.

Como comerciantes especializados na venda de mercadorias, peles ou jóias, os rufiões mantinham absoluto controle sobre as moças durante o percurso da viagem, instruindo-as quanto às formas de conduta, tipos de conversas, momentos de silêncio, respostas, lugares onde poderiam aparecer publicamente e determinavam seu relacionamento com a própria polícia alfandegária. Pois, se muitas já vinham como prostitutas experientes, outras eram mais recentes na profissão, acreditando poder "fazer a América" com seu próprio trabalho.

Muitas vezes, essas imigrantes estrangeiras — francesas, polonesas, italianas, espanholas, portuguesas, russas ou austríacas — aportavam com uma carteira falsificada, assinada por algum suposto parente que as convidava a trabalhar em seus estabelecimentos comerciais. Em geral, eram esperadas nos pontos de desembarque final por alguém que se dizia enviado pela família, incumbido de aguardar em determinado hotel ou em casa de algum amigo na cidade. Evidentemente, a conivência da polícia facilitava toda a transação.

APACHES

Entrevistando vários rufiões franceses, Albert Londres reconstrói seu quadro de vida. Entre 22 e 50 anos em média, tinham uma infância pobre, dedicada a vagabundear pelas ruas, saquear pequenos objetos nas feiras do centro de Paris, ludibriar a polícia, semelhantes aos bandos de jovens "apaches" da *Belle Époque*, pesquisados por Michelle Perrot.[20] Aliás, na tipologia dos caftens elaborada pelos criminologistas

---

20. Michelle Perrot, "Na França da *Belle Époque*, os 'Apaches', primeiros bandos de jovens", in *Os excluídos da História, op. cit.*

do período, eram identificados por meio da imagem índia dos "Apaches", perigosos, violentos, responsáveis com suas "navalhas dentadas", pela deformação facial das meretrizes que ousassem desobedecê-los, como afirmava o delegado Frota Aguiar, em conferência pronunciada na Sociedade Brasileira de Criminologia, em 1939.[21]

É muito provável, portanto, que muitos desses rufiões viessem daqueles bandos de jovens, que suscitavam a admiração dos adolescentes das classes populares, na França. Ao menos, podemos observar várias características comuns: a origem social miserável, a ausência de qualquer tipo de educação escolar, o desprezo pela sociedade estabelecida, o código interno, ou o horror ao trabalho — que marcará toda sua existência, se não na prática, ao menos num discurso em que a ociosidade era tratada como questão de dignidade. Segundo Albert Londres:

> É a única casta da sociedade que apostou no futuro da preguiça. Estes inovadores dizem, com o Eclesiastes, que o trabalho sendo a punição do homem, eles não trabalhariam. Para eles era questão de honra. Se não fazem nada não é apenas por preguiça, mas pela mesma razão pela qual o homem honesto não rouba, a fim de não ter remorsos de consciência. (p. 67)

Quase todos haviam permanecido, em algum momento da infância, na Petite-Roquette, instituto disciplinar de menores carentes na França, originalmente destinado às mulheres.[22] Posteriormente, visitaram várias prisões de adultos, quando então passaram a conhecer "o grande mundo", na expressão de um deles, e aprenderam que seria mais lucrativo obrigar uma mulher a trabalhar para si do que roubar. No entanto, muitos dos adolescentes que se uniam aos bandos de "Apaches" podiam, na vida adulta, aceitar as regras convencionais de comportamento e integrar-se na sociedade. A passagem pelo bando significaria um "rito de passagem", um momento de aventura, "a última busca do prazer antes de entrar na linha".[23] Outros, entretanto, perpe-

---

21. Anésio Frota Aguiar, *O lenocínio como problema social no Brasil*, Rio de Janeiro, 1940, p. 50.
22. Michelle Perrot, "As crianças da Petite Roquette", in *Revista Brasileira de História*, v. 9, n. 17, São Paulo, Marco Zero, set. 1988-fev. 1989.
23. Laurent Cousin, *Les apaches. Delinquence juvenile à Paris au debut du XXe Siècle*, dissertação de mestrado em História, 1976, in *Os excluídos da História, op. cit.*, p 318.

tuaram-se neste mundo, refinando seus códigos, especializando-se nos "vícios urbanos", profissionalizando-se no proxenetismo que praticavam anteriormente com as moças do grupo.

Um dos principais entrevistados por Albert Londres, Victor, "o Vitorioso", conta que, ao sair da prisão de Poissy, sua namorada-prostituta havia fugido com outro. Ele, então, não demora a enamorar-se de outra operária, de 17 anos de idade, com quem se transfere para Londres. Convence-a das dificuldades de situar-se no mercado de trabalho inglês e consegue que ela assuma o sustento do casal. De prostituta secundária, ela transforma-se paulatinamente em prostituta de luxo, vestindo-se melhor, fazendo ponto em bairros mais rentáveis, cobrando mais caro pelos encontros sexuais. Posteriormente, viajam para Buenos Aires, onde seus amigos lhe informam das muitas vantagens e possibilidades financeiras da vida do *bas-fond* portenho. "Neste momento, a América do Sul estava cada vez mais na moda." Ele se articula com outros caftens, amplia seus negócios, casa-se outras vezes, importa novas mulheres da França para a Argentina, vende as que lhe desagradam ou se insubordinam, sem deixar, no entanto, de continuar vinculado também à primeira esposa. Como seus companheiros de "não-trabalho", Victor, "o Vitorioso", circulava pelas cidades próximas a Buenos Aires, segundo informa ao jornalista, mantendo prostitutas em Rosário, centro comercial mais importante depois da capital, Mendoza, Córdoba, Santa Fé, além das que trabalhavam para ele na capital.[24]

As "franchuchas" ou "gallinas", como eram apelidadas as francesas, provinham de Valence, Saint-Etienne, Coulomniers, Bretanha, de inúmeras regiões da França. Às vezes, menores de idades muitas vinham sem informação alguma sobre o tipo de atividade e de vida que encontrariam na América do Sul, acreditando-se amadas pelo parceiro. Instaladas numa pensão ou prostíbulo, dificilmente conseguiam retornar ao país de origem, quando descobriam a trama em que estavam envolvidas: ou eram ameaçadas de ser entregues à polícia, devido às dívidas contraídas com a viagem ou pela entrada clandestina no país — em geral não tinham contato algum na cidade, nem falavam a língua estrangeira. Outras, além

---

24. Sobre a história da prostituição em Rosário, veja-se o excelente estudo de Maria Luisa Mugica, *Sexo bajo Control. La prostitución reglamentada: un escabroso asunto de política municipal. Rosario entre 1900-1912*. Rosario: UNR Editora, 2001.

disso, nem tinham para onde voltar, visto que haviam partido para escapar de uma situação social e econômica opressiva em seus próprios países. O casamento aparecera, em muitos casos, como uma alternativa viável. É patética a descrição que Albert Londres faz da "franchucha":

> Nos pampas infinitos onde se sente o abandono! Nos campos, em toda a parte onde homens sozinhos se esforçavam para se enraizar no novo solo, via-se aparecer, amarga procissão, jovens moças que iam se vender. Essas mulheres vinham da França. Franchuchas. (p. 96)

Mas a grande maioria destinava-se a Buenos Aires:

> Ela pode ser encontrada, solitária, em sua casinha — "casa francesa" — em todas as quadras do vasto tabuleiro de Buenos Aires. A lei permite uma "casa" de cada lado da "quadra".Quatro casas, quatro mulheres, freqüentemente quatro francesas por hectare quadrado! (p. 99)

Outro jornalista interessado no tráfico das brancas, Robert Neumann, autor de *23 mulheres*, completa a descrição carregada de Londres, afirmando que o mercado da prostituição em Buenos Aires, nesta época, estava dividido entre as francesas, principal contingente da prostituição de luxo, e as "polacas", estabelecidas na zona do baixo meretrício, conhecida como La Boca.[25] As primeiras habitavam uma "casita", auxiliadas por uma criada e cobravam mais caro pelo serviço. Em cada quadra, a lei só permitia a existência de uma *casita* e cada uma só poderia ser habitada por uma mulher. Segundo ele:

> (...) o movimento, contudo, é regulado de maneira atenta. A criada (de mais de 45 anos) examina o pretendente e rejeita os bêbados e maltrajados. Faz entrar os aprovados para uma sala de espera decorada sobriamente, como a de um dentista, tendo ao corredor da parede uma fila de cadeiras. Ficam à espera seis, oito, dez cavalheiros. O último a chegar conta-os e, se vê que a espera não será demasiado longa, senta-se ao lado do último. O silêncio é quebrado somente pelo amarfanhar de jornais. Abre-se à porta interior e saem o paciente e o dentista — não, o galão cuja paixão serenou e a beldade. O próximo, por favor. (p.91)

---

25. Robert Neumann, *23 mulheres*, Porto Alegre, Globo. 1941.

Ao contrário do que ocorria nos bairros mais pobres, as francesas atendiam menor quantidade de homens, embora a média fosse bastante elevada segundo esses depoimentos; porém, contavam proporcionalmente com melhores condições de trabalho.

Apesar da forte tendência, é bom não dramatizar. As garotas pobres que se uniam aos bandos nômades de "Apaches", muito disputadas entre eles, compartilhavam o código guerreiro do grupo. Prostituíam-se para um rapaz como parte do jogo, pois curtiam a relação e estavam apaixonadas. Espiãs disfarçadas, cúmplices em pequenos roubos e nas fugas da polícia, ser mulher de um deles, especialmente do mais forte, trazia prestígio entre a juventude das classes trabalhadoras. Profissionalizando-se, as coisas mudavam relativamente de figura e muitas desejavam continuar, mantendo este estranho tipo de vínculo emocional. Partilhavam, afinal, de um universo comum, embora esse fosse essencialmente masculino e machista.

Aliás, quase todos, rufiões e prostitutas, revelavam atitudes muito conservadoras. Gostos particularmente burgueses: arrumar-se bem; construir uma casa no campo, à beira de um lago, dedicar-se à caça e à pesca como *hobbies*, possuir vários imóveis, ostentar o maior luxo possível. Os caftens que Albert Londres entrevista manifestavam tendências políticas acentuadamente fascistóides, defendendo um regime político duro que assegurasse a qualquer custo o crescimento econômico. A facilidade com que estes grupos marginais foram incorporados pelos regimes totalitários é, por sinal, bastante conhecida: oscilação profunda entre "a desterritorialização descontrolada" e "a fascistização abrupta", como observa Perlongher a respeito de "michês", *punks*, drogados e outros grupos que constituem a "massa lúmpen".[26] E na sua própria organização interna, hierárquica e rígida, exprime-se esse impulso lúmpen de cristalização.

Ao mesmo tempo, Albert Londres impressionava-se com a estreita rede de solidariedade que o caftens mantinham entre si. Tanto os franceses quanto os *polaks* circulavam livremente pela Argentina, ou ainda por toda a área geográfica constituída pelas rotas internacionais do tráfico das "brancas". Viajavam constantemente, importavam e exportavam as mulheres, casavam-se em diversos locais, estabeleciam bordéis em vários bairros e cidades, nunca se fixavam. Ora, toda essa movi-

---

26. Nestor Perlongher, "Territórios marginais", *op. cit.*, p. 26.

mentação só poderia vingar por várias décadas devido à estreita coesão interna desse tipo de máfia. Transgressores da lei burguesa e da disciplina do trabalho, vivendo em absoluta ruptura com os poderes públicos instituídos, à exceção de alguns contatos ilegais com altos funcionários e policiais, constituíam verdadeiras corporações, que o jornalista ironicamente qualifica de "Principado dos Libertos". Libertos "de nossos valores, de nossos costumes, de nossas leis". Contudo, imitavam a sociedade que rejeitavam reproduzindo seus gostos, representações e valores mais conservadores.

É de se considerar que a luta pela sobrevivência à margem da legalidade reforçasse os laços de camaradagem e a necessidade de apoio mútuo. Assim, mesmo quando presos, os caftens não denunciavam seus companheiros. Quando muito, confirmavam a prática individual do lenocínio, mas raramente quebravam o vínculo de amizade que os unia. O forte sentimento de lealdade ao grupo, indispensável à própria sobrevivência, chamava a atenção dos observadores da época, como Ricardo Pinto, para quem os rufiões franceses formavam "uma perfeita maçonaria" no Rio de Janeiro.[27] De outro modo, como poderiam proteger-se das investidas moralizadoras da imprensa ou das perseguições policiais? Mme. O. recorda-se da violência com que eram tratados os caftens, quando presos pela polícia brasileira. À minha afirmação de que a violência policial atingia sempre as mulheres, ela objetou:

> Sim, sim. Mas vou te contar, quando eles pegavam esses cafetões estrangeiros... ah! como eles apanhavam! Tanto que lá, na França, a polícia acabou (com isso). Pode expulsar, pode prender ele, mas devolve ele em condições. Tem uns que foram lá muito mal, em condições muito ruins. Mas você sabe, polícia é polícia. (Entrevista de 4/08/1989)

Além do mais, cedo os rufiões estrangeiros compreenderam que estavam envolvidos em um tipo de atividade comercial bastante lucrativa, desde que fossem realizados grandes investimentos e que fossem bem administrados. Por isso, detestavam os *criollos* na Argentina. Segundo Neumann, enquanto o *polaco* dominava o baixo meretrício situa-

---

27. Ricardo Pinto, *Tráfico das brancas. Observações em torno dos caftens francezes que vivem no Rio de Janeiro*, 1930, p. 22 e 24, livro que J. R. Tinhorão descobriu nos fundos de um "sebo" do Rio de Janeiro.

do em La Boca e o *francês* controlava a prostituição de luxo, o *criollo* era o "lobo solitário, odiado pelos outros caftens, e quase sempre espanhol de meio-sangue". Vaidoso, passava horas enfeitando-se, dormia até tarde, polia as unhas e andava sempre impecável:

> Enquanto o "Polaco" ou o "Francês" se esbofam cuidando de oito mulheres e administrando-lhes a renda, e lutam com as donas de bordéis, com a organização, com o hospital, com os comerciantes e a polícia, o *Criollo*, almofadinha e descansado, entrega-se às conquistas. Visita as mulheres como freguês. Fala com elas; dá-lhes presentes. Banca o apaixonado. Como dispõe de tempo, volta de novo e paga conscienciosamente os prazeres que desfruta. (p. 89)

Albert Londres completava este quadro afirmando que o *criollo* era o cáften argentino, batizado pelos franceses de *café con leche*, porque passava as tardes sentado à mesa de um bar, diante de um único café com creme. Explorador, atuava individualizadamente nos meios da prostituição de luxo. No Brasil, essa figura é identificada ao gigolô que, ao contrário do cafetão, explora a mulher da qual se faz amante, sem exigir pagamento certo. Para Mme. O., os brasileiros caracterizavam-se mais por exercerem o tipo gigolô do que o tipo cáften propriamente dito. A diferença que ela estabelece entre ambos consiste em que:

> O gigolô é aquele a quem você dá uma boa vida. Se você tem, tudo bem, senão ele não pode reclamar, enquanto que o cafetão quer x por dia, então a mulher tem que trabalhar, senão apanha. (Entrevista de 17/07/1989)

No entanto, se o olhar classificatório pode individualizar os "exploradores de mulheres" pelos métodos de atuação, formas de organização e, inclusive, pelo perfil físico e psicológico, todos se homogeneízam quando se tenta apreender as projeções que lançavam sobre suas "vítimas".

PROSTITUTAS – MÁQUINAS

Na opinião dos jornalistas e criminologistas, a forma de exploração feminina realizada pelo "Apache" diferia daquela que enfrentavam a maioria das "polacas", em geral submetidos à violência de uma poderosa organização de caftens, na Argentina e demais regiões que controlavam. Tanto quanto Neumann, Albert Londres ficava absolutamente sensibilizado com a deplorável situação dessas mulheres, provenientes das aldeias pobres da Europa Oriental, algumas judias, muitas polonesas. Trabalhavam no bairro localizado próximo ao porto — La Boca —, onde comercializavam o corpo num ritmo taylorizado. Angustiado, o jornalista francês depunha diante do baixo meretrício portenho dos anos de 1920:

> É um dos lugares do mundo onde, neste gênero, trabalha-se regularmente, matematicamente, em série. (...) É o reino dos Polacos. (...) Eis as ruas cheirando tão forte à colônia, o cais desolado ao longo do Rio. Aqui, no lugar onde o mar termina, elas vêm ficar a postos como pobres tropas de infantaria colonial... Mas é o resto que importa. O resto que faz a Boca. É por causa do resto que os Polacos assinam contratos nos casebres israelitas da Polônia.
> São as "casitas" da Boca.
> É inacreditável. (p. 183)

Neumann descrevia ainda os *"dancings* da pior espécie", o cine Cochon, onde se exibiam filmes pornográficos, as ruas onde freqüentemente se presenciavam muitas cenas de violência ao longo dos casebres uniformes:

> Neles, há um só quarto, uma só prostituta e um pequeno pátio, onde os homens que esperam formam fila. Abre-se a porta e aparece a mulher, vestindo camisa de cores berrantes. O freguês que foi despachado passa por elas sem lhe dizer palavra. O próximo entra e a porta se fecha. Tão incrível é o número de fregueses recebidos num único dia que, antes de o revelar, necessário se faz dizer que ele foi confirmado pelas autoridades, pela sociedade judaica de socorros Ezras Noshim e pelos investigadores da Liga da Nações.[28]

Como muitos, ambos revoltavam-se profundamente contra a extrema exploração sexual das prostitutas européias pelos caftens, con-

---

28. Robert Neumann, *op. cit.*, p. 85. Veja League of Nations, *Report of the special body of experts on traffic in women and children*, Genebra, 1927.

tra a intensificação de seu ritmo de trabalho, contra a maneira pela qual eram devoradas por um mecanismo vampiresco e cruel. Isoladas umas das outras pela própria legislação argentina, que proibia sua aglomeração em casas de tolerância, sem qualquer conforto mínimo de higiene ou satisfação emocional, ficavam muito enfraquecidas e vulneráveis para a ação dos rufiões e caftinas organizados.

No entanto, à percepção desolada e trágica dos jornalistas, contrapunha-se a representação que os próprios rufiões elaboraram sobre as mulheres que comandavam, como se depreende de seus depoimentos. A reificação das relações entre os sexos é aqui levada ao limite: as prostitutas se tornam capital fixo, título de renda e freqüentemente são identificados com metáforas das máquina e do cavalo. Victor, "o Vitorioso", lastimando sua primeira perda, confessava para Albert Londres: "Você pode imaginar? Era um dos meus títulos de renda que desaparecia!" (p. 84). Em outra passagem, lembrando-se de sua indignação por ter um baixo rendimento com uma de suas empregadas, afirmava:

> Todavia, eu não a matei. Nossas mulheres são *máquinas a soldo*. Não se quebra sua máquina a soldo, contenta-se, por vezes, em sacudi-la um pouco nervosamente. (p. 86)

Portanto, negociavam as prostitutas entre si como objetos rentáveis em maior ou menor escala. Victor, "o Vitorioso", comprara uma italiana e a revendera com boa margem de lucro. Depois, afirmava ter adquirido uma "meia-mulher", isto é:

> Cinqüenta por cento para o colega, cinqüenta por cento para mim. É como na loteria, quando não se é rico, é necessário dividir. Era a Rita, com seus seios deixando qualquer um de joelhos, um andar de amazonas a cavalo. Como esta, não se vê mais! (p. 90)

Na lógica mercantil que permeia a relação entre os sexos, segundo essa forma de sociabilidade subterrânea, a constituição da prostituta como força de trabalho que deve produzir lucro ao proprietário, taylorizando a ativação sexual de seu corpo serializado, não é incompatível com a construção da auto-imagem protetora do rufião. Como vários, Victor, "o Vitorioso", exprimia a convicção de estar ajudando a mulher pobre ao contratar seus serviços. Como observava Albert Londres, os caftens comportavam-se como outros negociantes quaisquer, negando qualquer dimensão de humanidade às suas mercadorias. Um deles explicava-lhe ainda que o ofício de *maquereau* não era o de um pai de família, mas o de um empresário capitalista, com altos interesses em jogo: "Nós temos de ser administradores, educadores, consoladores, higienistas. Sangue frio, psicologia, golpe de vista, doçura, firmeza, abnegação! Perseverança!" (p. 138).

Reatualizando valores ainda mais misóginos, o rufião desdenhava a prostituta porque considerava que, além de ser mulher — inferior ao homem por natureza —, vendia sexualmente o corpo, atestando uma degenerescência biológica irreversível. O escritor argentino Roberto Arlt capta este sentimento violento de ódio à prostituta no romance *Os sete loucos*.[29] Explicando numa passagem por que não se compadecia dela, o rufião Haffner, personagem do livro, afirmava no melhor estilo lombrosiano:

> Da mulher da vida, meu amigo, não se deve ter lástima. Não há mulher mais cadela, mais dura, mais amarga, que a mulher da vida. Não se assuste, eu as conheço. Só podem ser manejadas a pauladas. (p. 37)

Neumann registra a mesma relação "realista" do cáften com seu "negócio". Ele mesmo se atribuía a função de médico e enfermeiro, fazia abortos, auxiliado por outra caftina, ensinava-lhes noções de higiene, porque acreditava estar investindo um capital — máquina sexual — que deveria manter em perfeito estado de funcionamento. À diferença do homem preocupado em descrever proezas sexuais e provar sua virilidade masculina, os caftens preferiam mostrar sua habilidade em preparar a prostituta, enganar a polícia, roubar um relógio ou algum dinheiro do freguês, enquanto sua companheira prestava serviços sexuais.

Ainda nas explicações que Victor, "o Vitorioso", dá a Albert Londres, estabelece-se uma diferenciação entre a velha e a nova geração de caftens, o que radicaliza a construção da auto-imagem que emerge de seu depoimento. Segundo ele, a profissão vinha sofrendo uma espécie

---

29. Roberto Arlt, *Os sete loucos*, Rio de Janeiro, Francisco Alves, 1981.

de aviltamento, porque os mais jovens não compartilhavam os mesmos valores nem respeitavam os antigos códigos estabelecidos no "meio". Os laços de solidariedade se afrouxaram, pois os novos freqüentemente "dedavam" os companheiros. Aos olhos de Victor, da "velha geração", os antigos sabiam cuidar de suas mulheres, impedindo que se entregassem aos vícios.

> Sem nós, que fazem as mulheres: fumam, bebem, dançam, tomam cocaína, entregam-se àqueles por quem têm uma queda, decaem, casam-se entre si! (p. 140)

Portanto, ele se via como um protetor, um regenerador da mulher "perdida", ao colocá-la no caminho certo da prostituição racionalizada, lucrativa, sem desperdício de tempo e de paixões. Encontrando-as decaídas, sujas, malvestidas, dizia ele, educavam-nas, preparavam-nas, ao contrário dos caftens mais jovens, capazes até mesmo de introduzi-las nos vícios. Eles, mais experientes, contratavam professores, ensinavam-lhes boas maneiras, "civilizavam-nas", para que elas pudessem ingressar nas altas rodas sociais do submundo, conviver com homens ricos e refinados, participar dos espaços de sociabilidade que se desenvolviam com a urbanização crescente.

Assim, tanto quanto a "mulher normal", a prostituta era representada como uma figura irracional, frágil, cuja função na sociedade moderna consistia em ostentar na própria aparência as marcas da fortuna de seu proprietário, seja o marido burguês, seja o cáften em busca de freguês, seja o rico comerciante que podia se dar ao luxo de possuir amantes caras. Nessa racionalidade, a mulher "honesta" e a prostituta eram assimiladas como objetos de consumo aos olhares ávidos de uma sociedade obcecada pela imagem e pela aparência. E, pior do que isso, eram percebidas como seres inferiores que precisavam da proteção masculina para ingressar na vida social, tanto como esposas, quanto como amantes e cortesãs. Ambas eram, portanto, capturadas nas finas teias de uma forma de organização social e de uma produção discursiva que não liberou a mulher nem como desviante, como observa Shoshana Fellman, ao analisar a loucura na literatura.

Figura de anormalidade, a representação burguesa ainda mais rígida que carregava o rufião fazia da "mulher pública" uma aberração da natureza, ser selvagem que precisava de rédeas firmes para ser domesticado: pelos homens de bem, pela justiça ou pelos próprios cafetões. A metáfora do cavalo utilizada para designar a prostituta não é neutra, como sabemos: traz consigo toda a representação de uma sexualidade indomável, explosiva e perigosa, que em outros tempos justificou lançar feiticeiras e bruxas nas fogueiras comandadas pelos apóstolos de Deus.

Vale notar que, preconceituosos, nem os rufiões desculpavam a condição de prostituta, enquanto sua própria atividade, geradora de lucros e racionalizadora da prostituição, conforme definiam, era salva. Victor, "o Vitorioso", classificava as meretrizes em dois grupos: as "infelizes" e as "viciadas". As primeiras, segundo ele, comercializavam o corpo por necessidade financeira, haviam enfrentado situações financeiras adversas, tinham famílias pobres, ou haviam passado fome: eram, portanto, parcialmente, perdoadas. As segundas eram as que nasciam no "meio", filhas de meretrizes, e logo que ingressavam na adolescência, começavam a circular clandestinamente. Gostavam de prostituir-se, o que o irritava profundamente: tinham "amor pelo amor do amor".

Nem mesmo os nomes que Londres registrava entre as "franchuchas", todas traficadas pelos *macs* — Mlle. Rubis, Mlle. Opale, Mlle. Turquoise, Mlle. Diamand —, serviam para lhe aumentar o brilho aparente e realçar a beleza juvenil. Pedras preciosas, jóias valiosas — muitos rufiões se esconderão da opinião pública e dos poderes instituídos, apresentando-se como joalheiros destacados e honestos. Se pensarmos na dimensão simbólica dessa associação mental, a reificação da mulher nesse imaginário barroco chega ao limite da imobilização e da denegação de sua subjetividade.[30]

No entanto, como ficavam as prostitutas nesse jogo circular? Por que afinal aceitavam toda essa anulação, aliando-se fielmente ao cáften ou ao gigolô? É suficiente retomar como explicação o mesmo argumento de seu "masoquismo essencial"?

---

30. Ocorrem-me, no momento, imagens do filme *O colecionador*, em que, como um botânico, o principal personagem, representado por Terence Stamp, dedica-se absurda e obstinadamente a colecionar mulheres como se fossem borboletas. Evidentemente, devem morrer no final.

ATRAÇÃO DO DOMÍNIO

É com dificuldade que se pode tentar inferir sobre o grau de participação das próprias prostitutas na construção estereotipada de sua imagem como pura negatividade e no engendramento das formas de sua exclusão social. Nas entrevistas realizadas pelos jornalistas citados, várias se recusavam a confessar seu envolvimento com os rufiões, seja por medo de represálias, já que nessa época eram freqüentes os casos de anavalhamento no rosto e de assassinato de meretrizes, seja ainda pela própria situação de instabilidade econômica e de insegurança emocional em que viviam. Paupérrimas, muitas não desejavam retornar aos seus países de origem, com medo de ter de enfrentar as antigas condições massacrantes das quais haviam fugido. O passado sombrio era suficientemente forte para fazer com que optassem por ficar.

Outras acreditavam poder economizar e enriquecer na prostituição, para trabalhar posteriormente em algum negócio próprio, ou regressar em melhores condições financeiras. No entanto, uma grande maioria abstinha-se de falar no assunto, a tal ponto que o jornal *A Noite*, de 11/11/1915, em plena campanha contra o lenocínio, iniciada dois meses após a reforma do Código Penal, afirmava após a denúncia o que a "decaída" Gracinha Castanho fizera contra o argentino Ramón Pousadas: "Era a primeira vez que a polícia ouvia a confissão de um desses terríveis exploradores de 'escravas brancas', com a plena confirmação da vítima".

Embora sejam relativamente freqüentes as denúncias de meretrizes contra os caftens nos jornais pesquisados, essas queixas eram retiradas com a mesma rapidez com que eram lançadas. O mesmo periódico mencionava o caso de denúncia da "meretriz Carmen Castagno, contra seu 'cáften' Ramon Rosada". No dia seguinte, ela retirava a queixa na delegacia, abraçava-se a ele e ambos se despediam de todos. Concluía o jornalista:

> *A atração do domínio*, o temor ignorante, o receio das represálias da organização do caftismo e das suas infelizes companheiras caftinizadas dobraram-lhe a vontade. Esses casos são comuns. A mulher, uma vez escravizada, raramente se ergue; é uma propriedade de que o "cáften" tem uso absoluto. E a escravatura branca aumenta de intensidade no Rio. (17/11/1915)

São muitos os fatores envolvidos, sem dúvida. Contudo, gostaria de chamar a atenção para o primeiro identificado pelo jornalista: a "atração do domínio". Esse aspecto da relação cáften-prostituta foi abundantemente explorado pela literatura e pelo cinema, reforçando a idéia de que as mulheres, especialmente as prostitutas, gostavam de ser exploradas sexualmente, segundo impulsos masoquistas inconscientes. No entanto, para Mme. O., as meretrizes daquela época aceitavam a "proteção" de um cáften ou gigolô porque seu espaço de atuação era extremamente limitado. As mulheres, em geral, não tinham uma profissão, eram mais dependentes e obrigadas a se submeter. E muitas aceitavam o mito de sua inferioridade biológica em relação ao homem. Num depoimento, Mme. O. afirma:

> Sim, (havia) um tráfico muito grande naquela época, mas agora não, porque *as mulheres não são burras*. Agora elas trabalham para elas, não sustentam homem nenhum. (17/07/1989) (grifos meus)

Sem independência financeira e sem espaço social reconhecido, a prostituta dependia de um cafetão para se transladar de um país ao outro, falsificar documentos e escapar da polícia. Assim como as caftinas, os rufiões introduziam-nas nos códigos da "zona", ensinando-lhes a agradar os fregueses, vestir-se bem, beber etc. Ricardo Pinto reafirmava essa idéia formada a partir de contatos pessoais. Observando as "francesas" que aportavam no Rio de Janeiro, descrevia-as como "mal vestidas, magras, desinteressantes mesmo". Um mês depois, estavam totalmente "transfiguradas". "É que começa a intervenção do *macro*", dizia ele (p. 57). Foi necessário muito tempo para que, afinal, a mulher "do lar" ou "da vida" aprendesse a circular no espaço público masculino sem precisar recorrer à arma da sedução. Esta independência, como sabemos, é muito recente.

Não há dúvida de que essas gangues exerciam uma enorme violência sobre a mulher, mesmo nos casos das que vinham por vontade própria, pois submetiam-se, então, à vigilância e exploração de um cáften ou dos grupos organizados. Mesmo as que participavam como auxiliares na organização do tráfico, como proprietárias dos bordéis, pois a legislação proibia que um homem exercesse essa função, ou as que nas aldeias identificavam as moças mais promissoras ficavam sob a dependência masculina.

Além disso, no Brasil, embora nunca se optasse abertamente por uma política regulamentarista, ou por isso mesmo, a violência policial exercia-se arbitrariamente sobre as meretrizes pobres, segundo as inclinações dos grupos repressores. Freqüentes razias contra prostitutas e homossexuais ocorriam no centro da cidade, como presenciamos em data recente. Ameaçadas e desprotegidas, elas acabavam estreitando seus laços de dependência com os cafetões e gigolôs.

Ainda assim, seria preciso verificar mais de perto este estranho tipo de vínculo que tornava a prostituta tão dependente emocional e financeiramente do gigolô. Aliás, mais emocionalmente, pois era ele quem dependia dela financeiramente.

Além de todos os motivos relacionados que explicam parcialmente sua forte dependência em relação ao rufião, seria bom examinar que função ele desempenhava em sua vida, de modo a tornar-se necessário. É claro que se fossem apenas amantes, ele dificilmente aceitaria que sua mulher trabalhasse na zona como prostituta. São conhecidos os casos de "coronéis" que retiraram seus "rabichos" para residências particulares. Portanto, eles só poderiam ficar juntos numa relação mediada inversamente pelo dinheiro, ganho no comércio do prazer. Aliás, é significativo que este elemento público e masculino, que confere poder e liberdade ao possuidor, escorregasse das mãos da prostituta para o gigolô. Nem mesmo nesse microcosmo as mulheres detinham o símbolo da autonomia.

Assim como a mulher "normal", casada e rica, a prostituta transferia o "vil metal" para mãos masculinas que decidiam o seu futuro. Ela entregava-lhe literalmente sua liberdade e seu prazer, nessa forma perversa de captura e reterritorialização, que partia de toda uma rede, mas também do seu desejo interior. É por paixão ao gigolô Mauro Glade que Alma, em *Os condenados*, mantém-se no mundo da prostituição, e não propriamente por dinheiro. O que a impedia de vivenciar sua liberdade?

Penso que não se pode deixar de admitir como uma resposta plausível, ou como um caminho nesta direção, a idéia de que o gigolô/cáften era sua principal referência pessoal ao nível subjetivo e emocional. Nessa relação, a prostituta — figura extremamente fragmentada na multiplicidade das relações despersonalizantes — podia refazer psicologicamente sua identidade. Como um espelho, ele devolvia-lhe uma imagem completa, reconhecendo-a como indivíduo, ao contrário dos fregueses para quem representava um órgão e uma *performance*. Essa dimensão da relação cáften/prostituta me parece fundamental para entender seu componente sadomasoquista, embora muitos outros aspectos possam ser apreciados na ótica da psicanálise. Sob o olhar do gigolô, a prostituta podia reconstruir sua auto-imagem unitária e inscrever-se novamente num espaço psíquico fundamental para a vida em sociedade.

Neste jogo em que ela referendava a virilidade e a importância do homem, mesmo que não fossem amantes, como acontece entre muitos caftens e meretrizes, em que ela então também constituía e sustentava a imagem do parceiro como figura necessária, protetora e exploradora ao mesmo tempo, o apanhar e o bater, por mais violentos que fossem, possuíam um certo encanto: constituía-se como uma dimensão afetiva da relação homem-mulher pela qual ambos se posicionavam no mundo como ser frágil e ser superior.

A maioria dos romances e notícias da imprensa do período tendeu a apagar esse aspecto, ressaltando apenas a frieza do gigolô e uma paixão unilateral da meretriz, como se apenas esta dependesse daquele. Não é à-toa que freqüentemente nos romances sobre o tema, o gigolô-cáften praticamente não existe: não tem rosto, é uma figura nebulosa, nunca sabemos dele realmente, ao contrário do que ocorre com a prostituta vitimizada.

Por outro lado, o gigolô sem rosto, ou Mauro Glade, ou os caftens organizados de Buenos Aires faziam a prostituta abortar todos os sonhos e potencialidades de estabelecer vínculos afetivos mais duradouros e equilibrados — com um amante ou com um filho —, e desistir de quaisquer outras aspirações de vida. Nesse sentido, ele reforçava sua dependência emocional, impondo-se como referência necessária, ponto fixo em torno do qual ela devia girar.

Mesmo assim, várias meretrizes demonstravam orgulho por serem amadas por determinado cáften. Reafirmavam a cumplicidade de uma relação em que ambos eram figuras extremamente à margem e freqüentemente provenientes do mesmo meio social. Muitas vezes, ele era alguém evadido da prisão, algum bandido que a prostituta protegia. Então, ela também detinha um poder sobre ele, podendo denunciá-lo a qualquer momento. Lembre-se, aliás, que o lenocínio era considerado crime: a mulher poderia entregar o amante à polícia quando quisesse, o que não devia ser tão fácil se se considerar toda a rede de relações influentes que ele procurava manter. Circularidade de capturas e de jogos, em que todos viviam na corda bamba. Mas é bom não esquecer que, de qualquer maneira, ser gigolô e ser prostituta não eram vistos da mesma maneira pela sociedade. Um gigolô poderia enriquecer, tornar-se até influente na política local, ou ser valorizado pela valentia, enquanto uma prostituta seria sempre vista como uma figura anômala, doente ou "decaída".

No caso do tráfico das "escravas brancas", vale atentar para a utilização dessa metáfora importada do comércio dos escravos negros, já extinto em meados do século XIX. Designando as mulheres trazidas do exterior para se prostituírem nos mercados argentino, brasileiro e norte-americano, esta metáfora inscreve-se nos marcos de um pensamento romântico conservador, obcecado em preservar a virgindade das moças das famílias burguesas.

A vitimização da prostituta por meio da imagem da "escrava branca", reverso da construção da figura calculista do cáften, reforçou a concepção de que a prostituição era uma "chaga" ameaçando contaminar o tecido social e levou a uma maior repressão sobre a prostituta. Se considerarmos que o pensamento científico do século XIX procurou provar de todos os modos que a mulher não tinha desejo sexual, não há espaço nessa lógica para a existência daquelas que optassem pela prostituição, recusando radicalmente sua destinação ao casamento e à maternidade. Essas só poderiam ser percebidas como anomalias, monstruosidades, "loucas morais", na expressão que Lombroso atribui às "degeneradas natas". Ou então, como vítimas manipuladas pelos impulsos cruéis de cafetões desalmados.

Freqüentemente, as próprias prostitutas reforçaram a concepção de que só poderiam ter entrado neste mundo por imposição alheia, ao reconhecerem-se subjetivamente na metáfora da "escrava", vitimizada pelo cáften inescrupuloso e "mercadoria" nas mãos das poderosas organizações. Em 22/04/1880, por exemplo, a *Gazeta de Notícias* (Rio de Janeiro) publicava uma longa carta da prostituta Klara Adam, em que denunciava o rufião Siegmund Richer. Trazida da Prússia e iludida com promessas de emprego como costureira, no Brasil, ela vivera durante meses encerrada num prostíbulo do Rio de Janeiro, ameaçada por ele, "(...) tendo-me como *escrava*, e fazendo-me temer até suas ameaças e pancadaria quando eu não aceitava o convite de criaturas repugnantes".

No entanto, Albert Londres, ao cabo de sua longa investigação sobre o tráfico, concluía que 90% das meretrizes traficadas para a Argentina haviam optado por ficar na zona e teriam vindo por espontânea vontade. Entrevistando uma filantropa francesa que tentava auxiliar as escravas brancas, em Buenos Aires, ela informara-lhe que chegara a ouvir a seguinte frase das mulheres: "Não é lição de moral que preciso, mas pão" (p. 193).

Ainda assim, é de se supor que muitas das prostitutas trazidas para os bordéis da América do Sul, mesmo no caso das que haviam optado por este tipo de vida, tivessem de enfrentar muitos obstáculos se desejassem escapar das redes de poder constituídas pelos caftens. Quase todos os seus esforços para recorrer à proteção da polícia, ou de fugir por conta própria, fracassavam devido à perseguição mobilizada pelas máfias. Exemplo que se tornou famoso no cenário carioca dos anos de 1930 foi o da prostituta Ivonne C., conhecida como "Pierrot". Conseguindo fazer uma grande fortuna independentemente, acabou assassinada de maneira misteriosa por uma poderosa organização de rufiões.[31]

Décadas antes, o *Correio Paulistano*, de 17/05/1912, noticiava, no artigo "Os dramas do lenocínio", o atentado sofrido pela polaca Schewe T., de 22 anos, que fugira de Buenos Aires e fora residir numa casa de tolerância na rua do Ipiranga, n. 79, em São Paulo. "Cotadíssimo na rodas da caftinagem portenha", o italiano José Ferro logo descobrira seu paradeiro e viera em sua busca. Segundo o jornal:

> E não lhe foi difícil a tarefa. Quem conhece de perto o mecanismo pavoroso do *tráfico de mulheres brancas* exercido em grande escala para Buenos Aires, com agentes disciplinados e "bureaux" de informações, mais ou menos oficiais, pode logo avaliar como José Ferro chegou a adquirir a certeza de que a sua *mísera escrava branca* se achava homiziada nesta capital.

Como parece ter sido a prática usual da época entre os caftens, ele conseguira anavalhar seu rosto, penetrando sorrateiramente no quarto em que ela dormia.

---

31. Anésio Frota *Aguiar, op. cit.*, p. *16*.

Outro crime ainda que se tornou famoso nos anos de 1910 foi o degolamento de Rosa Schwarz, conhecida como Lili "das Jóias". Conseguindo enriquecer inúmeras vezes, inúmeras vezes fora totalmente roubada. Freqüentadora das rodas boêmias do Rio de Janeiro, dos "clubes de jogo" e das "casas de bebida", residia na pensão de Madame Sônia, na rua das Marrecas. Segundo o jornal *A Noite*, que explorou sensacionalisticamente o caso, Lili "das Jóias" era uma mulher viajada, falava diversas línguas, principalmente o inglês, "dizendo-se sempre filha de Londres". Ambiciosa e bela, tinha uma "verdadeira adoração pelas jóias", o que atraía fortemente os exploradores:

> Como todas as mulheres, Lili fazia ultimamente ponto, à noite, no "Café Adeline", esquina da rua das Marrecas com a do Passeio. E, entre o estourar do champagne e a música do tercetto, atraía para a pensão os que a desejavam. (*A Noite*, de 7/10/1914)

O jornal aventara a hipótese de que Lili fora vítima de um "complôt de caftens" ligados a Buenos Aires, pois estivera naquele país por um tempo, regressando sem nada. Nesta versão, sua morte seria uma vingança por não estar enviando dinheiro aos rufiões. Todavia, nada se conclui até o anavalhamento de outra prostituta em São Paulo.

Em 5 de outubro daquele ano, foi preso em flagrante o espanhol Bernardino Barceló y Gomide, numa "pensão alegre" da praça da República, ao tentar dar um golpe de navalha no rosto de Helena Díaz. Conseguindo escapar das mãos do agressor, a meretriz foi socorrida por suas amigas, enquanto ele foi enviado à Polícia Central. Pela semelhança dos casos, a polícia descobrira ter sido ele o degolador de Lili "das Jóias".

Segundo o jornal *O Estado de S. Paulo*, de 5/11/1914, Bernardino acabara confessando os crimes praticados e elaborara um imenso relatório em que explicava as razões do seu gesto criminoso. Segundo ele, desejava vingar-se de todas as prostitutas do mundo, por ter sido, qual personagem de *As mil e uma noites*, traído pela primeira, Maria Riera, com a qual havia se casado. Evidentemente, a polícia não tarda a descobrir a história real: ambos vieram de Buenos Aires, onde ela trabalhava num "conventilho", enquanto ele roubava jóias e vivia da prática do lenocínio.

Cartão de visitas usado pelos caftens como disfarce.

O importante a ressaltar, de qualquer modo, é a violência individual ou organizada que as meretrizes deviam enfrentar para escapar das mãos dos cafetões, de um lado, e do cerco da polícia, de outro. Alguns exemplos das formas que assumia a opressão masculina sobre a prostituta pobre aparecem nas notícias sensacionalistas da imprensa. Segundo *A noite*, de 18/11/1915, o português Antônio Correa, "amasiado" com Sophia I., "contava as visitas que ela recebia pelos copos que bebia", embriagando-se num botequim em frente à sua casa.

Décadas antes, a *Gazeta de Notícias*, de 22/04/1880, publicava a já citada carta da prostituta Klara Adam, em que relatava como os caftens se organizavam, quais eram os seus métodos de recrutamento na Europa Oriental, coincidindo em vários momentos com dados obtidos em outras fontes documentais. Destaco uma passagem da carta em que ela expõe a violência exercida pelo rufião, num tipo de controle que parece ter sido uma constante no período:

> Uma noite, tendo eu já ganho cem mil-réis e não podendo, por morta que estava, alcançar mais, esbordoou-me tanto que decidi fugir, e fugi às quatro horas da manhã, em camisa, embrulhada em um lençol, porque o miserável tinha o cuidado, quando eu me recolhia, de guardar-me a roupa para evitar a fuga; dizendo-me a todo momento que, se eu algum dia escapasse, me perseguiria com a Justiça, com a polícia e com o muito poder do seu advogado, metendo-me na Correção por toda a vida.

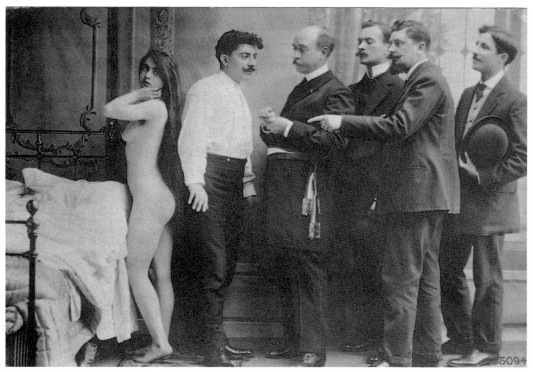
Uma cena de flagrante: cartão-postal da *Belle Époque*.

Dificilmente nessas condições, as prostitutas ousariam procurar as autoridades públicas para romper o cerco desses homens. Os vínculos de dependência que se estabeleciam entre eles passavam tanto pelo aspecto material de fornecimento de alimentação, venda de roupas e jóias — que elas deveriam pagar em prestações —, quanto pelo espiritual, principalmente no caso das judias: a garantia da morte segundo seu credo religioso. Várias formas, portanto, de manter a meretriz submissa e segregada nos bordéis foram utilizadas pelos traficantes, interessados eles mesmos secundariamente em contatos sexuais com elas.

É impossível precisar a quantidade de prostíbulos que funcionavam independentemente do controle dos *macros* ou dos polacos, italianos, portugueses e brasileiros. Por certo, muitas prostitutas não estavam vinculadas nem a uns nem a outros, principalmente no Brasil, onde as gangues organizadas eram menos poderosas do que na Argentina. Como lembra Mme. O., as cortesãs de luxo tinham como amantes "coronéis", mas não cafetões, ao contrário das que trabalhavam no baixo meretrício.

No entanto, um observador contemporâneo afirmava exatamente o oposto em relação às francesas que aportavam no Rio de Janeiro. Segundo Ricardo Pinto, seria muito difícil para uma delas desembarcar sozinha no país e "fazer a vida" sem a proteção de um homem. Encontraria muitos obstáculos diante da fiscalização da polícia marítima e para sua instalação num bordel do Mangue, ou nas "pensões chiques" do Catete e da Glória, quase todas controladas pelos *macros* (p. 38).

Portanto, não é de estranhar que a história do seqüestro das escravas brancas pelas máfias de rufiões estrangeiros tenha marcado de modo incisivo o imaginário social, reforçada por toda a mitologia em que a época a envolveu. Um de seus aspectos mais misteriosos referiu-se ao funcionamento de uma poderosa associação controlada pelos *polacos* na Argentina: a Zwi Migdal.

3 | O TRÁFICO DAS "ESCRAVAS BRANCAS"

Imagens de um *Puzzle*

Em suas incursões pelo misterioso mundo dos traficantes de escravas brancas, Albert Londres trava contato ainda com uma organização de caftens "polacos", mais reservados e disciplinados, sediada em Buenos Aires. Formando uma sociedade muito fechada, é com dificuldade que o jornalista consegue penetrar neste "meio". Mesmo assim, registra que, ao contrário dos franceses, os polacos se agrupavam em torno de um chefe dotado de autoridade inquestionável, que definia todas as regras de participação no negócio: desde os casamentos que deveriam se realizar, as novas "aquisições", os lugares onde deveriam recrutá-las, os preços a serem pagos, as somas que deveriam ser entregues à polícia como forma de suborno.

Fundada na Polônia, esta organização mantinha sua sede central em Buenos Aires, desde 1904, quando aparecera pública e legalmente como Sociedade Israelita de Socorros Mútuos Varsóvia. Responsável pela importação de muitas prostitutas para a Argentina e o Brasil, a sociedade atuava em várias cidades brasileiras, embora não de maneira tão imperiosa quanto naquele país, onde o desenvolvimento da prostituição garantia altas taxas de lucro. Vivendo radicalmente à margem da

324 | OS PRAZERES DA NOITE |

ordem instituída, os traficantes procuravam dar à sua associação um caráter legal à semelhança de outras existentes na comunidade israelita. Segundo o artigo 2° de seus estatutos:

> Seu objetivo é criar um fundo comum destinado a socorrer seus associados em caso de enfermidade ou de suas conseqüências, e proteger os mesmos, prestando-lhes a força moral que esta associação pode ter, propendendo sempre à fraternidade de seus associados.[32]

Posteriormente, por motivos internos, a Sociedade Varsóvia cindiu-se em duas organizações propriamente ditas: a Zwi Migdal, composta principalmente pelos *polacos*, e a Asquenasum, que agrupava russos e romenos. Até a década de 1930, quando passou a ser decisivamente perseguida pelas autoridades públicas argentinas, essas máfias praticamente monopolizaram o controle da vida do submundo na Argentina, incluindo-se aí não apenas a prostituição, mas o tráfico de drogas, o jogo e alguns setores da vida cultural, como o teatro.

No Brasil, embora tentasse fazer valer sua influência, especialmente após as perseguições iniciadas na década de 1930, a Migdal não conseguiu ter o mesmo peso que no país vizinho. Além do mais, era obrigada a dividir com outros grupos e indivíduos isolados o controle dos bordéis, prostíbulos e cassinos.

Seus métodos de trabalho diferiam em grande parte daqueles empregados pelos *maquereaux* franceses, informa Albert Londres. Os *polacos* costumavam viajar para as aldeias pobres da Polônia como Lodz, da Rumênia, Áustria, Hungria, Rússia: localidades mais afetadas pela extrema miséria econômica e pelas perseguições políticas e religiosas — os *pogroms* —, de que foram vítimas os judeus da Europa Oriental.[33]

Apresentando-se como comerciante enriquecido na América, que retornavam à aldeia natal em busca de uma esposa da mesma naciona-

---

32. Julio L. Alsogaray, *Trilogia de la Trata de Blancas*, Buenos Aires, 1933.
33. Victor A. Mirelman, *En búsqueda de una identidad. Los inmigrantes judios en Buenos Aires*, 1890-1930, Buenos Aires, Milà, 1989; Boleslao Lewin, *Como fue la inmigration judia en la Argentina*. Buenos Aires, Plus Ultra, 1983.

lidade, introduziam-se paulatinamente no interior das famílias pobres, e logo se insinuavam como pretendentes à mão da filha mais velha. Portanto, ao contrário dos rufiões franceses que recrutavam suas "presas" entre as operárias muito jovens da periferia da cidade, nas ruas e nos bares do submundo, entre as domésticas e vendedoras de lojas, ou desempregadas que encontravam perambulando pelas praças, estes penetravam nas casas das aldeias miseráveis daqueles países e faziam seus contatos, para horror dos jornalistas.

Albert Londres, que acompanhou de perto a atuação dos caftens nessas aldeias, conta que não raro obtinham o apoio de uma antiga habitante do vilarejo. Esta lhes indicava as jovens mais interessantes, as órfãs, as mais ingênuas ou mais atrevidas, as mais bonitas, e assim por diante:

> Em Varsóvia, em Cracóvia, em Lvoff, nas aldeias como a "minha", velhas senhoras que são pagas todos os anos têm como única função indicar-lhes a boa mercadoria. Tal casa não vale a pena, as moças não têm boa saúde. Desconfie daquela família: o pai e a mãe pretendem cobrar caro. Mas ali, lá e acolá você encontrará o que lhe convém, meu irmão. Mostre-se religioso neste lugar. Não se case aqui, você pode casar ali. Leve a mais jovem, a mais velha é preguiçosa! Ali só existe a mãe, que não vai durar muito tempo. Leve a criança, é o melhor negócio do quarteirão. Eu a vigiei como a fruta de uma árvore. Você só tem que colhê-la! (p. 174)

Em geral, procuravam casar-se com as moças mais velhas, isto é, na faixa dos 20 anos e, aos poucos, iam trazendo as cunhadas para o mesmo tipo de vida. Várias vezes, as famílias em situação econômica extremamente precária vendiam as filhas, assinando falsos contratos com os caftens, embora muitas vezes também tudo ocorresse em completa ignorância, por desespero e esperança. Londres afirma ter visto em certas regiões da Polônia acampamentos, em lugar de povoados, onde as pessoas maltratadas, sujas, esquálidas amontoavam-se nas tendas, apavoradas ante a presença de um desconhecido. Ele mesmo sentia medo diante de casas onde as janelas se fechavam à sua passagem, onde olhos espiavam e as pessoas procuravam apressar o passo, distanciando-se rapidamente.

Eu não tinha ainda visto essa cena a não ser em país selvagem. Aquele acampamento era um imenso tapete de estrume, e as silhuetas imprecisas desses judeus pareciam elevar-se dessa liteira como vapores que teriam tomado uma forma vagamente humana. Sentia-se que o esgotamento tinha-se instalado aí, para sempre. Por trás dos muros, as mulheres coziam, liam. As velhas abaixavam a cortina, as jovens também, mas com menos precipitação. Era possível ver que algumas delas eram bonitas. Tinha-se frio na alma. É nessa aldeia e nas que se lhe assemelham que os caftens poloneses, os polacos vão "abastecer-se". (p. 170)

Em sua autobiografia, Sally Knopf retrata a miserável condição de vida dessas populações aldeãs da Polônia, onde não poucas vezes as perseguições anti-semitas majoravam a pobreza econômica. Indigência, monotonia e a pequena guerra da vida cotidiana de sua família compõem um quadro desolador da infância na aldeia de Rawa, próxima a Varsóvia, onde a população

(...) era francamente anti-semita e nunca perdia a oportunidade de demonstrar o seu ódio à nossa gente. O nosso sentido de autoproteção, desenvolvido em séculos de perseguições, funcionava também na nossa pequena comunidade, forçando-nos a um isolamento do restante da cidade.[34]

Criança ainda, antes da Primeira Grande Guerra, não conseguia entender a razão das perseguições e humilhações que sofriam. Os ressentimentos infundados das colegas católicas do colégio, a violência dos garotos da rua e dos adolescentes sempre prontos a pequenos ataques marcaram traumaticamente toda a sua vida. Nos inícios da guerra, tudo piora. Russos e alemães disputam a Polônia e ambos perseguem ferozmente os judeus. Sally recorda-se da violenta investida contra sua família.

Como muitas moças que vivem nessas condições, o desejo de partir para regiões mais prósperas e mudar de vida cresceu, e ela reanimou-se com a chegada de um brasileiro em sua pequena aldeia polonesa. Trazia uma carta de seu tio, enriquecido com os negócios comerciais no

---

34. Sally Knopf, *Humilhação e luta (uma mulher no inferno verde)*, Coordenada Editora de Brasília, p. 11.

Brasil, convidou-a para morar e trabalhar com eles, já que não possuíam nem filhos nem herdeiros. O velho pai alegrou-se com a perspectiva de melhora da situação de sua filha e talvez da própria família. Assim, Sally parte para o Brasil.

Aí, algumas de suas experiências foram amargas, como a perseguição do tio em cuja casa fora viver. Fugindo para o Rio de Janeiro, estabelece contatos com a associação de ajuda aos imigrantes judeus, Frohen Farhein. Esclarecendo sua situação, as senhoras ligadas à associação explicaram-lhe: "Onde você esteve metida, menina! Aquele homem não é aceito na comunidade hebraica do Rio, porque trabalhou no comércio de escravas brancas. Aliás, seu tio Joe era sócio dele!"

No romance de Amando Caiuby, *Noites de plantão*, publicado em São Paulo, em 1923, uma das cenas evocadas refere-se ao relacionamento amoroso de Álvaro com a polaca Raquel.[35] Conhecendo-a em um bordel do centro da cidade, numa noite descomprometida, ele descobre sua triste história. Filha de um ilustre bacharel da Sérvia, ela cursava a Universidade de Belgrado, quando o pai falece e a família se vê ameaçada de total desagregação. Novamente, um tio aproxima-se oferecendo-lhe emprego na Argentina. O desenlace é esperado: em Buenos Aires, ele a obriga a prostituir-se, apesar de toda sua relutância, arranjando-lhe um amante rico. Depois de muito sacrifício, ela consegue fugir para São Paulo, acompanhada de um industrial, mas a roda do destino empurra-a novamente para o submundo da prostituição. Numa "casa vulgar de rua escandalosa", Álvaro encontra-a e apaixona-se perdidamente; contudo, ela morre tuberculosa.

Importa-nos menos pensar a narrativa literária desse romance do que destacar como a história da "polaca aristocrática" transformada em escrava branca, na América, satisfez a imaginação popular no período. Mais recentemente, a experiência trágica da polaca enganada pelo cáften judeu aparece nas páginas de um belo romance de Moacyr Scliar, intitulado *O ciclo das águas*.[36] A partir das confidências de uma paciente já falecida, de quem tratou como médico em Porto Alegre, o autor narra a história de Esther, jovem polonesa trazida pelo tráfico de brancas aos prostíbulos do Sul, nos anos de 1930.

---

35. Amando Caiuby, *Noites de plantão*, São Paulo, J. Pagundes, 1925.
36. Moacyr Scliar, *O ciclo das águas*, Porto Alegre, Globo, 5ª ed., 1976.

Muito jovem, casa-se em sua pequena cidade polonesa com um rapaz recém-chegado. Ambos partem rumo ao Brasil e a decepção de Esther, diferentemente da de Sally, ocorre na viagem dos recém-casados para a França. Inexperiente, ela esperava ser amada como mulher. Ele nem sequer dá por sua presença. Silenciosos e distantes, viajam até Paris. Seu deslumbramento com a cidade iluminada e moderna quebra um pouco da tensão que se estabelece entre os dois e, para comemorar, dirigem-se a um cabaré, onde encontram mulheres elegantes e outros homens interessantes que ele conhecia. Pela primeira vez, Esther toma champagne, dança, diverte-se. Na confusão dos corpos, seguem todos para um casarão pomposo: é com outro que ela acorda, culpada, na manhã seguinte.

Doravante, é seguir viagem. Em Marselha, encontram novos conhecidos e partem para Buenos Aires. Obrigada a trabalhar num bordel, só então ela compreende a armadilha de que fora vítima desde o início. Assim, passa vários anos tentando libertar-se do gigolô, do bordel, das prostitutas que aí vivem — sem possibilidades de fuga como ela, sob uma estreita vigilância dos caftens, associados a muitos policiais e autoridades públicas. Como essa, são, portanto, inúmeras as referências às "polacas" — muitas polonesas, algumas judias — lançadas no submundo da prostituição em Buenos Aires, no Rio de Janeiro, São Paulo e Porto Alegre, pela organizada rede dos traficantes internacionais. Vários depoimentos e denúncias confirmam que, após desembarcarem as mulheres importadas, os caftens promoviam leilões, exibindo-as em estabelecimentos comerciais próprios, para os donos de bordéis e demais interessados. Segundo Julio Alsogaray, na Argentina, o salão destinado para essa finalidade possuía um tablado, que era utilizado como cenário:

Ao descerrarem as cortinas mostrava-se à vista da concorrência — com a presença de convidados especiais: juízes ou políticos — um número de mulheres nuas. O "arrematador" dirigia a operação recebendo as ofertas que se faziam em voz alta. Os que achavam necessário aproximavam-se das escravas para apalpar suas formas ou examinar partes da anatomia, em uma apreciação de seu valor como carne de prostíbulo. (p. 105)

Um grupo de *"caftens"* fotografado pela polícia nos anos de 30.
(Arquivo Dr. Guido Fonseca)

Obviamente, organizando-se em associações clandestinas ou legalizadas, os rufiões aumentavam o poder que detinham sobre as prostitutas, fechando-lhes qualquer possibilidade de saída. Mesmo o recorrer à polícia era muito complicado para elas, pois vários policiais estavam mancomunados com eles, enquanto outros não estavam interessados na sorte de meretrizes pobres e estrangeiras. Tudo indica que para os rufiões era relativamente fácil ameaçar e perseguir as mulheres mais rebeldes, enclausurando-as nos prostíbulos mais distantes.

Era grande o número de mulheres traficadas para a América do Sul? Possivelmente, sim. Contudo, o importante a ressaltar é que a grande maioria das escravas brancas participava desse meio, conhecia suas regras e desejava "fazer a América" como prostituta nos principais mercados do prazer. Apesar de todas as fantasias que cercam as histórias do tráfico, muito poucas vinham iludidas ou forçadas, como observavam as autoridades públicas. Numa investigação realizada pela Scotland Yard sobre o tráfico de jovens, em 1898, concluía-se que a maioria das moças que passavam por Londres em direção à América do Sul e a outros países eram prostitutas profissionais, razão pela qual a polícia não podia intervir diretamente.[37]

Em 1921, na *Conferência Internacional sobre o Tráfico de Mulheres e Crianças*, promovida pela Liga das Nações, em Genebra, participantes de diversos países convergiam na opinião de que "a avidez pelo dinheiro" e "a perspectiva de uma vida fácil e feliz" eram os principais motivos que levavam as prostitutas a se transladarem para outros países. Segundo o relatório, "Em pouquíssimos casos foi provado que estas mulheres foram enganadas em relação à natureza do emprego que lhes havia sido oferecido".[38]

Assim como a personagem central do romance de Ercília Nogueira Cobra, Cláudia, que, decidindo tornar-se uma mulher rica e independente, opta por trabalhar em Buenos Aires. Apesar da ameaça de sedução dos *criollos*, é aí que se torna uma cortesã de luxo, destino que talvez não tenha se realizado apenas na literatura:

> Buenos Aires, com sua população de grande metrópole, pareceu-lhe o melhor refúgio. (...) Uma camarada lhe dissera certa vez em Flumen que Buenos Aires era meio impróprio para uma mulher fazer vida. Havia homens tão belos às portas dos cinemas e nas casas de chá, que a mulher saía à procura de "michê" e voltava com gigolô. (p. 85)

De qualquer modo, tudo sugere que os setores sociais preocupados com o crescimento da prostituição e com o controle da moralidade pública fizeram um grande alarde em torno do tráfico, atemorizando as famílias "respeitáveis" com o espectro da perdição moral de suas filhas e esposas.

---

37. As autoridades policiais inglesas informavam: "Regarding the communications received here relating to parties of girls and women passing through this country in route to South America and South Africa, accompanied by agents, I beg to state that it has almost invariably been found that the women in question were admittedly prostitutes, many of whom had already been inmates of continental brothel an were simply prostitutes travelling under an agreement". *Metropolitan Police*, 9/06/1898, MEPO 2/558-PRO.

38. League of Nations, *International Conference on Traffic in Women and Children, General Report*, Genebra, 5/08/1921, p. 17.

Plantas exóticas

Na verdade, mesmo que o número de moças traficadas tenha sido proporcionalmente pequeno e, no Brasil, tudo indica que as brasileiras superavam o número das prostitutas estrangeiras, o fenômeno teve repercussões bastante amplas, levando mesmo a que se associasse o termo "polaca" a "prostituta". O historiador norte-americano Edward Bristow lembra ainda que a palavra *cáften* provinha etimologicamente de *caftan*, nome que originariamente designava uma vestimenta tradicional usada pelos judeus.[39]

Nas raras estatísticas levantadas pela polícia, a porcentagem das prostitutas brasileiras, em São Paulo, sempre excedia a das francesas e polacas. Em 1914, de 812 meretrizes registradas pela polícia de costumes, 303 eram brasileiras, 186 russas, 80 italianas, 52 alemãs, 50 francesas, e assim por diante. Já em 1915, das 269 registradas, 181 eram brasileiras, 33 russas, 14 italianas, 13 francesas. Ainda em 1922, das 3.529 prostitutas fichadas, 1.936 eram brasileiras, ou seja, mais da metade, enquanto 468 eram russas, 255 francesas, 245 italianas, 75 alemãs, 60 austríacas. Em 1936, entre 10.008 mulheres registradas, 4.608 eram brasileiras, 576 francesas, 439 polonesas etc.[40] No Rio de Janeiro, em julho de 1924, registravam-se 1.683 prostitutas, das quais 987 brasileiras e 696 estrangeiras; enquanto em 1930, das 1.866 fichadas, 1.410 eram nacionais e 456 estrangeiras, dados que sugeriam uma sensível diminuição de estrangeiras no submundo carioca.[41]

Sabemos que essas estatísticas são bastante limitadas, visto que excluíam as prostitutas de luxo, as que viviam clandestinamente e as que exerciam esporadicamente a profissão. Aliás, até contradizem a versão mais corrente, segundo a qual as francesas e polacas compunham a grande maioria das meretrizes. É claro que, como lembra Paulo Duarte e Mme. O., muitas brasileiras faziam-se passar pelas nacionalidades mais requisitadas no mercado do prazer, adotando apelidos como Ivonne, Lulu, Lili, Jeannette, Rosita, Renée, tingindo os cabelos ou falando

---

39. Edward Bristow, *op. cit.*, p. 113.
40. Guido Fonseca, *op. cit.*, p. 139 e segs.
41. League of Nations, *Report of the Body of Experts,* cit. no *Report of the Jewish Association for the Protection of Girls and Women*, 1930, p. 37.

com sotaque. Dificilmente, portanto, poderemos precisar se os mitos tinham uma base real legítima, ou não.

Por outro lado, não é suficiente explicar a associação entre a "polaca" e a prostituta como efeito apenas de uma intenção anti-semita, que certamente existiu. É claro que a associação foi explorada politicamente, como mostra Jeff Lesser, por "intelectuais anti-semitas".[42] Contudo, é preciso lembrar que a expressão "polaca", bastante difusa, não recobria as mesmas significações no país como um todo. Se, de uma maneira geral, designava as polonesas, nem sempre era sinônimo de prostituta, como nos Estados onde a imigração eslava havia sido maior: Paraná, Santa Catarina e Rio Grande do Sul. No Rio de Janeiro e São Paulo, o termo remetia comumente à figura da meretriz, porém, nem sempre se referia às judias, ou especificamente às polonesas. Por "polacas" entendia-se mulheres loiras vindas de países da Europa Oriental, que a imaginação popular romantizava e confundia totalmente. Nos registros policiais em que aparecem, ou mesmo na imprensa, as "polacas" não eram associadas, ao menos diretamente, à figura da prostituta judia, embora esta fosse chamada de "polaca" quando aparecia nas notícias.

Ao tentar explicar os motivos pelos quais se instituiu na associação entre a "polaca" e a prostituta judia, apesar do pequeno número proporcional de israelitas existentes no Brasil, penso que valeria ampliar o campo das possibilidades interpretativas. Se o anti-semitismo da época responde em grande parte por esta estigmatização, vale lembrar que as francesas eram muito mais famosas e associadas ao mundo da prostituição, como nos revela ainda recentemente uma bela passagem do filme *Paris, Texas*, de Wim Wenders. O personagem central (Denis Hopper) se lembra de que toda vez que seu pai apresentava a esposa a pessoas estranhas, fazia referência a Paris, capital francesa e centro mundial da prostituição. Sutilmente, chamava-a de puta. É, aliás, o medo do adultério que persegue o filho durante toda a sua vida, impossibilitando definitivamente sua relação afetiva e familiar.

---

42. Jeffrey Lesser, *Pawns of the powerful. Jewish immigration to Brazil, 1904-1945*, New York University, 1989, p. 138, mimeo. Publicado como *O Brasil e a questão judaica: imigração, diplomacia e preconceito*. Rio de Janeiro, Imago, 1995.

Além do mais, uma longa herança cultural estigmatizou os judeus, homens e mulheres, com uma forte carga negativa. Desde a Idade Média, os "agentes de Satã" eram responsabilizados pelos inúmeros males que acometiam a sociedade, enquanto que as mulheres foram encaminhadas para as fogueiras da "salvação" inquisitorial.[43] Portanto, a associação que a imprensa e intelectuais anti-semitas promoveram partia de uma base material instituída e fortalecida durante séculos.

Vistos desde sempre como um povo diferente e especial, estrangeiros incompreensíveis aguerridos às suas crenças, valores e hábitos, não é de estranhar que a presença de um número, mesmo que pequeno, de prostitutas e de caftens judeus despertasse a curiosidade pelo exotismo e pelo desejo de notícias sensacionalistas por parte da imprensa. Recordo-me, a propósito, de que nas ocasiões, não tão freqüentes, em que as prostitutas judias são mencionadas na imprensa paulista e carioca, dá-se maior destaque ao exotismo dos rituais cerimoniais que comemoram seu falecimento, mas, ao tratar-se de acontecimentos relativos às meretrizes francesas, italianas, ou portuguesas, entre outras, é sua vida cotidiana que se procura desnudar. Ao noticiar a morte da polaca Lili "das Jóias", o jornal *A Noite*, de 8/10/1914, descrevia a cerimônia do enterro:

> Enquanto seis sacerdotes entoam cânticos religiosos, mulheres, uma espécie de "carpideiras", descabelam-se, choram e soluçam desesperadamente. O corpo, que fica entre quatro círios, é coberto de um manto negro. Depois da cerimônia, que foi longa, o caixão foi transportado para o coche pelos sacerdotes, seguindo para o cemitério. Um préstito enorme acompanhou Lili à última morada.

Portanto, se de um lado registra-se toda uma maneira de exploração anti-semita da presença de prostitutas israelitas no país, argumento fartamente mobilizado durante o Estado Novo, há, por outro lado, uma preocupação com o exotismo e com a valorização da estrangeira como figura da modernidade, em oposição à negritude escrava do passado colonial. Permito-me ainda acompanhar as colocações de Mano Praz

---

43. Jean Delumeau, "Les agents de satan: II — le juif. Mal absolu", cap. IX. *op. cit.*, p. 356.

sobre a obstinação com a figura da *Belle Dame sans Merci*, na produção literária. Ele observa que enquanto Merimée criava Carmen, mulher fatal proveniente da Espanha, por volta de meados do século XIX, já no final desse século o tipo de *femme fatale* que fascinava deslocava-se para a Rússia: aqui, "ideal exótico e ideal erótico caminham juntos", provando o quanto "o exotismo é em geral a projeção fantástica de uma necessidade sexual".[44] Balzac apresentara em *Esplendor e miséria das cortesãs*, a figura de Esther, prostituta judia que compunha uma variedade étnica para os fregueses fixos dos bordéis franceses de meados do século XIX. Outras personagens se seguiriam exercendo fascínio entre os leitores do período.

A atração pela "polaca", seja ela associada às polonesas austríacas, russas ou judias, fundou-se na constituição de um imaginário voltado para a idealização das regiões distantes, povoadas por raças diferentes, onde ocorriam histórias fantásticas de nobres, num país em que, até então, grande parte das prostitutas provinha dos contingentes de escravas e ex-escravas negras, principalmente no Rio de Janeiro. Mulheres loiras, ruivas, claras, delicadas, de olhos verdes ou azuis tornavam-se mais misteriosas e inatingíveis para uma clientela masculina seduzida pelos mistérios fantásticos da vida moderna e impulsionada pelo desejo de desvendar física e simbolicamente os labirintos. Como nunca, o burguês da *Belle Époque* amou o insólito, sonhou com viagens distantes, desejou experimentar o sabor das aventuras extravagantes, inclusive as sexuais. Essas figuras femininas prometiam realizar suas fantasias eróticas. E, mais do que a "francesa" independente, a "polaca vitimizada" era marcada por um elemento de exotismo bastante acentuado como na descrição que Amando Caiuby faz de sua personagem Raquel:

> Era mulher de vinte e poucos anos, alta, bem feita de corpo, de traços finos, meiguice estranha no olhar e nos modos denunciadores de ilustração superior ao comum das mulheres. As palavras saíam-lhe dos lábios finos com graça especial, as risadas discretas cavavam-lhe nas faces rosadas covinhas provocantes, e o *ar fidalgo, de misteriosa distinção*, mostrava ao observador que aquele ente era *ser exótico ao meio*. (p. 49)

---

44. Mario Praz, *op. cit.*, p. 172.

A figura da mulher judia combinava exotismo e misticismo no imaginário social: uma promessa de viagem para regiões distantes, a vivência de uma relação amorosa diferente e excitante, e o lado místico, por ser alguém que participava de um outro credo religioso, que suscitava muita curiosidade na época, especialmente aqui onde a comunidade israelita era reduzida. A perspectiva de sair de si, de perder-se absolutamente escapando da classe social, da família e de seu próprio universo se acentuava diante da mulher que podia ser recoberta por projeções masculinas ainda mais fantásticas. Mais do que outras estrangeiras, ela aparecia como uma estranha, alguém de fora, ameaçando desterritorializar radicalmente o homem em sua deriva imaginária pelas margens.

Em relação aos caftens judeus, é provável que se distinguissem diante dos de outras nacionalidades, justamente por ser pequena a quantidade de israelitas no país. A entrada maciça de imigrantes de origem judaica, no Brasil, só ocorreu a partir da década de 1920 ou mais precisamente entre as duas grandes guerras. Em 1923, os sindicatos operários pressionaram o governo argentino visando a limitar a entrada de imigrantes israelitas. Estados Unidos e Canadá, por seu lado, adotaram uma política de restrição da imigração judaica. Conseqüentemente, muitos emigrantes das paupérrimas regiões da Europa Central e Oriental tiveram de buscar outras alternativas de vida. O Brasil foi uma delas.[45] Assim, nos anos de 1920, muitos judeus da Ucrânia e Polônia imigraram para cá e, após 1933, da Alemanha e Áustria. Entre 1900 e 1939, cerca de 2.215.000 imigrantes judeus dirigiam-se ao Estado de São Paulo, muitos dos quais eram comerciantes e ambulantes de baixo nível educacional e fortemente enraizados em sua cultura tradicional.

Evidentemente, não se pode ter uma estimativa precisa do que significava numericamente a presença dos "indesejáveis" em relação à própria comunidade no Brasil, nas primeiras décadas do século XX ao contrário do que ocorria na Argentina, onde o imenso controle sobre a vida do submundo que detiveram por meio de sua poderosa organização levou a uma mobilização policial muito mais ampla e a denúncias generalizadas. Entre nós, muitos preferem silenciar sobre esse assunto, seja por moralismo, seja por medo de possíveis represálias dos que se bene-

---

45. Henrique Rattner, *Tradição e mudança (a comunidade judaica em São Paulo)*, São Paulo, Ática, 1977, p. 97.

ficiaram com essa empresa. O medo do anti-semitismo é uma força, além disso, que paralisa aqueles que guardam uma trágica lembrança do passado. Sabe-se que o governo Vargas utilizou estigmatizações de cunho violentamente moralistas para justificar atitudes racistas e anti-semitas.[46] No entanto, talvez o silêncio não seja a melhor arma na luta contra os inimigos. Moacyr Scliar a este respeito adota uma posição bastante arejada, em minha opinião, ao defender que a melhor maneira de "exorcizar demônios" é chamá-los pelo nome.[47]

Por enquanto, muitas confusões marcam as escassas referências à Zwi Migdal, nomeada em sussurros esmaecidos. Comentando a vida do compositor Wilson Martins, no Rio de Janeiro dos anos de 1930, por exemplo, Bruno Ferreira Gomes superpõe franceses e polacos, ao tentar explicar o que era essa organização mafiosa:

> Para os que desconhecem o que venha a ser esse nome complicado, diremos que se tratava de uma sociedade internacional dedicada ao tráfico de brancas. (...) A França, ou seja, a Zwi Migdal mandava de lá para cá uma mulher com roupas finas, jóias e local para trabalhar. Em troca, ela teria que pagar a vida inteira uma importância em dinheiro, mensalmente à organização; e pobre dela se não fizesse.[48]

BASTIDORES

São vários os mistérios que envolvem a história da Zwi Migdal, contribuindo assim para mistificar a amplitude de seu raio de ação e a importância de suas atividades. Muitos, aliás, negaram por vários anos sua existência, mesmo porque a presença das figuras "indesejáveis" suscitava forte apreensão no interior da comunidade judaica preocupada com sua integração social, tanto no Brasil quanto na Argentina. Talvez em nenhum outro grupo étnico a presença de "indesejáveis" tenha provocado reações tão vivas e uma verdadeira campanha de erradicação. Muitos fatores devem ser considerados nesse caso e não estranhamos a

---

46. Jeffrey Lesser, "Brazilian fascism and anti-jewish policy", *op. cit.*, cap. 7, p. 203-233.
47. Moacyr Scliar, *A condição judaica*, p.102.
48. Bruno Ferreira Gomes, *Wilson Batista e sua época*, Rio de janeiro, Funarte, 1985, p. 17.

severa disciplina interna que vigora no interior dessa máfia, como apontava Albert Londres, contrastando-a com outras gangues.

Desde cedo, a comunidade judaica que se instalou no Brasil e na Argentina procurou demarcar nitidamente as fronteiras morais que a separavam e opunham aos *tmein* (indesejáveis). De um lado, há que se considerar a necessidade de preservação de sua identidade cultural e religiosa ante à heterogeneidade dos grupos imigrantes e da própria população nativa. Em várias correspondências, os diretores da Jewish Colonization Association (ICA), sediada em Londres, referiam-se à presença do rabino Raffalovitch para organizar a vida judaica no Brasil, e à necessidade de criação de escolas de orientação israelita para preservar a formação religiosa e moral dos judeus imigrados.[49]

De outro, todo o esforço desenvolvido visando a uma fácil integração na sociedade ficava comprometido com o comportamento desviante de um número reduzido de indivíduos. No Relatório da Jewish Association for the Protection of Girls and Women, de 1930, A. Moro e C. Montefiore afirmavam:

> Há uma população judaica na Argentina de aproximadamente 300.000 pessoas, quase todos trabalhadores, gente respeitável, como foi mostrado pelo juiz Ocampo em seu julgamento, e este bando de traficantes, prostitutas, cafetões e cafetinas da "Zwi Migdal", em número aproximado de 400 membros, foram responsáveis por criar preconceitos imerecidos contra a comunidade. (p. 34)

Portanto, a necessidade de diferenciarem-se dos traficantes foi uma questão bastante séria para toda a comunidade, principalmente nos lugares onde aqueles se fortaleciam economicamente, suscitando a ira da população, como na Argentina. A pressão do governo polonês para que a Sociedade Varsóvia mudasse de nome, em meados dos anos de 1920, pois este comprometia a imagem daquele país, traduzia a insatisfação de muitos poloneses que viviam em Buenos Aires e temiam ser confundidos com os traficantes *polacos*.

---

49. ICA, Londres, *Séances du Conseil d'Administration*, v. IV, 2/10/1924, p. 283; Israel Raffalovitch, *The condition of jewry and judaism in South America*, Yearbook, v. XL, 1930, p. 6-7.

Embora outros grupos étnicos de imigrantes também tenham enfrentado situações semelhantes na construção de uma imagem positiva de sua nacionalidade, a particularidade histórica dos judeus tornou o problema da aceitação social muito mais grave e complexo. Muitos dos que puderam emigrar para a América e começar uma vida nova provinham de regiões constantemente assoladas por conflitos sociais e políticos, guerras, sucessivos *pogroms*, perseguições religiosas, anti-semitismo acentuado, o que significa uma herança cultural e política triste e inesquecível. É compreensível, assim, a preocupação maior da comunidade judaica em estabelecer rígidos padrões morais de comportamento, em zelar pela própria imagem e em segregar aqueles que davam armas ao inimigo. Numa conferência pronunciada em 1939, perante a Sociedade Brasileira de Criminologia, no Rio de Janeiro, o delegado Anésio Frota Aguiar referia-se à estigmatização dos judeus reforçada naquele momento:

> Até há pouco tempo, senhores, a opinião predominante era a de que só havia caftens judeus. Fomos nós, na nossa repressão ao lenocínio, que destruímos essa lenda.[50]

Evaristo de Moraes atentava ainda para o "velho preconceito policial" que atribuía a primasia da prática do caftismo aos judeus: "Verdade é, porém, que, mesmo no tocante ao caftismo, não é lícito afirmar-se, querendo falar com consciência, que o elemento judaico prepondere sobre os outros".[51]

Reconhecia que, desde o final do Império, registrara-se a ocorrência da comercialização de judias pelos "famosos caftens". Contudo, lembrava que na mesma época "vicejavam abominações idênticas": empréstimos de jovens escravas negras e mulatas pelos senhores e senhoras "aos proxenetas das ruas São Jorge, Núncio, Regente e Senhor dos Passos, para serem prostituídas"; tráfico de jovens portuguesas, geralmente "ilhoas", que embarcavam "com enganosas promessas, com destino os mesmos alcoices".

---

50. Anésio Frota Aguiar, *op. cit.*, p. 21.
51. Evaristo de Moraes, "Judeus sem dinheiro, tais como eu vejo", in Afrânio Peixoto, *Os judeus na História do Brasil*, Rio de Janeiro, Uri Zwerling, 1936.

Mesmo sendo repudiados pela comunidade israelita, os caftens lutaram para ingressar nas instituições filantrópicas, culturais e religiosas criadas por seus conterrâneos. Evidentemente, foram violentamente rejeitados, impedidos de participar dos rituais religiosos, das festividades e comemorações, de enterrar seus mortos nos mesmos cemitérios e de freqüentar os mesmos espaços de sociabilidade. A comunidade judaica lutou, ainda, para que os rufiões e prostitutas não participassem da Jevra Kedusha, instituição criada com o objetivo de adquirir terrenos para a construção do cemitério, assim como das instituições religiosas, a exemplo da Congregação Israelita, criada em Buenos Aires, em 1862.

Especialmente acirrada na Argentina foi a disputa para que o teatro ídiche não ficasse sob controle dos *tmein* e de seus associados. Excluídos do convívio social no interior da própria comunidade, nos diversos países onde atuavam como traficantes de brancas, os caftens criaram um microcosmo, mimetizando aquele que desejavam. Fundaram templos, sinagogas, construíram cemitérios próprios, espaços de diversão como cassinos, teatros, além dos bordéis, prostíbulos e cabarés que comandavam. Segundo o delegado Julio Alsogaray, chegaram a comandar cerca de 50% dos prostíbulos existentes na Argentina, espalhados por Rosário, Rivadavia, Tucuman, Córdoba, além da capital.[52]

Os caftens associados à Zwi Migdal procuraram valorizar-se de vários modos: construindo grandes fortunas, adquirindo força política expressiva capaz de garantir sua existência por várias décadas, e ainda criando todo um universo de referência simbólica semelhante ao dos grandes nomes e sociedades que prestigiavam. Procuraram, nesse sentido, cercar-se de todo um aparato material pomposo, símbolo de sua força e poder. Em Buenos Aires, possuíam um majestoso casarão localizado na rua Córdoba, 3.280 — hoje inexistente, como pude constatar —, decorado com objetos de arte, tapetes caros, enormes retratos dos sócios-fundadores, presidentes e vice-presidentes. No interior da sede, viam-se "placas de mármore e bronze que chegaram a colocar no salão de reuniões da comissão diretora", bustos dos seus homens fortes, homenageados com frases laudatórias, à semelhança dos métodos fascistas de glorificação dos líderes.[53]

---

52. Julio Alsogaray, *op. cit.*, p. 142-143.
53. Gerardo Bra, *La organización negra — la increíble historia de la Zwi Migdal*, Buenos Aires, Corregidor, 1982, p. 31.

Construíram, assim, uma imagem de prestígio, importância e poder tanto maior quanto mais segregados e inferiorizados se sentiam perante a comunidade judaica e a sociedade como um todo. Por isso mesmo faziam vultosas doações financeiras à organização que desejavam ver bastante fortalecida. As sucessivas reuniões, que organizavam nos espaços pesadamente decorados da sede, visavam, ainda, a densificar os laços de solidariedade e assegurar a obediência dos afiliados, prometendo-lhes em troca segurança financeira e moral.

Gerardo Bra, principal historiador da Zwi Migdal, na Argentina, espantava-se com a enorme quantidade de documentos legais, registros de sócios, livros de atas, balanços, correspondências legais emitidos pela associação, que, na verdade, desenvolvia na clandestinidade suas principais atividades. Por esse motivo ainda, as autoridades públicas argentinas interessadas na destruição da organização encontraram inúmeros obstáculos para moverem um processo legal contra ela.

Para entendermos a necessidade que tiveram de criar uma forte rede alternativa, juntamente com seus auxiliares e com as prostitutas, é preciso considerar algo mais do que o objetivo econômico. Enquanto grupo de apoio, precisavam legitimar-se perante a sociedade e a opinião pública e, nesse sentido, viveram sob uma aparência de completa legalidade. Não é gratuita a preocupação que tinham ainda com a própria aparência pessoal, cuidando de vestir-se elegantemente, sobretudo à medida que enriqueciam e que se fortaleciam, graças à cumplicidade das altas esferas políticas. Segundo Gerardo Bra:

> Gostavam dos trajes negros ou de cor escura, das camisas de seda, das gravatas vistosas com alfinetes de ouro. Iam sempre ao barbeiro; proporcionavam-se divertimentos e massagens. Alguns carregavam bengalas. Prestavam atenção às suas mãos, sempre polidas. (...) Em suma, tratavam de não se assemelhar ao macro tosco, ordinário, da primeira geração. (p. 82)

Construíram para si próprios e para os outros, portanto, uma imagem de comunidade legal, estruturada com base em valores próprios, diferenciados dos que predominavam no imaginário social e segundo um código específico de comportamento e comunicação, como qualquer grupo marginal estilo máfia.[54] Seu entrosamento para formar

---

54. Sobre esse tema, veja Michel Maffesoli, "La maffia. Note sur la socialité de base", in *Cahiers Internationaux de Sociologie*, p. 73, Paris, Presses Universitaires de France, 1982.

uma rede alternativa aparentemente independente, tanto da comunidade israelita quanto da própria sociedade argentina ou brasileira em que circulavam, foi proporcional à preocupação que despertaram nas autoridades públicas. Várias campanhas repressivas vinham sendo empreendidas pela imprensa, como já observamos, ampliadas por mobilizações sustentadas pelas associações israelitas de proteção à mulher, tendo em vista pressionar sua exclusão social ou mesmo deportação.

Era uma estratégia de preservação material e psicológica, ao mesmo tempo. De preservação material, pois assim conseguiram articular as formas de organização do tráfico que, especialmente depois da Primeira Guerra Mundial, assumiu proporções muito maiores, com a conseqüente formação de grandes capitais envolvidos neste comércio e na manutenção das formas modernas de consumo do prazer sexual. É interessante observar que procuraram racionalizar de ponta a ponta as práticas licenciosas do submundo como qualquer outro empreendimento capitalista moderno: "higienizaram" os bordéis, garantindo melhores condições de trabalho e de prazer aos participantes; refinaram os códigos de comportamento das prostitutas; glamourizaram as práticas libertinas na capital portenha e em outras cidades argentinas. E estratégia de preservação psíquica, se se considera a necessidade de manter abertos os espaços de sociabilidade exigidos por sua formação cultural, étnica e religiosa. Ou seja, ao contrário dos *maquereaux* franceses ou dos caftens portugueses, espanhóis ou italianos, a questão do acesso aos cultos religiosos e aos rituais cerimoniais israelitas e a importância de garantirem um lugar no cemitério judeu colocavam-se de modo muito mais premente.

O conflito entre os caftens e a comunidade israelita se acentuava na proporção em que se fortaleciam economicamente e passavam a exercer certa influência nos meios políticos e sociais na Argentina. Assim sendo, se o motivo religioso foi decisivo para levar os "indesejáveis" a se associarem legalmente, vale lembrar que outras máfias modernas de várias nacionalidades também funcionavam organizadamente, embora não tivessem uma necessidade tão forte de garantir sua existência jurídica. Forma de autoproteção material, financeira, psíquica, a organização atuava ainda como rede de sobrevivência política para seus membros, constantemente ameaçados de destruição.

Em São Paulo, atribuiu-se à influência da Zwi Migdal a formação da Sociedade Feminina Beneficente e Religiosa Israelita (SRBI), organizada pelas prostitutas judias e eventualmente, por alguns caftens, em 1924. Inicialmente sediada na rua dos Timbiras n. 73, contava com mais de cem sócias a quem a sociedade se comprometia a auxiliar em casos de necessidade material ou doença. Fundamentalmente, a SRBI visava a construir um cemitério para suas associadas — pois, segundo a religião israelita, as prostitutas deveriam ser enterradas separadamente —, uma sinagoga e um "pequeno hospital, exclusivamente da sociedade, onde possam as senhoras sócias receber o tratamento que carecem".[55] Em 1926, adquire um terreno para a construção de seu cemitério no Alto de Santana (Chora Menino), na rua Nova dos Portugueses, oficialmente inaugurado dois anos depois.

Além disso, a SRBI procurava socorrer as sócias mais carentes, especialmente à medida que envelheciam. Em 1942, a diretora propôs a compra de um imóvel maior para a instalação da sede, onde também deveriam ser acomodadas "as sócias idosas, impossibilitadas de trabalhar e que assim teriam mais conforto e alimentação adequada". Dez anos depois, o quarto ocupado pelas mulheres mais velhas e carentes tornou-se objeto de acirrada disputa interna, e muitas das antigas sócias rebelaram-se contra a possibilidade de ampliação das instalações da sede.

Conhecer a vida interna do grupo exclusivamente segundo as informações contidas nas atas das assembléias que regularmente se realizavam é extremamente limitado, quando não, impossível. Certamente, não se veiculavam informações relativas ao seu cotidiano que não fossem absolutamente publicáveis, ou referentes às questões mais burocráticas de funcionamento da entidade. Mesmo assim, uma pequena aproximação com esse microcosmo pode ser tentado.

Aparentemente constituída por iniciativa das próprias prostitutas, são relativamente freqüentes as interferências de alguns homens, provavelmente caftens, como sugere Lesser.[56] É, aliás, um deles que ocupa oficialmente, pela primeira vez, um espaço no cemitério do Alto de Santana, em 1942. No entanto, vale notar que, desde o início, a presidenta d. Rosa, reeleita por muitos anos e presença marcante ao longo da existência da associação, propunha que os estatutos fossem alterados de modo a impedir que pessoas do sexo masculino fossem votadas para os cargos diretores, como ocorrera na primeira gestão. A medida talvez vi-

---

55. Atas da SRBI, de 19/11/1929, e Jeff Lesser, *op. cit.*, p. 140.
56. Jeffrey Lesser, *op. cit.*, p. 142.

sasse a garantir uma imagem mais respeitável da sociedade, juridicamente semelhante a outras associações beneficentes, como a Sociedade das Damas Israelitas, criada em 1916, em São Paulo, com objetivos marcadamente assistenciais.

Desde a sua formação, a SRBI destinava-se a amparar as sócias que, sem exceção, professavam a religião israelita. Mesmo assim, em 1939, uma mudança nos estatutos reafirmava que, sendo uma instituição estrangeira, nela não seriam admitidas brasileiras natas ou naturalizadas. Na verdade, não sabemos a que respondia tal exigência, pois praticamente todas as associadas eram estrangeiras. Em 1951, a restrição passava a atingir ainda as mulheres de mais de 60 anos, o que nos revela o quanto a questão da velhice, da doença e da morte se tornava um problema premente. Por isso mesmo, as associadas haviam autorizado a entidade a administrar legalmente seus bens, móveis ou imóveis, quando estivessem gravemente enfermas. Finalmente, em caso de dissolução da sociedade, seus bens deveriam passar para uma instituição nacional congênere.

De qualquer modo, vale notar a estreita vinculação que esta entidade procurou manter entre as próprias mulheres, mesmo que a influência dos rufiões e seu controle sobre elas tenha sido grande. A diretoria, eleita anualmente, era empossada num clima de cerimônia festiva. A transferência das faixas simbólicas de uma diretoria a outra era acompanhada pelo oferecimento de "belas *corbeilles* de flores", discursos laudatórios, presentes às beneméritas, além de uma "farta mesa de doces e licores" e, eventualmente, a realização de animados bailes. Formas, portanto, de valorizar a sociedade, promover as diretorias eleitas e estreitar os vínculos de solidariedade que as uniam.

É compreensível a preocupação constante em manter a forte coesão do grupo. Não apenas prostitutas e caftens eram segregados pela comunidade judaica de uma maneira que não acontecia tão radicalmente em outras etnias e religiões, mas, ainda, tanto quanto ou mais que outros "desviantes" eram perseguidos violentamente pela polícia e por grupos paramilitares. Em 1931, as atas da SRBI registram "(...) as apreensões, desgostos e prejuízos que a maioria das sócias (sofreu) com a vitória da revolução; na maioria despojadas de suas casas e atiradas ao léu, viram-se de um momento para outro sem teto e rumo certo em suas vidas (...)".[57]

---

57. Atas da SRBI, de 1/07/1931.

Nos inícios dos anos de 1930, as autoridades públicas de São Paulo mobilizaram amplos esforços visando a retirar a zona do baixo meretrício do centro comercial da cidade e confiná-la nos bairros mais afastados, segundo os princípios do regulamentarismo. No entanto, como comentava o delegado Francisco A. de Carvalho Franco, a polícia havia agido de modo "intempestivo" e violento, determinando a evacuação da zona vizinha à avenida São João: "(...) o que imediatamente se deu, sem que, entretanto, cogitasse de escolher uma outra, mais arredia, onde a mesma se estabelecesse" (p. 26).

Ainda em 1936, foram fechadas, em São Paulo, 59 casas de tolerância, das quais 52 bordéis e sete *rendez-vous*, segundo ele, localizados nas ruas Almeida Lima, Aurora, Conselheiro Crispiniano, Conselheiro Nébias, Couto de Magalhães, Barão de Duprat, Glória, Guaianases, Anhangabaú, Conselheiro Cotegipe, Gusmões, Ouvidor, Voluntários da Pátria, Sete de Abril, Timbiras, Marquês de Abranches e largo do Arouche. Posteriormente, foram reabertas 13, sendo 11 bordéis e dois *rendez-vous*.

Enquanto esse delegado refletia sobre os inconvenientes da expansão da prostituição por ruas comerciais e bairros residenciais, para as prostitutas despejadas a situação era de pânico e desespero. Muitas não tinham para onde ir, e as despesas que foram obrigadas a assumir para o sustento próprio obrigavam-nas a um trabalho muito mais extenuante.

Situação semelhante parece ter ocorrido anos depois, quando a zona do meretrício foi desconfinada definitivamente do bairro do Bom Retiro, por determinação do governador Lucas Nogueira Garcez. Lançadas na rua, as prostitutas viram-se repentinamente sem qualquer tipo de socorro material ou assistencial, seja por parte do Estado, seja por iniciativas particulares, com pequenas exceções. Segundo Hiroito de Moraes Joanides, "rei da Boca do Lixo", muitas tiveram de "(...) partir em busca das casas de tolerância "toleradas e regulamentadas por leis municipais" no interior do Estado, enquanto as que ficavam pressionavam para conseguir espaço nos hotelecos" e "casas de cômodos" dos bairros próximos".

Relembrando a difícil situação que precisaram enfrentar, Mme. O. pondera em favor do confinamento:

(...) quando tinha a zona do meretrício (no Bom Retiro), pois era bem melhor para as meninas, porque lá pelo menos elas podiam dormir e todo dia tinha comida. Depois quando elas foram jogadas para a rua, precisavam ganhar e comer e, às vezes, comiam e não podiam ir dormir, e se às vezes dormiam num lugar, não podiam comer. (Entrevista de 4/08/1989)

Parece claro que esses momentos de intervenção estatal, seja para confinar, seja para desconfinar as práticas licenciosas, acabavam por fazer que as prostitutas passassem a depender ainda mais de um cáften ou de um grupo deles, quando não as empurravam diretamente para o mundo do crime. Não lhes oferecendo alternativas materiais mínimas de vida e trabalho, reforçavam o desenvolvimento de meios e práticas cada vez mais condenáveis e incontroláveis. Tendo de buscar fregueses na rua e isoladamente, as meretrizes tornavam-se muito mais vulneráveis à investida repressiva da polícia.

Naquela ocasião, a SRBI procurou auxiliar material e moralmente suas sócias, que em grande parte viviam na região central da cidade compreendida pelas ruas Vitória, Formosa, Timbiras, Amador Bueno, Conselheiro Nébias, Guaianases, Antônio de Godoy e Almirante Barroso. A própria sede transferiu-se por quatro vezes, passando da rua dos Timbiras, em 1924, para a avenida São João, em 1926. Treze anos depois ia para a rua Visconde do Rio Branco e, finalmente, para a alameda Ribeiro da Silva, onde permaneceu de 1944 até sua dissolução, em 1968.

Não podemos afirmar se os motivos que levaram às sucessivas mudanças estiveram ligados às perseguições policiais, ou se atendiam à busca de melhores instalações. É possível ainda que os dois motivos estivessem presentes, já que as sucessivas diretorias eleitas também faziam constantes referências elogiosas aos progressos da instituição e aos melhoramentos espaciais conseguidos. Tudo indica que o capital adquirido e mobilizado pela Sociedade provinha exclusivamente da contribuição das associadas, algumas das quais chegavam a fazer donativos expressivos de quando em quando. Por volta dos anos de 1950, quando a SRBI começava a manifestar sinais de decadência, apresentando reduzido número de presentes nas assembléias e, posteriormente, dificuldades em encontrar sócias que aceitassem assumir os encargos de direção, a situação financeira da instituição parecia periclitar. De um lado, as contribuições reduziam-se, enquanto de outro, crescia o número das asiladas.

É interessante observar ainda que, embora estivessem alocadas no baixo meretrício, essas mulheres não apenas não eram analfabetas, como conseguiram defender com perseverança seus interesses imediatos e futuros. Organizando-se numa forma de sociedade beneficente que lhes garantiu a assistência na velhice e o direito de serem enterradas de acordo com os rituais cerimoniais de sua religião, conseguiram ainda a própria participação numa vida comunitária que lhes dava acesso a atividades sociais e a práticas religiosas, criando assim seus mecanismos de autoproteção e de interação social.

Na verdade, a exclusão do campo das atividades sociais e culturais da comunidade judaica incomodou profundamente as prostitutas e os caftens judeus. No Rio de Janeiro, também fundaram uma entidade própria, cuja sede se localizava na praça da República, "num sobrado nas proximidades da rua Buenos Aires".[58] Aí também funcionava uma sinagoga, onde as mulheres, em maioria, comandavam inclusive as cerimônias religiosas. Em sua viagem por este Estado, em 1913, Samuel Cohen, secretário-geral da Jewish Association for the Protection of Girls and Women, demonstrava sua apreensão ao verificar a existência de uma sinagoga que congregava apenas "prostitutas judias e alguns de seus amigos do sexo masculino". Constatava consternado que

> (...) enquanto ninguém podia me falar sobre a existência da sinagoga respeitável, e tão poucas pessoas sabiam algo acerca dos judeus respeitáveis, todos podiam me falar sobre esta "Sinagoga", *tanto judeus quanto não-judeus sabendo de sua existência.*[59]

Ainda neste Estado, conseguiram obter um terreno destinado à construção de seu cemitério, que acabou sendo o de Inhaúma.

Samuel Malamud, advogado que tive a oportunidade de entrevistar pessoalmente, recorda-se do esforço que caftens e prostitutas faziam para assistir às peças que as companhias de teatro apresentavam no Cinema Centenário, na praça Onze, no Teatro Phoenix, ou no República, naquela cidade, nos anos de 1920:

> Nas noites ou nas matinês dos espetáculos, os elementos da escravatura branca designados pela comunidade como "impuros" (em hebraico — *tmein)* se postavam diante da Caixa do Teatro, procurando adquirir entra-

---

58. Samuel Malamud, *Recordando a praça Onze, op. cit.*, p.83.
59. Samuel Cohen, "Report of the secretary on his visit to South America", Jewish Association for the Protection of Girls and Women, 1913, Montefiore Collection.

das por força. Muitíssimas vezes havia escaramuças e foi necessária a intervenção da polícia para evitar-lhes o acesso. Perto da caixa e da entrada do teatro ficava sempre um comitê comunitário montando guarda. (p. 81)

Várias foram as estratégias de luta contra a expansão do tráfico das brancas e contra o fortalecimento de máfias, como a Zwi Migdal. Internacionalmente, associações de combate ao lenocínio e à prostituição mobilizaram a opinião pública e procuraram dotar os países envolvidos de uma legislação adequada. Ao lado da associação filantrópica inglesa, a National Vigilance Association, fundada em 1885 pelos abolicionistas, surgia em Londres a Jewish Association for the Protection of Girls and Women, que progressivamente construiu filiais nos principais países envolvidos pelo tráfico, especialmente em Buenos Aires. Na França, fundou-se, entre outras, a Association pour la Repression de la Traite des Blanches et la Preservation de la Jeune Fille, em 1901, com comitês espalhados por várias cidades.

Membros dessas entidades filantrópicas percorriam os interiores dos navios que aportavam nas principais capitais européias, brasileiras e argentinas, procurando socorrer as "vítimas" dos traficantes, como explicam em suas correspondências. Da mesma forma, na partida de trens e navios que saíam de Londres e Paris em direção à América do Sul, os inspetores procuravam identificar os caftens e suas "presas". Assim, a JAPGW informava que, em 1906, 929 jovens foram salvas das "garras" dos caftens; em 1907, auxiliaram 712 jovens "sem proteção e recursos"; 621, em 1908; 676, em 1909; 608, em 1910; passando para 1.021, em 1912; 1.785, em 1913 e 1.082, em 1921[60] — o que revela que, apesar dos esforços, o número de mulheres traficadas tendia a aumentar.

No Brasil, algumas sociedades beneficentes israelitas, destinadas a socorrer imigrantes sem recursos, estendiam sua ação para proteger as jovens imigrantes. Em São Paulo, fundou-se a Sociedade Beneficente das Damas Israelitas e a Sociedade Israelita Amigos dos Pobres, ou ESZRA, em 1916, tendo em vista amparar as famílias judias carentes e os imigrantes despossuídos e, no Rio de Janeiro, a Sociedade Beneficente das Damas Israelitas (Froein Farein) e a Sociedade Beneficente Israelita e

---

60. *Rapports de l'Administration Centrale au Conseil d'Administration, de 1906 a 1921*, Paris, R. Veneziani, 1906-1921, Ical.

Amparo aos Imigrantes (Relief) atuaram no combate ao tráfico. Embora não tenhamos tido acesso às informações sobre a atuação dessas entidades em favor das mulheres traficadas em São Paulo, ou mesmo no Rio de Janeiro, sabemos que a Froein Farein, fundada em 1924, procurou completar o trabalho assistencial da Relief, auxiliando as jovens inexperientes que aqui chegavam. Segundo Samuel Malamud:

> Uma das tarefas mais importantes era, naquela época, impedir que moças e senhoras jovens fossem vítimas da máfia da escravatura branca, que buscava aproveitar-se das difíceis situações materiais de mulheres recém-chegadas que, por algum motivo, não tivessem conseguido acomodar-se no país e encontrar trabalho. (p. 54)

É provavelmente a esta entidade filantrópica que Sally Knopf se refere em suas memórias, por ocasião de uma tentativa de envolvimento por parte dos caftens judeus.[61] Seja como for, é interessante observar que quase não se tem notícias da criação de associações femininas de apoio à mulher pobre por setores de outras nacionalidades, visto que o tráfico não se restringia às polacas e judias, no Brasil. Eventualmente, encontram-se algumas breves referências a instituições filantrópicas como o Asilo Bom Pastor, dirigido por iniciativa de senhoras de condição privilegiada no início do século. Mas nada sugere que tenham atuado para reprimir o tráfico das brancas.

Novamente, penso que à diferença de outros povos, a preocupação dos judeus com a moralidade no interior de sua coletividade e com sua integração social impunha uma atuação moralizadora mais incisiva por parte de seus líderes espirituais e de toda a comunidade. Em sua vinda ao país, em 1923, o rabino Raffalovich visitou todas as associações israelitas que compunham a colonização judaica no Brasil, percorrendo inúmeros Estados, informando-se sobre os problemas econômicos, políticos, religiosos e morais que enfrentavam. Seus esforços visaram tanto ao enraizamento dos judeus no país, quanto à preservação de seus valores e princípios ético-religiosos.

É de notar que os grupos de prostitutas e caftens judeus que existiam entre nós já estavam de certo modo organizados antes do grande

---

61. Sally Knopf, *op. cit.*, p. 39.

surto imigratório dos anos de 1920. As poucas organizações filantrópicas existentes e que foram se constituindo a partir de então ainda eram pequenas diante da ação organizada dos rufiões e das meretrizes que circulavam no Rio de Janeiro e em São Paulo, para não falar de outros Estados, desde o final do século XIX.

Na Argentina, onde a Zwi Migdal exerceu poderosa influência por várias décadas, somente no início dos anos de 1930 é que uma ação efetiva de desarticulação conseguiu ser levada a termo. Tendo conseguido uma denúncia formal contra a organização mafiosa por parte de uma das traficadas, Raquel Libermann, as autoridades policiais interessadas em destruí-la empreenderam uma ampla perseguição aos caftens, que debandaram para Montevidéu, Brasil e Europa.[62]

Na verdade, apesar de sua existência internacionalmente reconhecida, não se conseguiam provas legais para iniciar um processo contra a Zwi Migdal, que existia juridicamente como uma associação beneficente legal. Além do mais, contava com o apoio de personagens das altas esferas políticas e policiais da Argentina e do Brasil. A instalação deste "meio", à semelhança do que diz Foucault a respeito da prisão, trazia muitas vantagens para setores expressivos da sociedade, apesar de toda a crítica moralista que suscitava. "Delinqüência útil", facilitava a prática da ilegalidade dos grupos dominantes. Enormes lucros advinham com a indústria do prazer; por outro lado, mantinha-se um certo controle por meio desta rede sobre o próprio mundo da marginalidade: "um agente fiscal ilícito sobre práticas ilegais".[63]

A cumplicidade que caftens, caftinas, gigolôs e prostitutas conseguiam estabelecer com a polícia é bastante conhecida. Adolfo Coelho lembrava, ao discutir a questão do *Ópio, cocaína e escravatura branca*, que, em Buenos Aires, mais de 500 caftens fichados no exterior tinham livre trânsito para fazer suas transações comerciais.[64] Afinal, quando um agente policial necessitava de fundos, aproximava-se de um *souteneur* e, em pouco tempo, podia libertá-lo. A própria polícia, portanto, encarregava-se de trazer de volta aos prostíbulos as mulheres que conseguiam fugir, como já denunciara Albert Londres, ou como nos revela

---

62. Victor A. Mirelman, *op. cit.*, cap. 9; Julio Alsogaray, *op. cit.*
63. M. Foucault, *Vigiar e punir*, cap. IV, p. 246.
64. Adolfo Coelho, *Ópio, cocaína e escravatura branca*, Lisboa, Livraria Editora, 1931.

uma passagem do romance de Moacyr Scliar, *O ciclo das águas*, já citado. Policiais e traficantes participavam do mesmo "meio", traziam as mesmas percepções misóginas e moralistas sobre as prostitutas e auferiam enormes lucros neste jogo.

No Rio de Janeiro e em São Paulo, a situação não ficava distante deste panorama. Vários jornais atacavam a cumplicidade d'"Os Protetores de Caftens", referindo-se a políticos conhecidos, interessados em manter a contínua renovação dos corpos femininos nos bordéis da cidade. Segundo *A Noite*, de 23/10/1914, o deputado Maurício de Lacerda fizera graves acusações na Câmara ao ministro da Justiça e ao chefe de polícia, por haverem indultado caftens que tinham penas de 19 anos de prisão a cumprir. Lembrava também que a convenção assinada pelo Brasil com outros países, em 1902, só fora cumprida formalmente dez anos depois, por pressão das forças políticas que apoiavam os traficantes, tanto franceses, italianos, portugueses, judeus quanto brasileiros.

Assim sendo, a desarticulação da máfia de traficantes das "brancas" só pôde ocorrer no momento em que diversos interesses e esforços conjugaram-se para reprimi-la e em que, ao mesmo tempo, as disputas internas enfraqueceram o grupo, tornando-o mais vulnerável às investidas tanto das autoridades públicas quanto da comunidade judaica, principal interessada no desaparecimento do que considerava uma "mancha negra" em sua história.

No presente, conhecemos mal a história da atuação de grupos mafiosos no Rio de Janeiro e em São Paulo, e de sua destruição. No entanto, é fácil concluir que a profunda transformação dos costumes e da sensibilidade que vivenciamos nas últimas décadas mudaram a própria forma da prostituição feminina, as práticas do lenocínio e o sentido da existência de um tráfico especializado no comércio de prostitutas estrangeiras. Hoje, outras questões tornaram-se prioritárias para as autoridades públicas, entre as quais a prostituição masculina e o tráfico internacional de crianças e adolescentes.[65] Quanto ao tráfico das brancas e a existência de organizações mafiosas do estilo Zwi Migdal, esses permanecem temas do passado, um tanto melancólicos aos nossos olhos distantes.

---

65. Veja o jornal *Diário de Notícias*, de Lisboa, de 23/06/1988: "Ministros reúnem-se em Lisboa. Europa combate tráfico infantil". Gentilmente cedido por José Ramos Tinhorão.

V | BIBLIOGRAFIA

1. Fontes secundárias

Abrahant, Thomas (org.). Foucault y la Etica. Buenos Aires, Biblos, 1988.
Alaya, Flavia. "Victorian science and the 'genius' of woman", *Journal of the History of Ideas*, n. 2, v. 38, abr.-jun. 1977.
Alzon, Claude. *Femme mythifiée, femme mystifiée*, Paris, Presses Universitaires de France, 1978.
Araújo, Vicente de Paula. *Salões, circos e cinemas de São Paulo*, São Paulo, Perspectiva, 1981.
——————. *A bela época do cinema brasileiro*, São Paulo, Perspectiva, 1976.
Aron, J. P. e Kempf, R. *La bourgeoisie, le sexe et l'honneur*, Paris, Complexe.
Assouline, Pierre, *Albert Londres, vie et mort d'un grand reporter*, Paris, Alland, 1989.
Aulagnier-Spairani, P. *et alii*. *Le désir et la perversion*, Paris, Seuil, 1967.
Bakhtin, Mikhail, *A cultura popular na Idade Média e no Renascimento*, São Paulo, Hucitec/Brasília, Editora da Universidade de Brasília, 1987.
Barthes, R.. *Mitologias*, São Paulo, Difel, 1982.
Bataille, Georges. *O erotismo*, Porto Alegre, L&PM, 1987.
Baudrillard, Jean. *De la séduction*, Paris, Galilée, 1979.
Beauvoir, Simone de. *O segundo sexo*, São Paulo, Difusão Européia do Livro, 1967.
Belladonna, Judith. "Folles femmes de leurs corps, *Recherches*, n. 26, 1977.
Benabou, Erica-Marie. *La prostitution et la police des moeurs au XVIIe siècle*, Paris, Perrin, 1989.

Benjamin, Walter. "Jogos e prostituição", *Obras escolhidas*, III. *Charles Baudelaire, um lírico no auge do capitalismo*, São Paulo, Brasiliense, 1989.

Bernardet, J.-C. *Filmografia do cinema brasileiro, 1900-1935*, jornal *O Estado de S. Paulo*, São Paulo, Secretaria da Cultura, 1979.

Besse, Susan. *Modernizando a desigualdade: reestruturação da ideologia de gênero no Brasil, 1914-1940*. São Paulo, Edusp, 1999.

Bra, Gerardo. *La organización negra. La increíble Historia de La Zwi Migdal*, Buenos Aires, Corregidor, 1982.

Bristow, Edward. *Prejudice and prostitution. The jewish fight against white slavery, 1870-1939*, Oxford University Press, 1982.

————. *Vice and vigilance. Purity movements in Britain since 1700*, Gill and Macmillan Rowman and Littlefield, 1977.

Buci-Glucksmann, Christine. *La raison baroque. De Baudelaire à Benjamm*, Paris, Galilée, 1984.

Buck-Morss, Susan. "Le flâneur, l'homme-sandwich et la prostituée: politique dela flânerie", in Heinz Wismann (org.), *Walter Benjamin et Paris*, Colloque Internacional, 27 a 29.6.1983, Paris, Cerp, 1986.

Buitoni, Dulcilia. *Mulher de papel, a representação da mulher pela imprensa feminina brasileira*, tese de doutoramento, São Paulo, USP, 1980.

————. *Imprensa feminina*, São Paulo, Ática, 1986.

Chevalier, Louis. *Montmartre du plaisir et du crime*, Paris, Robert Laffont, 1980.

Corbin, Alain. *Les filles de noce. Misère sexuelle et prostitution à Paris, au XIXème siècle*, Paris, Flammarion, 1978.

————. "Coulisses", in Michelle Perrot (org.), *Histoire de la vie privée*, t. 4, Paris, Seuil.

————. "La Prostituée', in *Misérables et glorieuse, La femme du XIXe siècle*, Paris, Fayard, 1980.

Corbin, A. "O segredo do indivíduo". In Perrot, M. *História da vida privada*. T. 4, São Paulo, Companhia das Letras, 1991.

Coria, Clara. *El sexo oculto del dinero*, Buenos Aires, Grupo Editor Latino-Americano, col. "Controversia", 1986.

Correa, Marisa. *As ilusões da liberdade. A escola Nina Rodrigues e a Antropologia no Brasil*, São Paulo, tese de doutoramento, USP, 1982.

Czyba, Lucette. "Paris et la Lorette', in *Paris au XIXe siècle: aspects d'un mythe littéraire*, Lyon, Presses Universitaires de Lyon, 1984.

Darwin, Charles. *La descendance de l'homme et la sélection sexuelle*, Paris, C. Zeinwald, 1881, cap. XIX.

Deleuze, Gilles e Guattari, Félix. *Mille plateaux*, Paris, Minuit, 1980.

Deleuze, G. *Conversações*, São Paulo, Editora 34, 1995.

Delumeau, Jean. *La peur en Occident*, Paris, A. Fayard, 1978.

Dias, Maria Odila Leite da Silva. *Quotidiano e poder em São Paulo no século XIX*, São Paulo, Brasiliense, 1984.

Duhet, Paule-Manie. *Les femmes et la Révolution, 1789-1794*, Paris, Julliard, 1971.

Elias, Norbert. *La civilization des moeurs*, Paris, Calmann-Levy, 1973.

Ellis, Havelock. *Estudos de Psicologia Sexual*, v. VIII: *A educação sexual*, v. III: *O instinto sexual*, São Paulo, Cia. Editora Nacional, 1933.

Engel, Magali. *Meretrizes e doutores: saber médico e a prostituição na cidade do Rio de Janeiro, 1849-1890*, São Paulo, Brasiliense, 1989.

Epstein, Barbara. "Family, sexual morality, and popular movements in turn of the century America", in A. Snitow, C. Stansell, Sh. Thompson, *Powers of desire, the politics of sexuality*, Nova York, Monthly Review Press, 1983.

Evans, Richard J.. "Prostitution, state and society in Imperial Germany", *Past and Present*, n. 70.

Felman, Shoshana. *La folie et la chose littéraire*, Paris, Seuil, 1977.

Flanfrin, Jean-Lowis. *O sexo no Ocidente*, São Paulo, Brasiliense, 1983.

Fonseca, Guido. *Crimes, criminosos e a criminalidade em São Paulo*, São Paulo, Ed. Resenha Tributária, 1988.

————. *A maconha, a cocaína e o ópio em outros tempos*, Separata do Arquivo da Polícia Civil, v. XXXIV, 1980.

————. *História da prostituição em São Paulo*, São Paulo, Ed. Resenha Universitária, 1982.

Foucault, Michel. *Vigiar e punir*, Petrópolis, Vozes, 1977.

————. *História da sexualidade* I: *A vontade de saber*, Rio de Janeiro, Graal, 1979.

————. *História da sexualidade* II: *O uso dos prazeres*, Rio de Janeiro, Graal, 1984.

Gay, Peter. *A experiência burguesa. Da rainha Vitória a Freud. A educação dos sentidos*, São Paulo, Companhia das Letras, 1988.

Girard, René. "La danse de Salomé", in Paul Dumouchel e Jean-Pierre Dupuy, *Colloque de cerisy. L'auto-organisation de la physique au politique*, Paris, Seuil, 1983.

Goldman, Emma. *Tráfico de mujeres y otros ensayos sobre feminismo*, Barcelona, Cuadernos Anagrama, 1977.

Gorham, Deborah. "The 'maiden tribute of modern babylon' re-examined: child prostitution and the idea of childhood in late victorian England", *Victorian studies*, v. 21, 1977-1978.

Guattari, Felix e Rolnik, Suely. *Micropolítica. Cartografias do desejo*, Petrópolis, Vozes, 1986.

Guy, Donna J.. "White slavery, public health, and the socialist position on legalized prostitution in Argentina, 1913-1936", *Latin American Research Review*, 1988.

Habermas, Jürgen. *Mudança estrutural da esfera pública*, Rio de Janeiro. Tempo Brasileiro, 1984.

Hahner, June. *A mulher brasileira e suas lutas sociais e políticas*, São Paulo, Brasiliense, 1981.

Hans, Marie-Françoise e Lapouge, Gilles. *Les femmes, la pornographie, l'érotisme*, Paris, Seuil, 1978.

Harrison, Brian. "Underneath the victorians", *Victorian Studies*, v. 10, n. 1, set. 1966-jun. 1967.

Hoffmann, Paul. *La femme dans la pensée des lumières*, Paris, Ophrys, 1976.

Inigaray, Luce. *Éthique de la différence sexuelle*, Paris, Minuit, 1984.

————. *Speculum de l'autre femme*, Paris, Minuit, 1974.

Kaplan, Marion. *The jewish feminist movement in Germany: the campaigns of the Judischer Frauenbund, 1904-1938*, Londres, Greenwood Press, 1979.

Klein, Viola. *The feminine character. History of an ideology*, Londres, Kegan Paul, Trench, Trubner and Co. Ltd., 1946.

Knibiehler, Yvone e Fouquet, Catherine. *La femme et les médecins*, Paris, Hachette, 1983.

Krafft-Ebbing, R. V.. *Psycopathia sexualis (étude médico-légale à l'usage des médecins et des juristes)*, Paris, Payot, 17. ed., 1950.

Landes, Joan B.. *Women and the public sphere in the age of the French Revolution*, Cornell University Press, 1988.

Leite, Gabriela Silva. *Eu, mulher da vida*, Rio de Janeiro, Rosa dos tempos, 1992.

Lenharo, Alcir. "Fascínio e solidão: as cantoras do rádio nas ondas sonoras do seu tempo", *Anais do Seminário "Perspectivas do ensino de história"*, FE-USP, São Paulo, 1988.

Lesser, Jeffrey. *O Brasil e a questão judaica: imigração, diplomacia e preconceito*, Rio de Janeiro: Imago, 1995.

Lewin, Boleslao. *Como fué la inmigración judia en la Argentina*, Buenos Aires, Plus Ultra, 1983.

Litvak, Lily. *Erotismo fin de siglo*, Barcelona, Bosch.

Maffesoli, Michel. "La prostitution comme 'forme' de socialité", *Cahiers Internationaux de Sociologie*, v. LXXVI, 1984.

———. "La maffia. Notes sur la socialité de base", *Cahiers Internationaux de Sociologie*, v. LXXIII, 1982.

Marco, Valéria de. *O império da cortesã. Lucíola, um perfil de Alencar*, Rio de Janeiro, Martins Fontes, 1986.

Marcus, Stephen. *The other victorians. A study of sexuality and pornography in mid-nineteenth century. England*, Nova York, Bantam Books, 1964.

Maingueneau, Dominique. *Carmen. Les racines d'un mythe*, Paris, Sorbier, 1984.

Manistany, Luis. *El gabinete del doctor Lombroso*, Barcelona, Anagrama, 1973.

Mayer, Hans. *Historia maldita de la literatura*, Madri, Taurus, 1982.

Mena, José Lonite. *El ordem femenino. Origen de un simulacro cultural*, Barcelona, Anthropos, 1987.

Mirelman, Victor. *En búsqueda de una identidad. Los inmigrantes judios en Buenos Aires, 1890-1930*, Buenos Aires, Milà, 1989.

Morel, Pierre e Quétel, Claude. *Les médecines de la folie*, Paris, Pluniel, 1985.

Mott, Maria Lúcia. "Biografia de uma revoltada: Ercília Nogueira Cobra", *Cadernos de Pesquisa*, n. 58, São Paulo, ago. 1986.

Olnik, Ililde. "Le sang impur. Notes sur le concept de prostituée-née chez Lombroso", *Romantisme*, n. 31, 1981.

Paula, Eurípedes Simões de. "A segunda fundação de São Paulo", Revista de História, n. 17, v. VIII, 1954.

Peixoto, Afrânio. *Os judeus na história do Brasil*, Rio de Janeiro, Uri Zwerling, 1936.

Pereira, Regina Paranhos. "Erotismo e cinema brasileiro", *Filme-Cultura*, Rio de Janeiro, 2 (10), jul. 1969.

Perlongher, Nestor. *O negócio do michê. A prostituição viril em São Paulo*, São Paulo, Brasiliense, 1987.

Perrot, Michelle. *Os excluídos da História*, Rio de Janeiro, Paz e Terra, 1988.

——— (org.). *Une histoire des femmes est-elle possible?*, Paris, Rivages, 1984.

Perrot, Philippe. *Le travail des apparences*, Paris, Seuil, 1984.

Pinzer, Maimie. *The maimie papers*, Londres, Virago, 1979.

Praz, Mano. *La chair, la mort et le diable dans la littérature du XIXᵉ siècle*, Paris, Denoël, 1977.

Proudhon, P. J.. *La pornocratie ou les femmes dans les temps modernes*, Paris, A. Lacroix, 1875.

Quetel, Claude. *Le mal de Naples. Histoire de la syphilis*, Paris, Seghers, 1986.

Rago, Margareth. "Amores ilícitos na Paris de Émile Zola", *História e Perspectiva*, Uberlândia, v. I, n. 1, jul-dez. 1988.

———. "Prazer e perdição: a representação da cidade nos anos vinte", *Revista Brasileira de História*, São Paulo, Marco Zero, v. 7, n. 13, set. 86-fev. 87.

————. "Nos bastidores da imigração: o tráfico das escravas brancas", *Revista Brasileira de História*, São Paulo, v. 9, n. 18, ago.-set. 1989.

————. *Do cabaré ao lar. A utopia da cidade disciplinar. Brasil, 1890-1930*, Rio de Janeiro, Paz e Terra, 1985.

Rolnik, Suely. *Cartografia sentimental: transformações contemporâneas do desejo*, São Paulo, Estação Liberdade, 1989.

Romano, Roberto. "A mulher e a desrazão ocidental", *Lux in Tenebris*, São Paulo, Cortez, 1987.

Rosen, Ruth. *The lost sisterhood. Prostitution in America, 1900-1918*, Baltimore, John Hopkins University Press, 1982.

Rosenfield, Leonora Cohen. "The rights of women in the French Revolution", *Studies in Eighteenth Century Culture*, v. 7, 1978.

Sennett, Richard. *O declínio do homem público*, São Paulo, Companhia das Letras, 1988.

Shorter, Edward. *Le corps des femmes*, Paris, Seuil, 1984.

Sicuteri, Roberto. *Lilith, a lua negra*, Rio de Janeiro, Paz e Terra, 1985.

Spencer, Herbert. *Principes de Sociologie*, v. II, Paris, Felix Alcan, 6. ed., 1910.

Telles, Norma. *Encantações. Escritoras e imaginação literária no Brasil do século XIX*, São Paulo, tese de doutoramento, PUC, 1987.

Tinhorão, José Ramos. *Os sons que vêm da rua*, Rio de Janeiro, Edições Tinhorão, 1976.

————. *História social da música popular brasileira*, Lisboa, Editorial Caminho, 1990.

Trillat, Étienne. *Histoire de l'hystérie*, Paris, Seghers, 1986.

Varikas, Eleni. *La révolte des dames: genèse d'une conscience feministe dans la grèce du XIXème siècle (1833-1908), thèse de 3ème cycle*, Paris 7 1986.

Vergueiro, Laura. "Lazer e diversão em São Paulo — o entreguerras", *O Caderno de São Paulo*, São Paulo, Rhodia, 1979.

Veyne, Paul. *O inventário das diferenças*, São Paulo, Brasiliense, 1989.

Vicinus, Martha. *Suffer and be still. Women in the victorian age*, Indiana University Press, 1972.

Walker, Alexander. *El sacrificio del celuloide. Aspectos del sexo en el cine*, Barcelona, Anagrama, 1966.

Walkowitz, Judith. *Prostitution and victorian society: women class and the state*, Cambridge, Cambridge University Press, 1980.

II. FONTES PRIMÁRIAS

Literatura

Amaral, Edmundo. *A grande cidade*, São Paulo, José Olympio, 1950.

Andrade, Oswald. *Os condenados* I, Rio de Janeiro, Civilização Brasileira, 1940.

Araújo, Eduardo Leite. *Beco dos mosquitos*, São Paulo, Livraria Allan-Kardec, 1944.

Caiuby, Amando. *O mistério do cabaré*, São Paulo, Cia. Editora Nacional, 1931.

————. *Noites de plantão*, São Paulo, J. Fagundes, 1923.

Cobra, Ercília Nogueira. *Virgindade inútil e anti-higiênica*, São Paulo, 1927.

Gonçalves, Emilio. *Os grandes bandidos*, São Paulo, Vanorden, 1919.

Goulart, Gastão. *Nenê Romano de Florença*, São Paulo, Irmãos Ferraz, 1928.

Leal, Alberto. *Cais de Santos*, Rio de Janeiro, Cooperativa Cultural Guanabara, 1939.

Osorio, Jerônimo. *Ana Rosa*, São Paulo, Casa Duprat, 1920.

Picchia, Menotti del. *Laís*, Rio de Janeiro, Civilização Brasileira, 5. ed., 1931.

———. *A mulher que pecou*, São Paulo, Martins, 1958.

———. *O homem e a morte*, São Paulo, Martins, 1958.

———. *Flama e argila*, São Paulo, Martins 1958.

———, Pisa, Moacyr. *Vespeira*, São Paulo, Ed. Livraria Santos, 1923.

Roupa suja, São Paulo, 1923.

Ribeiro, Júlio. *A carne* (1886), reed. São Paulo, Ediouro.

Scliar, Moacyr. *O ciclo das águas*, Porto Alegre, Globo, 1976.

Tácito, Hilário. *Madame Pommery*, v. 6, São Paulo, Biblioteca Academia Paulista de Letras, 1977 (edição da *Revista do Brasil*, 1920).

Veiga, Miranda. *Redenção*, São Paulo, Ed. Monteiro Lobato, 1914.

Villares, Laura. *Vertigem*, São Paulo, Antonio Tisi, 1926.

———. *Extasis*, São Paulo, Editora Limitada, 1927.

Memórias e crônicas

Alsogaray, Julio. *Trilogia de la trata de blancas*, Buenos Aires, 1933.

Americano, Jorge. *São Paulo naquele tempo, 1895-1915*, São Paulo, Saraiva, 1957.

Andrade, Oswald. *Um homem sem profissão, sob as ordens de mamãe*, Rio de Janeiro, Civilização Brasileira, 1971.

Barros, Maria Paes de. *No tempo de dantes*, São Paulo, Brasiliense, 1946.

Bruno, Ernani da Silva. *Tradições da cidade de São Paulo*, v. 2 e 3, São Paulo, Hucitec, 1984.

———. "Três aspectos do policiamento no século dezenove", *Revista Investigação*, n. 2.

Duarte, Paulo. *Memórias*, v. 1, 2 e 3, São Paulo, Hucitec, 1975.

Expilly, Charles. *Le Brésil tel qu'il est*, Paris, E. Center, 1862.

———. *Mulheres e costumes no Brasil*, São Paulo, Cia. Editora Nacional, 1935.

Floreal, Silvio. *Ronda da meia-noite*, São Paulo, Cupolo, 1925.

Freitas, Afonso de. *Tradições e reminiscências paulistanas*, Belo Horizonte, Itatiaia/São Paulo, Edusp, 1985.

Gomes, Bruno Ferreira. *Wilson Martins e sua época*, Rio de Janeiro, Funarte, 1985.

Joanides, Hiroito de Moraes. *Boca do Lixo*, São Paulo, Ed. Populares, 1977.

Junius, Antonio de Paula Ramos Junior. *Notas de Viagem*, São Paulo, Jorge Seckler, 1882.

Knopf, Sally. *Humilhação e luta (uma mulher no inferno verde)*, Coordenada Editora de Brasília.

Londres, Albert. *Le Chemin de Buenos Aires*, Paris, Albin Michel, 1927.

Malamud, Samuel. *Recordando a praça Onze*, Rio de Janeiro, Kosmos, 1988.

———. *Escalas no tempo*, Rio de Janeiro, Record, 1986.

Marques, Cicero. *Tempos passados*, São Paulo, Moema, 1942.

———. *De pastora a rainha*, São Paulo, Ed. da Rádio Panamericana, 1944.

Marques, Gabriel. *Ruas e tradições de São Paulo*, São Paulo, Conselho Estadual de Cultura, 1966.

Moriconi, Ubaldo A.. *Nel paese de "Macacchi"*, Turim, Roux Frassati, 1897.

Moura, Paulo Cursino de. *São Paulo de outrora*, Belo Horizonte, Itatiaia/São Paulo, Edusp, 1980.

Penteado, Jacob. *Memórias de um postalista*, São Paulo, Martins, 1963 (?).

Pinto, Alfredo Moreira. *A cidade de São Paulo em 1900. Impressões de Viagem*, São Paulo, Governo do Estado, 2. ed., 1979 (1. ed. Rio de Janeiro, Imprensa Nacional, 1900).

Pinto, Ricardo. *Tráfico das brancas*, Rio de Janeiro, 1931.

Raffard, Henrique. *Alguns dias na Paulicéia*, v. 4, São Paulo, Biblioteca Academia Paulista de Letras, 1977.

Saint-Hilaire, Auguste de. *Viagem à Província de São Paulo*, Belo Horizonte, Itatiaia/São Paulo, Edusp, 1976.

Santana, Nuto. *Rua Aimorés*, São Paulo, Rossolillo, 1958.

Sesso Jr., Geraldi. *Retalhos da velha São Paulo*, São Paulo, Oesp-Maltese, 2. ed., 1986.

Vampré, Spencer. *Memórias para a História da Academia de São Paulo*, v. I, São Paulo, Saraiva, 1924.

Discurso jurídico e criminológico

Abreu, Waldyr. *O submundo do jogo do azar, prostituição e vadiagem*, Freitas Bastos, 2. ed., 1984.

Appleton, Paul. *La traite des blanches*, Paris, Arthur Rousseau, 1903.

Bott, Ernesto J. J.. *Las condiciones de la lucha contra la trata de blancas en Buenos Aires*, Editorial Oceana Clube 525, 1916.

Campos Jr., Miguel de. "Do lenocínio e do tráfico de mulheres", *Anais do 1º Congresso Nacional do Ministério Público*, São Paulo, 15 a 30/06/1942, Rio de Janeiro, Imprensa Nacional, 1943.

Carvalho Franco, F. A. de. *Relatório do Gabinete de Investigação relativo ao ano de 1936*, Secretaria de Segurança Pública do Estado de São Paulo, ao dr. Arthur Leite de Barros Jr., D. D. Secretário dos Negócios da Segurança Pública.

Castro, Tito Lívio de. *A mulher e a sociogenia (obra póstuma)*, Rio de Janeiro, Francisco Alves (1889).

Coelho, Adolfo. *Ópio, cocaína e escravatura branca*, Lisboa, 1931.

Dias, Astor Guimarães. "O tráfico das mulheres", *Revista de Criminologia*, São Paulo, n. 1, 1954.

Ferraz, Esther de Figueiredo. *Prostituição e criminalidade feminina*, 1976, mimeo.

———. "A prostituição, forma remanescente de escravatura feminina", *XIII Semana Paulista de Estudos Policiais*, 1952, São Paulo, Tip. Depto. Investigação, 1953.

Frota, Aguiar Anésio. *O lenocínio como problema social no Brasil*, Rio de Janeiro, 1940.

Galvez, Manuel. *La trata de blancas*, tese apresentada para o grau de doutor em Jurisprudência, Buenos Aires, 1905.

Gonçalves, Emilio. *A prostituição*, São Paulo, Zenith, 1918.

Gusmão, Crysólito. *Dos crimes sexuais. Estupro, atentado ao pudor, defloramento e corrupção de menores*, Rio de Janeiro, Freitas Bastos, 3. ed., 1945, (1. ed. 1921).

Lagenest, H. D. Barruel de. *Lenocínio e prostituição no Brasil*, São Paulo, Agir, 1960.

Layrac, Louis. *La traite des blanches et l'excitation à la débauche*, Paris, V. Giard et E. Brière, 1904.

Lemos, Brito José G.. *Psychologia do adultério*, Rio de Janeiro, Castilho, 1921.

Lenoble, Jules. *La traite des blanches et le Congrès de Londres de 1899*, Paris, 1900.

Lombroso, Cesare e Ferrero, G.. *La femme crimminelle et la prostituée*, Paris, Felix Alcan, 1896.

Lyra, Roberto e Nelson Hungria. *Direito Penal, parte especial por N. Hungria*, v. II, Rio de Janeiro, Livraria Jacyntho, 1937.

Mariani, Mano. *Zwi Migdal: exploradores de mulheres*, São Paulo, Ed. de A Platea.

Mendes, Raimundo Teixeira. *A preeminência social e moral da mulher*, Rio de Janeiro, Templo da Humanidade, 1908.

Miranda, Humberto Sá de. "A mulher na etiologia do crime", *Archivos de Polícia e Identificação*, n. 1, abr. 1936, São Paulo, Tip. do Gabinete de Investigações.

Moraes, Evaristo de. *Ensaios de Patologia Social*, Rio de Janeiro, Leite Ribeiro, 1921.

Motta, Cândido. "Prostituição. Polícia de Costumes. Lenocício.", *Relatório Apresentado ao Ex. Sr. Chefe de Polícia*, São Paulo, 1897.

————. "A justiça criminal na capital do Estado de São Paulo", *Relatório apresentado ao dr. Procurador-Geral*, em 31/12/1894, São Paulo, Espindola, Siqueira e Comp., 1895.

————. *Classificação de criminosos*, tese apresentada à Faculdade de Direito de São Paulo, 1897.

————. *Os menores delinqüentes e o seu Tratamento no Estado de São Paulo*, 1909.

Paiva, Ataulfo de. *Justiça e assistência. Os novos horizontes*, Rio de Janeiro, Tip. do Jornal do Comércio, 1916.

Pereira, Batista. "O Código Penal de 1890", *Revista de Jurisprudência*, ano II, n. 3 a 6, jan.-abr. 1898.

Pinto, Ricardo. *Tráfico das brancas*, 1931.

Reis, Alfredo de Siqueira. "Conceitos sobre a deformidade", *Revista Investigações*, São Paulo, dez. 1949, n. 2.

Silveira, Alfredo Balthazar. "A regulamentação do meretrício", *Biblioteca do Boletim Policial*, XXXVI, Rio de Janeiro, Imprensa Nacional.

Siqueira, Galdino. *Direito Penal Brazileiro. Parte especial*, v. II, Rio de Janeiro, Livraria Jacyntho, 2. ed., 1932.

Vieira de Araújo, João. *O Código Penal interpretado. Parte especial*, Rio de Janeiro, Imprensa Nacional, 1901.

Viveiros de Castro, E. J. *A nova Escola Penal*, Rio de Janeiro, Livraria Moderna, 1894.

————. *Os delitos contra a honra da mulher*, Rio de Janeiro, João Lopes da Cunha, 1897.

————. *Atentados ao pudor*, Rio de Janeiro, Freitas Bastos, 2. ed., 1932, (1. ed. 1894).

Discurso médico

Araújo, João Braga de. *A luta contra a Syphilis*, tese apresentada à Faculdade de Medicina do Rio de Janeiro, 1916.

Barros, José Martins de. *Contribuição para o estudo do problema da sífilis na capital de São Paulo*, Arq. Fac. Hig. São Paulo, USP, 5, 1951.

Cortez, Etelvino. *Prophylaxia pública da syphilis*, tese apresentada à Faculdade de Medicina do Rio de Janeiro, 1912.

Figueira, Hilário. "Hygiene pública", *Revista Médica de São Paulo*, 15/01/1908, n. 1.

Goulart, Flavio. *Prophylaxia da syphilis*, tese apresentada à Faculdade de Medicina do Rio de Janeiro, 1922.

Leme, José de Moraes. *O problema venéreo*, tese apresentada à Faculdade de Medicina de São Paulo, São Paulo, 1926.

Lentino, José. *Problema da syphilis em São Paulo*, tese de doutoramento apresentada à Faculdade de Medicina de São Paulo, 1930.

Macedo, F. F. de. *Da prostituição em geral e em particular em relação à cidade do Rio de Janeiro*, tese apresentada à Faculdade de Medicina do Rio de Janeiro, 1873.

Medeiros, Potyguar. *Dissertação sobre a prophylaxia da syphilis*, tese apresentada à Faculdade de Medicina de São Paulo, 1921.

Meira, Rubião. "Nupciabilidade", *Gazeta Clínica*, ano V, São Paulo, n. 1 (?), 1906.

Moura, Joaquim Raimundo de. *Prophylaxia da syphilis*, tese de doutoramento apresentada à Faculdade de Medicina do Rio de Janeiro, 1920.

Pires de Almeida, J. R.. *Homossexualismo (a libertinagem no Rio de Janeiro)*, Rio de Janeiro, Laemmert, 1906.

Pupo, Aguiar. "A syphilis em São Paulo", *Gazeta Clínica*, São Paulo, mar. 1922, n. 3.

Rodrigues, Dória. "A regulamentação do meretrício", *Gazeta Clínica*, São Paulo, set. 1917, n. 9.

———. "A syphillis no Brasil", *Gazeta Clínica*, São Paulo, jun. 1929, n. 6.

Seabra, Alberto. "Regulamentação da prostituição", *Revista Médica de São Paulo*, 28/02/1902, n. 4.

Seabra, A. e Paranhos, U.. "Prophylaxia da syphilis", *Revista Médica de São Paulo*, 28/02/1905, n. 4.

Souza, Cláudio de. "Assistência aos syphilíticos, venéreos e alcoolistas em São Paulo", *Revista Médica de São Paulo*, 31/01/1909, n. 2.

Souza, Lima. "Prophilaxia da syphilis e moléstias venéreas em geral", *Gazeta Clínica*, São Paulo, 15/06/1913, n. 12.

———. Regulamentação do meretrício", *Gazeta Clínica*, São Paulo, jul. 1916, n. 7.

Vairo, Orlando. *Os "vícios elegantes" particularmente em São Paulo*, tese apresentada à Faculdade de Medicina de São Paulo, 1925.

Jornais

A Capital, 1916.
A Província de S. Paulo, São Paulo, 1877-1898.
Correio Paulistano, São Paulo, 1878-1925.
A Folha do Braz, São Paulo, 1899.
Folha do Povo, São Paulo, 1908-1909.
Diário da Noite, São Paulo, 1954.
Jornal do Comércio, São Paulo, 1920-1921.
O Estado de S. Paulo, São Paulo, 1900-1920; 1963.
A Platéia, São Paulo, 1896 e 1940.
A Noite, Rio de Janeiro, 1913-1915.
Jornal do Comércio, Rio de Janeiro, 1920.

Revistas

A Mensageira, São Paulo, 1897-1900.
Revista Feminina, São Paulo, 1914-1936.
O Pirralho, São Paulo, 1911-1918.
O Parafuso, São Paulo, 1919-1920.

Relatórios oficiais, anais, memórias

Relatórios de chefes de polícia do Estado de São Paulo apresentados ao secretário dos Negócios da Justiça, de 1893 a 1928.

Relatórios apresentados ao presidente do Estado pelo secretário da Justiça e Segurança Pública, de 1893 a 1929.

Anais da Câmara Municipal de São Paulo, 1913. Relatórios do Ministério da Justiça e dos Negócios Interiores apresentados ao presidente da República, de 1910 a 1920.

Rapport de l'Administration Centrale au Conseil de l'Administration, 1902-1938, ICA - Londres.

Séances du Conseil de l'Administration, de 1900 a 1935, IC-L.

Reports of the Jewish Association for the Protections of Girls and Women, 1898-1937, Montefiore Collection, London Library.

Liga das Nações, Report of the Special Body of Experts on Traffic in Women and Children, Genebra, 1927.

Associação Nacional contra la Trata de Blancas, memórias correspondentes ao exercício de 1917, Buenos Aires, 1918.

Associación Nacional contra la Trata de Blancas, memórias correspondentes ao exercício de 1918, Buenos Aires, 1919.

III. BIBLIOTECAS E ARQUIVOS

Biblioteca da Faculdade de Direito São Francisco, São Paulo
Biblioteca Municipal Mário de Andrade, São Paulo
Biblioteca do Instituto de Estudos Brasileiros, USP
Biblioteca do Museu Lasar Segall, São Paulo
Biblioteca Nacional do Rio de Janeiro
Biblioteca Nacional de Buenos Aires
Biblioteca da Universidade de Londres
British Museum, Londres
London Library, Londres
Arquivo Edgar Leuenroth, Unicamp
Arquivo do Estado de São Paulo
Arquivo do Tribunal do Júri, São Paulo
Arquivo Histórico Judaico-Brasileiro, São Paulo
Arquivo Nacional do Rio de Janeiro
Arquivo da ICA, Londres
Public Record Office (PRO), Londres
Arquivos particulares de José Ramos Tinhorão, Eric Gemeinder e Guido Fonseca

Impressão e Acabamento